칸트와 푸코

칸트와 푸코

비판, 계몽, 주체의 재구성

윤영광 지음

북코마

서문
철학함과 초월적 읽기

읽기에는 두 가지 질적 도약이 있다. 도약이라 말하는 것은 이것이 위치와 거리의 문제기 때문이다. 이 도약들 이전에는 대개 텍스트에 대해 즉자적 거리를 별다른 반성 없이, 즉 다른 거리가 있을 수 있다는 생각 없이 유지한다.

하나는 비교적 드물지 않은 것으로서, 텍스트에 대해 조망적 위치에 서는 것이다. 조망적 읽기는 텍스트에 밀착하여 문면을 따라가는 데 그치지 않고 높이 혹은 멀리서 텍스트 전체를, 나아가 텍스트와 다른 텍스트의 관계를(즉 컨텍스트를) 시야에 둔다. 이때 이러한 조망을 가능케 하는 거리는 물리적 조망과 달리 텍스트에 대한 정밀한 이해를 배제하지 않는다는 의미에서 꼼꼼히 읽기를 전제하면서도 그것만으로는 확보할 수 없으며, 그러한 한에서 일종의 도약을 필요로 한다.

다른 하나는 텍스트에 대해 (칸트적 의미에서) 초월적 위치에 서는 것이다. 흔한 말로 작가 자신보다 작가의 문제와 생각과 언어를 더 잘 이해하는 것, 그래서 지금 현실화되어 있는 텍스트가 아닌 그 텍스트의 잠재적 상태를 상상하고 구성할 수 있는 것, 그리하여 텍스트를 견고한 실체가 아니라 액체화되어 있거나 언제나-이미 해체된 것으로 볼 줄 아는 것이다. 이는 텍스트의 가능성의 조건 자체를 시야에 둔다는 점에서 텍스트의 논리와 역사를 '뚫고' 그 외부로 나갈 줄 아는 것이다. 이때 외부는 현실적 외부가 아니라 잠재적 외부다. 그래서 그 외부에 도달하려면 단순히 텍스트 밖에 서는 것이 아니라 그것을 '뚫고' 나가야 한다.

조망적 읽기는 아무리 높은 위치를 취한다 해도 텍스트의 가능성의 조건과 관계하기보다 현실의 텍스트를 견고하게 주어진 것으로 보고 그것만을 대상으로 하는 한에서 초월적 읽기와 구별된다. 조망적 읽기가 텍스트를 앞에 두고 그것과의 양(+)의 거리가 표시된 좌표에서 최적의 위치를 확보하는 문제라면, 초월적 읽기는 오직 잠재적으로만 존재하는 텍스트의 배면으로 들어가는 것, 즉 텍스트와 음(-)의 거리를 구성하는 것, 다시 말해 텍스트의 정립, 현실화 이전의 차원과 관계하는 것이다. 역설적인 점은 이 경우 음의 거리가 모든 양의 거리를 잠재적으로 포함한다는 것, 즉 초월적 관점은 조망적 관점을 포함한 텍스트에 대한 모든 대상적 관점을 그것을 극복하는 방식으로 포함한다는 것이다.

조망적 관점은 비평의 성립 조건이지만, 초월적 관점은 비평의 소멸 조건이다. 초월적 관점에서의 비평이란 새로운 작품의 성립일 수밖에 없기 때문이다. 그러므로 비평은 어느 한도까지의 충실한 읽기일지는 몰라도 궁극의 읽기는 아니다. 궁극의 읽기를, 텍스트의 잠재적 차원과 관계하여 새로움을 만들어낸다는 의미에서 '실천'이라 한다면, 초월적 관점은 탁월한 의미의 실천을 가능케 하는 것이라 할 수 있다. 텍스트가 세계 자체인 경우도 마찬가지다. 조망적 관점은 비평가, 논평가, 해석가를 만들지만 초월적 읽기는 실천가의 것이다.

실행과 성취의 관점에서 양자의 가장 중요한 차이는, 조망적 관점은 오랜 읽기의 훈련만으로도 달성 가능하지만, 초월적 관점은 충분한 쓰기(문자-쓰기뿐 아니라 세계-쓰기)의 노력과 경험을 반드시 전제한다는 데 있다. 많은 이들이 말하는 쓰기 없는 읽기의 한계는 궁극적으로 초월적 관점의 성취 가능성에 관한 것이다.

철학 연구자가 아닌 철학자의 철학사 읽기는 초월적 읽기다. 철학사의 독자는 초월적 읽기를 할 수 있는 한에서만 철학자라 불린다. 초월적 읽기 없는 철학함은 없다. 이런 의미에서, 즉 헤겔, 하이데거, 들뢰즈와 같은 의미에서 푸코는 초월적 독자며 철학자다.

모든 A주의는 필연적으로 A를 넘쳐흐른다. 역사적으로, 사실상(de facto) 그럴 뿐 아니라 원리적으로, 권리상(de jure) 그렇다. 그런 의미에서 모든 A주의는 A 너머의 A주의다. A의 경계를 넘지 않는 A주의는 A의 부분집합일 뿐이기 때문이다. 그러므로 맑스주의와 푸코주의가 맑스와 푸코 너머에 있듯 칸트주의는 칸트 너머에 있다. 이때 '너머'는 우열의 관점이 아니라 어떤 사유를 기존 문제설정을 넘어선 지평에 노출시켜 새로운 문제화에 도달한다는 의미의 '너머'다. 철학자가 사유의 박물관이 아니라 현재의 삶과 정신에 거하는 일은 오직 이 '너머'의 방식으로만 가능하다.

'너머'는 처음부터 A 밖에 서는 것이 아니다. '너머'는 안에서 밖으로의 운동을 함축한다. 이 운동은 A 안에서 탄생한 문제와 개념을 들고 A 밖으로 나간다. A의 문제와 개념이 A가 설정한 경계 밖에서 어떤 새로운 색, 형태, 기능, 크기, 관계를 갖게 되는지를 본다. 이런 의미에서의 '너머'를 가능케 하는 것이 초월적 읽기다. 푸코를 칸트주의자라 할 수 있다면, 칸트를 초월적으로 읽는다는 의미에서 그렇다. 이 책은 푸코가 칸트에 대해 수행한 초월적 읽기에 관한, 그리고 그에 힘입은 읽기의 기록이다.

많은 철학하는 이들이 하나의 초월적 읽기에 대한 새로운 초월적 읽기에 도달하기를 욕망하지만, 초월적 읽기에 대한 욕망은 늘 과욕일 수밖에 없음 또한 알고 있다. 그러나 철없는 만용으로 초월적 읽기와 철학함을 참칭하는 것과 철학 '연구'조차 철학함, 초월적 읽기의 관점과 노력 속에서만 제대로 이루어질 수 있음을 새기는 일은 다르다. 이 책이 그런 관점과 노력의 흔적을 담은 읽기의 기록이길, 그래서 다른 성실한 읽기의 노력들에 조금이나마 도움이 되길 바랄 뿐이다.

책에 실린 모든 글이 칸트와 푸코의 관계를 직접적으로 혹은 주제적으로 다루지는 않는다. 그러나 칸트나 푸코를 단독으로 다루는 글에서도, 심지어 아렌트(Hannah Arendt)나 들뢰즈(Gilles Deleuze)처럼 다른 철학자의 이름이 전면에 나서는 글에서도 양자의 관계는 일종의 통주저음(Basso continuo)으로 기능한다. 제목을 '칸트와 푸코'로 한 것은 그 때문이다.

이 책에 실린 글들은 직간접적으로 박사논문에 근거한다. 〈칸트 철학에서 주체 구성의 문제―푸코적 칸트주의의 관점에서〉라는 제목의 박사논문은 「계몽이란 무엇인가?」를 중심으로 하는 후기 푸코의 칸트 해석을 칸트 철학 전체로 확장해보려는 욕심에서 출발했다. 그러나 학위논문 집필과 그에 기초한 학술논문 출판, 그리고 다시 그를 토대로 단행본을 준비하는 과정에서 초점은 칸트 자체의 재해석보다 칸트와 푸코 '사이'에서 이루어지는 철학적 협업, 특히 오래돼서 닳고 낡았지만 오늘날에도 소환되길 멈추지 않는, 그래서 늘 새롭게 새겨질 필요가 있는 개념들이 재구성되는 장면으로 옮겨 갔다. 비판, 계몽, 주체의 재구성이 그것인데, 이 책에서 이 문제는 칸트와 푸코의 철학적 관계와 동전의 앞뒷면을 이룬다. 칸트식으로 말해 이 책이 단순히 잡다의 모음이 아니라 모종의 종합이라고 할 수 있다면, 이 종합은 저 두 초점의 작용에 근거한다.

모든 일이 그렇지만 특히 정신의 작업은 본질상 집단적 협력, 말하자면 '공통적인 것(the common)'에 근거해서 '공통적인 것'을 생산하는 작업이다. 이런 의미에서 지적 작업의 결과물에 개인의 이름을 새겨 소유물로 만드는 것은 현재 인류가 도달한 지혜와 어리석음의 단계를 나타내는 관례일 뿐이다. 이 관례에 따라 한 사람의 이름을 달고 나오는 이 책이 본래 자리인 지적 공통체로 돌아가 누구의 것도 아니며 누구도 앞서 결정할 수 없는 공통의 삶과 사유의 일부가 되길, 그럴 수 있는 활력을 가진 것이길 소망한다.

차례

서문 004

I부 칸트 안에서 칸트와 다르게

칸트적 주체의 (재)구성 013

계몽과 비판철학의 관계: 사유방식의 혁명에 대해 087

이성의 공적 사용이란 무엇인가? 118

II부 푸코와 함께 칸트를

푸코의 칸트 『인간학』 독해의 양면성 155

푸코-칸트주의 정립의 궤적 182

계몽과 비판의 재구성 236

III부 푸코-칸트주의의 안과 밖

포스트휴먼 칸트의 단초: 들뢰즈-푸코의 인간 없는 칸트주의 267

푸코의 문제화로서의 철학과 철학의 문제화 303

보론

실용적 관점에서의 이성학: 칸트 철학에서 이성의 사용이라는 문제 339

가상과 거짓의 철학 345

참고문헌 355

기존 수록 지면 373

찾아보기 374

일러두기

1. 칸트 저작 인용 및 참조 시 본문 괄호 안에 제목 약호와 함께 베를린학술원판 전집(AA)의 권수와 면수를 각각 로마 숫자와 아라비아 숫자로 표기한다(예컨대 "KU, V85"). 다만 『순수이성비판』의 경우 관례에 따라 초판(A)과 재판(B)의 면수를 표기한다. 국역본이 있는 경우 참조했으나 필요시 번역을 수정했다. 참조한 국역본은 참고문헌 목록에 기재한다. 약호는 다음과 같다.

『시령자의 꿈』: *Träume eines Geistersebers, erläutert durch die Träume der Metaphysik*[TG], AA II.
『순수이성비판』: *Kritik der reinen Vernunft*[KrV], AA III – IV.
『실천이성비판』: *Kritik der praktischen Vernunft*[KpV], AA IV.
『형이상학 서설』: *Prolegomena zu einer jeden künftigen Metaphysik, die als Wissenschaft wird auftreten können*[Prol], AA IV.
『윤리형이상학 정초』: *Grundlegung zur Metaphysik der Sitten*[GMS], AA IV.
『판단력비판』: *Kritik der Urteilskraft*[KU], AA V.
『윤리형이상학』: *Die Metaphysik der Sitten*[MS], AA VI.
『실용적 관점에서의 인간학』: *Anthropologie in pragmatischer Hinsicht*[Anth], AA VII.
『학부들의 다툼』: *Der Streit der Fakultäten*[SF], AA VII.
「인류사의 추정된 기원」: "Mutmaßlicher Anfang der Menschengeschichte[MAM]", AA VIII.
「이론에서는 옳을지 모르지만 실천에는 쓸모없다고 하는 속설」: "Über den Gemeinspruch: Das mag in der Theorie richtig sein, taugt aber nicht für die Praxis[TP]", AA VIII.
「계몽이란 무엇인가?」: "Beantwortung der Frage: Was ist Aufklärung?[WA]", AA VIII.
「사유 안에서 방향 정하기란 무엇인가?」: "Was heißt, sich im Denken orientiren?[WDO]", AA VIII.
『논리학』: *Immanuel Kants Logik. Ein Handbuch zu Vorlesungen*[Log], AA IX.
「조각글」: "Reflexionen[Refl]", AA XIV – XIX.
「인간학 강의 초안」: "Entwürfe zu dem Colleg Über Anthropologie aus den 70er und 80er Jahren[ECA]", AA XV.
「주석」: Bemerkungen zu den Beobachtungen Über das Gefühl des Schönen und Erhabenen[Bemerkung], AA XX.
「유작」: Opus postumum[OP], AA XXI – XXII.

2. 외국 문헌의 인용 및 참조시 국역본이 있는 경우 원본 서지 뒤에 국역본 서지와 면수를 기재한다. 그러나 칸트 저작의 경우와 마찬가지로 번역을 그대로 따르진 않았으며 원문과 대조하여 필요 시 번역을 수정했다.

3. 인용문에서 대괄호 안의 내용은 저자가 덧붙인 설명이다.

I 부

칸트 안에서 칸트와 다르게

칸트적 주체의 (재)구성

칸트 비판철학에서 주체가 문제화되는 방식

칸트 비판철학에서 주체는 그것을 구성하는 마음의 능력들의 관계 혹은 배치에 의해 규정된다. '나는 무엇을 알 수 있는가', '나는 무엇을 행해야 하는가', '나는 무엇을 희망해도 좋은가'라는 '나'를 주어(주체)로 하는 비판철학의 주도 물음들에 대한 답은 마음의 능력들의 서로 다른 관계 조합으로 주어진다. 가령 인식의 영역에서 진리는 지성과 감성의 관계에서 정립되지만, 윤리에서는 (경향성으로의) 감성과 이성의 관계가 문제로 제기된다. 또한 같은 지성과 감성의 관계라도 인식에서의 규정적 관계와 취미판단에서의 자유로운 일치는 다르다. 인식과 실천의 영역에서는 이성과 상상력의 관계가 초점이 아니지만 미감적 판단력의 영역에서는 저 둘의 '불일치를 통한 일치'가 숭고라는 주관적 현상의 원인이 된다. 요컨대 칸트 비판철학에서 무언가를 알고, 행하고, 느끼고, 희망하는 주체는 그에 상응하는 능력들의 관계를 통해 정립된다.

들뢰즈의 지적대로, 이처럼 능력이론에 기반한 주체론으로 이해될 수 있는 비판철학의 독창성은 주체를 구성하는 능력들의 본성이 서로 다르다는 이념에 있다(Deleuze 1963a/1995: 46). 칸트 철학의 중심 문제가 '종합(Synthese)'이라는 사실은 역으로 그러한 종합을 필수적인 것으로 만드는, 능력들의 본래적 이질성을 드러낸다. 가령 칸트는 "감성과 지성은 비록 서로 없어서는 안 되는 것이기는 하지만, 그럼에도 강제와 상호 간의 침해 없이는 통합될 수 없는 것"이라고 말한다(KU, V321). 각각의 능력은 단독으로는 인식의 주체도, 실천의 주체도 정립하지 못한다. 그러므로 "서로 없어서는 안 되는 것"이다. 그러나 능력들은 본성상 다르다. 때문에 "강제와 상호 간의 침해 없이는 통합될 수 없는 것"이다. 능력들의 일정한 관계와 배치가 그 자체로 주체이고, '통합'이 그 관계와 배치의 과정 혹은 상태를 가리키는 말이라면, 비판철학에서 주체의 성격을 이해하는 일은 저 '통합'을 무엇으로 이해하는가에 달려 있다고 하겠다. 그것이 "강제와 상호 간의 침해"를 통해 일체의 이질성을 추방하거나 제거하는 것으로 이해된다면 주체의 구성은 동일성으로 귀결될 것이다. 그러나 능력들의 본래적 이질성이 끝까지 제거되지 않고 이질성을 품은 그대로의 비동일적 관계가 주체를 구성하는 것이라면 비판철학적 주체와 동일성의 동일시는 더 이상 유지될 수 없을 것이다.

칸트 철학에는 위의 두 가지 대립적인 주체 형상 혹은 개념을 뒷받침할 수 있는 사고와 서술이 모두 존재한다. 칸트 철학에서 분명하게 나타나는 하나의 사유 노선은 주체를 구성하는 상이한 능력들 간의 관계를 목적론적인 것으로 본다. 이런 관점에서는 서로 다른 본성을 갖는 능력들(가령 감성, 지성, 이성)일지라도 일정한 목적

(인식)을 위해 기능적으로 합치하게 되어 있으며, 간혹 불가피한 것으로 설명되는 불일치(형이상학적 오류)마저도 종국에는 다른 맥락에서의 합목적성(도덕적 합목적성)을 갖는 것으로 설명된다. 칸트 본인의 철학적 '의도'는 아마도 이러한 목적론적 설명에 있었을 것이다. 이 관점에서 보면 이질적 능력들은 합목적적 질서의 인도 아래 동일성으로서의 주체를 구성하는 데 복무하며 그러한 한에서 이질성은 본질적인 문제를 제기하지 않는다.

그러나 칸트 철학에서 능력들이 본성상 이질적이며 이 이질성은 어떤 경우에도 제거되지 않는다는 사실이 함축하는 바를 가능한 한 멀리까지 밀고 나갈 경우 우리는 다른 그림을 얻게 된다. 이경우에도 행위나 사유의 기지에 있는 것은 별개의 특정한 부분적 능력이 아닌 전체적인 주체의 구성이지만, 그 구성에서 이질성은 가상(초월적 변증학), 명령(실천철학), 폭력(숭고의 분석학)과 같은 방식으로, 결코 중화되지 않는 자신의 존재를 주장하며 이러한 이질성의 존속은 심지어 능력들 자체가 이전의 자신과 달라지는 지점(정신[Geist]과 미감적 이념에서의 상상력)에까지 이른다. 요컨대 칸트 비판철학에는 자기동일성을 향한 목적론적 운동으로 온전히 수렴되지 않는 이질성의 운동이 존재하며, 이에 주목하는 관점에서는 동일화의 과정을 요구하지 않을 뿐 아니라 오히려 그것에 저항하는 이질적인 것들의 관계 자체가 비판철학적 주체 정립의 본질적 계기로 여겨질 수 있다.

주지하듯 1960년대 이후 일종의 이론적 클리셰가 되어버린 동일성으로서의 주체에 대한 대대적인 비판 이후, 특히 현대 프랑스

철학자들을 중심으로 칸트 해석에서 후자의 벡터에 주목하는 흐름이 강해졌다. 가령 칸트 철학에서 이질성이 갖는 의의를 가장 적극적으로 부각하는 해석자 가운데 한 명인 리오타르는, 칸트 철학이 "능력들 사이의 분리와 갈등" 및 '하나의 이성(La Raison)'이 아닌 다수의 이성에 대한 사고를 기반으로 한다는 점에서 총체성 비판의 계기를 품고 있는 "분산의 사유"를 예비한다고 보며, 이런 이유로 칸트의 사상을 비트겐슈타인 철학과 함께 "근대성의 종막이며 영예로운 탈근대성의 서막"으로 이해한다(Lyotard 1983/2015: 12-13, 1984/1993: 202). 『차이와 반복』의 들뢰즈가 칸트 철학에서 "분열된 자아를 위한 코기토"를 읽어내는 것 역시 같은 궤에 있는 해석으로 볼 수 있다(Deleuze 1968/2004: 21, 149, 202-204). 이 장은 칸트 철학에서 동일성으로 환원되지 않는 주체 형상을 발굴해내려는 이 같은 이론적 노력들에 공감하되, 저 현대 철학자들의 언어를 그대로 반복하거나 그 해석에 대한 해석을 시도하는 것이 아니라, 비판철학에서 주체의 비동일성 문제를 칸트 자신의 서술과 논리에 입각해서 어떤 방식으로 그리고 어떤 범위까지 유효하게 제기하고 사고할 수 있는지를 검토하려는 시도다.

물론 앞서 말했듯이 칸트 철학에는 동일성으로서의 주체성을 주장하는 벡터가 존재하며, 그런 의미에서 이질성에 초점을 맞추는 이 장의 논의는 칸트 주체 이론의 전모(全貌)를 규명하거나 그것에 관한 가장 '올바른' 해석임을 주장하지 않는다. 사실 데카르트에서 독일관념론에 이르기까지 근대 주체 이론의 주조(主調)는 주체

와 동일성의 동일시를 당연하며 우선적인 것으로 전제한다.¹ 그러
나 칸트 철학에는 주체의 동일성 주장에 저항하고 그것을 불안정
하게 하는 힘의 선(線)들 역시 분명히 존재한다. 그리고 그러한 한에
서 칸트 철학은 균열 없는 매끈한 하나의 덩어리가 아니라 상이한
해석을 지지하는 상이한 요소들이 길항하고 얽혀 있는 복합적 공
간이라 할 수 있다. 이어지는 논의는 저 선들을 발굴하여 그것이 품
고 있는 새로운 비판철학적 주체 이론을 위한 이론적 가능성을 드
러내기 위한 것이다.

주체의 수직적 분열과 초월적 주체

말년에 주체화 문제의 관점에서 칸트 철학을 재해석하는 데 관심
을 가졌던 푸코는 주체성을 자기 자신과의 관계에 의해 구성되는
것으로 이해한다(Foucault 2015/2016: 221). 자신과 관계할 수 있다
는 것은 즉자적인 자기 자신의 외부로 나갈 수 있다는 것이며, 그러
한 한에서 주체 혹은 주체성의 개념 자체가 자신과의 분열을 필연
적 계기로 함축한다. 자기 밖으로 나가 자신과 관계할 수 없는 존재
는 주체가 아닌 것이다. 이것은 주체가 주체인 한에서 피할 수 없는

---

1   "근대적 주체이론에서 자아는 세계의 통일성을 정립하는 토대론적 원리다. 자아는 그
      어떤 존재자보다 탁월하게 자기동일적이다. 그 동일성은 논리학적 동일성보다 앞설
      만큼 선험적이고 절대적이다."(김상환 2002: 28) 이러한 자기동일성을 기반으로 한
      서구 주체 이론의 나르시시즘적 성격에 대한 포괄적 논의로는 김상봉(2002) 참조.

분열, 즉 주체의 본원적 분열이다.[2]

주체를 구성하는 이 필연적 분열의 계기는 칸트 초월철학에서 자기의식(Sebstbewustsein)과 자기인식(Selbsterkenntnis)의 분리라는 문제로 심화되어 나타난다. 초월철학에서 모든 인식은 내감의 형식을 우회할 수 없거니와 나 자신에 대한 인식도 그것이 하나의 인식인 한에서는 예외가 아니어서 "우리는 우리를 오직 우리가 내적으로 촉발하는 대로만 직관"하며, 따라서 "내감은 우리 자신조차도 우리 자신 자체가 아니라 우리가 우리에게 현상하는 대로만" 표상한다(KrV, B152-153).[3] 자기인식은 말 그대로 이러한 방식으로 이루어지는 자신에 대한 인식을 말한다. 말하자면 자기인식이란 사물 자체로서의 자신이 아니라 현상으로서의 자신에 대한 인식이다. 그러나 당연히도 이로부터 자기의식은 자기인식과 반대로 그 자체로서의 주체 자신에 대한 인식이라는 결론이 따라 나오지는 않는다. 무엇보다 어떤 방식으로도 사물 자체에 대한 인식이 불가능함을 단언하는 초월철학의 정신이 그러한 예단을 금한다. 칸트는 자기의식을 이렇게 설명한다.

> 나는 표상 일반의 잡다(雜多)의 초월적 종합에서, 그러니까 통각의 종합적 근원적 통일에서 나를 의식하는데, 내가 나에게 현상하는

---

2   "자기 자신과 완전히 일치하는 주체는 아직 주체가 아니"라는 주판치치의 말은 이러한 주체의 본원적 분열을 가리킨다(Zupancic 2000/2004: 222).

3   "일단 주체가 되면 그녀[주체]는 더 이상 자기 자신과 일치하지 않으며, '대상'에 대해 말하듯이 자신에 대해 말할 수밖에 없다."(Zupancic 2000/2004: 222)

분열, 즉 주체의 본원적 분열이다.[2]

주체를 구성하는 이 필연적 분열의 계기는 칸트 초월철학에서 자기의식(Sebstbewustsein)과 자기인식(Selbsterkenntnis)의 분리라는 문제로 심화되어 나타난다. 초월철학에서 모든 인식은 내감의 형식을 우회할 수 없거니와 나 자신에 대한 인식도 그것이 하나의 인식인 한에서는 예외가 아니어서 "우리는 우리를 오직 우리가 내적으로 촉발하는 대로만 직관"하며, 따라서 "내감은 우리 자신조차도 우리 자신 자체가 아니라 우리가 우리에게 현상하는 대로만" 표상한다(KrV, B152-153).[3] 자기인식은 말 그대로 이러한 방식으로 이루어지는 자신에 대한 인식을 말한다. 말하자면 자기인식이란 사물 자체로서의 자신이 아니라 현상으로서의 자신에 대한 인식이다. 그러나 당연히도 이로부터 자기의식은 자기인식과 반대로 그 자체로서의 주체 자신에 대한 인식이라는 결론이 따라 나오지는 않는다. 무엇보다 어떤 방식으로도 사물 자체에 대한 인식이 불가능함을 단언하는 초월철학의 정신이 그러한 예단을 금한다. 칸트는 자기의식을 이렇게 설명한다.

> 나는 표상 일반의 잡다(雜多)의 초월적 종합에서, 그러니까 통각의 종합적 근원적 통일에서 나를 의식하는데, 내가 나에게 현상하는

---

2   "자기 자신과 완전히 일치하는 주체는 아직 주체가 아니"라는 주판치치의 말은 이러한 주체의 본원적 분열을 가리킨다(Zupancic 2000/2004: 222).

3   "일단 주체가 되면 그녀[주체]는 더 이상 자기 자신과 일치하지 않으며, '대상'에 대해 말하듯이 자신에 대해 말할 수밖에 없다."(Zupancic 2000/2004: 222)

대로도 아니고, 나 자체인 대로도 아니며, 오직 내가 있다는 것만을 의식한다. 이 표상은 사고이지 직관이 아니다.(KrV, B157)

요컨대 자기의식은 현상적인 나에 대한 인식도, (애초에 불가능한) 예지적인 나에 대한 인식도 아니며, 단지 "우리의 모든 표상들의 상관자"로서 그 모든 표상들이 수반할 수밖에 없는 '나는 사고한다'라는 의식이다(KrV, A123; B131). 자기의식은 인식을 성립시키는 규정작용으로서의 초월적 혹은 근원적 통각, 즉 현상적인 '나'와 예지적인 '나' 사이에 위치하는 초월적인 '나'에 대한 의식이자 그러한 초월적 주체의 작용 자체다. 그러므로 정확히 말하자면 칸트의 주체는 둘이 아니라 셋으로 쪼개진다. 그리고 이러한 3분할은 초월적 주체 혹은 주체의 초월성 그 자체에 의해 정립된다. 주체가 자신과 관계하는 (현상으로서의 자기 자신을 포함하는) 세계를 규정하는 한, 그렇게 규정되는 세계와 규정에서 벗어나 있는 세계 자체의 구별이 필연적임과 동시에 그러한 규정에 근거한 분할을 낳는 규정작용 그 자체가 양자 모두와 구분되는 것 역시 필연적이기 때문이다.[4] 주체

---

4   '규정작용 그 자체'의 성격을 가리키는 칸트의 용어가 바로 '초월'인바, 다수의 해석자들이 지적하듯 이 초월적 차원의 발견에 칸트 철학의 진정한 새로움이 있다. "초월론적 차원은 물 자체와 현상계의 사이에 위치하며, 그곳이 바로 철학이 자신의 고유한 원리를 수립하는 장소이다. 칸트는 감성(현상계)과 초감성(물자체) 혹은 '형이하'와 '형이상'의 이분법에서 벗어나서 '초월론적'이라 명명되는 제3의 차원을 발견한 철학자다."(김상환 2019: 83-84); "칸트의 '초월적'이라는 표현은 두 차원들의 '종합'을 지칭하기는커녕, 그것들의 환원불가능한 간극 '자체'를 나타낸다. '초월적'이라는 표현은 이 간극 속의 어떤 것, 이 간극이 갈라놓고 있는 두 개의 실정적 항들 가운데 어떤 것으로도 환원될 수 없는 새로운 차원을 가리킨다."(Zizek 2006/2009, 47)

는 자신과의 관계에서만 존립하는 세계를 정립함으로써 동시에 그 관계의 규정을 벗어난 것에 대한 '사고'를 불가피하게 만들며, 이러한 초월적 세계 정립의 힘이 비판-초월철학적 주체의 본질이다. 물론 이 본질은 현상적 주체나 예지적 주체가 아니라 초월적 주체에게 귀속된다. 칸트 비판철학에서 초월성이란 주체성이며 주체성이란 초월성이다.

문제는 초월철학의 주제이자 지주(支柱)인 초월적 주체가 "단순하며 그 자체로는 아무런 내용도 가지지 않는 완전히 공허한 표상"(KrV, A346=B404)이라는 데 있다. 자기인식과 자기의식의 차이에 대한 설명에서 칸트는 시종일관 '인식(Erkenntnis)'과 '의식(Bewusstsein)'의 구분을 주의 깊게 유지한다. 잡다를 종합 혹은 통일하여 인식을 성립시키는 "주체[주관]의 자기활동 작용"(KrV, B130)에서 '나'는 단지 '의식'될 뿐이며, 그러한 한에서 반드시 직관을 동반해야만 하는 인식이 아니라 '사고'의 차원에 머무를 뿐이다. 자기의식은 우리가 주체의 정신활동을 논하기 위해서는 상정하지 않을 수 없는 규정작용의 자발성에 대한 의식이지만, 이때 자기 즉 초월적 주체는 "단지·그것의 술어들인 그 사고들에 의해서만 인식되며, 그것만 따로 떼어서는 그것에 관한 최소한의 개념조차도 가질 수 없"는 무규정적 "X"일 뿐이다(KrV, A346=B404). 그러므로 칸트 철학에서 주체의 분열에 관한 이야기는 단순히 한편에는 "규정하는 자기"가 있고 다른 한편에는 "규정되는 자기"가 있다(KrV, A402)는 데에서 끝나지 않는다. 이 분열은 '규정하는 자기'의 규정불가능성을 함축한다. '규정하는 자기'는 모든 규정을 가능케 하는 궁극적 조건이

자 전제, 즉 초월적 주체인바, "그것에 대해 무엇인가를 판단하려면 우리는 언제나 이미 그것의 표상을 사용할 수밖에 없기 때문"에 그 것 자체는 규정 불가능한 것으로 남는다(KrV, A346=B404). 다시 말해 "객관을 인식하기 위해 내가 전제해야만 하는 것 자체를 내가 객관으로 인식할 수는 없다"는 것이다(KrV, A402).

이 같은 상황은 주체성의 본질인 자발성의 처소를 주체 자신에게 불투명한 것으로 만든다. 우리는 우리 자신의 자발성을 '생각'하거나 '의식'할 수는 있지만 '인식'할 수는 없다. 우리가 규정할 수 있는, 따라서 인식할 수 있는 우리 자신은 규정되는 자기로서의 현상적 주체, 즉 수동적이고 수용적인 주체의 실존뿐이다. 그런데 '나는 사고한다'에서 우리가 의식하는 자발성은 우리가 유일하게 실체적인 것으로 간주할 수 있는 이 현상적 주체의 속성일 수 없다. 따라서 자발성에 대한 적극적인 인식은 불가능하며, 그것은 "단지 수동적 자아의 변용"(Deleuze 1968/2004: 203)으로만 포착된다. 우리가 보는 것은 오직 자발성 혹은 능동성의 '반대면'뿐이며, 자발성에 대한 의식은 이 반대면을 근거로 다시 그것의 반대면의 존재를 상정하는 것일 뿐이다. 그리하여 자신에게 가해지는 작용 속에서만, 자신의 '변용' 속에서만 자발성을 느끼는 수동적 자아의 입장에서 자발성은 '타자'로 나타난다.

그러므로 여기서 자발성-능동성과 자아동일성의 자연스러운 연결은 더 이상 유지될 수 없다. 초월철학에서 자기의식의 규정작용은 다른 층위의 '자기'에게는 타자의 활동으로 나타나며, 그러한 한에서 동일성은 당연한 것으로 전제되지 않는다. 이렇게 하여 "칸트는 (…) '나는 생각한다'의 순수 자아 안에 일종의 불균형, 틈새나 균열, 권리상 극복 불가능한 권리 소외를 도입한다. 즉 주체는 이제 자신의 고유한 자발성을 오로지 어떤 타자의 자발성으로서밖에 표상할 수 없다." 그러므로 여기서 칸트가 제시하고 있는 '나는 생각한다'의 자기의식, 즉 코기토는 "분열된 자아를 위한 코기토"이다 (Deleuze 1968/2004: 149).[5][6]

---

5   들뢰즈는, 칸트 철학에서 주체의 분열, 즉 규정되는 '자아(Moi)'와 규정하는 '나(Je)' 사이의 틈새를 만드는 것은 내감, 즉 시간이라는 '규정가능성'의 형식이라고 말한다. 그리고 이 규정가능성의 형식이라는 문제가 데카르트적 코기토와 칸트적 코기토의 근본적인 차이를 정립한다. 들뢰즈에 따르면, 데카르트적 코기토와 칸트적 코기토의 차이는, 전자가 규정되지 않은 것(l'indéterminé)과 규정(la détermination)의 2가 논리에 기반해 기능하는 데 반해, 후자는 거기에 규정가능한 것(le déterminable)을 추가한 3가 논리로 작동한다는 데 있다. 데카르트에게서 규정(나는 생각한다)은 규정되지 않은 실존(나는 존재한다)을 직접적으로 함축하는데, 이에 대한 칸트의 반(反)데카르트적 논박은 규정, 즉 '나는 생각한다'를 규정되지 않은 것으로서의 '나는 존재한다'에 직접적으로 관계시키는 것은 불가능하다는 것이다. 칸트에 따르면 규정되지 않은 것으로서의 나의 실존은 오직 시간 안에서만 규정가능하며, 이런 의미에서 시간은 규정되지 않은 것이 규정에 의해 규정될 수 있는 형식, 즉 규정가능성의 형식이다. 이같은 2가 논리에서 3가 논리로의 변화가 코기토의 이념에 도입하는 변화는, 나의 실존이 언제나 "시간 안에서 출현하는 수동적이거나 수용적인 현상적 주체의 실존"으로 규정될 수밖에 없으므로, '나는 생각한다'에서 내가 의식하는 자발성을 "어떤 실체적이고 자발적인 존재자의 속성으로 이해할 수 없"으며, "단지 수동적 자아의 변용으로만 이해해야 한다"는 것이다. "이 수동적 자아는 자신의 사유, 자신의 지성, 자신이 '나(JE)'라고 말하기 위해 의지하는 것이 자신 안에서 그리고 자신에게 힘을 미친다는 것을 느끼지만, 이 모든 것이 자기 자신에 의한 것이 아님을 느낀다." 즉 자아(Moi)는 능동성과 자발성을 타자의 것으로 체험한다. 바로 이런 의미에서 '나(JE)'는 타자인 것이다. 시간은 '나'가 '자아'를 촉발하는 형식이며, 이 형식으로 인해 코기토는 본원적으로 분열되어 있다. 칸트 철학의 위대한 업적으로 평가받는 초월적인 것의 발견이나 코페르니쿠스적 혁명은 칸트가 코기토에 도입한 이 '분열'에 근거하며, 그러므로 칸트 철학에서 주체 내부의 틈, 분열, 타자성은 단순히 우연적이거나 주변적인 사태가 아니라 그것의 본질 혹은 핵심을 구성한다.

6   칸트의 자아론은 이처럼 '나'라고 불리는 것의 분열적 구조 혹은 내가 나 자신에게 타

그러나 자발성이 타자로 나타나는 것은 현상적 자아의 관점에 서일 뿐이지 않은가? 초월철학에서 자기의식, 즉 초월적 주체의 존재는 이 초월적 주체를 근거로 한 자기동일성의 복원이라는 철학적 기획의 씨앗이 될 수 있으며, 실제로 칸트 이후 독일관념론의 역사는 그 씨앗의 현실화 과정이지 않은가? 수동적 자아의 관점에서 타자로 나타나는 초월적 주체와의 간극은 수동적 자아가 규정의 능력을 갖고 있지 않다는 사실 그 자체로 인해 권리상 극복불가능하다. 그러나 이 극복불가능성은 '간단한' 관점의 전환에 의해, 즉 초월적 주체의 관점을 채택함으로써 제거될 수 있지 않은가?

칸트 철학에서 이 '간단한' 작업이 불가능한 것은 초월적 주체를 실체화할 수 없기 때문이다. 칸트 철학에서 실체화란 실체 범주의 적용인바, 이는 초월적 주체의 규정작용을 전제하는 것이며 그러한 한에서 초월적 주체 자신에게는 해당될 수 없다. 칸트 철학에서 초월적 주체는 철저히 형식적인 것, 즉 내용을 갖지 않는 것이며 그러한 한에서 실체적으로 규정되는 자아와의 동일화는 원천적으로 불가능하다. 그러나 "실체는 본질적으로 주체이다(Die Substanz wesentlich Subjekt ist)"라는 헤겔의 언명(Hegel 1970: 28)은 칸트 이후 모든 것이 달라졌음을 함축적으로 보여준다. 이 말은 실체의 주체화만큼이나 주체의 실체화를 함축한다. 실체로서의 주체의 관점에

자일 수 있는 가능성을 조명함으로써 "데카르트의 의식 명징과 우리의 의식적인 삶 배후에 전적으로 다른 힘들이 작용한다는 학설 사이의 결정적인 연결 고리" 역할을 수행한다(Hösle 2013/2015 113). 칸트의 자아론을 정신분석 혹은 무의식에 관한 이론과 연결하는 논의들(Zizek 1999/2005: 11-12, 108-114; 고진 2013: 60)은 이러한 맥락에서 가능해진다 하겠다.

서, 수동적 자아를 포함하는 모든 규정되는 것과 규정하는 것 사이의 분열은 필연적으로 극복되어야 하고 극복될 수밖에 없으며 본질적인 차원에서는 언제나 이미 극복되어 있다. 규정하는 자로서의 주체가 규정되는 모든 것을 "본질적으로는' 객체가 아니라 주체 자신의 여러 모습인 것"(김상봉 2002: 231)으로 간주할 가능성을 함축하고 있음에도 불구하고 칸트에게서는 저 규정하는 자로서의 주체가 텅 빈 형식적 성격만을 가짐으로써 규정되는 자기가 규정하는 자기로 복귀하는 일이 이루어질 수 없었다면, 실체화된 주체의 경우에는 주체에 의해 규정되는 세계 전체와 더불어 분열되었던 자기가 주체 자신에게로 복귀하는 것이다.[7] 그리고 이렇게 하여 초월적 주체는 절대적 주체가 된다. 절대적 주체의 관점에서도 분열은 필연적이지만 이제 그 필연적 분열은 필연적으로 극복된다.

칸트와 칸트 이후 독일관념론의 차이를 상론하고 양자의 강점과 약점을 분별하는 것이 여기서 우리의 관심은 아니다. 초점은 양자의 차이에도 불구하고 칸트의 초월적 주체로부터 절대적 주체가 발전해나온 것은 혹시 전자가 후자의 강력한 동일성과 동일화의 힘을 이미 예비하고 있기 때문이 아닌가 하는 점이다. 칸트에 따르면 초월적 주체는 "하나의 의식", "의식의 통일", "우리 자신의 일관된 동일성", "자기 자신의 동일성에 대한 근원적이고 필연적인 의

---

7 "그 전까지 서양철학은 타자적 대상과의 관계 속에서 전개되어왔다. 그러나 독일관념론을 통해 서양철학은 자기관계 속에서 실현된다. 그런 한에서 서양철학은 독일관념론에 이르러 '본질적으로'(wesentlich) 실현된다. 왜냐하면 반성 속에서 자기 자신에게로 복귀하는 것이야말로 정신의 본질이기 때문이다."(김상봉 2002: 230)

I 부   칸트 안에서 칸트와 다르게

식"이며, 그러한 것으로서 "모든 잡다의 통일의 초월적 원리"가 된다(KrV, A104, 106, 108, 116) 즉 자기의식으로서의 초월적 주체는 그 자체로 의심의 여지 없는 동일성이며, 그러한 것으로서 동일화 작용의 원천이 된다. 다시 말해, 초월적 주체는 현상적인 나—초월적인 나—예지적인 나로의 수직적 분열—이 분열은 서로 다른 층위의 '나'의 정립이라는 의미에서 수직적이다—을 낳지만, 초월적 층위 자체에서의 동일성은 당연한 것으로 전제되며 그러한 전제 위에서 다른 층위(적어도 현상적 층위)에서의 동일화들이 가능해진다. 칸트 이후 독일관념론의 역사가 보여주는 것은 이 초월적 주체의 동일성과 동일화하는 힘이 주체의 수직적 분열을 제거하고 절대적 주체를 정립하는 데까지 확장되는 일은 초월적 주체의 형식적 성격을 비판하고 그것에 실체로서의 규정을 부과하는 비교적 '단순한' 작업만을 필요로 했다는 것이다.

그러므로 비판철학적 주체성에서 이질성의 요소를 식별하는 작업은 주체의 수직적 분열을 확인하는 데서 그칠 수 없으며, 오히려 초월적 주체를 구성하는 능력들 사이의 이질성, 즉 수평적 차원의 이질성과 분열을 살피는 데 그 핵심이 있다고 하겠다. 초월적 주체가 어떠한 이질성도 포함하지 않거나 이질성을 함축하는 경우에도 필연적 동일화의 계기로 사라질 운명에 있는 이질성만을 허용한다면, 칸트 철학에서 주체성은 결국 동일성의 정립으로 귀착될 것이며 여기서 그 동일성과 동일화 작용의 절대화로서 절대적 주체에 이르는 길은 멀지 않을 것이다. 반대로 초월적 주체가 제거불가능한 이질성의 요소를 품고 있다면 우리는 칸트 철학에서 주체성을 동일성이 아닌 다른 지평에서 사고할 가능성을 획득할 수 있을 것이다. 그리고 초월적 주체의 동일성에 대한 칸트 자신의 단언에도 불구하고, 마음의 능력들에 대한 칸트의 이론은 초월적 층위의 주체성에서 이질성을 사고할 수 있는 가능성을 제공한다.

그런데 이러한 논의를 위해서는 한 가지 문제가 앞서 고려되어야 한다. 초월적 주체는 비단 자기의식만이 아니라 마음의 능력들 전반과 등치될 수 있는가? 지성, 이성, 판단력과 같은 자발성의 능력들이 초월적 통각 혹은 자기의식의 작용이자 표현임은 분명하지만, 감성-직관이라는 수용성의 능력까지 자기의식에 귀속시킬 수 있는가?

초월적 주체는 "내 안의 규정하는 자(das Bestimmende in mir)"이며, 자기의식은 이 규정하는 자의 규정작용의 자발성에 대한 의식이다(KrV, B158). 이때 규정작용은 '결합(Verbindung)'이나 '종합(Synthesis)'의 방식으로 이루어지며 직관에 주어지는 '잡다(das Mannigfaltige)'는 그 표현이 함축하듯 결합이나 종합을 거치기 이전의 질서 잡히지 않은 인식자료를 나타내므로, 감성적 직관은 자발성의 영향이 미치기 전의 수용성의 능력이며 따라서 자기의식과 무관하다는 것이 초월적 주체와 감성의 관계에 대한 표준적 설명일 것이다.

그러나 직관에 대한 칸트의 다음 설명에서 볼 수 있듯이 자발성과 수용성의 경계는 그렇게 명확하지 않다. "직관이란 잡다를 내놓는 것이긴 하지만, 이 잡다는 잡다로서 한 표상 안에 함유되어 있는 것으로, 직관은 그 한 표상에서 나타나는 종합이 없이는 결코 어떤 잡다도 생기게 할 수 없는 것이다."(KrV, A99) 이러한 서술에 따르면 '종합'이라는 초월적 주체의 자발적 규정작용은 통상 수용성의 능력으로 이야기되는 직관의 기능까지 규정한다. '종합'은 이미 주어진 잡다에 대해서만 수행되는 것이 아니라 잡다의 발생가능성 자체에 관여한다. "시간에서 직관의 순수 형식은 주어지는 잡다를 함유하는 직관 일반으로서 의식의 근원적 통일에 종속한다"(KrV, B140)는 B판 연역의 서술 역시 감성적 직관이 자기의식과 무관하지 않음을 함축한다. 여기서 의식의 근원적 통일에 종속한다고 이야기되고 있는 것은 직관에 주어지는 잡다가 아니라 그러한 잡다를 함유하는 직관의 순수 형식 자체이기 때문이다.

사실 감성적 직관과 자기의식의 관계를 확인해주는 이러한 칸트 자신의 서술들을 차치하고라도, 직관이 하나의 '형식'인 한 거기서 일정한 '규정'이 이루어지고 있음은 자명하다. 잡다는 오해의 소지가 있는 명칭과 달리 무규정적으로 아무렇게나 주어지지 않는다. 잡다는 우리의 형식에 포착되며 그러한 한에서 우리에 대한 잡다이다. 수용성이 하나의 '능력'일 수 있는 것은 거기서 이루어지는 일이 무차별적 수용이 아니라 주체의 형식을 반영하는 선별적 수용이기 때문이다. 모든 초월적 능력은, 설사 그것이 수용성의 능력이라 할지라도, 주체성의 표현인 것이다.

비판철학이 마음의 능력들에 관한 이론인 한 그것은 초월적 주체에 관한 이론이기도 하다. 반대로 초월적 주체성을 다룬다는 것은 마음의 능력들의 관계를 다룬다는 것이다. 그런데 초월적 주체와 능력들 전체의 이러한 동일시는 들뢰즈가 칸트 철학의 가장 독창적 요소 가운데 하나로 평가한 '우리가 가진 능력들의 본성이 서로 다르다는 이념'을 무화하지 않는가? 능력들이 궁극적으로 초월적 주체의 동일성으로 환원될 수 있다면 그 능력들의 이질성은 겉보기의 이질성일 뿐이지 않은가? 실제로 칸트의 자기의식 논의에 기초하여, 능력들의 이질성에 관한 이론은 유지될 수 없으며 칸트철학 자체가 이미 헤겔 철학을 비롯한 독일관념론이 주장하는 일원론적 요소를 포함하고 있음을 강조하는 해석 경향이 존재한다.[8] 이들은 칸트 자신의 서술 속에 존재하는, 능력들의 이질성과 자기의식의 동일성 사이에 존재하는 긴장을 전자를 후자로 환원함으로써 해소한다. 물론 이런 해석에서 포착되지 않는 것은 반대 방향의 운동의 가능성이다. 능력들의 이질성이 끝까지 유지되고 그리하여 초월적 주체의 동일성이 의문시될 수는 없는가? 비판철학이 다루는 이종적 능력들이 궁극적으로 동일성의 표현일 뿐이라면 어째서 그것들의 관계와 상호작용은 주체 안에 제거불가능한 이질성의 흔적을 남기는가? 능력들 사이에서 출현하는 이질성이 제거될 수 없다면 비판철학적 주체성은 동일성과 동일시될 수 없지 않은가? 비판철학에서 이질성은 제거되는 것이 바람직하지만 '불행히도' 제거할 수 없는 것이 아니라, 그래서 후예들에 의해 극복되어야 하는 비판철학의 한계를 표지하는 것이 아니라 비판철학의 적극적 핵심이

---

8   통상 칸트 해석에서 당연하게 전제되는 개념과 직관, 자발성과 수용성의 이원론이 '초월적 연역'에서 제시된 칸트 자신의 논의에 의해 부정된다는 Pippin의 이른바 "분리불가능성 테제(Inseparability thesis)"(Pippin 1989; 2005)와 이를 적극적으로 받아들이는 Sedgwick(2012)과 Pinkard(2012)의 논의를 염두에 둔 것이다.

자 강점으로 간주될 수 없는가? 이후 논의는 이러한 물음들에 의해
추동된다.

초월적 변증학: 능력들의 불가피한 이질성

1. 『순수이성비판』에서 초월적 변증학의 의의와
형이상학에서 '스스로 책임이 있는 미성숙'

칸트는 크리스티안 가르베(Christian Garve)에게 보낸 1798년 9월
21일자 편지(XII256-258)에서 자신을 "처음으로 교조적인 잠에서
깨워 이성의 자기 자신과의 명백한 모순이라는 스캔들을 해결하기
위해 이성 자체에 대한 비판에 착수토록 한 것"은 순수이성의 이율
배반이라고 말한다. 이 말에 따르면 비판철학을 낳은 것은 초월적
변증학의 문제다.[9] 초월적 변증학이 '순수이성비판'의 발생지인 것

---

[9]   물론 『순수이성비판』에서 이율배반은 초월적 변증학과 동일하지 않으며, '오류추리'
및 '순수이성의 이상'과 더불어 그 일부를 이룰 뿐이다. 그러나 칸트가 초월적 변증학
을 이율배반에 국한했어야 한다는 비판자들의 논의가 존재하며, 칸트 자신도 그러한
가능성을 진지하게 고민했다. 앨리슨에 따르면 변증학의 삼분구조는 비교적 늦게
발달했으며 그 최초의 표현들은 1778년과 1779년 사이의 단편들에서 발견된다(Refl,
XVIII218-235). 그 이전의 단편들(Refl, XVII699-713)은 칸트가 애초에는 변증학
의 논의 범위를 이율배반과 동일한 것으로 생각했음을 시사한다. 『순수이성비판』 내
에도 이율배반이 변증학의 논의 전체를 포괄하는 듯한 흔적은 여전히 남아 있는바,
두 번째 이율배반은 영혼의 단순성 문제와, 네 번째 이율배반은 신의 문제와 관련된
다. 『실천이성비판』과 『판단력비판』에서는 명백히 이율배반과 변증학이 동일시되
고 있다(Allison 2004: 497-498 참조). 다른 한편, 그럼에도 불구하고 변증학이 이율
배반에 국한되지 않고 지금과 같은 삼분구조를 취하는 이유 대한 설명으로는 Allison
2004: 321 참조.

이다.

사실 이는 『순수이성비판』의 머리말에서 이미 분명하게 나타난다. 거기서 칸트는 변증성이 이성에게 본성적인 것이고 때문에 형이상학은 언제나 있었고 앞으로도 그럴 것이라는 초월적 변증학의 근본 전제를 앞서 밝힌 후, 그로부터 "철학의 제일의 그리고 가장 중요한 업무는 착오의 원천을 막음으로써 형이상학에 대한 일체의 해로운 영향을 한꺼번에 제거하는 일"(KrV, BXXXI)이라는 결론을 이끌어내는데, 칸트 자신의 이성 비판이 저 일에 해당한다는 것은 말할 필요가 없을 것이다. 요컨대 『순수이성비판』의 구성상 변증학은 감성학과 분석학 뒤에 오지만, 칸트 자신의 저술 혹은 연구 동기에서 변증학은 감성학과 분석학에 앞서며 그것들을 낳는 것으로서 『순수이성비판』의 기저에 위치한다.[10]

감성을 다루는 초월적 감성학, 지성을 다루는 초월적 분석학 그리고 이성을 다루는 초월적 변증학을 주요 구성 부분으로 하는 첫번째 비판서의 제목이 '순수이성비판'인 이유도 이런 관점에서 이

---

10   최인숙(2005: 22) 역시 이와 같은 입장에 있다. 한편 Hösle에 따르면 초월적 변증학이 다루는 이율배반의 문제는 비판철학의 단초나 동기일 뿐 아니라 초월적 관념론이라는 『순수이성비판』의 중심 입론에 대한 증명이기도 하다. "칸트의 초월적 관념론의 발전을 위해 그것[이율배반]은 중심적이었다. 근본적으로 오직 그것만이 칸트의 현상체와 예지체의 이원론을 뒷받침한다는 것은 쉽게 파악할 수 있다. 왜냐하면 종합적-선험적 인식이 존재한다는 단순한 사실은 결코 칸트가 주장하듯 이 인식이 오직 현상만을 파악한다는 것을 증명하지 못하기 때문이다. 오로지 순수 지성의 기구가 즉 각적으로 사물 자체에 적용될 수 있다는 가정에 존재하는 모순에 대한 제시만이 칸트의 입장을 정당화할 수 있다. 칸트는 이율배반을 범주와 원칙이 오로지 가능한 경험의 한계 내부에서만 기능하며, 따라서 전체로서의 세계에 적용할 수 없다는 사실의 표현으로서 바라본다."(Hösle 2013/2015: 127) Michelle Grier 역시 이와 동일한 주장을 제시한다(2012/2017: 16).

해할 수 있다. 초월철학적 진리론이 전개되는 초월적 감성학과 초월적 분석학을 첫 번째 비판서의 중심으로 이해할 경우 '순수이성비판'이라는 제목은 적절치 않아 보인다. 『순수이성비판』의 '이성'을 초월적 변증학의 대상인 '좁은 의미의 이성'이 아니라 인간의 정신능력 전반을 포괄하는 '넓은 의미의 이성'으로 이해해야 한다는 입장이 있을 수 있겠지만, 이 경우에는 다른 두 비판서 제목과의 차이를 설명하기가 곤란해진다. 두 번째와 세 번째 비판서 제목은 거기서 다루어지는 능력들을 모두 포괄하는 상위의 능력이 아니라 비판의 대상이 되는 특정한 능력을 가리키기 때문이다. 첫 번째 비판의 이성만을 '넓은 의미의 이성'으로 이해해야 할 이유가 없는 것이다. 실제로 『순수이성비판』에서 한계 위반의 충동은 오직 이성으로부터만 나오며, 따라서 고유한 의미에서 비판의 대상은 "우리로 하여금 〈분석학〉에서 강제된 한계를 파괴하도록 자극하는 방식으로 인식작용을 하는 별도의 능력으로서의 이성"일 수밖에 없다 (Grier 2012/2017: 6).[11]

바로 이런 맥락에서 초월적 변증학은 『순수이성비판』에서 특별

---

11   Bennett은 변증학의 문제들이 사유를 경험에 근거시키지 못하는 데서 발생하는데 이는 이성과 무관하며, 따라서 '순수이성비판'이라는 제목을 진지하게 취급할 수 없다고 주장한다. '순수이성비판'으로 고려될 때 『순수이성비판』은 무시해도 좋다는 것이다(2016[1974]: 3). 그러나 이런 입장은 초월적 변증학이 단순히 형이상학적 오류에 관한 이론이 아니라 초월적 가상을 중심으로 한 인간 이성의 성격에 관한 이론이기도 하다는 점을 보지 못하거나 무시한 결과다. Bennett이 『순수이성비판』의 구성과 관련하여 감성학과 분석학이 칸트의 철학적 입장을 제시하고 변증학은 일정한 문제와 논쟁에 그 입장을 '적용한다(apply)'는 식의 표면적인 이해만을 보여주는 것도 초월적 변증학의 성격에 대한 불충분한 이해와 관련되어 있다.

한 의미를 갖는다. 초월적 변증학의 고유한 대상은 이성 자신이다. 감성학과 분석학이 해명하고자 하는 것이 자연 혹은 대상의 가능성과 관련한 물음들인 데 반해, 초월적 변증학에서는 "사물들의 자연본성에 대해서가 아니라, 오직 이성의 자연본성에 의해 그리고 단지 이성의 내적 설비에 대해 물음들이 제기되기 때문이다."(KrV, A695=B723) 초월적 이념과 관련하여 "순수 이성은 오로지 자기 자신만을 다루며, 다른 과업을 가질 수 없다."(KrV, A680=B708)[12] 그리고 이처럼 초월적 변증학의 고유한 대상이 이성 자신인 것은, 변증학을 '가상의 논리'라 할 때 그 가상이 위치하는 자리가 바로 이성이기 때문이다.

초월적 가상은 논리적 가상, 즉 거짓추론의 가상과는 다르다. 논리적 가상은 논리적 규칙에 충분히 주의를 기울이지 못해서 생기는 것으로, 주의의 결핍이 해결됨과 동시에 사라진다. 그러나 초월적 가상은 "인간 이성에서 몰아낼 수 없게끔 부착되어" 있는 "자연스럽고 불가피한 환상", "결코 피할 수 없는 환상"이다(KrV, A297-8=B354-5). 그것은 "꾸며내진 것도, 우연히 생긴 것도 아니고, 이성의 자연본성에서 생겨난 것"이며, "인간의 궤변이 아니라 순수 이성의 궤변이어서, 만인 중 가장 현명한 사람일지라도 그것에서 벗어나지는 못할 것이고, 많은 노력 끝에 어쩌면 착오는 방지할지 몰

---

12   Cassirer는 초월철학은 형이상학의 대상이 아니라 형이상학적 물음에 대한 것이라고 말하는데, 이러한 측면이 가장 잘 드러나는 곳이 초월적 변증학이라 하겠다(Cassirer 1921: 155). 변증학적 관점에서 보면 형이상학적 대상이란 아예 존재하지 않으며, 변증학이 문제 삼는 것은 단지 형이상학적 물음을 끈질기게 제기하는 우리 이성의 본성이기 때문이다.

라도, 그를 끊임없이 성가시게 하는 가상을 소멸시킬 수는 없을 것이다."(KrV, A339=B397) 초월적 가상은 "사람들이 그것을 들춰내고 초월적 비판을 통해 그것이 아무것도 아님을 분명하게 통찰했다 하더라도" 중지하지 않는데, 이는 "천문학자가 비록 그런 가상에 속지 않는다 할지라도, 달이 뜰 때 더 크게 보이지 않게끔 그가 막을 수 없는 것과 마찬가지다."(KrV, A296-7=B353-4) 그러므로 초월적 가상에 근거한 학문인 형이상학은 지금까지 늘 있어왔듯 앞으로도 사라지지 않을 것이다. 형이상학은 "인간의 이성에 불가결한 학문, 거기에서 움튼 모든 줄기들을 잘라버릴 수는 있어도 그 뿌리를 송두리째 뽑을 수는 없는 하나의 학문"이다(KrV, B24).[13]

칸트가 초월적 변증학을 통해 비판하는 형이상학의 오류들은 이 같은 이성의 초월적 가상으로 인한 것이다. 이성과 진리의 동일시는 더 이상 유지되지 않는다. 초월적 가상의 발생지는 이성이다. 즉 칸트는 형이상학적 오류의 원인이 이성 자신에게 있다고 본다.[14] 이는 (방법적 회의에서) 오류를 자신 외부의 '악마'의 속임에 의한 것으로 보는 데카르트의 방식과 다르며, 감성을 진리의 능력인 이성에 대한 '외적인' 방해물로 봤던 전통적인 합리론과도 다른 것

---

13 "보편적인 인간이성의 이해관심은 형이상학과 너무나 밀접하게 얽혀 있어서, 형이상학에 대한 수요는 결코 없어질 수 없을 것이다."(Prol, IV257); "인간 이성은 사고한(denken) 이래로, 더 정확히는 숙고한(nachdenken) 이래로 결코 형이상학을 갖지 않은 적이 없었지만, 그럼에도 일체의 이질적인 것들로부터 충분히 정화된 형이상학을 현시할 수는 없었다. 그러한 학문의 이념은 사변적 인간 이성만큼이나 오래된 것이다."(KrV, A842=B870)

14 이런 의미에서 칸트의 계몽주의는 이성의 본원적 무오류성에 대한 주장과는 관계가 없다.

이다. 초월적 변증학에서 오류와 가상의 원천은 이성이라는 이름의 우리 자신 내부에서 발견되며, 푸코의 말대로 이는 「'계몽이란 무엇인가?'라는 물음에 대한 답변」(이하 「계몽이란 무엇인가?」)의 칸트가 미성숙의 원인을 우리 자신에게 돌리는 것에 상응한다(Foucault 2008b: 31-32). 그리고 이런 의미에서 초월적 변증학이 다루는 착오와 오류는 형이상학의 영역에서 고찰되는 "스스로 책임이 있는 미성숙"(WA, VIII35)이라 할 수 있다.

초월적 변증학이 계몽철학으로서의 비판철학의 핵심인 것은 단순히 거기서 전통 형이상학의 폐기 작업이 이루어지기 때문이 아니다. 실제로 인식을 가능한 경험의 한계 안으로 제한하는 분석학에서 이미 전통 형이상학의 파괴가 수행되고 있다는 이유로 변증학에서 이루어지는 이성 비판은 종종 불필요한 것으로 간주되기도 한다. 칸트 자신도 '제한'의 문제에 관해서라면 분석학만으로 충분하며, 형이상학적 주장들과 관련되어 있는 지속적인 가상이 없다면 변증학이라는 추가적인 노동을 수행하지 않아도 됐을 것이라고 말한다(KrV, A702-703=B730-731; Allison 2004: 307 참조).

칸트가 '변증학이라는 추가적인 노동'을 수행한 것은 형이상학의 오류들을 '스스로 책임이 있는 미성숙'으로 이해하고 그것을 주체 내적으로 성숙으로 전환할 방법, 즉 형이상학에서 계몽을 수행할 방법을 찾기 위함이었다. 변증학의 문제는 형이상학의 개념과 논리에 대한 외적 비판이 아니라 그것을 낳는 주체 내적 원인에 대한 비판이며, 바로 그러한 의미에서 계몽의 문제의식과 연결된다. 그리고

이러한 비판-계몽을 수행하는 것이 바로 '초월적 가상론'이다.[15]

그러나 우리 안에 있는 미성숙의 원천이 "자연스럽고 불가피한 환상", "결코 피할 수 없는 환상"이며 이성의 본성에서 생겨난 탓에 제거할 수 없는 가상이라면 계몽은 어떻게 가능한가? 형이상학에서 성숙은 어떻게 달성될 수 있는가? 딜레마의 해결은 미성숙의 원천과 그로부터 발생하는 미성숙 자체를 구분함으로써, 즉 초월적 가상과 형이상학적 오류를 동일시하지 않음으로써 주어진다. 이러한 구분은 초월적 변증학이 수행하는 작업의 절차에서도 드러난다.

초월적 변증학의 절차란 다음과 같다. 1) 오류를 확인하고 오류가 오류인 이유를 밝힌다. 형이상학적 주장들에 대한 논리적 논박이 이에 해당한다. 2) 오류의 원천을 밝힌다. 즉 오류의 가능성의 조건을 밝힌다. 이것이 오류에 대한 1)의 논리적 접근과 구분되는 초월철학적 접근이며, 변증학이 '초월적' 변증학인 이유다. 3) 오류의 원천, 즉 초월적 가상이 자연적이며 제거불가능한 것임을 밝힌다. 오류는 제거될 수 있지만 오류의 원천이 제거될 수는 없다. 4) 저 오류의 원천을 진리의 원천으로 역전시킨다.

'역전'은 저 미성숙의 원천이 동시에 성숙의 잠재성 또한 품고 있지 않다면 불가능할 것이다. 그리고 칸트가 이념 혹은 이성의 규제적 사용과 구성적 사용의 구분을 도입할 때, 그것은 미성숙의 원

15　　칸트 연구에서 『순수이성비판』의 초월적 가상론이 갖는 중요성과 고유한 의의가 조명되는 데에는 Michelle Grier의 Kant's Doctrine of Transcendental Illusion(2001)이 결정적인 역할을 했다. 초월적 가상론에 대한 이 장의 논변 역시 Grier의 논의에 많은 빛을 지고 있다.

천으로부터 성숙의 잠재성을 끌어내서 활용하기 위한 것이다. 그러나 규제적 사용과 구성적 사용의 구분은 애초에 초월적 가상과 형이상학적 오류의 구분이 정립되지 않는다면 불가능하다.

2. 초월적 가상과 형이상학적 오류의 구분

칸트는 초월적 가상이 자연적이며 불가피하다고 주장하는 동시에, 형이상학적 오류들을 방지하는 일이 가능하다고 말한다. 두 주장이 모순 없이 공존하기 위해서는 초월적 가상과 형이상학적 오류가 구분되어야 한다. 그러나 그리어(Grier 2001: 3-10)에 따르면 많은 해석자들이 이 구분의 중요성을 간과하며 초월적 가상에 대한 서술이 형이상학적 착오에 대한 설명과 무관하거나 일치하지 않는다는 이유로 칸트를 비판한다. 형이상학적 논변들의 오류에 대한 칸트의 논박은 '불가피한 가상'에 대한 주장들과 관계없이 이루어지며, 논박의 모든 경우에 있어서 형이상학적 주장들은 범주가 잘못 사용되었다는 이유로 기각되고 있으므로 '불가피한' 초월적 가상에 대한 논의는 애초에 불필요하다는 것이다(Kitcher 1990: 185, Kitcher 1982: 518, Smith 1962: 457, Walsh 1975, Strawson 1966: 155-161). 그리어는 양자의 구분에 실패하는 일이 심지어 칸트의 옹호자들 가운데서도 흔하다고 지적한다(Wood 1978: 76, Ameriks 1982: 55-57).[16]

---

[16]   Grier를 지도한 Allison조차 제자인 Grier의 해석과 함께 '교조적 잠'에서 깨어났음을 고백하며 이를 자신의 책 개정판을 내도록 한 중요한 계기 가운데 하나로 언급한다 (Allison 2004: xvii).

그러나 칸트 자신은 범주의 오용과 초월적 가상을 명확히 구분한다. 전자는 지성의 잘못된 사용으로 인한 판단상의 착오에 관한 것이고, 후자는 이성의 초험적 이념, 준칙, 원칙 등의 사용을 수반한다.

우리는 그것의 사용이 온전히 가능한 경험의 경계 안에 머무는 원칙들을 내재적 원칙이라 일컫고, 반면에 이 한계를 넘어간다(überfliegen)고 하는 원칙들을 초험적 원칙이라 일컫고자 한다. 그러나 나는 이 초험적 원칙들이라는 말로 범주들의 초월적 사용 내지 오용을 뜻하는 것은 아니다. 그것은 비판을 통해 마땅히 그리됐어야 할 통제가 되지 않은 판단력의 순전한 잘못으로, 그때 판단력은 그 안에서만 순수 지성에게 그의 역할이 허용되어 있는 땅의 한계를 충분히 주의하지 않은 것이다. 그 대신에 나는 초험적 원칙이라는 말로 저 모든 경계표를 파기해버리게끔 우리를 강요하고, 어디에서도 어떤 경계 설정도 인정하지 않는 전혀 새로운 땅을 월권적으로 차지하도록 강요하는 실제적인 원칙을 뜻한다. 그러므로 초월적(transzendental)과 초험적(transzendent)은 동일한 것이 아니다. 우리가 위에서 설명한 순수 지성의 원칙들은 순전히 경험적으로만 사용되어야 하는 것이고, 초월적으로는 다시 말해 경험의 한계를 넘어서 사용되어서는 안 되는 것이다. 그러나 이 경계를 치워버리는, 심지어 그것을 넘어가라고 지시명령까지 하는 원칙은 초험적이라고 일컬어진다.(KrV, A295-6=B352-3)

정리하면, 범주들의 초월적 사용—내재적 사용이 아니라는 의미에서 '오용'—은 경계 자체를 무화하려는 시도가 아니라 충분한 주의의 부재로 경계를 넘어가는 것이다. 반면 초험적 원칙이란 주의 결핍으로 인한, 그러니까 우연적인 경계 침범이 아니라 원칙적으로 경계 침범을 요구하는 것이며, 그러한 한에서 경계에 대한 원리적 부정이다. '원칙'이라는 이름이 붙는 것은 그 때문이다. 변증학의 논의는 전자, 즉 범주의 초월적 사용에 관한 문제에 국한되지 않는다. 범주의 오용에만 기인하는 오류는 이중의 의미에서 우연적인데, 첫째 충분히 체계적이지 않기 때문이고, 둘째 어떤 특별한 힘에 의해 강제된 것이 아니기 때문이다. 그런데 칸트에게 변증적 오류들은 결코 우연적인 것이 아니다(Ameriks 1992: 250-251). 불가피한 초월적 가상을 수반하는 오류들이기 때문이다.

범주를 초월적으로 사용하는 것이 문제라는 주장을 하기 위해서였다면 분석학만으로 충분하고 변증학은 필요치 않았을 것이다(Grier 2001: 118, Allison 2004: 307). 초월적 변증학은 지성 개념의 오용 일반이 아니라 이성으로부터 비롯하는 초월적 가상과 결합된 범주의 초험적 사용을 다루며, 그런 의미에서 변증학의 고유성은 초월적 가상 이론에 있다. 다시 말해 변증학의 칸트에게는 오류 그 자체의 확인보다 오류의 초월적 근거 내지 원천을 드러내는 기획이 한층 더 중요했으며, 변증학이 '초월적' 변증학인 이유는 오류가 생산되는 초월적 조건의 확인을 강조하기 때문이다(Grier 2001: 12).

그러므로 형이상학적 오류와 이 오류의 원천으로서의 초월적 가상은 서로 다르며 구분되어야 한다. 이 구분이 이른바 "불가피성 테제"(Grier 2001: 4)를 형이상학 주장들의 오류에 대한 논박과 양립 가능한 것으로 만들어준다. 가상은 불가피하고 제거될 수 없지만 그 가상에 근거하여 오류를 저지르는 일은 막을 수 있다. 비유컨대, 물속에 있는 막대가 휘어 보이지 않도록 할 수는 없다. 이것은 필연적 가상이다. 그러나 이 가상에 근거해서 실제로 막대가 휘어 있다는 결론을 내리는 것은 오류이며 이는 교정되고 방지될 수 있다.[17]

초월적 가상과 형이상학적 오류의 구분이 갖는 의의는 불가피성 테제와 전통 형이상학에 대한 비판을 양립가능하도록 만들어주는 데서 그치지 않는다. 저 구분의 더 큰 중요성은, 초월적 가상으로서의 이성 이념이 단순히 오류의 원천이기만 한 것이 아니라 이성의 두 가지 방향의 관심, 즉 인식의 완결과 체계적 통일을 성취하겠다는 이론적 관심과 영혼의 불멸, 자유, 신의 현존을 요청하는 실천적 관심의 표현이라는 사실에 있다(Grier 2012/2017: 5). 많은 해석자들의 독해에서처럼 형이상학적 오류와 초월적 가상이 구분되지 않고 칸트가 변증학에서 수행한 작업이 양자 모두를 피하는 방법을 제시한 것으로 이해된다면 변증학은 "형이상학의 특정 논변들에 대한 비판일 뿐만 아니라 초험적, 형이상학적 (…) 관심과 성향 자체에 대한 비판"(Grier 2012/2017: 7)이 되어버리는데, 물론 이는 칸트가 의도한 바가 아니다. 칸트는 초월적 가상이 불가피할 뿐만 아니라 "불가결하게 필수적"(KrV, A645=B673)이라고도 말하기

---

17   칸트 본인 역시 이와 유사한 일련의 광학적 비유들로 초월적 가상의 불가피성을 설명한다(KrV, A297=B354).

때문이다.[18]

어떤 의미에서 불가결하며 필수적인가? 초월적 가상으로서의 초월적 이념들은 우리 인간-유한자의 한계 밖에 있는 "가상의 초점(focus imaginarius)"으로 기능한다. 가상의 초점으로서의 초월적 이념들은 "훌륭하고 불가결한 필연적인 규제적 사용"을 갖는바, 그것은 "지성으로 하여금 그것을 노려 그의 모든 규칙들의 방향선들이 한 점에서 모이는 모종의 목표로 향하도록 하는 사용"이다. 가상의 초점으로서의 초월적 이념은 "전적으로 가능한 경험의 한계 밖에 놓여 있기에, 지성개념들이 실제로 그로부터 출발하는 것은 아닌 하나의 점이기는 하지만 (…) 그럼에도 이 점은 지성개념들에게 최대한의 외연 확장과 더불어 최대한의 통일성을 부여하는 데 기여한다."(KrV, A644=B672) 지성의 개념과 규칙은 본래 방향이나 초점을 갖지 않으며, 그 때문에 지성의 개념과 규칙에 의해서만 규정되는 세계는 하나의 '체계'를 이루지 않는다. 이 세계 밖에 설정되는 가상의 초점—이것이 '가상의' 초점인 것은 지성의 세계를 벗어나서는 인식이 성립할 수 없기 때문이다—으로부터 그어지는 가상의 선(線)을 따라 모종의 '정렬'이 이루어짐으로써 세계는 "최대한의 통일성"을 갖게 되며 마찬가지로 그 가상의 선을 따라서 "최대한의 외연 확장"이 이루어진다.

---

18   "형이상학에 대한 칸트의 비판은 이론이성이 초월적 대상에 대한 인식 도구로 순수하게 사용될 수 있음을 부정하는 동시에 이성 이념이 인식 획득의 전반적 기획에서 지향점이나 목표로 중요한 역할을 수행할 수 있음을 옹호한다. (…) 형이상학에 대한 칸트의 비판이 이성의 이념과 원칙에 대한 직접적 반박을 수반하지 않음은 분명하다." (Grier 2012/2017: 10)

그러나 이러한 통일성과 외연 확장이 사후에 추가적으로 부가
되는 것이라면 초월적 이념이 "불가결하게 필수적"이라는 말은 충
분히 납득되지 않는다. 체계성과 확장성에서 그 최대치에 이르지
못한 경험일지라도 어쨌든 경험으로 성립하긴 할 것이기 때문이다.
그러므로 초월적 가상, 초월적 이념의 '불가결성 테제'를 진지하게
받아들이기 위해서는 브란트(Reinhard Brandt)가 지적하듯 초월적
이념 및 그와 관련한 원칙들을 경험의 가능성 그 자체의 불가결한
요소로 이해해야 한다. 이러한 이해에 따르면 칸트의 주장은 이성
이념들이 없다면 지성의 작용은, 심지어는 범주들 그 자체도 "비일
관적이고 무용하다"는 것이다(Brandt 1989: 178-179).[19] 이성이 경
험에 제기하는 확장과 체계성의 요구가 인간에게 불가피한 것이라
면, 그러한 요구를 담지하지 않는 경험이란 없는 것이며, 따라서 경
험의 확장과 체계성에 불가결한 것은 또한 경험 자체의 성립 가능
성에 불가결한 것이라 하겠다. 가상의 초점으로서의 초월적 이념은
주체가 자신의 세계에 부여하는 하나의 "관점"(KrV, A681=B709)이
며, 인식적인 동시에 실천적인 관심을 함축하는 이 관점은 경험의
성립에 처음부터 관여한다. 이러한 의미에서 칸트 철학에서 "지식
체는 인간 이성을 규정하는 '주체적' 관심들의 관점에서 취해지는
능동적 '기획'으로 이해되어야 한다."(Grier 2001:7)
  다시 말해, 인간은 초월적 이념, 즉 '가상의 초점'과의 관계에서

19　이러한 맥락에서 Brandt는 이성 이념 및 그와 관련한 원칙들이 경험의 가능성을 정
　　초한다는 의미에서 명확히 초월적 지위를 갖는 것으로 해석되어야 한다고 주장한다.
　　Grier 역시 Brandt의 주장을 적극적으로 받아들인다(Grier 2001: 6-7).

만 세계를 무차별적이지 않은 것으로, 다시 말해 자신과의 관계에서 유의미한 것으로 경험할 수 있다. 이 가상의 초점의 위치에 '마치-처럼(als-ob)'의 방식으로 섬으로써만 인간은 자신의 세계를 건설할 수 있다. 즉 초월적 이념으로서의 초월적 가상은 주체가 그 자체로서의 세계가 아니라 자신에 대해 존립하는 세계를 짓는 하나의 관점이다. 이것이 주체의 관점일 뿐 세계 자체에 관한 것은 아님을 아는 채로 초월적 이념을 사용하는 것을 규제적 사용이라 한다. 반면 자신이 보는 것이 세계 자체라고 여기는 것, 가상의 초점이 실재하며 따라서 주체가 그 초점의 위치에 실제로 설 수 있다고 생각하는 것은 이념을 구성적으로 사용하는 것이다. 초월적 가상과 형이상학적 오류의 구분의 최종적인 실천적 귀결은 이 같은 이념의 규제적 사용과 구성적 사용의 구별인 것이다.

3. 초월적 가상과 능력들의 불가피한 불일치

앞서 우리는 초월적 가상과 그로부터 비롯하는 오류의 발생지로 이성을 지목했다. 그러나 중요한 전제가 함께 고려되지 않는 한 이러한 진단은 불완전하며 심각한 오해를 낳을 수 있다. 이성의 요구와 원칙 자체가 가상과 오류를 발생시키는 것이 아니다. 맑스(Karl Marx)의 유명한 관계론적 진술을 활용해서 말하자면, '이성은 이성이다. 일정한 관계 속에서 그것은 비로소 가상과 오류의 원천이 된다.'[20] 이성 그 자체가 아니라 오직 다른 능력들과의 관계 속에 놓

---

20   "흑인은 흑인이다. 일정한 관계들 속에서 그는 비로소 노예가 된다."(칼 맑스 1991: 555)

여 있는 이성만이, 그래서 그 능력들이 설정하는 한계와 관계할 수밖에 없는 이성만이 가상과 오류의 원천이 된다. 칸트는 "순수 이성의 이념들은 결코 그 자체로는 변증적일 수가 없다"고 말한다(KrV, A669=B697). 문제는 "이념 그 자체가 아니라 이념의 사용"이다(KrV, A643=B671). 이념의 사용은 이념의 능력인 이성의 사용이다. 그리고 모든 능력의 사용 방식에는 그에 상응하는 일정한 능력들의 관계 혹은 배치가 존재한다. 단적으로 말해, 능력의 사용은 능력들의 일정한 배치의 구성 그 자체다. 가령 이성의 규제적 사용에서 지켜지는 감성과 지성, 이성 사이의 경계는 이성의 구성적 사용에서는 유지되지 않는다. 칸트 철학에서 개개의 능력 그 자체로부터 발생하는 문제란 존재하지 않는다. 문제는 능력들 자체가 아니라 능력들 사이에서 출현하며 문제에 대한 해법 또한 능력들의 적절한 관계 수립이라는 형태로 제시된다. 능력의 적절한 사용이란 다른 능력들과의 적합한 관계 수립인 것이다.

실천철학에서 가장 분명하게 드러나는바, 이성은 인간에게 고유한 능력이 아니다. 인간은 이성이라는 능력 혹은 특성을 다른 이성적 존재자들과 공유한다. 이성의 동일한 실천적 원칙이 인간에게는 '해야만 함(Sollen)'으로 나타나는 데 반해, 다른 이성적 존재자들에게서는 '하고자 함(Wollen)'으로 나타날 수 있는 것(GMS, IV449)은 두 경우에 이성이 놓이게 되는 배치가 상이하기 때문이다. 인간의 이성은 동물적 경향성과의 공존이라는 독특한 배치에 놓임으로써 인간에게만 해당하는 결과를 산출한다. 그런데 이는 반대 방향, 즉 감성 쪽에서 봐도 마찬가지다. '동물적 경향성'이라는 말이 보여주듯 감성 역시 인간에게 고유한 능력이나 특성은 아니다. 그것은 이성과의 공존이라는 특정한 배치 속에서 다른 동물적 존재자들과 다른 실천적 결과를 산출한다. 그러므로 인간에게 고유한 것은 특정한 능력이 아니라 능력들의 일정한 배치이며, 이 배치 혹은 관계야말로 인간의 인간됨을 규정한다. 인간적인 능력이란 없으며 오직 능력들의 인간적인 배치가 있을 뿐이다.[21]

이런 사정은 비단 실천적 영역뿐 아니라 칸트 철학이 다루는 모든 영역에서 마찬가지다. 인간은 고유하게 인간적인 요소들로 이루어져 있지 않다. 칸트에게 능력들의 차이가 라이프니츠 철학에서 지성과 감성의 경우처럼 정도상의 차이가 아니라 본성상의 차이인 이유를 그러한 관점에서 이해할 수 있을 것이다. 인간의 능력들의 본성상의 차이는 그것들이 서로 다른 비인간적 원천을 갖고 있음을 보여준다. 인간은 그처럼 본성상 다른, 고유하게 인간적이지 않은 요소들의 공존으로 규정된다. 그러므로 '인간이란 무엇인가'라는 질문은 비인간적인 요소를 고려함으로써만, 그러한 요소들 간의 관계라는 관점에서만 대답될 수 있다. 칸트에게 '인간학'이라는 것이 있다면 바로 이러한 것이다. 이 같은 인간학에서 인간성은 폐쇄적인 것이 아니라 다른 존재들에 개방되어 있으며, 그러한 개방성은 주체 내부에서 능력들의 불일치라는 형태로 경험된다.

무조건적인 것과 무한한 것에 대한 이성의 요구는 유한성을 특

---

21   실천철학에서 주체를 구성하는 능력들의 관계에 대한 더 자세한 논의는 다음 절 '의무와 명령으로서의 윤리' 참조.

징으로 하는 인식능력들과의 관계 속에서 초월적 가상을 낳는다. 초월적 가상은 인간-주체의 인식에서 작동하는 능력들의 본성상의 차이와 불일치의 표현이다. 이성이 지성과 동일한 규칙 및 한계에 종속한다면 초월적 가상은 존재하지 않을 것이다. 초월적 가상이 불가피하고 제거불가능하다는 것은 저 능력들의 본성상의 불일치가 불가피하며 제거불가능하다는 것이다. 초월적 변증학의 초월적 가상론은 초월적 주체에 관한 이론이 분석학이 정립하는 안정적이고 동일적인 초월적 통각에 대한 논의로 마무리될 수 없음을 보여준다.

4. 유한, 무한, 한계: 초월철학적 의미의 계몽이란 무엇인가?

감성학과 분석학은 인간 인식의 한계를 설정하며 그 한계를 넘어서는 능력의 사용을 금한다. 그러므로 칸트에게 한계가 한계 내부로의 제한이라는 관점에서만 다루어지는 문제였다면 감성학과 분석학 외에 변증학이 별도로 필요치 않았을 것이다. 변증학은 한계 내부와 외부는 어떤 식으로 관계할 수 있고 또 관계해야 하는가, 그리고 그러한 관계가 이루어지는 장소인 한계 그 자체의 성격은 무엇인가에 관한 이론이다. 감성학과 분석학이 유한성의 내적 구조와 규범에 대한 탐구라면, 변증학은 무한성과의 관계에서 고찰된 유한성에 대한 숙고다.

무한성과 유한성의 관계에서 발생하는 문제들에 대한 숙고 끝에 나온 칸트적 해법인 이성의 규제적 사용은 한계 안에 머무는 것이 아니라 한계 위에 서는 것을 의미한다.

만약 우리가 '순수 이성의 모든 초험적 판단들을 피하라'는 금지명령과 외견상 이와 상충하는 지시명령, 즉 '내재적(경험적) 사용 분야의 밖에 있는 개념들에까지로 넘어가라'를 연결시키면, 우리는 이양자가 함께 존립할 수 있음을, 그러나 오직 바로 모든 허용된 이성사용의 **한계 위**에서만 그리할 수 있음을 깨닫는다. 왜냐하면 이 한계는 경험의 분야에도 속하고, 또한 사유물들의 분야에도 속하기 때문이다.(Prol, IV356-7. 강조는 인용자)

한계는 정의상 안도 밖도 아니며, 혹은 안인 동시에 밖이며, 따라서 순수한 유한성의 영역도 무한성의 영역도 아니다. 한계는 유한성과 무한성이 불일치의 방식으로 공존하는 지점이며, 그래서 인간의 자리이다.[22]

인간적 유한성의 독특한 점은 무한성과의 단순한 구분이나 대립에서 존립하지 않는다는 데 있다. 무한성은 늘 우리 자신에 대한 무한성이며 그런 한에서 무한성에는 이미 유한성의 표지가 있다.[23]

---

22   "한계란 자체가 적극적인 어떤 것으로, 이것은 한계 안에 있는 것에도 속하면서 또 주어진 총괄 밖에 있는 공간에도 속하는 것이다. 그러함에도 한계는 현실적인 적극적인 인식으로서, 이성은 순전히 이 한계에까지 자기를 확장하면서도 거기에서 눈앞에 하나의 빈 공간을 보되 그 안에서 사물들을 위한 형식들을 생각할 수는 있으나 사물들 자체는 생각할 수 없기 때문에 이 한계를 넘으려 시도하지 않음으로 해서, 이 적극적인 인식에 참여한다. (…) 이런 인식을 통해 이성은 감성세계 안에 갇혀 있지도 않고 감성세계 밖에서 광신하지도 않으며, 오히려 한계의 지식에 걸맞게 감성세계 밖에 있는 것과 안에 함유되어 있는 것과의 관계에만 자신을 국한시킨다."(Prol, IV361)

23   지젝은 칸트 철학에서 나타나는 '우리 자신에 대한 무한성'의 문제를 다음과 같이 명확하게 해설한다. "칸트적 주체의 유한성은 인간의 인식을 신뢰할 수 없고 기만적인

우리는 초월적 이념의 대상을 그 자체로서가 아니라 "나에 대해 있는 대로, 곧 내가 그 일부인 세계와 관련해서 인식하는 것"이다 (Prol, IV357). 요컨대 "나는 어떤 것을 단적으로 상정(suppositio absoluta)할 권한은 없지만, 그것을 관계적으로 상정(suppositio relativa)할 충분한 근거는 가질 수 있다."(KrV, A676=B704) 그리고 또한 역으로 그러한 한에서 인간의 유한성은 늘 무한성과의 관계 속에 있는 유한성이다. 무한성과의 관계는 인간적 유한성의 본질적 계기다. 한계란 이와 같은 유한과 무한의 관계맺음이 이루어지는 자리, 혹은 그러한 관계 자체다.[24]

성격의 것으로 간주하는 표준적인 회의주의적 단언(인간의 인식은 덧없는 감각적 현상들에 제한되어 있기 때문에 인간은 결코 지고의 실재성의 불가사의를 꿰뚫을 수 없다 등등)에 해당하는 것이 아니다. 그것은 훨씬 더 근본적인 자세를 내포한다: 주체의 유한한 시간적 경험의 지평 내부에서 볼 때 도달할 수 없는 예지적 너머(Beyond)의 흔적으로서 주체에게 나타나는 바로 그 차원은 이미 유한성의 지평에 의해 표지되어 있다—그것은 예지적 너머가 주체의 유한한 시간적 경험 내부에서 주체에게 나타나는 방식을 가리킨다. (⋯) 물론 최고선의 이념을 체현하는 지고의 존재인 신은 예지적 존재자를 지칭한다. (⋯) 하지만 그것은 '우리에 대한(For us)'이라는 양태에서의 예지적 존재자를 지칭한다. 즉 그것은 유한한 이성적 존재자(인간)가 그 예지적인 지고의 존재를 스스로에게 표상하는 그 불가피한 방식을 지칭한다. 혹은, 현상학적 용어로 표현하자면, 지고의 존재로서의 신은 비록 감성적-시간적 경험의 대상이라는 의미에서 하나의 현상일 수는 없지만 그럼에도 불구하고 보다 근본적인 의미에서—즉 의식과/이나 자유의 능력을 부여받은 유한한 존재에게 나타나는 존재자로서만 유의미한 어떤 것이라는 의미에서—하나의 '현상'이다."(Zizek 1999/2005, 49-50)

24   "만약 우리가 우리의 판단을 한낱, 그 개념 자체가 세계 안에서 우리가 할 수 있는 모든 인식 밖에 놓여 있는 하나의 존재자에 대하여 세계가 가짐 직한 **관계**에만 국한시킨다면, 우리는 이 **한계 위**에서 멈추는 것이다."; "비록 최고존재자를 단적으로 그리고 그 자체로 규정할 수 있을 터인 모든 것을 우리가 제거하더라도, 우리에게는 충분하게 규정된[명확한] 최고존재자의 개념이 남는다. 왜냐하면 우리는 최고존재자를 세계와 **관련**해서, 그러니까 우리와 **관련**해서 규정하며, 더 이상의 것이 우리에게 필요하지도 않기 때문이다."; "이러한 제한이, 이성이 우리를 경험의 객관적 한계에까지, 곧

그러므로 칸트의 '한계'는 단순히 넘지 말아야 할 선이 아니다. 한계 안팎의 종적으로 이질적인 것들의 적절한, 칸트의 용어로는 '규제적인' 관계와 상호작용에 고유하게 인간적인 문제가 있다. 이성은 인간 안에 이 유한과 무한의 상호관계 및 작용을 정립하고 추동하는 힘이며, 따라서 이성을 사용한다는 것은 끊임없이 한계 위에 서서 한계 너머를 바라본다는 것이다. 그리고 이처럼 한계 너머를 향한 벡터야말로 한계 내부에 "정신(Geist)"과 활력을 부여한다. 초월의 충동은 다스려져야 하는 것이지 제거되어야 하는 것이 아니다. 예시계와 현상계의 '규제적' 중첩이 인간의 삶과 마음의 능력에 "활기(Schwung)"를 주기 때문이다(KU, V313). 초월적 가상이 불가피할 뿐만 아니라 '불가결하다'는 것의 가장 깊은 의미는 이런 맥락에서 주어진다.

무한성과의 필연적 관계가 인간-유한자를 규정한다 하더라도 관계 자체가 곧 조화나 일치, 동일성을 의미하지는 않는다. 인간은 무한성과 어떠한 방식으로 관계하건 그 자체로 무한해질 수 없다. 이성과 이념을 구성적으로 사용할 수 없는 것은 이 때문이다. 무한성에게 유한성이 이질적인 것으로 나타나듯—예컨대 순수이성에게 동물적 감성은 장애로 여겨진다—유한성을 떨칠 수 없는 존재자에게 무한성의 이질성은 끝까지 제거되지 않는다. 그리고 인식의 영역에서 그것은 결코 제거할 수 없는 초월적 가상, 즉 초월적 가상

자신은 경험의 대상이 아니면서도 모든 경험의 최상의 근거여야 하는 어떤 것과의 **관계**에까지 끌고 가는 것을 방해하지는 않는다."(Prol, IV357; IV357-8; IV361. 강조는 인용자)

의 불가피성이라는 문제로 나타난다.

능력들의 이질성 혹은 불일치라는 문제는 인간적 유한성의 고유한 특질이다. 가령 초월적 가상은 감성, 지성, 이성이 종적으로 나누어져 있지 않은 신적 직관 혹은 직관적 지성에게는 나타나지 않는다. (적어도 칸트의 관점에서) 동물적 유한성은 무한성을 지향하는 능력을 갖지 않으므로 불일치에서 비롯하는 가상도 갖지 않는다. 그리하여 인간적 문제로서 비판철학적 의미의 자율은 능력들의 관계맺음과 관련하여 인간적 유한성 외부에서 기준을 구하지 않는 것, 즉 인간적 유한성에 고유한 관계 구성의 법칙을 수립하는 것이다. 그리고 성숙은 그러한 관계에서의 불일치와 그로부터 발생하는 문제를 스스로 감당할 줄 아는 것이다. 초월철학적 의미의 계몽과 자율이 인간-유한자, 무한성과 유한성의 관계로서의 한계에 위치하는 존재자에게 고유한 문제로 제기된다는 것은 이런 의미다.

지금까지의 논의에서 확인되는, 초월적 변증학에서 작동하는 변증법의 논리와 운동은 다음과 같다. 첫째, 가상의 논리가 진리의 계기를 갖는다. 초월적인 가상의 초점이 경험의 가능성 자체를 구성하는 데 불가결하다는 의미에서 가상의 논리는 진리의 논리를 정초한다. 둘째, 인간은 한계를 넘어서는 안 되지만 한계 외부와의 관계에 의해서만 참된 인식과 실천에 도달할 수 있다. 인간은 한계 안에 머무는 동시에 한계를 넘어가야 한다. 물론 이 두 변증법은 별개가 아니다.

분석학은 진리의 논리학이며 변증학은 가상의 논리학이다. 진리의 논리학은 가상의 논리학 없이는 완성되지도 체계화되지도 않는다. 그러므로 역설적이게도 진리의 논리학의 경계 안에 안전하게 머무는 것은 진리의 완성과 체계화를 위한 해법이 아니다. 우리는 가상으로부터 멀어지거나 가상을 제거하는 것—이는 불가능하다—이 아니라 그것과 적절한('규제적') 관계를 맺음으로써만 진리에 가까이 갈 수 있다. 반복하거니와, 초월적 변증학은 오류가 오류라는 것을 밝히는 데 그치지 않고 오류 이면에 있는 '진리성'에 초점을 맞춘다. 계몽은 분명 오류에서 진리로 나아가는 운동이지만, 이때 진리는 오류를 제거함으로써가 아니라 오류 자체가 품고 있는 진리의 계기를 확인하고 활용함으로써 획득된다. 총체적 오류와 총체적 진리는 인간의 것이 아니다. 계몽은 유한자의 일이고, 인간의 일이다. 가상의 출처는 이성인바, 이성은 앞서 보았듯 주체 안에 있지만 고유하게 주체에게 속하는 것은 아니다. 그러한 한에서만 그것은 가상의 출처가 된다. 자율은 주체 안에 있는 다름을 제거하는 것이 아니라 그것과 다른 관계를 모색하는 것이다.

계몽의 초월철학적 의미는, 인간은 늘 자신을 넘어서는 것을 향한 관심과 지향과 운동 속에서 삶과 도덕과 진리를 발견한다는 것, 그리고 그렇게 자신을 넘어서도록 추동하는 '가상의 힘'이 다름 아닌 자기 자신 안에 있다는 것이다. 그러니 또 한 번의 역설은 이 자신 안에 있는 것이 자기 자신도, 자신의 것도 아니라는 사실이다. 우리 안에 있는 우리 아닌 것이 우리로 하여금 우리 자신을 넘어서도록 끊임없이 추동한다. 이것이 계몽의 초월철학적 구도이다. 자율은 우리 안에 있는 고유하게 우리의 것이 아닌 것과의 관계 맺음에 대한 고민이며 수련이다. 성숙으로서의 계몽은 거기서 비롯하는 시차(視差)를 자신 안으로, 자신의 것으로 받아들이고 감당하는 것이다.

결론적으로 이론철학에서 계몽의 문제는 두 가지 측면으로 나누어 이야기할 수 있다. 첫째는 규칙과 한계의 자율적 확인 혹은 설정, 그리고 준수다. 첫 번째보다 더 복합적이고 적극적인 두 번째 측면은 한계에 의해 규정되는 유한자로서의 인간이 한계 너머를 바라보고 그것과 관계하는 것으로서의 계몽, 즉 한계 안에 갇히기가 아니라 한계 위에 거하기로서의 계몽이다. 계몽의 관점에서 형이상학 비판의 의의는 대개 첫 번째, 즉 한계를 지키는 일에 관한 것으로 이야기되지만, 초월적 변증학의 진정한 의의는 한계를 넘어서고자 하는 충동의 양면성에 관한 숙고에 있다.

그리하여 초월적 변증학과 계몽의 관계에 대한 우리의 논의는 이렇게 정리할 수 있을 것이다. 첫째, 형이상학에서 미성숙의 원천은 우리 자신 안에 있다. 초월적 변증학이, 나아가 순수이성비판이 계몽의 문제계의 일부를 이루는 것은 다름 아닌 이런 의미에서다. 둘째, 미성숙의 원천은 우리 안에 있는 우리의 것이 아닌 요소들의 불일치다. 셋째, 이 불일치는 유한성의 표지다. 넷째, 유한자가 유한자인 한에서 불일치를 제거하는 것은 불가능하다. 이 불일치와 어떤 관계를 맺을 것인가가 고유한 의미에서 인간의 문제이다. 다섯째, 자신 안에 있는 이 불일치를 어떻게 미성숙이 아닌 성숙의 원천으로 만들 것인가가 초월철학적 의미의 계몽의 문제다.

인간이 한계-존재인 한, 주체의 구성에서 이질성은 제거될 수 없다. 한계는 이질적인 것들의 관계 그 자체이기 때문이다. 그러므로 초월적 변증학의 변증법은 한계와 이질성의 제거와 그를 통한 동일성의 정립으로 귀결되지 않는다. 칸트 비판철학이 한계의 철학이라면 그것은 이질적인 것들의 관계가 모든 문제의 근저에 놓여 있기 때문이다. 따라서 초월적 가상에 나타나는 능력들의 이질성이라는 문제는 다른 영역에서도 동일하게 제기된다. 초월적 변증학은 그 모든 논의들의 총론격에 해당한다. 아래에서는 이 '총론'을 기초로 하여, 실천철학과 미감적 판단력의 영역에서 나타나는 능력들의 이질성을 고찰할 것이다.

의무와 명령으로서의 윤리: 이성적 동물의 분열

칸트의 실천철학은 '이성적 동물(animal rationale)'이라는, 인간에 대한 아리스토텔레스의 고전적 정의를 수용하는데, 이때 주목되는 것은 정의의 구성요소인 '이성'과 '동물'만이 아니라 그것들의 이음매 혹은 사이에서 일어나는 사건과 그것의 실천철학적 함축이다. 모든 동물적 존재가 공유하는 경향성과 모든 이성적 존재가 공유하는 이성의 결합. 고유하게 인간적인 윤리의 문제는 이 결합과 그것이 제거하지 못하는 이질성에서 발생한다. 흔히 윤리는 인간들의 관계에서 요구되는 것이자 그 관계에 관한 것으로 이야기되지만 인간 내부에서 일어나는 결합과 분열, 즉 능력들의 관계야말로 윤리의 발생 조건인 것이다. 그리고 그러한 인간적 윤리의 발생 조건과 더불어 그 윤리의 성격을 지시하는 칸트 실천철학의 중심 개념이 바로 의무 혹은 명령이다.

도덕법칙의 원천은 물론 이성이다. "순수 이성은 그 자체만으로 실천적이고, 우리가 윤리법칙이라고 부르는 보편적 법칙을 (인간에게) 준다."(KpV, V31) 그리고 순수이성은 인간의 마음을 구성하는 능력들 가운데 하나다. 그러므로 이성에 의한 법칙수립은 인간 안에서 인간의 이름으로 이루어진다. 이것이 윤리에 자율의 형식을 부여한다. 그러나 순수이성이 '인간에게' 윤리법칙을 '준다'는 표현은 자율의 '자(自)'를 이해하는 일을 단순하지 않게 한다. 저 표현은 단순히 수사(修辭)적인 것이 아니며, 인간과 이성의 분리가능성을 시사한다. 이론철학에서와 마찬가지로 실천철학적 맥락에서도 이성은 인간을 구성하되 인간과 동일하지 않다.

> 이성이 그 혼자만으로는 의지를 충분하게 규정하지 못한다면, (…)
> 한마디로 말해 (인간의 경우가 실제로 그러하듯이) 의지가 그 자체로
> 이성과 완전히 일치하는 것이 아니라면, 객관적으로 필연적이라
> 고 인식된 행위들이 주관적으로는 우연적이요, 그러한 의지를 객
> 관적인 법칙들에 맞게 규정하는 것은 강요(Nötigung)이다.(GMS,
> IV412-413)

인간의 의지는 "그 자체로 이성과 완전히 일치"할 수 없다. 인간은 "다른 종류의 동기인 감성에 의해서도 촉발되고, 이성 단독으로 무엇인가를 하는 일이 언제나 일어나지는 않는 존재자"(GMS, IV449)이며, 이러한 조건으로 인해 도덕법칙은 인간과 '강요'의 관

계를 맺는다. 이 강요의 관계에 대한 주관적 표상이 의무다. 즉 도덕
법칙이 인간에게 의무인 것은 이성이 인간-주체와 완전히 일치하
지 않기 때문이다.[25]

다시 말해 도덕법칙과 의무는 동일하지 않다. 물론 의무에 따른
행위는 도덕법칙에 따른 행위다. 그러나 도덕법칙에 따른 행위가
모두 의무에 따른 행위는 아니다. 차이는 주체의 규정에서 온다. 도
덕법칙에 따른 행위가 유한하지 않은 이성적 행위자에 의한 것일
때 그것은 의무에 따른 행위가 되지 않는다. 이성이 인간이라는 특
정한 주체 형식 속에서만 가상의 원천으로 나타나듯, 도덕법칙도
일정한 조건, 즉 인간이라는 능력들의 배치 속에서만 의무가 된다.
이를 분명히 하기 위해 칸트는 자주 유한한 이성적 존재자로서의
인간과 그렇지 않은 이성적 존재자를 대조한다.

이 [윤리성의] 원리는 한낱 인간에게만 국한된 것이 아니라, 이성
의 의지를 가진 모든 유한한 존재자들에게도, 아니 더 나아가서 최
상의 예지자로서 무한한 존재자에게도 함께 유효하다. 그러나 전

---

25 이러한 이유로 Ameriks는 칸트를 인간주의적인 관점에서 이해하려는 '자연스러운'
경향이 문제적이라고 주장한다. "가장 근본적인 칸트의 가치 원칙늘은 그 정의에 있
어서 공간과 시간으로부터 독립적인 것으로 남아 있다. 우리가 언제나 공간과 시간
의 관점에서 우리의 행위를 이해하고 계획하는 것이 진실이라 하더라노 말이나. 이것
이 의미하는 바는, 설사 우리가 오직 구체적인 시공간적 맥락, 즉 인간적 맥락에서 예
화되는(exemplified) 것으로서만 도덕법칙들을 실제로 알게 된다 하더라도, 도덕성의
기본적인 법칙들을 자율적으로 '발생'시키는 근본적인 '자아'는 인간적 자아로 정의
되지 않는다는 것이다."(Ameriks 2000: 13) 도덕법칙을 발생시키는 '근본적인 자아'
가 인간적 자아로 정의되지 않는다는 사실은 실천적인 인간-주체의 비동일성을 증거
한다.

자의 경우에 법칙은 명령의 형식을 갖는다. 왜냐하면 이성적 존재자로서의 인간에게 있어서는 확실히 하나의 순수한 의지를 전제할 수 있으나, 온갖 필요욕구와 감성적 동인들에 의해 촉발되는 존재자로서의 인간에게 있어서는 어떤 신성한 의지를, 다시 말해 도덕법칙에 거역하는 어떤 준칙도 가질 수 없는 그러한 의지를 전제할 수 없기 때문이다. 그래서 도덕법칙은 인간들에게는 정언적으로 지시명령하는 **명령**(Imperativ)이다. 도덕법칙은 무조건적인 것이니 말이다. 그러한 의지가 이 법칙에 대해 가지는 관계는 **책무**(Verbindlichkeit)라는 명칭 아래의 **종속성**(Abhängigkeit)이다. 책무는, 비록 순전한 이성과 이성의 객관적 법칙을 통해서이기는 하지만, 하나의 행위를 지시하는 **강요**이다. 그렇기 때문에 그것은 의무라고 일컬어진다.(KpV, V32. 강조는 인용자)

인간은 "이성적 존재자로서의 인간"과 "온갖 필요욕구와 감성적 동인들에 의해 촉발되는 존재자로서의 인간"으로 선명하게 분열되며, 그러한 한에서 그처럼 분열되지 않는 다른 이성적 존재자들과 명확히 구분된다. 최고존재자, 즉 신에게까지도 유효한 도덕법칙 그 자체와 명령-책무-종속성-강요-의무의 계열로 전환되는 도덕법칙의 구별은 이러한 맥락에서 성립한다.[26]

---

26   이러한 구별 혹은 대조를 강조하는 다음과 같은 구절들은 칸트의 실천철학 저작들에서 빈번히 발견된다. "도덕법칙은 곧 최고 완전 존재자의 의지에 대해서는 신성성의 법칙이고, 그러나 모든 유한한 이성적 존재자의 의지에 대해서는 의무의 법칙이자, 도덕적 강요의 법칙이며, 법칙에 대한 존경을 통해 그리고 자기 의무에 대한 외경에 의해 이성적 존재자의 행위들을 규정하는 법칙이다."(KpV, V82)

도덕법칙의 원리를 "인간 자연본성의 특수한 속성"(GMS, IV425) 혹은 "인간 이성의 특수한 자연본성"(GMS, IV411)에서 도출해서는 안 된다는 말도 같은 궤에 있다.[27] 인간은 이성이라는 능력 혹은 속성을 이성적 존재자 일반과 공유하는 한에서만 이 이성적 존재자 일반에게 타당한 도덕법칙을 자신에게 귀속시킬 수 있으므로, '인간 이성의 특수한 자연본성'이라는 표현이 다른 이성적 존재자들의 이성과 구별되는 인간만의 고유한 이성을 함의하는 것으로 이해될 수는 없다. 이성은 이성이다. 그러므로 '인간 이성'은 다만 '인간'이라는 능력들의 배치 형식 속에 있는 이성, 다른 능력들과 함께 '인간'이라는 주체를 구성하는 이성을 가리킬 뿐이다. 따라서 도덕법칙이 인간 자연본성의 특수한 속성에서 도출되어서는 안 된다는 밀은, 저 '인간'이라는 이름의 배치로부터 추상된 순수한 이성만이 도덕법칙의 원천일 수 있음을 의미한다. 법칙이란 "행위의 실천적-무조건적 필연성"이고 이는 "모든 이성적 존재자 일반에게도, 한낱 우연적 조건들 아래서 예외를 가지고서가 아니라 단적으로 필연적으로 타당할 수밖에 없"음을 의미하는바(GMS, IV408), 인간이라는 특수한 구성 혹은 배치에 의해 제약되는 이성은 그러한 무조건적 필연성을 담보할 수 없기 때문이다. 인간은 "이성 단독으로 무엇인가를 하는 일이 언제나 일어나지는 않는 존재자"(GMS, IV449), 즉 도덕법칙의 준수에서 우연성을 갖는 존재자다. 그리고

---

27   "인간의 특수한 본성은 도덕법칙의 본질을 결정함에 있어서가 아니라, 단지 법칙의
      특정한 적용을 결정함에 있어서만 고려되어야 한다."(Paton 1971/1988: 100)

이처럼 "자유의 법칙이 엄격하게 필연적으로 타당성을 갖고 있다는 사실과 단지 우연적으로만 준수된다는 사실 사이의 양상적 차이"가 "칸트의 성숙기 도덕철학에서의 실천적 자아의 복잡한 구성을 보여"준다(Zöller 2010/2010: 47).

칸트 자신의 실천철학과 그에 관한 해석들이 순수한 상태의 이성 그 자체에 집중하는 것은 이해할 만하다. 앞서 보았듯 도덕법칙과 자유의 가능성은 오직 순수이성으로부터만 해명될 수 있기 때문이다. 칸트가 이론철학에서와 달리 실천철학에 별도의 감성학을 두지 않았던 것도 그 때문일 것이다. 그러나 분명한 것은, 도덕법칙과 자유의 가능성의 정초는 인간을 위한 윤리학이 아니라 이성적 존재자 일반을 위한 윤리학을 정립할 뿐이라는 사실이다. 이성적 존재자로서의 인간을 다루는 한에서 이성의 실천적 성격에 대한 해명은 불가결하지만, 윤리학이 이성적 존재자 일반이 아니라 인간으로서의 이성적 존재자를 다루는 한 이성에 대한 논의는 전부가 아니라 일부일 수밖에 없다. 요컨대 "윤리적 행위에 포함된 자기구속"이 보여주는 "실천적 자아가 기본적으로 가지고 있는 갈등의 구조"(Zöller 2010/2010: 56)는 순수 이성에 대한 탐구만으로는 드러나지 않는다.

의무는 그와 같은 "갈등의 구조"를 가장 잘 보여주는 개념이다. 의무 개념은 선의지와 그에 대한 주체 내부의 "제한들과 방해들"의 결합이다(GMS, IV397). 그러나 많은 해석자들은 이러한 실천적 주체 내부의 이질성을 중요하게 취급하지 않으며, 그 결과 이성적 존재자로서의 인간이 아니라 인간으로서의 이성적 존재자를 다루는 데 실패한다. 이는 이성-자유-도덕법칙의 계열에 비해 명령-의무-강요의 계열에 덜 주목하는 데서뿐만 아니라, 의무 개념의 이해 방식 자체에서도 드러난다. 가령 페이튼은 "칸트에게 있어서 의무는 파생적인 것이며 선이 본래적인 것"이라고 주장한다. 어떠한 행위가 우리에게 의무로 나타나는 것은 오직 우리가 선의지를 가지고 있기 때문이라는 것이다(Paton 1971/1988: 234). 그러나 선의지는 의무의 필요조건이되 의무 개념을 파생시키는 본래적인 것의 위치에 있지는 않다. 우리에게 선의지가 없었다면 틀림없이 의무도 존재하지 않았겠지만, 반대로 다른 요소 없이 선의지만 있었다 해도 역시 의무는 존재하지 않았을 것이다. 그러므로 의무는 선의지로부터 파생되지 않는다. 오히려 선의지는 다른 이질적인 것들과 함께 의무를 구성하는 하나의 요소다. 의무 개념은 그것을 구성하는 두 가지 벡터—선의지와 "어떤 주관적인 제한들과 방해들"—를 동시에 그리고 동등하게 고려할 것을 요구한다.

도덕법칙 혹은 그것을 향한 선의지를 의무보다 '본래적인 것'으로 보는 관점은 도덕법칙과 경향성의 결합으로 의무를 서술하는 칸트 자신에 의해 주어지는 것으로 보인다. 그러나 서술의 순서와 발견의 순서는 종종 다르다. 지금까지의 고찰이 보여주는 것은 도덕법칙은 인간에게 오직 의무의 형태로 존재할 수밖에 없다는 것이다. 즉 도덕법칙에 대한 의식이 인간에게 '이성의 사실'로 주어진다고 할 때 의식되는 것은 '하고자 함(Wollen)'이 아니라 '해야만 함(Sollen)', 곧 당위다. 이렇게 보면 자유, 도덕법칙, 이성적 존재자 등 순수한 윤리성의 요소들은 의무에 앞서 주어지는 것이 아니라 오히려 인간적 이성에게 주어진 '사실'로서의 의무 의식에 대한 분석으로부터 사후적으로 도출된다고 말해야 한다.

동물적 경향성과 이성의 결합으로서의 인간이라는 규정에 대해서도 같은 것을 이야기할 수 있다. 즉, 동물적 존재자와 이성적 존재자가 먼저 있고 양자의 결합으로 인해 비로소 인간이 사고되는 것이 아니라, 인간을 구성하는 이질적 요소들에 대한 분석이 인간 이외의 다른 존재자들의 특성에 대한 서술로 나타난다고 말할 수 있는 것이다. 이는 특히 칸트 철학에서 '이성적 존재자'라는 개념이 담지하는 의의와 기능을 이해하는 데 유용한 관점을 제공한다. 다른 영역에 비해 유독 실천철학에서 인간이 아닌 이성적 존재자에 대한 고려와 언급이 많은 이유는, 윤리성이란 이성이 다른 요소로부터 해방되어 순수하고 단독적인 상태로 힘을 발휘할 때 달성되는 것이기 때문이다. 다시 말해 이성적 존재자란 (경험적 근거를 갖지 않는) 별도의 존재자를 가리키는 개념이기 이전에, 인간-주체의 이질적 구성에서 이성을 고립시켜 순수하게 고찰하기 위한 방법론적 개념이라고 할 수 있다. 인간을 구성하되 인간과 동일시될 수 없는 능력이 갖는 힘을 이해하기 위해 그 힘을 순수하게 구현하는 존재자를 상정하는 것이다. 이런 맥락에서 이성적 존재자의 '순수한' 상태는 역으로 유한한 이성적 존재자로서의 인간 내부의 이질성을 더욱 부각한다.

칸트 윤리학의 또 다른 중심 개념인 자율 역시 실천적 주체의 이질적 구성과 그것을 반영하는 의무 개념의 복합성을 전제로 이해되어야 한다. 칸트 실천철학에서 자율은 일차적으로 감성에 대한 이성의 자율, 즉 인간-주체 전체의 자율이 아니라 그 주체를 구성하는 하나의 능력이 다른 능력에 대해 갖는 자율이며 그러한 능력과 주체 자체의 동일성은 결코 주어지지 않는다. 그 동일성이 주어질 수 없는 것은, 이성은 무조건적인 것—자유는 그보다 앞서는 조건을 전제함 없이 조건과 조건지어지는 것의 계열 전체를 개시한다는 의미에서 무조건적인 것이다—즉 무제약자를 찾는 그 자체로 무제약적인 능력인 데 반해 유한한 존재자로서의 인간의 본성은 제약되어 있기 때문이다(KpV, V79).

물론 이 자유의 능력으로서의 이성은 우리 밖에 있지 않다. 칸트는 자유야말로 "조건적이고 감성적인 것에 대해 무조건적이고 예지적인 것을 발견하기 위해 우리가 우리 밖으로 나갈 필요가 없도록 해주는 (…) 단 하나의 개념"이라고 말한다(KpV, V105). 그리고 이것이 인간-주체와 관련하여 자율로서의 윤리를 말할 수 있게 해주는 조건이다. 그러나 자율은 인간이 '자기 자신'을 의지의 규정 근거로 만드는 것이 아니다. 인간의 '자기 자신'은 이성만이 아니라 경향성으로도 구성되기 때문이다. "자의[의사]의 주관적 규정 근거들에 의거해 자기 자신을 의지 일반의 객관적 규정 근거로 만들려는 성벽을 우리는 자기사랑(Selbstliebe)이라고 부를 수 있고, 만약 자기사랑이 법칙수립자이자 무조건적인 실천 원리가 된다면, 그것은 자만(Eigendünkel)이라 일컬어질 수 있다."(KpV, V74) 그런데 "이성은 모든 자만과 허영심 많은 자기사랑을 굴복시키는 의무 사상을 인간에 있어서 모든 도덕성의 최상의 생활 원리로 삼을 것을 지시명령한다."(KpV, V86) 즉 이성은 경향성까지 포함한 인간-주체 '자신'

에 대한 사랑과 그것에 기초한 요구주장의 '굴복'을 명령하며 그것
이 인간에게 의무로 주어진다. 의무 개념이 정립하는 이러한 상황
에서 분명한 것은 "도덕법칙은 의지의 규정 근거로서 우리의 모든
경향성을 방해함으로써 고통이라고 불릴 수 있는 한 감정을 불러
일으킨다는 사실"(KpV, V73)이다.

이 모든 것이 이성과 다른 능력들의 이질성, 그리하여 주체 자신
과의 비동일성을 증명한다.[28] '순수' 이성은 인간-주체를 구성하는
관계에서는 이질적인 것이다. 그리고 이런 맥락에서 주체의 자율

---

28 물론 이성의 명령은 '고통'이라는 부정적인 감정만이 아니라 '존경(Achtung)'의 감정
도 낳는다(KpV, V74). 그러나 여기서 초점은 도덕법칙 혹은 이성의 명령이 부정적
감정을 낳느냐 긍정적 감정을 낳느냐가 아니라, 주체와 이성의 동일적 관계를 정립할
수 있느냐 없느냐다. 이러한 관점에서 보면 고통뿐 아니라 존경 역시도—이성을 주
체보다 높은 위치에 둔다는 의미에서—주체와 이성의 동일성이 아니라 이질성을 나
타낸다고 볼 수 있다. 다음 인용문에서처럼 존경이 '복종', '강제', '의무', '강요'와 같이
실천적 주체의 구성에서 이질성 및 능력들의 불일치를 드러내는 개념들과 묶이는 것
은 그 때문이다. "의지의 법칙에 대한 자유로운 복종의 의식은, 오직 자신의 이성에 의
해 모든 경향성들에게 가해지는 불가피한 강제와 결합돼 있는 것으로서, 무릇 법칙
에 대한 존경이다. 이 존경을 요구하고 또 불러일으키기도 하는 법칙은 알다시피 다
름 아닌 도덕법칙이다. (…) 이 법칙에 따르는, 일체의 규정근거에서 경향성을 배제하
는 객관적으로 실천적인 행위를 일컬어 의무라 하며, 이 배제로 인해 의무는 그 개념
상 실천적 강요를, 다시 말해 마지못해서라도 행위하게 하는 규정을 함유한다."(KpV,
V80) 그러므로 도덕법칙에 대한 존경은 이성적 존재자 일반이 아니라 오직 유한한
이성적 존재자에게서만 나타난다. "여기에서 주의해야 할 점이 있다. 즉 존경이 감정
에, 그러니까 이성적 존재자의 감성에 미친 작용결과인 한, 그것은 이 감성, 그러니까
또한 도덕법칙이 존경을 강요하는 그러한 존재자들의 유한성을 전제한다는 점과, 그
리고 최고 존재자에게나 일체의 감성에서 자유로운 존재자, 그러므로 감성이 실천이
성의 아무런 방해도 될 수 없는 그러한 존재자에게는 법칙에 대한 존경이 함께 있을
수 없다는 점 말이다."(KpV, V76) 한편 동일한 사태에서 불쾌('고통')와 쾌('존경')의
이러한 결합은 숭고에서 일어나는 마음의 움직임과 유사하며, 이러한 관점에서도 주
체를 구성하는 능력들의 이질적 관계를 표현한다고 할 수 있다. 숭고에서 나타나는
능력들의 비동일적 관계에 관해서는 다음 절 '숭고와 천재' 참조.

이란 자신 안에 있는 이질적인 것의 목소리를 자신의 것으로 인수하는 것이다. 물론 이때 '자신의 것으로 인수함'이란 완전한 동일화를 뜻하지 않는다. 그러한 동일화가 이루어진다면 도덕법칙은 의무나 명령이기를 그칠 것이다. 그러나 그런 일은 불가능하며 그렇게 믿는 것은 광신(Schwärmerei)이다. 그러므로 칸트 도덕철학은 하나의 역설을 제기한다. 자율은 우리 안의 이질적인 것의 이질성을 제거하지 않은 채로 그것을 자신의 것으로 삼음이다. 자율은 자기 자신과의 관계에서 성립함이 분명하지만 그때 자신은 동일성으로 규정되지 않는다. 칸트의 윤리학에서 자율이 의무나 명령의 형태로 나타나는 '모순'은 이 같은 실천적 주체의 분열적 구성 없이는 이해할 수 없다. 사실 "의무의 '현실'에서 의무를 지닌 이와 입법자를 통일시킨다고 간주되는 우리라는 것이 균열의 위험을 받게 된다는 게 놀라운 일은 아니다."(Lyotard 1983/2015: 185) 칸트는 "많은 사람들에게 있어, 그것도 이성을 많이 사용해본 사람들에게 있어 (⋯) 이성혐오(Misologie)"가 나타난다고 말하는데(GMS, IV396), 이는 '우리'와 이성 사이에 존재하는 이질성의 가장 극적인 표현일 것이다.[29]

반복해서 확인해왔듯 이 이질성의 제거는 불가능하다. 도덕법칙이 인간에게 의무이기를 그치는 일은 있을 수 없다. 이는 초월적

---

29   이성혐오가 출현하는 것은 이성에 충실한 삶이 생의 행복 및 만족의 관점에서 본능에 따르는 것보다 훨씬 못한 결과를 가져다주기 때문인데, 칸트는 이것이 이성의 무가치함을 증명하기는커녕 오히려 그러한 자연적 만족의 관점을 넘어서는 "또 다른 훨씬 더 품격 있는 (⋯) 실존의 의도에 대한 이념"(GMS, IV396)을 나타낸다고 말한다. 이런 논리는 앞서 살펴본 도덕법칙에서 오는 고통과 존경의 논리와 본질적으로 동일하다.

이념이 인간에게 가상이기를 그치는 일이 있을 수 없는 것과 마찬가지다. 도덕법칙의 완전한 실현을 위해 영혼의 불사성(不死性)이 요청된다는 사실, 즉 도덕법칙이 의무가 되기를 그치는 데 무한한 시간이 요구된다는 사실은 실은 그러한 일이 불가능함을 함축한다.[30] 췰러(Günter Zöller)는 주체 구성과 정치체 구성의 유비를 통해 덕(Tugend, Virtus)을 이렇게 설명한다.

> 칸트가 덕을 '모든 능력들과 경향성들을 자기 자신의 (이성의) 힘 아래 놓으라는' 명령 또는 '자기 자신에 대한 지배'와 동일시할 때, 그는 윤리적 자아의 구성을 위해서 정치적 지배의 개념을 계속 사용하고 있다. (…) 여기에 사용된 정치적 비유를 이해함에 있어, 고전적 정치사상에서 정치적 지배의 요점이 피지배자의 소멸이 아니라 그들의 통제에 있는 것처럼, 윤리적 문제에 있어서의 자기지배와 자기명령의 요점은 감정과 욕구의 근절이 아니라 그 통제임을 덧붙일 수 있겠다.(Zöller 2010/2010: 56)

중요한 것은 명령자가 자신의 선택에 따라 근절이 아닌 통제에 초점을 맞추는 것이 아니라, 애초부터 근절은 불가능하며 통제에

---

[30] 칸트에 따르면 평범한 지성조차 윤리성을 명확하게 담지하는 데 반해, 그 윤리성의 완전한 달성은 영혼의 불멸을 요청한다. 즉 누구나 도덕법칙을 알지만 누구도 도덕법칙에 완전히 도달할 수 없다. 주체 내부의 능력들의 분열은 이처럼 도덕법칙에 대한 인식과 실천 사이의 간극으로도 나타난다. 인식은 도덕법칙이 이성의 사실임으로 인해 이성적 존재자로서의 인간 누구에게나 주어진다. 그러나 그것의 실천은 이성뿐 아니라 다른 능력들까지 포함하는 주체 전체의 일이다.

초점을 맞추는 것은 불가피한 선택이라는 사실이다. 지배는 저항을 함축한다. 저항의 완전한 제거는 피지배항의 소멸로만 가능할 것인데 피지배항이 소멸하면 지배 역시 성립하지 않기 때문이다. 다시 말해, 지배는 투쟁을 배제하지 않는다. '자기 자신에 대한 지배'로 정의되는 덕이 또한 "투쟁 중에 있는 도덕적 마음씨"(KpV, V84)이기도 한 것은 그 때문이다. 그리고 인간이 자신에게 기대하고 허락할 수 있는 최선의 도덕적 상태는 바로 이 덕의 상태이다.[31] 이런 의미에서 "칸트적 의미의 윤리적 주체는 결코 내 안에 실재하는 '타자'로 정의된 자연적 경향성에서 해방되는 주체가 아니라, 나의 자연적 경향성과 나의 이성적 본질 사이의 괴리가 취하될 수 없다는 사실을 인정하는 자이다."(이행남 2018: 51)[32]

---

31 "의지의 신성성은 필연적으로 원형(Urbild)으로 쓰일 수밖에 없는 실천 이념이요, 이 원형에 끝없이 접근해가는 것이 모든 유한한 이성적 존재자가 할 수 있는 유일한 것이다. 그리고 그 때문에 그 자신 신성하다고 일컬어지는 순수한 윤리 법칙은 이 실천 이념을 지속적으로 그리고 정당하게 이성적 존재자들의 눈앞에 둔다. 이 원형을 향한 의지의 준칙의 무한한 진행과 지속적인 진보에 대한 이성적 존재자들의 불변성(Unwandelbarkeit)을 확보하는 것, 다시 말해 덕이야말로 유한한 실천이성이 이룩할 수 있는 최고의 것이다."(KpV, V32-3)

32 인용 부분에 이어지는 이행남의 논의는 저 '괴리'를 극복되어야 할 것으로 전제하고, 그 극복이 헤겔에게서 이루어진다고 본다. 헤겔의 입장은 주체의 정립에서 이질성의 제거와 동일성의 회복을 당연한 과제로 전제하는 데 반해, 필자는 칸트 주체성 모델의 강점이 내 안의 타자를 '나 자신의 것'으로 만들지 않는다는 데, 즉 주체 내부의 분열과 긴장을 인정하고 감당하는 방식을 고민하는 데 있다고 본다. 칸트가 단순히 헤겔에게서 만개하게 될 철학적 노선을 맹아적 상태로 품고 있거나 헤겔에게서 해결될 문제를 미처 해결하지 못하고 제기하기만 한 사상가가 아니라 헤겔과 명확히 구별되는 사유 노선의 선구로 해석될 수 있다면 바로 그러한 측면 때문일 것이다. 칸트 철학 전반의 경향에 대한 다음과 같은 강영안의 평가 역시 필자의 인식과 같은 궤에 있다고 하겠다. "칸트와 칸트의 후예들은 바로 이 점에서 구별된다. 칸트는 그것이 실체이든, 주체이든, 또는 이성이든 또는 신이든 어떤 하나의 개념이나 이념으로 세계 전체

앞서 보았듯 칸트는 그러한 인정의 거부를 광신이라 칭한다. 광신이란 "가장 일반적인 의미에서 원칙에 따라 꾀해진 인간 이성의 한계로부터의 벗어남"이며, 그중에서도 도덕적 광신은 인간이 의무가 아닌 다른 방식으로 도덕법칙과 관계할 수 있다는 생각, 즉 인간이 신성성에 도달할 수 있다는 생각이다(KpV, V85). 칸트 말대로 그런 일은 "인간 이성의 한계로부터의 벗어남"을 통해서만 가능할 것이다. 인간 이성의 한계란 이성이 인간이라는 이름의 능력들의 배치 형식 가운데 있다는 사실, 그리고 그러한 인간-형식이 능력들의 이질성을 제거할 수 없다는 사실에서 비롯하는 것이므로 저 벗어남은 인간적 주체 구성의 비동일성에서 벗어남을 뜻한다. 여기서 칸트의 입장은 분명하다. 우리가 벗어나야 할 것은 우리를 규정하는 비동일성이 아니라 그러한 비동일성에서 벗어날 수 있다고 생각하는 '광신'인 것이다.

를 일원론적으로 통합하고자 하지 않았다. 칸트 이후 철학자들이 칸트를 계승하면서도 칸트에 대해 불만을 가진 것은 바로 이 점이었다고 할 수 있다. 칸트는 주체의 자기의식을 모든 것의 '최고점'이라고 생각하면서도 그것을 통해 전체를 결코 하나로 묶지 않았다. 그렇게 하지 않았다는 것은 내가 보기에는 칸트의 약점이기보다는 오히려 위대한 점이고 이 점에서 역시 칸트는 아직도 공부할 가치가 있는 철학자로 보인다."
(강영안 1996: 15)

숭고와 천재: 폭력이 된 이질성과 능력 그 자체의 변화

"숭고한 것이란 그 표상이 마음으로 하여금 자연의 도달 불가능성을 이념들의 현시로 생각하도록 규정하는 (자연의) 대상이다."(KU, V268) 그러므로 숭고의 분석학은 초월적 변증학이 다루는 것과 같은 문제, 즉 무한의 이념을 자연을 매개로 미감의(감성의, ästhetisch) 영역에서 다룬다. 초월적 변증학에서는 감성의 한계 밖에 '가상의 초점'으로 놓여 있던 것이 숭고의 분석학에서는 감성의 영역 안으로 들어와 감성의 작용을 직접 규정한다. 그 결과 초월적 변증학에서 작동했던 변증법은 숭고의 분석학에 와서 주체 안에 한결 더 선명하고 직접적인 운동의 흔적을 남긴다.[33] 다시 말해 숭고의 분석학은 칸트 철학에서 능력들의 상충과 갈등 및 그 결과가 가장 명확하고 풍부하게 드러나는 부분이다. 여기서 능력들의 불일치는 '폭력'에 이를 정도로 격화되고 그 결과는 능력들의 합일 뿐 아니라 능력 자체의 동일성을 불안정하게 만들기에 이른다.

숭고의 특성은 〈미감적 판단력 비판〉의 또 다른 대상인 미적인 것(das Schöne)과의 대비 속에서 잘 드러난다. 미적인 것은 한정(Begrenzung), 즉 한계의 정립에 의해 규정되는 대상의 형식에서 성립하는 반면, 숭고는 무한정성(Unbegrenztheit)을 표상토록 하는 무

---

33   숭고에서 능력들의 일치는 불일치를 통해서만 주어지고 쾌는 반드시 불쾌를 경유해야 한다는 의미에서 그렇다. 들뢰즈는 숭고의 분석학을 두고 "칸트가 능력들에 대한 변증법적 개념화에 이 경우보다 더 가까이 다가간 적은 없었다"고 말한 바 있다 (Deleuze 1963b/2007: 196).

형식의 대상을 매개로 체험된다. 자연이 "그것의 혼돈에서 또는 가장 거칠고 불규칙적인 무질서와 황폐에서 (…) 숭고의 이념을 가장 많이 일으키는 것"은 그 때문이다(KU, V244, 246).

취미판단에서는 대상의 형식이 그 자체로 주관적으로 합목적적인 것으로 판정될 수 있는 데 반해, 자연의 무질서와 무형식은 "우리 판단력에 대해서 반목적적(zweckwidrig)이고, 우리의 현시능력에는 부적합(unangemessen)하며, 상상력에 대해서는 말하자면 폭력적(gewalttätig)인 것으로" 나타난다(KU, V245). 즉 숭고 판단에서 자연은 우선 고통과 불쾌, 폭력으로 경험된다. 그러나 이러한 반목적성, 부적합성, 폭력성이 능력들의 관계와 상호작용 속에서 쾌의 감정으로 전환되므로 숭고의 체험은 급격한 감정의 변전(變轉)을 함유한다. 그리하여 미적인 것에 대한 취미는 "정지한(평정한, ruhig) 관조 속에 있는 마음"을 전제하는 반면, 숭고의 감정은 "마음의 동요(운동, Bewegung)"를 특징으로 한다(KU, V258).

무한정, 무질서, 무형식, 반목적성, 부적합성, 폭력성, 동요. 숭고를 특징짓는 이러한 표현들은 숭고의 경험이 일단은 부정성에서 출발함을 보여준다.[34] 숭고의 체험은 자연의 대상을 계기로 하되

34　김상봉에 따르면 숭고의 체험이 부정성을 본질적 계기로 함축한다는 칸트의 생각은 버크(Edmund Burke)에게서 전해진 것으로 보인다. 버크의 책 『숭고한 것과 미적인 것에 대한 우리의 관념들의 기원에 대한 철학적 탐구』(A Philosophical Inquiry into the Origin of our Ideas of the Sublime and Beautiful)가 처음 출판된 것은 1757년이지만 독일어로 번역된 것은 1773년이다. 칸트가 이 책이 번역되기 이전인 1764년에 쓴 『미와 숭고의 감정에 대한 관찰』(Beobachtungen über das Gefühl des Schönen und Erhabenen)에서는 숭고의 부정성이 의식되고 있지 않은 데 반해, 1790년에 출간된 『판단력 비판』에서는 처음부터 그것이 명확히 부각된다. 그러나 버크의 탐구가 경험

그것이 주체에 대해 그 자체로 합목적적인 것으로 경험되지는 않는다. 미적인 것에서는 "대상이 우리의 판단력에 알맞도록 말하자면 미리 규정되어(vorherbestimmt) 있는 것처럼 보이며,"(KU, V245) 그러한 한에서 "자연 그 자체에 있어서의 합목적적인 것을 지시하는 것"으로 사고될 수 있지만, 자연의 형식이 아니라 혼돈, 무질서, 황폐에서 시작하는 숭고는 자연에서 어떠한 합목적성도 지시하지 않는 것이다.

그렇다면 숭고 판단이 함유하는 '쾌'는 어디에 근거하는가? 자연, 즉 주체의 외부가 아니라면 내부일 수밖에 없을 것이다. 자연의 무형식과 무질서를 매개로 촉발되는 불쾌의 진정한 원인은 사실 인간의 마음 안에 있으며 그 불쾌가 쾌로 전화하는 이유 또한 주체를 구성하는 능력들의 관계에 있다. 그러므로 "숭고성은 자연의 사물 속이 아니라, 오직 우리 마음 안에 함유되어 있다."(KU, V264) 우리가 자연의 사물을 숭고하다고 할 때 그 "자연의 숭고한 것은 단지 비본래적으로만 그렇게 불리는 것"(KU, V280)이며, 본래 우리의 주관 안에 있는 것에 대한 판정을 객관에 관한 것으로 뒤바꿔 말한다는 점에서 숭고 판단은 일종의 "허위진술(Subreption)"(KU, V257)이라 할 수 있다.[35] 주체가 외부와 맺는 관계로 보이는 문제의 본질이

적이고 현상적인 차원에 머무는 데 반해, 칸트는 숭고의 부정성을 초월적 차원에서, 즉 능력들의 불일치와 갈등이라는 차원에서 해명한다는 데 결정적인 차이가 있다(김상봉 2002: 102-104 참조).

35 "숭고의 경우 모든 것은 주관적이다. 즉 모든 것은 능력들 사이의 주관적 관계이다. 숭고는 오로지 투사(projection)를 통해서만 자연과 관계한다."(Deleuze 1963a/1995: 95)

주체 내부의 능력들의 관계에 있음을 밝힌다는 점에서 칸트의 숭고론은 명확히 초월철학적이다. 칸트는 이렇게 말한다.

> 자연의 미에 대해서는 우리 밖에서 근거를 찾아야 하지만, 숭고에 대해서는 단지 우리 안에서, 그리고 자연의 표상에 숭고성을 집어 넣는 사유방식 안에서 그 근거를 찾지 않으면 안 된다.(KU, V246)

칸트가 자신의 인식론에서 도입한 '사고방식의 혁명'의 요체는 우리 마음의 능력들에서 비롯하는 질서와 규칙성을 자연 안에 '집 어넣음(Hineinbringen)'으로 이해되는 주체의 자발적 행위에 있으며, 이것이 '초월적'이라는 술어가 본질적으로 의미하는 바이자 비판철학에서 자율이라는 개념이 일차적으로 함의하는 바다.[36] 숭고의 분석학에서 이 '집어넣음'의 테마가 다시 등장한다는 사실은 숭고론 역시 인식론과 마찬가지로 초월적 주체의 구성에 관한 이론이라는 점을 상기시킨다. 차이는 인식의 영역에서 마음의 능력이 자연에 집어넣는 것이 질서와 규칙성이라면 숭고에서는 자연의 질서가 부재하는 것처럼 보이는 곳에 마음이 이념을 집어넣는다는 것이다. 물론 이 '집어넣음'은 직접적일 수 없다. 이념은—적어도 '이성이념(Vernunftidee)'은[37]—자연 안에 자리할 수 없고 감성적인 방식으로 현시될 수 없기 때문이다. 이념은 '현시될 수 없음'을 통

---

36   이에 대한 자세한 논의는 I부 '계몽과 비판철학의 관계' 참조

37   이러한 단서는 물론 '미감적(감성적) 이념(ästhetische Idee)'을 염두에 둔 것이다.

해, 즉 부정적인 방식으로 현시될 수밖에 없다. 숭고의 분석학은 이념의 '현시될 수 없음을 통해 현시됨'의 기제(機制)에 관한 것이다.[38]

칸트에 따르면 우리는 "단적으로 큰 것"을 숭고하다고 부른다 (KU, V248). 이것이 수학적 숭고(das mathematisch-Erhabene)다. 단적으로 큰 것은 "절대적으로, 모든 관점에서 (일체의 비교를 넘어서) 크다." 그것은 일체의 비교를 넘어서 있으므로, 즉 상대적이지 않으므로 "순전히 자기 자신과만 동일한 크기"다(KU, V250). 크기에 있어 절대적으로 자기동일적인 것은 무한이다. 모든 유한한 것은 한계를 갖는다는 사실 그 자체로 인해 자신의 한계 외부에 있는 것과의 비교가능성을 피할 수 없기 때문이다. 그런데 현상계에 있는 모든 것은 유한하다. "현상들의 크기 규정은 어떤 크기에 대한 절대적인 개념을 결코 제공할 수 없고, 언제나 단지 하나의 비교개념을 제공할 수 있을 뿐"이다(KU, V248). 다시 말해 단적으로 큰 것, 크기에서 비교될 수 없는 것, 무한한 것은 감성의 세계인 자연에 존재하지 않는다. 그러므로 "감관의 대상일 수 있는 것은 아무것도 숭고하다고 불릴 수 없다." 숭고는 자연의 대상에서 성립하지 않는다. "숭고는 자연의 사물들 속에서가 아니라, 오직 우리의 이념들 안에서 찾아야 한다는 결론"은 이러한 맥락에서 나온다(KU, V250).

그러나 이념 자체만으로 숭고의 감정이 발생하지는 않는다. 우리가 오직 이성만을 가지고 있다면 초월적 가상도, 의무도 존재하

---

38 "이성의 이념들은 그에 적합한 현시가 가능하지 않음에도 불구하고, 감성적으로 현시되는 바로 이 부적합성을 통해 환기되고 마음속으로 소환된다."(KU, V245)

지 않을 것이듯이, 주체가 이념의 능력만으로 구성된다면 숭고의 감정은 일어나지 않을 것이다. 숭고 판단이 취미 판단과 마찬가지로 미감적(감성적) 판단인 한에서 그것은 감성의 계기를 필연적으로 포함하며, 역시 취미 판단과 마찬가지로 이때 숭고 판단이 포함하는 감성의 계기란 상상력이다. 차이는 취미 판단의 쾌가 상상력과 지성의 일치에서 오는 데 반해, 숭고 판단의 쾌는 상상력과 이성의 상충(Widerstreit)에서 온다는 것이다(KU, V258).

전체성을 요구하는 이성의 목소리[39]는 "결코 전체로 포착될 수 없는 크기들에 대해서조차 전체성을 요구하며, 따라서 [이 크기를] 하나의 직관에로 총괄할 것"을 요구한다(KU, V254). 상상력은 순차적으로 주어지는 일정한 크기를 포섭하는 작업인 포착(Auffassung, apprehensio)에서는 어려움을 겪지 않으며 무한히 진행할 수 있지만, 그 모든 것을 동시에 하나의 직관에서 현시하는 총괄(Zusammenfassung, comprehensio)에서는 무한히 나아갈 수 없으며 일정한 한계에 부딪히기 마련이다(KU, V251-252). 그런데 이성은 무한한 것의 총괄을 요구한다. 사실 감성세계의 무한함은 오직 이념적 전체성으로만 사고될 수 있으며 따라서 그것의 총괄은 감성이 아닌 "순수한 지성의 크기 평가"에서만 가능하다. "무한한 것[무한자]을 모순 없이 생각만이라도 할 수 있기 위해서는 그 자신 초감성적인 능력이 인간의 마음에 있을 것이 요구"되며 "무한한 것을 하나의 전체로서 생

---

39   "이성은 절대적 전체 이외에는 다른 어떤 일정한, 모든 사람에게 타당한 그리고 불변적인 척도를 인식하지 못한다."(KU, V257)

각만이라도 할 수 있다는 사실은 감관의 모든 척도를 뛰어넘는 마음의 능력이 있음을 알려준다"고 말할 수 있는 것은 그 때문이다 (KU, V254-255). 그러므로 감성의 능력인 상상력은 심지어 그것을 '생각만이라도 할 수 있기 위해서는' 초감성적 능력이 필요한 일을 사고가 아닌 감성의 방식으로 감당하기를 요구받고 있는 것이다. 다시 말해 숭고의 체험에서 상상력은 자신의 고유한 영역과 작용 원리에 대한 폭력적인 침해를 경험하며 본래 자신의 것이 아닌 일을 하도록 강요받는다. 이런 상황에서 상상력이 자신의 "제한과 부적합성"(KU, V257)만을 드러내는 것은 당연하다 할 것이다.

요컨대 숭고의 감정은 우선은 "미감적인 크기 평가에서 상상력이 이성에 의한 평가에 부적합함에서 오는 불쾌의 감정"이다. 그러나 그것은 동시에 쾌감이기도 한데 이 쾌감은 "최내의 감성적 능력도 [이성이념에] 부적합하다는 바로 이 판단이 이성이념들과 합치하는 데서" 일깨워진다(KU, V257). 이념을 현시할 수 없는 상상력의 '한계'는 오직 주체가 보유한 이념의 능력의 관점에서만 '한계'로 나타나며 무능과 고통으로 경험된다. 그리고 이처럼 상상력의 '한계'와 '무능'을 초래하는 원인이 주체 자신 안에 있는 한에서 저 한계, 무능, 고통은 그것을 낳은 주체의 또 다른 능력에 대한 의식을 촉발하며 그 의식이 미감적으로 쾌로 경험된다. 숭고 판단은 자연의 대상을 매개로 하는 미감적 판단이며 그러한 한에서 상상력의 개입과 실패는 필연적이기 때문에, 이 쾌는 "오직 불쾌를 매개로 해서만 가능한 쾌"(KU, V260)이다. 즉 숭고에서 쾌의 감정이 상상력의 무능력이라는 계기를 거치지 않는 일은 불가능하다. 그리고 그런 한에서 능력들의 불일치와 그로 인한 불쾌는 제거불가능하다. 숭고의 경험에 '조화'와 '합목적성'이 있을 수 있다면, 그것은 오직 이성과 상상력의 "상충(Widerstreit)"과 "대조(Kontrast)"를 통해서일 뿐이다(KU, V258). 그러므로 숭고는 주체에게 분열적 체험일 수밖에 없다. 숭고의 경험은 "주체 자신의 무능력이 동일한 주체의 무제한적인 능력의 의식을 드러내고, 마음은 그 무제한적인 능력을 오직 그 자신의 무능력에 의해서만 미감적으로 판정할 수 있음으로써 가능"해진다(KU, V259).

주체의 분열은 역학적 숭고(das dynamisch-Erhabene)의 경험에서도 분명하다. 역학적 숭고를 경험할 때 우리는 자연의 위력에 직면하여 "우리를 그 위력에서 독립된 것으로 판정하는 능력과 자연을 넘어서는 우월성(Überlegenheit)"을 우리 자신 안에 환기한다. 이 우월성은 "우리 밖의 자연으로부터 침해를 받아 위험에 처할 수 있는 것과는 전적으로 다른 종류의 자기보존"의 기초에 있다. 이 경우 자연―"폐허를 남기고 가는 태풍, 파도가 치솟은 끝없는 대양, 힘차게 흘러내리는 높은 폭포"(KU, V261) 등―이 숭고하다고 판정되는 것은 그것의 위력이 두려움을 불러일으키기 때문이 아니라 오히려 "우리 안에 (자연이 아닌) 우리의 힘"을 불러일으키기 때문이다. 이 힘은 자연적 존재자가 아닌 이성적 존재자로서의 우리가 보유하는 힘이며, 이러한 힘을 보유하는 우리는 자연적 존재자가 아닌 이상 우리 밖의 자연에 의해 위험에 처할 수 있는 것과는 '전적으로 다른 자기'로서 보존된다. 이 '전적으로 다른 자기'는 그것과 다른 우리가 심려하는 모든 것―칸트는 재산, 건강, 생명을 예로 드는데 거의 모든 '우리'에게 이것들은 실로 모든 것이다——을 작은 것으로 간주한 다(KU, V262). 우리 안에 있는 '전적으로 다른 자기'의 힘은 이처럼 우리가 심려하는 모든 것을 작은 것으로 간주하는 까닭에 우리에 게 고통을 주지만, 바로 그 동일한 이유로 존경의 대상이 된다.[40] 그 러므로 숭고성은 주체가 분열되는 한에서, 즉 "우리가 우리 안의 자 연보다 우월하다는 것을 (…) 의식할 수 있는 한에서" 성립하며, 이 분열은 앞서 초월적 변증학과 도덕철학에서 살펴봤던 주체의 분열 과 동일한 종류의 것이다. 요컨대 숭고는 칸트 비판철학을 관통하 는 주체 구성에서 능력들의 이질성이라는 문제가 미감적 방식으로 나타나는 것이라 하겠다.

무한이 우리와 우리의 유한성에 대해 외적이고 대립적이기만 하다면 그것은 결코 쾌의 원인일 수 없을 것이다. 즉 숭고 판단에서 쾌의 발생 자체가 우리 안에 있는 무한의 능력을 증명한다.[41] 그러 나 동시에 그러한 쾌가 반드시 불쾌를 매개로 한다는 사실은 우리 가 그 무한의 능력과 완전히 동일화될 수 없음을 드러낸다. 무한의 능력은 우리 안에 있지만 다른 이질적 능력들과의 관계 속에 있는 한에서만 우리 안에 있으며, 그러한 한에서 그와 같은 이질적 능력

---

40   앞서 살펴본 대로 이는 도덕법칙에 관해 주체가 느끼는 감정과 유사하다. "자연의 숭
     고한 것에 대한 감정은 도덕적인 것에 대한 감정의 정조와 비슷한 마음의 정조가 그
     감정과 결합되지 않고서는 능히 생각될 수가 없다."(KU, V268)

41   칸트에 따르면 이성은 무한과 관계하는 능력일 뿐 아니라 그 자체가 "감관의 모든 척
     도를 뛰어넘는 마음의 능력"(KU, V250), 즉 무한한 능력이다. "숭고의 체험이란 (…)
     무제약적인 크기로서의 이성이 자연 가운데서 자기 자신을 반성할 때 성립한다."(김
     상봉 2002:119)

들의 관계로 구성되는 우리 자신과 비동일적인 관계에 있다. 능력들이 서로에 대해 이질적·이종적이며, 그러한 것으로서 주체 자신과 비동일적 관계를 맺는 칸트 비판철학의 일반적 양상은 이처럼 숭고의 분석학에서도 관찰된다.

그러나 숭고의 분석은 비판철학의 일반적 궤에서 한 발 더 나아간다. 서두에 언급했듯이 숭고의 분석학, 그리고 그것을 포함하는 미감적 판단력 비판에서 나타나는 능력들의 이질성과 불일치에서 특징적인 점은 주체의 동일성뿐 아니라 특정한 능력 자체의 동일성까지도 불안정하게 한다는 데 있다. 즉 숭고에서 상호관계하는 능력들의 이질성은 그 관계를 이루는 항에 대해 외적인 것으로 머물지 않고 그 내부로 침투하여 능력 자체를 변화시킨다.

변화가 대칭적이지는 않다. 이성이념은 본래 감성적으로 현시될 수 없고, 따라서 감성적 능력의 최대의 역량도 그것에 부적합하다는 사정은 이미 주어져 있던 것이다. 그리고 이처럼 이성이념의 감성적 현시 불가능성이 본래적인 한에서 상상력의 실패와 부적합성이 이성이념들과 합치하는 것 역시 당연하다. 이성은 본래 불가능한 일을 상상력에게 요구하고 그 본래적 불가능성의 현실화를 통해 자신의 역량을 확인한다. 그러므로 숭고 판단에서 "이성은 심미적인 방식으로 자기복귀와 자기반성을 수행하는 것이다. 이런 의미에서 숭고의 체험이란, 한마디로 말하자면, 감정을 통한 이성의 자기의식이다."(김상봉 2002: 120) 요컨대 숭고 판단에서 이성은 본래적인 자기에 머문다.

그러나 상상력은 다르다. 지금까지 보았듯 이념은 감성의 차원에서는 불일치와 부적합의 방식으로밖에 나타날 수 없다. 이념을 현시하고자 하는 것은 상상력의 충동도, 원리도 아니다. 그러므로 필연적으로 실패할 수밖에 없는 상상력의 시도는 강요된 것이다. 숭고에는 "감성에 대해 위협적인 것"이 존재하는바, 이것은 "감성에게는 심연과 다름 없는 무한자를 전망하도록 하기 위해서" 이성이 감성에게 행사하는 하나의 강제력인 것이다(KU, V265). 심지어 이 강제력은 내재화되어 "이성의 도구로서의 상상력 자신에 의해 행사되는 것으로 표상된다."(KU, V269) 그러나 이러한 '자발적 강제'에는 일종의 전도(轉倒)가 숨어 있는데, 그것은 상상력이 그 도구로 기능하는 이성은 역으로 상상력의 확장에 복무하는 이성이라는 사실이다. 상상력은 무한이라는 심연을 마지못해 들여다보지만[42], 본래 자신에게 금지되어 있던 그 일을 통해 자신의 한계가 제거되고 무제한적(unbegrenzt)이 됨을 느낀다(KU, V274).[43] 그러므로 숭고에서 흡족은 단순히 이성의 자기반성과 자기복귀에서 오는 감정이 아니라 "상상력 그 자체의 확장에 대한 흡족"(KU, V249)이다. 그것은 "상상력의 자유가 상상력 자신에 의해 박탈되는 감정"이지만 동시에 상상력이 "자기가 희생하는 것보다 더 큰 확장과 위력"(KU, V269)을 얻는 것으로부터 오는 감정이기도 하다. 이 위력은 "우리

---

42   "(상상력이 직관의 포착에서 그것에까지 추동되는) 초절적인 것(das Überlegen-heitberschwengliche)은 상상력에 대하여 말하자면, 상상력이 그 속에 빠져버릴까 두려워하는 심연이다."(KU, V258)

43   "상상력이 모든 면에서 자신을 넘어서는 어떤 것을 통해 자기의 한계에 직면할 때 상상력은 자기 고유의 한계를 넘어버린다."(Deleuze 1963a/1995 : 93)

자신 안에 있는 자연보다도 (…) 우리 밖의 자연보다도 우월한 바로 그 상상하는 능력의 위력"이며, 그러한 것으로서 "상상력은 자연의 영향에 대한 우리의 독립성을 주장"한다(KU, V269). 물론 그러한 주장은 본래 이념의 능력인 이성에게만 허락된 것이었다. 이제 이성과 같은 주장을 할 수 있게 된 이성의 도구로서의 상상력은 그 자체가 이념의 능력이 된다. 들뢰즈는 이렇게 설명한다.

> 이성의 폭력 아래 자기의 자유를 잃어버렸다고 믿는 바로 그 순간에 상상력은 지성의 모든 구속으로부터 해방되기 시작하며, 또 바로 그 순간에 상상력은 지성이 상상력 자신에게 감추어왔던 것을 발견하기 위해, 즉 상상력 자신의 초월적인 근원이라고도 할 수 있는 자신의 초감성적 용도를 발견하기 위해 이성과의 일치 속으로 들어간다. (…) 상상력 또한 초감성적 용도를 지닌다는 것, 이것이 숭고의 분석학이 우리에게 주는 가르침이다.(Deleuze 1963a/1995: 94)

들뢰즈는 '이성과의 일치'라고 했지만, 이성의 폭력과 강제하에 자신의 '본질'을 상실하고 그를 통해 확장과 자유를 얻은 상상력은 이성과 같아지는 것이 아니라 이성도, 기존의 자신도 아닌 새로운 능력이 된다. 상상력에 '초감성적 용도'가 더해진 이 새로운 '초감성적 상상력'은 초감성적 용도를 갖는 한에서는 이성과 마찬가지로 이념의 능력이지만 '상상력'인 한에서는—'초감성적'이라는 술어와 모순되게도—감성의 능력인 까닭에 (천재라는 창조적 주체의 형상 속에서) "미감적 이념(ästhetische Idee)"이라는 변종을 낳는다. 미감적 이념이란 "많은 것을 사고하도록 유발하지만 그럼에도 어떤 특정한 사유, 다시 말해 어떠한 특정한 개념도 그것에 충전할(adäquat sein) 수 없는, 따라서 어떠한 언어도 그에는 온전히 이를 수 없고 설명할 수가 없는 그러한 상상력의 표상"을 뜻한다. 그러한 한에서 그것은 "어떠한 직관(즉 상상력의 표상)도 충전할 수 없는 개념"인 이성이념의 "대립물(대칭물, Gegenstück)"이다(KU, V314). 칸트는 "미감적 이념들을 현시하는 능력"을 "마음에서 생기를 불러일으키는 원리(das belebende Prinzip im Gemüte)"로서의 "정신(Geist)"과 농일시한다(KU, V313). 그런데 미감적 이념은 상상력의 표상이므로 정신이란 이념의 능력으로서의 상상력이다. 즉 정신은 칸트가 새로운 '초감성적 상상력'에 부여한 이름이다. 정신의 규정에서 드러나듯 초감성적 상상력, 즉 미감적 이념의 첫째가는 기능은 '삶(Leben)'을 부여하고 촉진하는 것이다. 미감적 이념은 "하나의 개념에 언표할 수 없는 많은 것을 덧붙여 생각하게 하며, 이러한 언표할 수 없는 것에 대한 감정이 인식능력들에 생기를 불어 넣어주며, 한갓된 문자인 언어에 정신을 결합시켜 주는 것이다."(KU, V316) 애초에 초감성적 상상력을 낳은 것은 이성의 폭력과 강제였지만, 이제 삶을 촉진하는 정신으로서의 상상력이 갖는 '위력'은 도리어 "지성적 이념들의 능력(즉 이성)을 작동시켜서 (…) [하나의] 표상 안에서 포착되고 분명하게 될 수 있는 것 이상의 것을 생각하도록" '강제'한다. 숭고의 체험에서 상상력은 개념의 능력인 이성에 의해 무제한적인 것을 현시하도록 강요당했지만, 이제 미감적 이념의 능력인 정신으

로서의 상상력은 "개념 자체를 무제한하게 미감적으로 확장"시킨
다. 미감적 이념을 생산할 때 상상력은 창조적이며 자유롭다(KU,
V315-316).

이처럼 숭고의 분석학에서 시작된 능력들의 분열과 갈등은 천
재라는, 창조적 주체의 힘에 대한 분석에서 그 최종적인 귀결을 본
다. 살펴본 바와 같이 이 최종적 귀결은 중요한 철학적 함의를 갖는
두 가지 '반전'을 함축한다.

첫째, 처음에는 박탈과 희생만을 경험하는 것으로 보였던 상상
력이 자신의 한계를 넘어 가장 큰 힘의 증가를 경험한다. 이때 힘의
증가는 단순히 본래 수행하던 기능을 더 잘 수행하게 되는 양적 증
가가 아니라 본래의 자신을 규정하는 한계를 돌파하여 "단 한 번도
되어본 적이 없는 자기"(Foucault 2001/2007: 132)에 이르게 하는 변
화이다. 이러한 성격의 힘의 증가에 따른 능력의 작용은 본래의 한
계를 넘어선 능력의 실행이라는 점에서 '초험적(transzendent) 실행'
이라 할 만하다. 들뢰즈는 숭고와 천재의 분석을 두고 "칸트가 공통
감의 형식에서 해방된 어떤 능력을 고려하고 이 능력에 대해 진정
으로 '초험적인' 어떤 정당한 실행을 발견하는 유일한 경우이다"라
고 평가한다(Deleuze 1968/2004: 319).[44] '초험적 실행'은 비판철학의
다른 맥락에서, 그리고 칸트 철학에 대한 일반적인 이해에서 금지

---

44   들뢰즈는 미리 전제된 주체의 선한 본성에 의해 보장되는 능력들의 일치를 공통감이
      라 부른다. 이러한 의미의 공통감은 사유의 참된 역량을 제약하는 '사유의 이미지'의
      구성요소이며, 이 사유의 이미지에 대한 비판이 『차이와 반복』의 중심 주제 가운데 하
      나다. 들뢰즈의 공통감 비판이 칸트 독해에서 갖는 의미에 대한 자세한 논의는 III부
      '포스트휴먼 칸트의 단초' 참조.

된 것으로 받아들여지지만, 바로 그 금지가 칸트 자신에 의해 해제된다는 의미에서 칸트 능력이론에 새로운 차원을 도입하는 입구로 기능한다.

둘째, 역시 처음에는 숭고에서 발생하는 폭력과 강제가 비대칭적이며 그 폭력과 강제에 의한 능력의 이질화도 상상력에서만 발생하는 것으로 보였지만, 정신과 미감적 이념에 관한 논의에 이르러서는 먼저 변화된 상상력이 역으로 이성(과 지성)에 '폭력'을 행사하며 이를 통해 후자의 능력들 역시 변화를 겪게 된다. 즉 능력들은 자신이 겪는 폭력과 이질화의 계기를 다른 능력에 전달하며 그 결과 '초험적 실행'은 전염성을 갖는다. 그리하여 숭고와 천재의 분석학에 와서 "상호적인 폭력"으로까지 격화된 능력들의 이질성은 각각의 능력 내부로 침투해 능력 그 자체의 이질화로까지 이어신다 (Deleuze 1968/2004: 320, 1993/2007: 175). 철학의 역사에서 가장 체계적으로 획정된 능력들의 영역이 표시되어 있는 지도인 칸트 비판철학은 동시에 이처럼 새로운 작도의 가능성 또한 자신 안에 품고 있다.[45]

---

45 "『판단력비판』은 칸트 노년의 저작인데, 그의 후계자들이 끊임없이 뒤쫓기에 바쁜, 사슬이 풀려버린 작품이다. 이 책에서 마음의 모든 능력들은 그 능력들의 한계들, 즉 칸트가 그의 원숙기의 책들에서 그토록 세심하게 고정시켜놓았던 바로 그 한계들조차 뛰어넘어버린다."(Deleuze and Guattari 1991: 8)

절대적 이질성으로서의 무한과 타자로서의 이성

아도(Pierre Hadot)는 플라톤의 『향연』이 제시하는 철학자 상(像)을 해설하면서 철학자는 인간 세계에 완전히 속하지 못하고 그렇다고 신의 세계에 속하지도 못하는 존재라고 말한다. 철학자는 그가 결코 온전히 파악하여 자신의 것으로 할 수 없는 지혜를 사랑한다. 그 때문에 "이 기이한 존재는 지혜에 닿고자 하는 욕망으로 인해 고통받고 분열된다." 그러나 지혜에 대한 사랑과 욕망은 그를 아름답고 선한 것으로, 그러한 한에서 인간보다 높은 곳으로 이끈다. 이런 의미에서 철학자는 '다이몬', 즉 "신성과 인성의 조합"이다.[46] 그러나 "이 같은 조합은 당연한 것이 아니며, 필연적으로 어떤 낯섦, 불균형에 가까운 그 무엇, 내적인 불협화음과 관련"되어 있다(Hadot 1995/2017: 94-97). 지금까지 살펴본 대로, 칸트에 와서 이제 이것은 비단 철학자만이 아니라 인간 일반의 보편적 운명이 된다.

들뢰즈는 칸트의 능력이론이 갖는 두 가지 특성을 다음과 같이 간명하게 정리한다. "칸트 능력이론의 독창성은, 능력들의 상

---

[46]   아리스토텔레스에게도 철학적 삶은 인간 안에 있는 신적인 것을 표현한다. "이러한 삶은 인간적 차원보다 높은 것일 것이다. 왜냐하면 인간인 한 이렇게 살 수 있다기보다는 인간 안에 신적인 어떤 것이 존재하는 한 그렇게 살 수 있을 것이기 때문이다." (Aristoteles, *Ethica Nicomachea*, 1177b27) 아리스토텔레스의 지성 개념에 대한 아도의 다음과 같은 코멘트도 참조. "지성은 인간에게 가장 본질적인 것인 동시에 인간에게 찾아온 신적인 그 무엇이다. 인간을 초월하는 것이 참다운 인간다움을 구성한다는 말이다. 인간의 본질이 인간을 넘어서는 것에 있다는 얘기다."(Hadot 1995/2017: 140-141)

위형식[47]이 능력들의 본성상의 차이를 제거하지 않으며 또 능력들을 결코 인간의 유한성과 떼어서 보지 않는다는 점이다."(Deleuze 1963a/1995: 120) 이 정리는 다음과 같은 점을 함축한다. 칸트 철학에서 이질적인 능력들의 모든 배치는 인간적 유한성을 구성하며, 유한성이 그것의 본질적 계기인 한 무한성은 이러한 주체 구성에 절대적 이질성으로 나타난다.

우리의 인식이 미치지 못한다는 인식론적 의미에서뿐 아니라, 어떠한 능력의 배치와 작동을 통해서도 그것과의 완전한 동일화가 불가능하다는 초월론적 의미에서도 무한은 절대적인 이질성이다. 그렇지만 이 절대적 이질성, 즉 알 수 없으며 동일화할 수 없는 것과의 관계 없이는 인간에게 진리도, 윤리도, 미적 활력도 주어지지 않는다. 그러나 그러한 관계의 절대화, 즉 무한으로의 상승과 유한성의 극복 역시 비판철학의 길은 아니다. 칸트 철학에서 근원적인 유한성 극복의 순간은 도래하지 않는다. 초월적 가상은 제거되지 않을 것이고, 도덕법칙은 결코 명령의 형식을 벗을 수 없을 것이며, 숭고의 쾌가 불쾌를 동반하지 않는 일은 불가능하다. 말하자면 무한성 자체도, 유한성 자체도 아닌 무한과의 관계에서 규정되는 유한과 유한과의 관계에서 이해되는 무한에 대한 사유에 비판철학의 핵심이 있다. 절대적 이질성과의 불가능한 동일화를 추구하는 주체

---

47 "능력이 '그 자신 속에서' 자기 자신을 실현시킬 법칙을 찾을 때 우리는 그 능력이 상위 형식을 갖는다고 말한다. (…) 그러므로 상위 형식 아래서 능력은 '자율적'이다. 각각의 비판들은 다음과 같은 질문을 던지면서 시작한다. 상위 인식 능력은 있는가?(순수이성비판) 상위 욕구 능력은 있는가?(실천이성비판) 즐거움과 고통의 상위 형식은 있는가?(판단력비판)"(Deleuze 1963a/1995: 15)

는 광신에 빠질 것이며, 반대로 그것을 제거하려는 주체는 정신과 활력을 잃을 것이다. '규제적'이라는 술어는 이 양자 사이의 제3의 길을 가리키기 위한 칸트의 표현이다.

무한이 이처럼 절대적 이질성인 한에서 무한을 사고하는 능력이자 그 자체로 무한한 능력인 이성은 주체의 자기동일성을 담보하는 능력일 수 없다. 물론 이런 주장은 칸트 철학의 어떤 벡터와 다른 방향을 가리킨다. 가령 실천철학에서 자율은 이성이 감성으로부터 확보해야 하는 자율이며, 주체의 자율은 자신을 이 자율적 이성과 동일시하는 데 성공하는 한에서 성립한다. 즉 인간은 이성적 존재자로서의 자기동일성 안에 머무는 한에서 자율적이다. 그러나 그러한 순수한 동일성은 인간-주체에게 주어지지 않는다. 가상(초월적 변증학)과 명령(의무)과 폭력(숭고)은 주체 내부에 필연적 계기로 존속한다.

저 세 가지 국면 모두에서 이성은 주체를 매끈한 것이 아니라 틈이 있는 존재로 만든다. 주체의 동일적 자기구성이 실패로 끝나는 장면들에 공통적으로 이성이 개입하고 있는 것은 우연이 아니다. 인간이 유한성과 분리될 수 없는 한, 이성은 인간 안에 있는 타자다. 이 능력은 우리 안에 있지만 고유하게 우리의 것은 아니다. 우리 안에 있되 고유하게 우리의 것이 아니기 때문에 그것은 우리를 진리와 가상, 자율과 강요, 쾌와 불쾌 사이에서 분열되어 동요하도록 만든다. 그러므로 이성을 고유하게 인간적 능력으로 정립하려는 모든 시도는 부적절하다.

물론 이는 이성 대신 감성—혹은 그것의 궁극적 처소로 간주되는 '신체', 혹은 그 밖의 어떤 다른 능력—을 새로운 주체 동일성의 원천으로 정립하고 그것과 주체를 동일시해야 한다는 말이 아니다. 이 장이 줄곧 주장하고 있는 것은 주체를 구성하는 어떤 능력도 그 자체로 주체와 동일시될 수 없다는 것, 주체의 동일성을 담보할 수 없다는 것이다. 이성뿐 아니라 감성도 주체에게 타자다. 주체는 능력들의 관계에 의해, 능력들 사이에서 구성된다고 말하거나 아예 그 관계, 사이 자체가 주체라고 말해야 한다. 주체는 능력들의 배치다.

그럼에도 불구하고 다른 능력의 타자성에 비해 이성의 타자성은 특별히 언급할 만하다. 첫째, 다른 능력, 특히 감성적 능력은 오래전부터 주체에게 타자이자 이질적으로 간주되어왔는데, 이는 이성과 주체의 동일성을 전제로 한 것이었다. 서양철학의 주된 흐름은 인간의 유한성을 인정하면서도 역설적으로 그와 같은 인간–유한자의 자아동일성의 뿌리를 무한의 능력인 이성에서 찾고 감성과 경향성에 타자의 지위를 부여해왔다. 그러므로 감성의 타자성 테제는 그 자체로 새로울 것이 없지만, 이성의 타자성은 주체를 이전과 다르게 사고하지 않을 수 없도록 한다. 반복하거니와, 감성은 물론 이성까지도 주체와 동일시될 수 없는 한에서, 이제 주체는 능력들의 관계와 배치에 의해 정립되는 것으로 이해되어야만 하는 것이다. 정치적 비유를 가져오자면, 이러한 주체관은 하나의 능력과 주체의 배타적 동일시를 배제한다는 점에서 주체 구성을 민주주의의 관점에서, 민주주의라는 개념이 담지하는 온갖 복합적 함축과 더불어 사고하도록 한다.

둘째, 첫 번째 이유와 관련된 것인바, 일반적 이해에서 주체의 이질화는 외부로부터 자극을 받아들이는 수용성의 능력인 감성을 계기로 하여 일어나는 것—이를 긍정적으로 평가하든 부정적으로 평가하든—으로 간주되어왔다면, 이제 우리가 해석한 대로의 칸트 철학에서는 절대적 이질성인 무한의 능력으로서의 이성이 동일성을 교란하는 힘으로 나타난다. 이성은 인간성의 한계 너머를 바라보면서 그 한계의 철폐를 요구하는 능력이며, 그러한 것으로서 인간을 한계 위에 위치하는 한계-존재로 만들 뿐 아니라 그 한계 역시 늘 불안정하게 한다. 이 불안정한 한계가 바로 가상과 명령과 폭력이 발생하는 장소다. 숭고와 천재의 분석에서 보았듯이 동일성을 교란하는 이성의 힘은 심지어 주체의 구성뿐 아니라 그 구성의 단위인 능력 그 자체의 변화까지 추동한다. 이성은 그 자신 한계가 없는 능력일 뿐 아니라 다른 능력에게 끊임없이 한계의 철폐와 위반을 요구하는 능력이다. 비판철학의 능력들은 권리상 자신의 한계 안에 머무를 수밖에 없으므로 모든 능력은 이러한 이성의 요구에 대해 부적합하며 무능하다. 그러나 이 부적합성과 무능 속에서 능력들의 본래 기능상으로는 가능하지 않았던 새로운 힘의 증가가 이루어지며 이전에 결코 할 수 없던 일을 할 수 있게 된다.

그러므로 일반적인 이해와 달리, 칸트 철학에는 이성 그리고 이성의 사용을 동일성의 논리와 대립적인 것으로 해석할 수 있는 여지가 존재한다. 「계몽이란 무엇인가?」에서 칸트는 이성의 공적 사용을 미리 규정되어 주어지는 사회적 정체성과 규정성을 벗어나 세계시민사회의 일원이 되는 일로 정의한다.[48] 이제 비판철학적 의미에서 이성의 사용은 인간학적 동일성과 유한성을 끊임없이 문제적이고 불안정하게 만드는 것으로 나타난다. 두 맥락 모두에서 이성의 사용을 통한 주체의 자기구성은 정체성과 동일성의 구성으로 귀결되지 않는다. 요컨대 칸트 철학에서 이성을 사용한다는 것은 자신의 존재를 자신의 한계 너머와의 관계에서 구성하고 규정한다는 것이다. 그리고 이러한 자기를 넘어선 자기의 구성이라는 문제야말로 이 책의 다기한 논의와 맥락을 끌어당겨 하나로 수렴토록 하는 지점이다.

---

[48]   이성의 공적 사용의 의미에 대한 자세한 분석은 1부 '이성의 공적 사용이란 무엇인가?' 참조.

계몽과 비판철학의 관계
: 사유방식의 혁명에 대해

　칸트 철학은 계몽주의의 정점이자 완성으로 평가받는다. 그러나 정작 계몽이라는 개념 자체는 칸트 자신의 철학 체계와 칸트 철학에 대한 연구 모두에서 중심적인 주제로 다루어지지 않는 경향이 있다. 칸트가 계몽의 문제를 주제적으로 다루는 것은 소논문인 「계몽이란 무엇인가?」에서뿐이며, 3대 비판서를 포함한 주요 저작의 전면에 부각되는 개념들의 목록에 계몽은 포함되어 있지 않다. 이 때문에 칸트 연구에서 계몽은 주로 역사·사회·정치철학적 주제로 한정되어 다루어지고 있으며, 칸트 철학 체계 전체와 계몽의 관계가 초점인 경우에도 대개 '계몽 정신의 핵심이 비판이며, 따라서 칸트 비판철학은 계몽주의의 충실한 표현이다'라는 수준의 원칙적이고 일반적인 평가를 넘어서지 못하는 실정이다. 계몽이 칸트 철학에서 갖는 의미, 계몽과 비판철학 기획의 내재적 관계, 한 마디로 어떤 이유에서 칸트 철학이 계몽주의의 정점을 이루는가를 칸트 철학의 핵심으로부터 규명하는 작업은 아직 충분히 이루어지지 못한 것이다. 이 장은 칸트적 계몽의 의미를 '사유방식의 혁명(Revolution der Denkart)'으로 해석하고 이 사유방식의 혁명이 비판철학이 이룩한 핵심적인 성취이자 칸트 철학 전반의 근본 문제임을 보임으로써 칸트 계몽주의와 비판철학의 관계 및 칸트 철학의 계몽철학으로서의 성격을 새롭게 조명하고자 한다.

첫 번째 절은 칸트 철학에서 사유방식의 혁명이라는 문제가 제기되는 맥락과 그 의미 및 위상을 검토하는 것으로 논의를 시작한다. 프랑스혁명과 같은 역사적 사건에 대한 서술과 이른바 '순수' 철학적 저작들을 하나로 꿰는 사유방식의 혁명이라는 테마를 둘러싼 문맥을 검토함으로써, 프랑스혁명을 계기로 제기된 '혁명이란 무엇인가?'라는 물음에 대한 칸트의 답은 주체가 스스로를 이성을 공적으로 사용하는 존재로 구성함이라는 의미의 계몽이며, 비판철학에 등장하는 사유방식의 혁명에 대한 언급은 칸트가 저와 같은 의미의 계몽과 혁명 개념 아래 숙고했던 것을 겉으로는 그와 무관해 보이는 비판철학의 상이한 영역들에서도—그러므로 상이한 정식화와 표현, 개념을 통해서이기는 하지만—핵심적인 것으로 고려했음을 보여준다는 점을 논할 것이다.

이어지는 절은 비판철학의 시작이자 토대인 『순수이성비판』을 중심으로 초월철학에서 사유방식의 혁명의 내용을 구체적으로 검토한다. 잘 알려져 있듯 코페르니쿠스적 혁명이라고도 불리는 저 혁명의 의미는 대상 중심 인식론에서 주체 중심 인식론으로의 전환이며, 앨리슨(Henry Allison)은 이를 신중심적 인식규범에서 인간 중심적 인식규범으로의 이동으로 재정식화한다. 이런 맥락에서 칸트 초월철학은 인간이라는 주체 형식, 즉 인간–주체를 철학의 중심 문제로 부각하며, 이 같은 인간-주체의 중심성이 비단 이론철학뿐 아니라 실천철학까지 포함하는 비판철학 전체의 주춧돌인 자율 개념을 규정한다.

이상의 논의를 통해 이 장이 도달하는 결론은, 칸트의 역사·사회·정치철학 저작들뿐 아니라 초월철학 혹은 비판철학까지도 하나로 묶어내는 사유방식의 혁명이라는 테마가 근본적으로 정립하는 것은 자율의 원리적 우선성이며, 칸트 철학에서 계몽 정신의 가장 깊은 의미는 그와 같은 원리적 차원의 자율에 대한 주장에 있다는 것이다.

사유방식의 혁명: 칸트에게 혁명이란 무엇인가?

칸트 비판철학의 시작이자 중심에 있는 저작인 『순수이성비판』은 "사유방식의 혁명"에 관한 책이다(KrV, BXI; BXII). 제2판 머리말에서 칸트는 "이제까지 한낱 더듬거리며 헤매다니는 것"을 수행방식으로 삼은 탓에 "아직 어느 전사(戰士)도 최소한의 땅이나마 싸워서 빼앗아 갖지 못했고, 어느 전사도 승리를 기반으로 해 영구적인 점유를 확립할 수 없었"던 "싸움터(Kampfplatz)"에 형이상학을 비유하면서, 이러한 상황을 타파하고 형이상학에게 "학문의 안전한 길"(KrV, BVII; BX)을 확보해주는 것을 순수이성비판의 과제로 제시한다. 칸트는 이 과제의 수행에서 수학과 자연과학의 사례를 참조하는데, 이는 수학과 자연과학이 형이상학과 마찬가지로 이성의 선험적인 이론적 인식[49]이면서도 형이상학에 앞서 저 '학문의 안전한 길'을 확보한 바 있기 때문이다. 그런데 칸트가 보기에 수학과 자연과학의 성공은 모두 '혁명'으로 인한 것인바, 그것은 바로 이 장의 주제인 '사유방식의 혁명'이다. 이 혁명의 원인이나 발생과정은 알려져 있지 않으나—"한 사람의 운 좋은 착상이 시도하여 성취한 혁명"(KrV, BXI)—그 불가역성만은 분명하다. 생각하는 방식의 혁명 이후 "사람들이 취해야만 하는 궤도는 더 이상 그것으로부터 벗어날 수가 없었고, 학문의 안전한 길이 모든 시대와 한없이 먼 곳에까지 걸쳐 열렸고 지시되었다." 칸트는 이것을 "저 유명한 희망봉을 돌아가는 길을 발견한 것보다 훨씬 더 중요한 (…) 혁명"이라고 평가한다(KrV, BXI). 『순수이성비판』, 나아가 칸트 비판철학 전체는 철학에서 이 같은 사유방식의 혁명을 도모하는 작업이다.

비판철학을 순수 철학적 혹은 이론적 관점에서만 볼 때는 단순한 수사(修辭) 이상으로 생각되지 않을 '사유방식의 혁명', 즉 '사유방식'이라는 말과 '혁명'의 결합은 동일하게 '혁명'이라는 말로 지칭되고 있는 두 가지 사건과의 연관 속에서 조명될 때 간과할 수 없는

49　　"이성의 인식은 두 가지 방식으로 대상과 관계 맺을 수 있는바, 그것은 대상—이것은 다른 데서부터 주어져야 하는데—과 그 개념을 한낱 규정한다(bestimmen)거나, 아니면 그것을 현실화한다(wirklich zu machen). 전자는 이성의 이론적 인식이고, 후자는 실천적 인식이다. 이 두 인식의 순수한 부분—그것이 많이 포함돼 있든 적게 포함돼 있든 간에—곧 이성이 그 대상을 전적으로 선험적으로 규정하는 그 부분이 무엇보다도 먼저 서술되고, 다른 원천에서 오는 것이 이것과 뒤섞여서는 안 된다. (…) 수학과 물리학이 이성의 두 이론적 인식들로 그 대상들을 선험적으로 규정하는 것인데, 전자는 전적으로 순수하고, 후자는 적어도 부분적으로는 순수하되 이성 이외의 다른 인식 원천에도 준거한다."(KrV, BIX-X)

실제적인 의미를 갖게 된다. 그 두 가지 사건이란 칸트가 "인간 내면에서 가장 중요한 혁명"(Anth, VII229)으로 규정하는 계몽과, 말년의 칸트로 하여금 "매일 대단히 조급하게 신문을 기다리게 만들었던 사건"(Arendt 1992/2002: 48)인 프랑스혁명이다.

칸트는 1798년에 출판된 『학부들의 다툼』의 제2부 「다시 제기된 질문: 인류는 더 나은 상태를 향해 지속적으로 진보하는가?」("Erneuerte Frage: Ob das menschliche Geschlecht im beständigen Fortschreiten zum Besseren sei")에서 프랑스혁명에 대한 성찰을 전개하는데, 후기에 칸트 계몽주의에 대한 연구를 집중적으로 수행한 바 있는 푸코는 이 텍스트를 「계몽이란 무엇인가?」에 대한 일종의 속편으로 간주한다. 속편을 통해 칸트가 다루고자 했던 문제는 이미 1794년부터 독일 철학계에서 토론의 주제였던 물음, 즉 '혁명이란 무엇인가?'라는 물음이다(Foucault 1993/1999: 168).[50]

푸코에 따르면 1784년에 제기되었던 '계몽이란 무엇인가?'라는 물음은 14년이 지나 "계몽과 마찬가지로 자기 스스로에 대해 자문하기를 결코 멈춘 적이 없는 또 다른 사건"인 '혁명'을 매개로 다

50 　당대인들의 눈에도 계몽과 프랑스혁명의 관계는 분명했다. 혁명에 찬성하는 이들과 반대하는 이들 모두 혁명과 계몽의 관계를 인식하고 있었고, 차이는 그 관계를 바람직한 것으로 보느냐 불행한 것으로 보느냐일 뿐이었다. "프랑스혁명도 이 혁명의 친구들과 적들에 의해 계몽의 결과로 기술되었다. 한쪽은 그러한 위대한 사건에서 인간성에 끼친 계몽의 탁월한 영향을 새롭게 찬미하고 명백하게 증명할 수 있는 소재들을 발견했다. 다른 쪽은 이러한 현상을 통해 자신들의 적대자들이 계몽의 이름으로 찬양하던 것의 위해성과 퇴폐성이 손에 잡힐 정도로 분명해졌고 자신들의 질책과 경고가 정당화되었다고 믿었다."(Johann Christian Gottlieb Schaumann, *Versuch Über Aufklärung, Freyheit und Gleichheit*, Halle, 1793, S. 7. Sturke 1972/2014: 102에서 재인용)

시 한 번 가시화된다(Foucault 1993/1999: 168). 푸코는 '혁명이란 무
엇인가?'가 '계몽이란 무엇인가?'와 마찬가지로 '현재성(actualité)의
철학'을 수행하는 문제제기 형식이며, 그러한 한에서 근대철학 전
체의 중심 혹은 기원에 놓여 있는 물음이자 다른 방식으로 다시 한
번 제기된 '계몽이란 무엇인가?'라고 말한다.[51]

그러나 1798년 텍스트는 단순히 1784년의 텍스트를 반복하는
데 그치지 않고 그것이 품고 있던 중요한 자기모순적 문제를 해결
한다. 그 문제란, 정의상 계몽은 공중(Publikum)의 자기계몽이어야
함에도 불구하고 프리드리히 대왕에게 계몽의 행위자의 역할이 부
여된다는 것이다. 혁명이라는 역사적 현실화의 계기를 통과하기 이
전의 계몽에서 자율성의 원칙은 이념과 현실 사이에서 분열되어
있었다. 푸코에 따르면 이 문제는 1798년 텍스트에서 혁명이 계몽
의 과정 그 자체이자 계몽의 행위자로 등장함으로써 해결된다(Fou-
cault 2008b/2010: 39). 중요한 것은 혁명의 어떤 요소가 그것을 계몽
의 중심에 위치시키는가이다. '혁명이란 무엇인가?'라는 질문은 그
래서 제기된다. 칸트는 이렇게 답한다.

---

51   "우리는 이 두 텍스트「계몽이란 무엇인가?」와 「다시 제기된 질문」와 더불어 어떤
      의미에서 철학적 문제들의 계보 전체의 기원 혹은 출발점에 서게 된다. '계몽이란 무
      엇인가?'와 '혁명이란 무엇인가?'라는 이 두 물음은 칸트가 자신의 현재성의 문제를
      제기하는 두 가지 형식이다. 이 두 물음은 또한 19세기 이래의 근대철학 전체는 아니
      라 하더라도 적어도 대부분의 근대철학을 계속 따라다니는 문제들이다. 계몽은 유럽
      의 근대성을 개시한 특이한 사건인 동시에 이성의 역사, 합리성 및 테크놀로지 형식
      들의 발전과 정립, 지식의 자율성과 권위 등의 형태로 스스로를 표명하는 항구적인
      과정이다. 그러한 것으로서 이 계몽의 문제—혹은 역사적 문제로서의 이성과 이성의
      사용이라는 문제—는 칸트 이래 지금까지 모든 철학적 사유를 관통하는 것으로 보인
      다."(Foucault 1993/1999: 173-174)

이 사건은 인간들 사이에서 거대했던 것을 작게 만들거나 작았던 것을 거대하게 만드는 그런 인간의 중요한 행위나 범죄 행위에서 성립하는 것이 아니다. 또한 흡사 마술과도 같이 영화를 누리던 옛 국가구조가 사라지고 그것을 대신해서 다른 국가구조가 땅속 깊은 곳으로부터 솟아나는 데서 성립하는 사건도 아니다. 아니다, 결코 그러한 종류의 것이 아니다. 그것은 단지, 이러한 거대한 혁명의 경기에서 공적으로[공개적으로, öffentlich] 스스로를 드러내고, 다른 편 선수들에 반대하여 한쪽 편 선수들에 대해 보편적이면서도 사심없는 동참[공감](allgemeine und doch uneigennützige Theilnehmung)을 표현하는—이러한 편파성이 드러나면 자신들에게 매우 불리할 수 있다는 위험에도 불구하고—관객들의 사유방식(Denkungsart der Zuschauer)일 뿐이다. 이러한 사유방식은 [그 보편성으로 인해] 전체로서의 인류의 특성을 입증하며, 동시에 [그 사심 없음으로 인해] 적어도 그 소질에 있어서 인류의 도덕적 특성을 입증한다. 이러한 도덕적 특성은 더 나은 것을 향한 진보를 희망할 수 있도록 해줄 뿐만 아니라, 그러한 진보의 능력이 현재 충분히 존재하는 한 이미 그 자체로 하나의 진보인 것이다.(SF, VII85)

혁명에 대한 위와 같은 칸트의 규정은 계몽의 핵심 개념들에 대한 정의와 마찬가지로 당대뿐 아니라 현재의 통념과도 일치하지 않는다.[52] 칸트의 사유 속에서 혁명은 국가나 사회의 전복이 아니

---

52   가령 힌스케(Norbert Hinske)에 따르면, 칸트가 자신의 계몽 개념 규정의 중심에 위

다. 혁명이라는 사건은 사회의 구성을 둘러싼 싸움에서 한쪽 편에 대해 "공적으로 (…) 보편적이면서도 사심없는 동참을 표현하는 관객들의 사유방식"이다. 우리는 두 가지 측면에서 이처럼 혁명과 동일시되고 있는 관객들의 사유방식과 칸트적 의미의 계몽의 연속성을 확인할 수 있다.

첫째, 이 사유방식은 공공성과 보편성이라는 두드러진 특징을 갖는바, 이것은 칸트적 계몽의 중심 계기인 이성의 공적 사용의 본질적 속성이다. 사회에서 자신에게 할당된 직분과 위상에 따라, 즉 사회를 구성하는 "기계의 부분(Teil der Maschine)"(WA, VIII37)으로서 이성을 사용하는 것이 이성의 사적 사용이라면, 계몽의 주체는 어떠한 특수한 사회적 정체성에 의해서도 규정되지 않는 세계시민사회(Weltbürgergesellschaft)의 구성원으로서 자신의 이성을 사용하며(보편성), 칸트는 이러한 보편적 이성 사용을 이성의 공적 사용으로 규정한다. 요컨대 '관객들의 사유방식'은 공공성과 보편성을 본질로 한다는 점에서 이성의 공적 사용과 다르지 않다.

첫 번째 측면과 불가분한 두 번째 측면은, 칸트가 혁명과 동일시하는 사유방식의 주체가 '관객'이라는 점과 관련되어 있다. 이성의

치시키는 '성숙'은 당시 "생소하고 다의적인 개념"으로 받아들여졌다. 독일 계몽주의 프로그램을 대표하는 개념인 '스스로 생각하기(Selbstdenken)'가 일차적으로 계몽을 인식의 차원에서 제기하는 데 반해 성숙은 지식이나 인식의 문제를 넘어 "전체로서의 인간에 관여"하며 그러한 것으로서 칸트적 계몽의 변별적 특성을 나타낸다(Hinske 1980/2004: 88). 「계몽이란 무엇인가?」에서 논지 전개의 전제가 되는 이성의 사적 사용과 공적 사용의 구분 역시 통상 공적인 것으로 간주되는 사회적 직분과 관련한 이성 사용을 사적인 것으로 규정함으로써 2세기가 넘도록 독자들을 혼란스럽게 하고 있다(Schmidt 1996: 5).

사적 사용이 자신에게 주어진 사회적 정체성을 따름을 의미한다는 점에서, 지젝(Slavoj Zizek)이 적절히 지적하듯 칸트에게 사적인 것이란 "특수한 정체화(identification)의 공동체적-제도적 질서를 지칭"(Zizek 2009/2010: 209)하며, 반대로 공적인 것이란 그러한 특수한 정체화의 논리를 벗어난 곳에서 성립한다. 이런 맥락에서 벤저민(Andrew Benjamin)은 칸트 계몽주의에서 성숙-공적인 것의 계열을 '규정되어 있지 않은 것(the indeterminate)'으로, 미성숙-사적인 것의 계열을 '이미 규정되어 있는 것(the already determined)'으로 해석한다(Benjamin 2012). '관객'은 혁명의 경기에서 선수들과 달리 경기 그 자체의 내적 논리와 질서에서 벗어나 있는 주체, 그러면서도 경기에 대해 무관심하지 않고 사심 없는 편파성을 보여주는 주체를 가리키는 명칭이다. 말하자면, '관객들의 사유방식'은 기계적 중립─이는 "기계의 부분"으로서의 이성 사용, 즉 이성의 사적 사용의 특징이다─의 태도가 아니라 기존 사회에서 '규정되어 있는 것'을 지키는 쪽에 반대하고 저 규정성의 논리를 새로운 규정에 열려 있는 미규정의 상태로 변화시키기 위해 싸우는 편에 공감하는 편파성을 가진다는 점에서, 그리고 그러한 편파성에도 불구하고 이 싸움의 현실적 맥락에서 특정한 위치에 있지 않은, 즉 특정한 방식으로 정체화되지 않는, 그 자체로 미규정적인 '관객'들의 사유방식이라는 점에서 이성의 공적 사용과 다르지 않다. 단적으로 말해, 칸트가 프랑스혁명이라는 역사적 사건에서 본 혁명의 이념은 이성의 공적 사용에, 즉 계몽에 있는 것이다.

혁명에 대한 이 같은 이해에서 가장 특징적인 점은 인간의 사유방식 자체를 하나의 사건으로 파악한다는 것이다. 앞서 보았듯 계몽과 혁명에 대한 칸트의 숙고를 '현재성의 철학'으로 개념화하는 푸코에 따르면, 1784년과 1798년 텍스트에서 칸트는 현재를 하나의 사건으로 문제화한다. 현재를 사건으로 문제화한다는 것은 현재의 우리 자신이 살아가고 생각하고 행동하는 방식을 하나의 사건이자 문제로, 다시 말해 필연적이고 불변적인 것이 아니라 역사적 변화 가능성에 개방되어 있는 것으로 생각함을 뜻한다(Foucault 1993/1999: 165-166, 1983a/1999: 78). 프랑스혁명을 성찰하는 칸트는 정확히 '현재의 우리가 사고하는 방식'을 사건으로 문제화한다. 프랑스혁명이 혁명인 것은 바로 그러한 현재의 우리가 생각하는 방식에서 일어난 어떤 사건, 더 정확히 말하자면 그 자체가 사건인 우리의 이성 사용의 어떤 방식 때문이다.

"인간들 사이에서 거대했던 것을 작게 만들거나 작았던 것을 거대하게 만드는 그런 인간의 중요한 행위나 범죄 행위" 또는 "흡사 마술과도 같이 영화를 누리던 옛 국가구조가 사라지고 그것을 대신해서 다른 국가구조가 땅속 깊은 곳으로부터 솟아나는" 것은 우리가 통상 역사적 사건들에 부여하는 압도적인 크기를 갖는다. 그러나 칸트는 이러한 규모의 일들조차 혁명의 관점에서는 우리가 이성을 어떻게 사용하는가라는 문제가 갖는 중요성에 미치지 못한다고 단언한다("아니다, 결코 그러한 종류의 것이 아니다"). 이러한 크기 혹은 중요성에서의 '역전'은 일회적이거나 삽화(揷話)적인 것이 아니라 칸트적 사유의 핵심과 관련되어 있다. 가령 우리는 숭고 판단의 구조에서도 동일한 역전을 목격한다. 거기서 칸트는 숭고하다고 불릴 만한 '단적으로 큰 것'은 자연의 대상이 아니라 그 대상과 관계하는 우리의 방식과 태도("사용")라고 말한다.[53] 진정으로 숭고한 것은 현실에서 크고 중요하다고 생각되는 모든 것을—자연의 크기와 위력뿐 아니라 우리의 생명, 건강, 재산까지도—작은 것으로 간주하는 "우리 안에 있는 우리의 힘"(KU, V262)이다. 같은 맥락에서 국가의 소멸이나 생성과 같은 규모의 사건도 '혁명'이라는 이름의 숭고성에는 값하지 못한다. 우리가 우리의 힘, 즉 이성을 어떻게 사용하느냐는 것만큼 커다란 문제는 없으며, 그 문제에서 일어나는 변화만이 혁명이라 불릴 자격을 갖는다. 『순수이성비판』에서, 수학에서 일어난 사유방식의 혁명이 "저 유명한 희망봉을 돌아가는 항로를 발견한 것보다 훨씬 더 중요"하다고 평가되는 것 역시 같은 맥락에서 이해되어야 한다(KrV, BXI).

칸트는 이성을 공적으로 사용할 줄 아는 우리의 사유방식이 "이미 그 자체로 하나의 진보"라고 말한다. 이성의 공적 사용의 능력 자체가 혁명적 사건이라고 보는 이상 이는 당연하다. 이 같은 관점에서는 "이러한 사건과 관련하여 의도된 목적에 지금까지 도달하지 못하고 있다 하더라도, 또한 국민의 정치체제[헌법]의 혁명이나 개혁이 궁극적으로 실패한다 할지라도, 혹은 (요즘 정치가들이 예

---

53   "감성세계의 사물들의 크기를 평가하는 우리의 능력이 (…) 이념에 대해 (…) 알맞지 않다는 것 자체가 우리 안에 하나의 초감성적 능력의 감정을 일깨우는 것이다. 그리고 단적으로 큰 것은 판단력이 이 후자(감정)를 위하여 어떤 대상들을 자연적으로 **사용**할 경우의 이 사용이요, 감관의 대상이 아니다. 또 이 사용에 비하여 다른 모든 사용은 작다. 그러니까 어떤 반성적 판단력을 종사시키는 어떤 표상에 의한 정신의 정조(Geistesstimmung)가 숭고하다고 불릴 수 있는 것이지, 객관이 그러한 것이 아니다." (KU, V250, 강조는 인용자)

언하듯이) 얼마간 시간이 지난 후에 모든 것이 다시 이전의 궤도로 돌아간다 할지라도"(SF, VII88) 혁명은 실패한 것이 아니다. 칸트는 "인류는 언제나 더 나은 것으로의 진보 과정에 있어왔으며, 앞으로도 계속 그러할 것이다"라는 낙관적 명제를 "단순히 좋은 의도에서 나온, 실천적인 의도에서 추천할 만한 명제가 아니라, 모든 회의주의자들에도 불구하고 가장 엄밀한 이론에 있어서도 타당한 명제"라고 단언한다. 프랑스 혁명과 같은 사건은 **"잊혀지지 않을 것"**이며, "이러한 종류의 시도를 새롭게 반복하게 될 국민들에 의해 기억되지 않을 수 없기 때문"이라는 것이 그 이유다(SF, IV88. 강조는 인용자).

앞서 보았듯 이 '잊혀지지 않음'의 테마는 『순수이성비판』에도 등장한다. 수학에서의 혁명 이후 "사람들이 취해야만 하는 궤도는 더 이상 그것으로부터 벗어날 수가 없었"으며, 그러한 의미에서 그것은 "잊혀질 수 없게 되었다."(KrV, BXI) 그러므로 사유방식의 혁명은 이럴 수도 있고 저럴 수도 있는 그저 달리 생각해보는 것이 아니다. 그것은 사고의 주체 자체의 변화, 즉 주체가 이전과 다른 존재가 되는 것이며, 이 변화는, 칸트 자신의 낙관주의에 따르면 거의 절대적인 비가역성을 갖는다. "한번 자유를 맛본 이후에 다시 예속 상태로 돌아가는 것은 전적으로 불가능"한 것이다(MAM, VIII112).

마지막으로 우리는 칸트가 말하는 '지식인(der Gelehrte)'이라는 주체 형상에서도 혁명과 계몽의 연결고리를 발견할 수 있다. 칸트는 지식인의 필요성을 이렇게 평가한다.

자연적인 단순성 안에 있는 한 모든 계층을 통틀어 지식인보다 더 쓸모없는 계층은 없으며, 미신과 폭력에 의한 억압이라는 상황에서는 지식인보다 더 필요한 계층은 없다.(Bemerkung, XX10)

「계몽이란 무엇인가?」에서 지식인은 이성을 공적으로 사용하는 주체로 규정된다. 즉 지식인은 계몽의 주체다. "미신과 폭력에 의한 억압이라는 상황"을 타파하는 것을 혁명이라고 한다면, 그 상황에 지식인이 가장 필요한 계층이 된다는 것은, 혁명이 계몽을 필수적 요소로 전제함을 의미한다. 요컨대 칸트에게서 계몽과 혁명은 분리 불가능하다. 더 정확히 말하면, 진정한 혁명은 주체의 혁명이라는 점에서, 혁명은 곧 계몽이다.

지금까지 살펴본 바와 같이 칸트 철학에서 "인간 내면에서 가장 중요한 혁명", "사유방식의 혁명"으로서의 계몽은 "국민의 정치체제[헌법]의 혁명이나 개혁"보다 더 근본적이며, 그러한 한에서 별도의 현실정치적 매개 없이도 그 자체로 정치적 성격을 갖는다. "칸트에게 정치철학이 존재하기는 하지만 다른 철학자들과 달리 정치철학을 쓰지는 않았다는 내 생각이 옳다면, 보통 정치철학이라는 표제하에 모아지는 몇몇 에세이들이 아니라 그의 저작 전반에서 그것을 발견할 수 있어야 한다"는 아렌트(Hannah Arendt)의 진단은 칸트의 작업 전체가 영역을 막론하고 '사유방식의 혁명'을 목표로 하는 동시에 그러한 혁명을 수행한다는 의미에서 적절하다(Arendt 1992/2002: 73).

요컨대 『순수이성비판』에 '사유방식의 혁명'이라는 표현은 우연히, 수사적으로 등장한 것이 아니다. 그것은 칸트가 계몽이라는 문제의 핵심으로 생각했던 것, 그리고 그 연장선에서 프랑스혁명을 두고 성찰했던 것을 이제 인식—나아가 윤리, 종교, 미감적 판단—이라는 (겉으로는 거의 무관해 보이는) 영역에서 숙고해보고자 함을 나타낸다. 주체가 자기 자신과의 관계에서 수행하는 혁명, 즉 계몽이라는 이름의 혁명이야말로 비판철학의 상이한 영역들을 관통하며 변주(變奏)되고 있는 칸트 사상의 중심 테마이며, 사유방식의 혁명은 그러한 계몽과 비판철학의 연결을 명시적으로 보여주는 하나의 개념이다.

『순수이성비판』에서, 나아가 비판철학 전체에서 사유방식의 혁명은 주체 자신이 가진 능력들의 원리와 사용에 관한 것이다. 시인과 시적 화자가 구분되듯 비판철학을 쓰는 수체(칸트)와 비판철학 자체의 주체를 구분해볼 수 있다면, 비판철학에서 계몽은 후자의 주체가 자신의 능력들을 사용하는 방식에서 자율성을 갖는 존재로 스스로를 구성하는 것이다. 이를 위해 비판의 주체는 사유에 대한 사유의 혁명, 즉 자신이 사유하는 방식에 관한 사유방식의 혁명에 도달하지 않으면 안 된다. 비판과 초월은 3대 비판서가 다루는 문제의 영역에서 칸트가 이 사유방식의 혁명에 붙이는 이름이다. 다음 절의 과제는 비판철학의 시작이자 토대인 제1비판의 초월철학을 중심으로 이 문제를 살피는 것이다.

비판적 초월철학에서 사유방식의 혁명과 계몽

1. 코페르니쿠스적 전회와 '초월'의 의미

칸트가 철학 혹은 형이상학에서 '학문의 안전한 길'을 확보하기 위해 본받으려 하는, 수학과 자연과학에서의 사유방식의 혁명의 구체적 내용은 무엇인가? 그것은 "어떤 것을 안전하게 선험적으로 알기 위해서는 자신의 개념에 맞춰 자신이 사물 안에 스스로 집어넣은 것으로부터 필연적으로 귀결되는 것 이외에는 그 사물에 아무것도 덧붙여서는 안 된다"는 생각으로의 전환이다(KrV, BXII). 가령 자연과학에서 그것은 "이성은 단지 그 자신이 그 자신의 기획에 따라서 산출한 것만을 통찰한다는 것, 곧 이성은 그의 판단의 원리들을 가지고 항구적인 법칙에 따라 앞서 나가면서 자연으로 하여금 그의 물음들에 답하도록 함에 틀림이 없고, 이를테면 아기가 걸음마 줄을 따라서 걷듯 오로지 자연이 시키는 대로 걷는 것이 아니라는 것"이라는 사고로의 전환을 의미한다(KrV, BXIII).

널리 알려져 있듯이 이러한 사유방식의 전환을 형이상학의 영역으로 가져오는 것, 즉 우리의 인식이 대상을 따라야 한다는 이제까지의 가정을 뒤집어 "대상들이 우리의 인식을 따라야 한다고 가정함으로써 우리가 형이상학의 과제에 더 잘 진입할 수 있겠는가를 시도"해보는 것이 이른바 '코페르니쿠스적 전회'의 요체다(KrV, BXVI).

김재호에 따르면 이러한 사유의 전환의 핵심은 '주체의 자발적 행위'에 있으며, "칸트의 확신은 이러한 사유방식의 혁명에 의해,

다시 말해 주체의 자발적인 행위에 주목함으로써만 '형이상학의 지금까지의 수행방식'으로는 불가능했던 형이상학의 과제가 해결될 수 있다"는 것이었다. '주체의 자발적 행위'로 대변되는 사유방식의 혁명이야말로 "초월적 관념론을 형성하고 있는 부분들에 필연적 연관성을 설정해주고 그것에 체계적 통일성을 제공해주는 (…) 새로운 철학적 방법론"의 요체라는 것이다(김재호 2015: 19–21).

주체의 자발적 행위란 구체적으로 무엇인가? 그것은 "어떤 것을 안전하게 선험적으로 알기 위해서는 자신의 개념에 맞춰 자신이 사물 안에 스스로 집어넣은 것으로부터 필연적으로 귀결되는 것 이외에는 그 사물에 아무것도 덧붙여서는 안 된다"라고 할 때, 다시 말해 "이성 자신이 자연에 집어넣은 것에 따라서 그가 자연 안에서 배워야 할 것을 (…) 자연에서 찾는다"고 할 때 '집어넣음(Hineinlegen)'이라는 '행위'이다. 무엇을 집어넣는가? "질서와 규칙성(Ordnung und Regelmäßigkeit)"을 집어넣는다. "우리가 자연이라고 부르는 현상들에 있어서의 질서와 규칙성은 우리 스스로가 집어넣은(hineinbringen) 것이다. 우리가 혹은 우리 마음의 본성이 근원적으로 그 질서와 규칙성을 집어넣지 않았다면 우리는 자연 안에서 그것을 발견할 수 없을 것이다."(KrV, A125)

말하자면, 주체의 자발적 행위라 할 때 그 '행위'는 경험적이고 의식적인 것이 아니다. 우리가 자연에 질서와 규칙을 '집어넣는다'고 할 때 '우리'는 "우리 마음의 본성"을 의미하며, 주체의 자발적 행위는 그 본성의 행위, 즉 작용(Aktion)이다. 칸트 초월철학은 그러한 우리 마음의 작용에 대한 것, 그러니까 '집어넣음'의 방식과 구조에 대한 것이다. 그리고 이 '집어넣음'의 방식과 구조가 집약되어 있는 술어가 바로 '초월적(transzendental)'이라는 표현이다.

칸트는 『형이상학 서설』의 부록에서 '초월적'의 의미를 이렇게 설명한다. "낱말 '초월적'은 (…) 모든 경험에 선행하면서도(즉, 선험적이면서도), 오직 경험 인식을 가능하도록 하는 데에만 쓰이도록 정해져 있는 어떤 것을 의미한다."(Prol, IV373) 즉 '초월적'은 경험, 인식 혹은 "경험 인식"의 가능성이나 가능성의 조건을 가리키는 말이다. 그리고 『순수이성비판』에서는 "대상들이 아니라 대상들에 대한 우리의 인식방식을, 이것이 선험적으로 가능하다는 한에서 일반적으로 다루는 모든 인식을 초월적이라고" 부르며, 그러한 인식의 개념체계를 초월철학이라 일컫겠다고 말한다(KrV, B25).[54] 그러므로 칸트에게 경험의 가능성의 조건은 '대상들이 아니라 대상들에 대한 우리의 인식방식'이며, 초월철학은 경험 그 자체가 아니라 경험을 가능케 하는 우리의 인식방식에 대한 연구일 것이다. 그런데 "경험 일반을 가능하게 하는 조건들은 동시에 그 경험의 대상들을 가능하게 하는 조건들"(KrV, A158=B197)이라는 것이 칸트의 생각이므로, 경험의 가능성의 조건으로서의 우리 인식방식에 대한 연구는 동시에 그러한 인식과 관계하는 대상들, 그 대상들의 총합으로

54　　그러나 칸트가 '초월적'이라는 표현에 대한 이러한 의미규정을 저작 전체에 걸쳐서 철저하게 유지하는 것은 아니다. 그는 단순히 경험의 한계를 넘어간다는 의미의 '초험적(transzendent)'을 '초월적'과 구별해야 한다고 주장하면서도 "초월적 사물"(KrV, A682=B710)의 경우처럼 '초험적'이 쓰여야 할 맥락에서 '초월적'이라는 표현을 사용하기도 한다. 이 책에서는 '초월적'이라는 표현을 본문 인용 부분에서 규정된 의미로만 사용한다. 칸트 철학에서 '초월적(성)'의 의미 규정에 관한 더 자세한 논의로는 백종현(2010a) 참조.

서의 자연 혹은 세계의 가능성의 조건에 대한 것이기도 하다.[55]

『순수이성비판』의 체계와 서술에서 인식과 세계의 가능성의 정초라는 문제는 양자의 관계에 의해 규정되는 함수인 진리와 오류(혹은 가상)의 원천과 발생이라는 관점에서 정식화된다. 『순수이성비판』은 초월적 논리학의 1부인 초월적 분석학을 "진리의 논리학"(KrV, A62-63=B87)[56]으로, 2부인 초월적 변증학을 "가상의 논리학"(KrV, A61=B85-86)으로 규정함으로써 초월철학적 의미의 진리와 가상(혹은 오류)을 논한다.

칸트는 "인식과 그 대상의 합치"(KrV, A58=B82; A237=B296)라는 전통적인 진리 기준을 받아들인다. '혁명'은 진리 기준 자체의 변화가 아니라 그 기준에서 '합치'를 설명하는 방식의 변화에 있다. 이미 보았듯 초월철학에서는 인식이 대상을 따르는 것이 아니라 대상이 인식을 따른다. 이는 우리의 인식방식이 "대상들을 가능하게 하는 조건들"(KrV, A158=B197)이기 때문이다.

감성이 받아들인 잡다를 대상으로 '규정'하는 것이 초월적 분석학의 논의 대상인 지성이다. 초월적 인식의 "규정(Bestimmung, definito)이 바로 대상의 대상임(Gegenständlichsein, Gegenständlich-

---

55 백종현은 이러한 의미에서 초월적 인식은 곧 '존재론적 인식'이기도 하다고 본다. "항상 참되게 대상을 규정하는 초월적 인식은 그것의 규정에 의해서 비로소 대상이 그러그러하게 존재하는 것, 곧 존재자로서의 존재자가 된다는 의미에서 존재론적 인식이다. 초월적 인식은 이미 그러그러하게 존재하는 것을 그러그러하다고 파악하는 존재적(따라서 재료적) 인식이 아니라, 어떤 것을 비로소 그러그러하게 존재 가능하게 하는 존재론적 인식이다."(백종현 2008: 339)

56 물론 초월철학적 진리론이 완전해지기 위해서는 초월적 감성학(Transzendentale Ästhetik)이 결합되어야 한다.

keit)이다."(백종현 2008: 342) 그리고 바로 이 '규정함'이 '집어넣음'의 초월철학적 의미. 그런데 우리는 현상으로서의 자연에 "질서와 규칙성"을 집어넣는다. 그러므로 '집어넣는(규정하는)' 능력으로서의 지성은 "규칙들의 능력"이기도 하다. 그리하여 "지성 자신이 자연법칙들의 원천이요, 그러니까 자연의 형식적 통일의 원천"이다(KrV, A126; A127). 지성의 개념과 원칙들에 대한 탐구인 초월적 분석학이 '진리의 논리학'인 것은 바로 이 때문이다.

그러므로 '초월적'이라는 술어는 역설적이게도 인식과 세계의 가능성을 주체 안으로 '내재화'한다. "이성 자신을 재판하는 재판관으로서의 이성, 즉 내재적 비판이 초월적이라 부르는 방법의 본질적인 원리"(Deleuze 1963a/1995: 12)인 것은 이 때문이다. 요컨대 칸트 이론철학에서 인식과 세계를 규정하는 법칙의 원천은 우리 안에 있으며, 이러한 '법칙의 내재화'가 가장 기본적인 초월철학적 의미의 자율이며 계몽과 이론철학의 연결고리라 할 수 있다.

2. 신중심적 인식 모델에서
인간중심적 인식 모델로의 전환과 자율의 문제

칸트의 비판적 초월철학이 '혁명'인 이유, '계몽'인 이유는 칸트의 것과 다른 의미의 '초월적' 인식 모델, 즉 신중심적 인식 모델과의 대비에서 더욱 선명하게 드러난다.

앨리슨은 칸트의 이론철학을 초월적 관념론과 분리할 수 있다는 이른바 '분리가능성 테제(separability thesis)'를 주장하는 경향[57]에 맞서 초월적 관념론이 『순수이성비판』의 거의 모든 부분과 분리 불가능하다는 테제(inseparability thesis)를 주장하면서, 초월적 관념론을 '인간중심적(anthropocentric) 인식 모델'로, 그것과 대립하는 초월적 실재론을 '신중심적(theocentric) 인식 모델'로 규정한다(Allison 2004: xiv-xvi).

앨리슨은 칸트 초월적 관념론의 핵심이 '논변성 테제(discursivity thesis)', 즉 "(논변적인 것으로서의) 인간 인식은 개념들과 (감각적) 직관 모두를 필요로 한다는 견해"에 있다고 본다(Allison 2004: xiv, 12). 인간의 인식이 논변적이라는 것은 개념을 통한 인식임을 의미한다.[58] 우리의 지성은 지성개념, 즉 범주들을 통해 대상을 대상으로 규정한다. 이러한 개념적 능력, 논변적 능력으로서의 인간 지성은 직관의 능력을 갖고 있지 않으므로, "만약 내가 지성을 감성으로부터 떼어내어 하나의 순수한 지성을 갖고자 한다면, 남는 것은 단지 직관 없는 사고의 순전한 형식일 뿐이고, 이 형식만으로써는 나는 규정된 아무것도, 그러므로 아무런 대상도 인식할 수가 없다."(Prol,

---

57   앨리슨에 따르면 이러한 경향의 대표적인 해석자는, 자신이 『순수이성비판』의 진정한 분석적 성취로 간주하는 것들을 초월적 관념론이라는 "재앙적" 형이상학으로부터 분리하기 위해 노력했던 Strawson(1966)이며, 그 이후에는 Paul Guyer(1987)와 Rae Langton(1998) 등이 이러한 반관념론적 해석 방향을 이어받아 발전시켰다.(Allison 2004: xiv) 이 장의 관심은 초월적 관념론과 『순수이성비판』의 분리가능성 문제에 개입하는 것이 아니라 인간중심적 인식 모델로서의 초월적 관념론과 신중심적 인식 모델로서의 초월적 실재론의 대립이라는 앨리슨의 해석 구도를 칸트 이론철학에서 계몽과 자율의 문제와 관련하여 재해석하는 것이다.

58   "우리 지성의 특징은, 모든 것을 논변적으로, 다시 말해 개념들을 통해, 그러니까 또한 순정한 술어들을 통해 사고한다는 점에 있다."(Prol, IV333)

IV354) 그러므로 앨리슨이 말하는 논변성 테제의 핵심은 그 명명이 주는 인상과 달리 감성의 역할을 강조하는 데에, 즉 "인간의 인식이 감성의 선험적 구조에 달려 있으며, 그것이 정신이 감각 데이터를 받아들이는 방식을 구조화한다는 사실을 인식하는 것"에 있다 (Allison 2004: 27).

논변성 테제의 의의는 인간의 논변적 지성과 구분되는 지성, "대상들을 직관하는 [인간의 것과는] 다른 하나의 지성", 다시 말해 직관적 지성과의 구분에서 더욱 분명하게 드러난다. 직관적 지성이 가능하다면 그것은 이미 직관과 지성의 구분이 무의미한 상태이므로, 직관적 지성은 곧 "비감성적 직관"(KrV, A256=B311), 즉 지성적 직관이기도 하다. 그러한 지성적 직관에 의한 인식은 인간 인식의 수동적 부분을 갖고 있지 않으며, 같은 말이지만 그 능동적 성격이 인간의 인식처럼 조건적인 것이 아닐 터이므로, 거기서 대상 인식은 사물 자체에 의한 '촉발'이 불필요한 인식, 즉 사물 자체에 대한 인식일 것이다. 그런데 이처럼 완전히 수동성에서 벗어난 지성적 직관은 대상의 '주어짐'을 필요로 하지 않을 것이므로, "직관의 행위를 통해 대상을 발생시킨다는 점에서 창조적 직관(creative intuition)"이기도 할 것이며, 그런 의미에서 이런 직관에 의한 인식은 신적 인식일 것이다(Allison 2004: 13-14).

그러므로 초월적 실재론과 같이 인간의 "인식적 조건"(Allison 2004: 4)으로부터 독립해 있다는 의미에서의 사물 자체를 인간 인식의 문제영역으로 끌어들이는 이론은 필연적으로 신적 인식을 기준으로 인간 인식을 평가하고 이해하게 된다. 앨리슨에 따르면 이러한 신중심적 인식 모델은 플라톤주의의 유산이며, 17세기 합리론에서 가장 강력하긴 했지만 일반적으로 합리론과 대립하는 것으로 여겨지는 경험론에서도 작동하고 있을 뿐 아니라 사실 전(前)비판기의 칸트 자신까지 포함하는 모든 "비-비판적 철학(non-critical philosophy)"에 함축되어 있다(Allison 2004: 25-29).

반대로 초월적 관념론은 우리 자신과 같은 유한한 인식자들에게 신의 관점을 허락하지 않는다는 의미에서 "인식론적 겸손함의 독트린"이다. 그러나 이러한 사실이 초월적 관념론을 사소한 것으로 만들지는 않는데, 이는 초월적 관념론이 신의 관점을 그에 따라 인간의 인식이 평가되어야 하는 규범으로 간주하지 않기 때문이다(Allison 2004: xvi).

사물 자체가 아닌 현상에 대한 경험이 그 자체로 실재성을 갖는다는 것이 초월철학의 핵심인 한에서, 초월적 관념론은 경험적 실재론이다. 말할 것도 없이, 경험이 곧 실재라는 단언은 매우 과감한 것이다. '비-비판적 철학'은 모두 경험과 실재의 간극을 두고 고민한다. 실재는 인간이 그것에 접근할 수 있든 없든 우선 신의 관점에서 정립된다. 이런 구도에서 인간의 경험적 인식은 늘 신의 관점을 전제하는 '실재'와의 관계에서 평가된다. 바로 이러한 의미에서 모든 비-비판적 철학은 신중심적 인식규범을 갖는 초월적 실재론이다. 반면 '경험=실재'라는 등식을 주장하는 초월적 관념론=경험적 실재론은 '경험'이라는 내재적 지평에 '실재'를 정초함으로써 신의 관점을 인간 인식의 문제에서 추방한다. 이것의 규범적 함축을 앨리슨은 다음과 같이 정리한다.

칸트는 신중심적 모델의 기준이 우리 자신과 같은 유한한 인식자들에 대해 갖는 규범성을 부정한다. 순수한 직관적 인식의 신중심적 모델은 우리 인식이 순응해야 하는 규범을 구성하기보다, 한계개념으로 재배치된다. (…) 이러한 '패러다임 전환'과 더불어, 논변적인식이 유한한 이성적 존재자들에게 적합한 인식의 형태로서 처음으로 자율성과 규범성을 획득한다.(Allison 2004: 79).

다시 말해, 인식에 있어서 인간-주체의 내재적 형식이 그 자체로 규범성을 획득했다는 데에 초월철학의 혁명성이 있다. 이는 '대상에서 주체로'라는 정식화보다 한 발 더 나아간 것이다.『순수이성비판』이 이룩한 사유방식의 혁명의 요체를 대상 중심적 인식론에서 주체 중심적 인식론으로의 전환으로만 파악할 경우, 그 모든 요소가 칸트로부터 시작되었다고 하기는 어려우며 오히려 그 출발점에는 데카르트가 있다. 김상환은 이렇게 설명한다.

엄밀히 말하자면 이런 전도는 이미 '사유하는 주체'를 철학의 제1원리로 삼았던 데카르트에 의해 시작되었다. 하지만 주체 중심의 인식론에 완결된 형식을 부여한 것은 칸트다. 칸트는 사유하는 주체내부에서 초월론적 차원을 발견하여 주체 중심의 근대 인식론을 완성했다.(김상환 2019: 26)

말하자면 주체 중심적 인식론은 칸트에게서 발아하지 않았지만칸트에게서 '완결된 형식'을 얻었다. 그리고 그 '완결된 형식'은 '주체 내부의 초월론적 차원'에서 주어진다. 이 초월론적 차원에서 오는 형식이 인식의 규범성을 담보하며 그것이 주체 내부에 있는 한 규범성은 내재적이다. 데카르트의 '주체 중심적 인식론'은 그러한 초월론적 차원을 갖고 있지 않았기 때문에 진리의 보증을 여전히 신에게서 얻지 않을 수 없었다. 이러한 신중심적 인식규범은 칸트에 와서야 완전히 제거되며, 이를 통해 주체 중심적 인식론의 완성이 달성된다. 그러므로 통상 대상 중심적 인식론에서 주체 중심적 인식론으로의 전환이라는 방식으로 표현되는 코페르니쿠스적 전환의 완전한 정식화는 신중심적 규범성에서 인간중심적 규범성으로의 이행에서 주어진다.

이처럼 인간-주체에게서 비롯하는 규범성을 염두에 둘 때, 초월철학에서 '한계'는 인간 인식을 불구화하는 것이 아니라 제 빌로 서게 하는 것으로 이해되어야 한다. 칸트적 의미의 비판이 한계를 정립하는 것이라면, 이는 인간 인식을 가두기 위한 것이 아니라 가상의 신적 인식이 인간 인식의 자율성을 침범하는 것을 막기 위한 장치로 더 잘 이해될 수 있다. 그러한 장치를 마련하는 것, 신적 관점을 한계로 설정하는 것 자체가 자율성의 표현이다. 유한자의 자율은 자율적 한계 없이는 불가능하다.[59]

59　물론 앞 장 '칸트적 주체의 (재)구성'에서 보았듯, 침범을 막는 것이 '한계'가 가진 역할의 전부는 아니다. 칸트 철학의 정신은 단순히 한계를 정립하고 월경(越境)을 금지하는 데 있지 않다. 칸트 사상의 활력은 한계 안과 밖의 관계, 한계 위에서 이루어지는 운동에서 나온다. 다시 말해 단순히 유한자의 유한한 성격 그 자체가 아니라, 초월적 변증학이나 윤리학 혹은 숭고의 분석학 등에서 전개되는 유한성과 무한성의 관계에 대한 사유가 비판철학의 핵심을 이룬다. 그러므로 인간중심적 모델의 의도 역시 인간을 유한성 안에 가두는 데 있지 않다. 무한한 것과의 적극적 관계 설정이 없다면 인간

자주 언급되는 비둘기의 비유(KrV, A5; B8-9)는 바로 이점을 이야기한다. 공기의 저항을 느끼는 비둘기가 공기가 없는 곳에서 훨씬 더 잘 날 수 있다고 생각하는 것이 자신과 세계의 관계에 대한 치명적 오해이듯, 규칙과 한계가 없는 상태를 자유라고 생각하는 것은 인간의 큰 오해다. 규칙 혹은 법칙은 인간에게 불가결하다. 칸트는 이성의 무법칙적 사용은 자유가 아니라 자유의 반대라고 말한다.[60] "만약 이성이 스스로에게 부여하는 법칙에 따르지 않는다면, 그것은 다른 것들이 강제하는 법칙들의 굴레 아래에서 고개 숙여야 할 것"이기 때문이다(WDO, VIII145). 자율은 해방 이후에 오는 결과가 아니라 해방과 예속을 결정하는 독립변수다. 자율적이지 못하면 예속('다른 것들이 강제하는 법칙들의 굴레 아래에서 고개 숙이는 것')은 필연이다. 역으로 자율적인 존재에게 예속은 불가능하다. 칸트가 인간 인식에 설정되는 한계를 "우울한 것으로 보기보다 해방적이거나 치료적인 것으로 보았다"(Allison 2004: 19)는 말은 이러한 맥락에서 이해가능하다.

말하자면 초월철학은 인식에서 자율을 확립하는 이론이다. 그리고 그런 의미에서 "그것은 일반적으로 윤리학에서 칸트가 이룩

적 유한성은 스스로에게도 의미를 갖지 못한다. 인간이라는 유한성의 주체 형식은 무한과의 관계 그 자체에 의해 규정된다. 그럼에도 인간'중심'성을 이야기하는 이유는, 그 무한과의 관계가 인간이라는 주체 형식을 구성하는 인식능력들의 관계―특히 이성과 다른 능력들의 관계―로 나타나며 그것에 의해 규정되기 때문이다.

60 "사고에 있어서의 자유는 이성이, 자신이 스스로에게 부여하는 법칙 이외의 다른 어떤 법칙에도 굴복하지 않음을 의미한다. 이것의 반대는 이성의 무법칙적인 사용의 준칙이다."(WDO, VIII145)

한 '혁명'의 본질로 인정되는, 타율에서 자율로의 이행의 인식론적 맞짝으로 기능한다."(Allison 2004: xvi)[61] 그리고 이처럼 인간중심적 인식 모델로의 전환을 의미하는 코페르니쿠스적 혁명이 칸트가 윤리학에서 이룩한 혁명에 상응하는 것은 우연이 아니다. 두 혁명의 구조는 상동성을 갖는다. 인식론에서 대상과 주체, 신적 규범과 인간적 규범 사이에 전도가 일어났듯이, "칸트의 윤리 혁명"에서는 선(善)과 법(法)의 위상이 바뀐다.

칸트 이전의 윤리학에서 중심에 놓이는 것은 언제나 '선'이었다. 그리고 그 둘레를 도는 것은 '법', 다시 말해서 도덕법칙이었다. 그러나 칸트는 이를 완전히 뒤집어놓는다. 이른바 덕 윤리를 의무의 윤리로 대체하는 것이다. 이제 윤리학 전체에 의미를 부여히는 태양의 자리에는 도덕법칙이 놓이고 선이 그 주위를 회전하게 된다. 이런 윤리 혁명은 앞에서 살펴본 인식론 혁명과 유사한 구조를 지닌다.(김상환 2019: 97-98)

칸트 윤리 혁명의 핵심이 자율인 것은, 저 법칙의 능력이 우리 안에 있기 때문이다. 우리 외부에 우리의 규정과 무관하게 존재하는 세계 혹은 대상이 우리의 인식능력에 의해 발견되는 것이 아니

---

61 같은 맥락에서 "현상을 사물 자체와 동일시하는 관점으로 이해되는 초월적 실재론은 칸트가 자신의 도덕철학에서 타율에게 할당하는 것과 동일한 역할을 그의 이론철학에서 할당받는다. 다시 말해 그것은 비판적 견해에 충실하지 않은 모든 철학자들이 공유하는 공통적인 가정, 관점, 선입견 혹은 혼동을 구성한다."(Allison 2004: 23) Allison 1990: 93-106도 참조.

라 세계와 대상 자체가 우리에 의해 구성된다는 것이 인식론적 혁명의 내용이었듯이, 이제 윤리학에서 "도덕적 선은 도덕적 능력에 의해 발견되는 것이 아니라 구성된다." '사물 자체'가 인간적 인식에게 의미를 가질 수 없듯이, 우리의 도덕적 능력과 무관한 '선 자체'는 도덕적으로 무의미하다. 인식론적 세계가 우리의 세계 구성 능력의 함수였듯, '도덕적 세계' 역시 그 자체로서가 아니라 우리와의 관계에서 만들어진다. 즉 "세계는 도덕적인 측면에서 단지 중립적일 뿐인데 이에 대한 우리의 반응이 세계를 다르게 만든다." 그러므로 "세계 자체는 우리를 도덕적으로 인도하는 근원이 아니다. 칸트가 보기에 만약 도덕적 세계라는 것이 존재한다면, 그것은 그 세계의 구성원인 행위자들의 내적 구성이 그 행위자들에게 제공하는 도덕적 인도로부터 생겨날 것이다."(Schneewind 1998/2018: 3권 200-201)

그러므로 칸트 철학에서 자율은 주어지는 것으로서의 세계가 아니라 자신에 의해 구성되는 것으로서의 세계와 관계하는 주체의 힘이다. 세계를 구성하는 것은 법칙이므로—자연법칙은 현상계로서의 세계를 구성하고 도덕법칙은 예지계로서의 세계를 구성한다—세계를 구성하는 주체는 법칙의 능력을 갖는다. 능력이론으로서의 비판철학의 일반적 원리상 이때 세계가 주체의 마음의 능력들에 의해 구성되는 것인 한, 세계와의 관계는 주체 내부의 능력들의 관계에 의해 규정되므로 세계를 구성하는 법칙 역시 본질적으로는 주체의 자기 자신과의 관계 혹은 주체의 능력들의 관계에서 정립된다. 그리고 이 정립은 주체 자신에 의해 이루어진다. 자율적 주체로서의 칸트적 자아가 "그 자신에 대해서뿐만 아니라 그 자신에 의해서 이루어지는 자기입법에 의해 규정된다"(Ameriks 2000: 4)는 것은 바로 이런 의미이다.

자율의 원리적 우선성

애머릭스(Karl Ameriks)의 평가대로 "칸트 비판철학은 (⋯) 우리의 이론적 경험과 실천적 경험 전체에 걸쳐서뿐 아니라 그 영역들 모두를 설명하는 고차적인 철학적 체계에서도 예외적으로 강한 자율의 형식을 주장하는 최초의 철학이었다."(Ameriks 2000: 4) 요컨대 칸트 비판철학 전체의 관점에서 본 사유방식의 혁명의 요체는 실천뿐 아니라 인식을 포함한 모든 문제에서 자율에 근본적이고 정초적인 가치를 부여하는 것이다. 칸트 계몽주의는, 원리상 주체가 자신에 대해 수립하는 법칙과 관계가 다른 법칙 및 관계들의 근거가 된다는 주장, 즉 자율의 원리적 우선성에 대한 주장이다. 자율은 주체가 자신과의 관계에서 법칙의 능력을 통해 세계를—그것이 자연적 세계이든 도덕적 세계이든—구성하는 힘이며, 이 세계가 마음의 능력들에 의해 규정되는 한에서 저 법칙의 수립은 주체 자신에 대한 것이다. 즉 자율은 가장 근본적인 의미에서는 주체 자신의 구성인 것이다. 그리고 바로 이러한 의미의 자율이 비판철학과 계몽을 아우르는 칸트 사상 전체의 중심에 있다.

이러한 자율의 원리적 우선성을 염두에 둘 때, 칸트 계몽철학이 강조하고 또 수행한 '사유방식의 혁명'은 이중적 혹은 메타적 구조를 갖는 것으로 드러난다. 사유방식의 혁명은 일차적으로는 말 그대로 생각하는 방식에서, 즉 주체 내부에서 일어나는 혁명이다. 계몽의 주체는 타인의 지도 없이 자신의 인식능력들을 자율적으로 사용하며 그러한 자율적 사용의 규범을 스스로 수립하는 주체다. 그러나 사유방식의 혁명의 더 깊은 의미는 첫 번째 의미의 사유방식의 혁명, 즉 주체가 자신과의 관계에서 수행하는 혁명을 그 어떤 '거대한' 사건들보다 중요한 진정한 혁명으로 보는 사유방식의 전환에 있다. 다시 말해 사유방식의 혁명은 주체가 주체 자신 안에서 일어나는 혁명의 의미와 관계하는 방식에 있어서의 혁명이기도 하다. 주체가 원리적 자율성을 갖는 한 어떤 혁명보다도 주체 자신의 혁명, 주체가 자신과의 관계에서 수행하는 혁명이 중요한 것이다. 그러므로 사유방식의 혁명의 가장 의미심장한 점은 주체의 근본적 자율성 혹은 자율의 원리적 우선성을 확인하고 강조한다는 데 있다. 칸트의 계몽 논문과 비판철학은 바로 이처럼 사유방식의 혁명을 정의하는 자율의 원리적 우선성 테제를 매개로 연결된다.

권력 관계의 변형 혹은 역전 가능성에 관심을 가졌던 후기 푸코가 1960년대에 칸트에 대해 취했던 비판적 태도를 바꿔서 칸트 계몽철학의 재구성에 관심을 가진 것은 거기서 자율이 점하는 이러한 원리적이고 근본적인 위상에 대한 재평가와 무관하지 않다. 자율의 원리적 우선성은 칸트가 이론철학의 영역에서 달성한 코페르니쿠스적 혁명과 본질적으로 상통하는, 정치적 관계에서의 관점 전환을 함축한다. 칸트 인식론이 인식이 대상을 따라야 한다는 종래의 전제를 뒤집어 대상이 우리 인식능력의 본성을 따른다는 관점의 역전을 통해 철학사에 혁신을 가져왔다면, 지도-피지도 관계의 수립과 해소의 원인을 지도자가 아니라 피지도자 쪽에 설정하는— 성숙이냐 미성숙이냐를 결정하는 용기와 비겁의 문제—칸트의 계몽주의는 정치적 관계의 이니셔티브를 권력을 가진 자에게 부여하는 전통적이고 일반적인 정치철학적 전제를 뒤집어 주체의 자기결정이 권력관계의 수립과 작동을 결정한다는 중대한 관점의 전환을 함축한다. 푸코가 자신의 권력 분석에서 '자유의 우선성 테제'—"권력은 자유로운 주체들에게만, 그리고 그들이 자유로운 한에서만 행사된다"(Foucault 1982: 221-222)—를 말할 때, 이는 칸트적 의미의 자율의 원리적 우선성과 깊이 공명한다. 푸코칸트에게 주체는 자신을 지금과 다르게 결정하고 구성함으로써 자신이 속한 권력 관계를 변화시킬 원리적인 잠재력, 즉 자유를 갖는다. 계몽은 이러한 의미의 자유의 실천이며, 따라서 고도의 정치적 실천이다.[62] 그리고 그러한 한에서, 칸트 철학 전체를 사유방식의 혁명을 중심으로 하는 계몽철학으로 규정할 수 있다면, 아렌트의 말처럼 우리는 칸트

---

62   이런 맥락에서, 자신의 윤리-정치적 기획에 대한 푸코의 다음과 같은 설명은 칸트의 「계몽이란 무엇인가?」에 대한 재독해와 깊이 관련되어 있다. "자기에 대한 자기의 관계 속에서가 아니라면, 정치권력에 대한 저항의 일차적이고 궁극적인 지점은 존재하지 않습니다. (…) 통치성에 대한 분석, 다시 말해서, 역전가능한 관계의 총체로서의 권력에 대한 분석은 자기에 대한 자기의 관계에 의해 정의된 주체의 윤리를 참조해야만 합니다. 말인즉슨 제가 어떤 시기 이후부터 여러분에게 제시하려고 노력한 분석의 유형에서는 권력관계-통치성-자기와 타자들의 통치-자기에 대한 자기의 관계, 이 모든 것들이 그저 하나의 연쇄·씨실을 이루고 있다는 것일 뿐이며, 또한 이 개념들의 주변에서 정치의 문제와 윤리의 문제를 접합할 수 있어야 한다는 것을 뜻합니다." (Foucault 2001/2007: 283-284)

철학의 정치적 의미를 직접적으로 역사·사회·정치적인 저작들에서가 아니라 가장 비정치적으로 보이는 비판철학의 중심부들에서까지도 읽어낼 수 있을 것이다. 또한 바로 이런 맥락에서 칸트에게서 '혁명'이라는 말은 일반적인 평가에서보다 실질적인 의미를 부여받을 수 있을 것이다.

이성의 공적 사용이란 무엇인가?

칸트 계몽 개념의 특수성은 스스로 생각하기(Selbstdenken) 자체가 아니라 그것을 이성의 공적 사용과 연결한다는 데 있다. 흔히 칸트 계몽주의의 핵심으로 간주되곤 하는 스스로 생각하기는 칸트의 「계몽이란 무엇인가?」가 발표되기 전에도 독일 계몽주의 프로그램을 대표하는 개념이었다(Hinske 1980/2004: 86, Braeckman 2008: 286). 그러므로 칸트적 계몽의 변별점은 자율적 사고 자체에 대한 강조보다는 그와 연결된 이성의 공적 사용이 어떤 의미를 갖는가, 자율적 사고와 공적 이성은 어떤 방식으로 연결되는가에서 드러난다고 할 수 있다. 그리고 이 같이 공적 이성 사용이 칸트적 계몽의 변별점이라면, 또 칸트 철학의 정신이 계몽에 있다고 할 수 있다면, 이성의 공적 사용은 비단 「계몽이란 무엇인가?」라는 작은 규모의 논문만이 아니라 칸트 철학 전체의 문제의식과 닿아 있는 개념으로 평가될 수 있을 것이다.

이번 장은 이처럼 칸트 철학의 근본개념 중 하나인 이성의 공적 사용과 관련하여 그간 뚜렷이 구분되어 논의되지 않았던 주체 외부와 내부를 향한 이성의 공적 사용을 구분하고 각각의 의미를 규명하여 이성의 공적 사용에 대한 논의를 심화하고 입체화해보려 한다. 그 과정에서 양자의 관계, 그리고 양자의 종합으로서의 이성의 공적 사용 일반이 칸트 철학에서 갖는 의의 역시 부분적으로 논의될 것이다.

이 장의 방법론적 특수성은 아렌트의 정치행위이론과 판단이론을 이성의 공적 사용에 대한 칸트의 논의와 교차시킨다는 데 있다. 그간 아렌트와 칸트의 관계는 주로『칸트 정치철학 강의』에 근거하여『판단력비판』의 판단 개념에 대한 아렌트의 해석을 중심으로 논의되어왔다. 1) 아렌트가 쓰이지 않은 칸트 정치철학의 핵심으로 보았던 확장된 사유방식과 이성의 공적 사용이 내용상 밀접한 관련을 갖고 있으며, 2) 공적 영역 혹은 공적인 것이 아렌트 정치·행위이론에서 본질적인 위치를 점하는 개념임에도 불구하고, 이성의 공적 사용이라는 문제를 아렌트의 칸트 해석 그리고 아렌트 자신의 이론과의 본격적인 교차해석 속에서 규명하려는 시도는 찾아보기 어려웠던 것이다.

이성의 공적 사용과 공공성을 연결고리로 할 때 아렌트와 칸트의 관계에 대한 연구는『칸트 정치철학 강의』를 넘어서 아렌트의 정치이론 전반을 시야에 둘 수 있게 될 것이다. 그리고 이런 시야를 전제로 양자의 관계를 바라볼 때『칸트 정치철학 강의』를 중심으로 이루어진 칸트에 대한 아렌트의 직접적인 해석과 평가들이 갖는 의의와 맥락이 더 선명하게 드러나며, 칸트가 아렌트에게 중요했던 이유 그리고 칸트 사상이 아렌트의 해석 속에서 현대적 활력을 획득할 수 있었던 이유 역시 보다 적절히 음미될 수 있을 것이다.

요컨대 이번 장은 한편으로는 칸트와 아렌트의 관계에 대한 연구에 새로운 관점을 도입하려는 시도이며, 다른 한편으로는 아렌트의 정치행위이론 및 판단이론과의 교차해석을 통해 이성의 공적 사용이라는 문제가 갖는 의의를 현대화하려는 노력이라고 할 수 있다.

세계 구성과 참여로서의 이성의 공적 사용

칸트는 "거의 본성이 되다시피 한 미성숙 상태에서 벗어나는 일은 어떠한 개별적 인간에게도 어려운 일이다"라고 말함으로써 개인적 차원에서 계몽을 성취하는 일의 지난함을 지적한다(WA, VIII36). 이러한 지적은 계몽이 개인의 과제임을 전제한 상태에서 그 어려움을 말하는 것이 아니라, 개인은 계몽에 적합한 층위가 아님을 말하는 것이다. 계몽의 실현 혹은 실천은 개인과는 다른 지형 혹은 공간을 필요로 한다. 칸트는 그것을 '공중(Publikum)'이라 명명한다. "공중이 스스로를 계몽하는 일은 오히려 가능하다. 만약 공중에게 자유가 허락되기만 한다면 그것은 거의 확실하다."(WA, VIII36)

공중이라는 개념은 일차적으로 18세기부터 출판물 보급이 급속히 확대되면서 광범위하게 형성된 독자층, 그리고 나아가 그들이 의견을 피력하고 여론을 형성하는 공론장을 가리킨다(임홍배 2018: 150). 칸트는 일반적으로 공적이라고 할 만한 "어떤 시민적 지위나 공직에서 자신의 이성을 사용하는 것"을 오히려 이성의 사적 사용으로 규정하고, '공적'이라는 술어는 이와 다른 방식의 이성 사용에 할당하는바, 그것은 "누군가가 지식인으로서 독자 세계의 전체 공중 앞에서 이성을 사용하는 것"이다(WA, VIII37). 말하자면 이성을 공적으로 사용한다는 것은 일차적으로 글쓰기를 통해 공론장에 참여함을 뜻한다. 이때 이성의 공적 사용의 주체인 지식인은 "자신을 전체 공동체의 구성원으로, 나아가 세계시민사회의 구성원으로 간주"하는데(WA, VIII37), 17세기 말 이후 국제적으로 교류했던 학자 사회의 구성원들은 자신들을 '문필공화국(Republic of Letters)'에 속하는 것으로 여겼던바, 칸트에게 있어서 세계시민이 된다는 것은 우선적으로는 이 문필공화국의 시민이 된다는 것과 같은 말로 이해할 수 있다.[63]

칸트가 이성의 공적 사용과 사적 사용을 구분하는 방식이 독특하긴 하지만, 모든 이론적 작업이 그렇듯 이것도 칸트 자신의 온전한 독창은 아니다. 이성의 공적 사용에 대한 독특한 개념화의 배경에는 'Publikum'과 'öffentlich'의 의미를 둘러싼 당대의 이론적 투쟁이 있다. 라우슨(John Christian Laursen)에 따르면 독일어 'Publi-

---

[63] '문필공화국'에 대해서는 Taylor(2004/2010: 143) 참조. 다음과 같은 마키노 에이지의 설명도 같은 맥락에 있다. "이성의 공적 내지 공공적인 사용이라는 것은 단적으로 말하면, '세계시민Weltbürger'의 입장에 서서 이성을 사용하는 것을 뜻한다. 여기서, 칸트와 그 시대에 사용된 '공공적'이라는 단어의 용법에 유의할 필요가 있다. 우선 유럽의 공통 언어는 라틴어인데, 특히 학자, 지식인의 세계가 그러한 공공권(公共圈)으로 간주된다. 세계시민은 그러한 공공권에 참가하는 사람들, 즉 우리들이 말하는 학자, 지식인을 이르는 말이었다. 그러한 학자, 지식인들을 칸트는 세계시민이라고 칭하고 있다."(마키노 에이지 2009: 112)

kum'의 어원인 라틴어 'publicus'는 1) 국가와 관련된 것을 가리키거나 2) 집 밖에 있는 것, 공개되어 있는 것, 사회에서 일반적인 효과나 쓰임을 갖는 것을 의미했다. 그런데 17세기 법률이론가들은 2)의 의미를 체계적으로 배제하고 'publik'이나 'öffentlich'의 의미를 'stätlich', 즉 국가와 관련된 것만을 가리키는 것으로 협소화했으며 이러한 환원은 18세기에 정점에 달했다. 그러나 칸트가 「계몽이란 무엇인가?」를 쓸 즈음에는 이와 같은 법률이론가들의 용어법을 거부하고 공적인 것과 민중(populus) 사이의 관계를 회복하려는 움직임이 점점 늘어나고 있었다(Laursen 1986: 585-587). 예컨대 실러(Friedrich Schiller)는 칸트의 논문이 출판된 해인 1784년에 군주와 독자대중을 명시적으로 대비시키면서 이렇게 썼다. "나는 어떠한 군주도 섬기지 않는, 세계시민의 한 사람으로서 쓴다. (…) 나에겐 공중이 전부이며, [공중이] 나의 교육, 나의 주권자, 나의 친구이다."(Hocks and Schmidt 1975: 18) 사이토 준이치(2009: 18)는 공공성(publicness)의 의미를 셋으로 즉 1) "국가에 관계된 공식적인(official) 것이라는 의미", 2) "특정한 누군가가 아니라 모든 사람들과 관계된 공통적인(common) 것이라는 의미", 3) "누구에게나 열려 있다(open)는 의미"로 구분하는데, 칸트의 용어법은 1)로 기울어져 있었던 'publik'과 'öffentlich'의 의미를 2)와 3) 쪽으로 끌어오려는 당대의 움직임을 배경으로 하는 동시에 그 운동의 정점을 보여준다고 할 수 있으며, 그런 의미에서 '전복적인'(Laursen 1986) 것이었다.

요컨대 칸트가 말하는 이성의 공적 사용의 일차적인 의미는 이성을 공개적으로 사용하는 것이라고 할 수 있다. 아렌트에 따르면 소크라테스에서 칸트로, 즉 고대 희랍 계몽주의에서 18세기 독일 계몽주의로 이어지는 비판적 사유의 핵심에는 이성의 공개적 사용에 대한 강조가 놓여 있다.[64] 서양철학에서 비판적 사유의 기원이라 할 수 있는 소크라테스가 실제로 한 일은 "사유과정—소리 없이 나의 내면에서 나와 나 사이에 진행되는 대화—을 담론 속에서 공적으로 만드는 것이었다."(Arendt 1992/2002: 84) 칸트와 소크라테스의 계몽주의에서 비판적 사고란 자신을 '자유롭고 공개된 검토'에 부치는 것이다(Arendt 1992/2002: 86). 우리가 지식인을 비판적 사고를 수행하는 이로 규정할 수 있다면, 이는 그가 사유를 공개적으로 수행하는 사람이기 때문이다.

중요한 점은 적어도 칸트의 용어법에서는 지식인이 전문적으로 지식의 생산과 유통을 업으로 삼는 이들을 가리키는 말이 아니라는 것이다. 칸트는 장교나 성직자, 납세의 의무를 지는 시민 등을 모두 이성의 공적 사용이 가능한 주체의 사례로 들고 있다. 말하자면 이성의 공적 사용은 특정한 사회적 직위나 직분과 무관하다. 세계시민사회는 기존의 사회적 규정과 직분들의 체계를 가리키지 않는 것이다. 사실 이는 당연하다 하겠는데, 이성의 사적 사용이 주체가 시민사회에서 현실적으로 점유하는 지위나 직위를 전제하고 그것에 종속된 것으로 정의된다면, 그와 대립되는 이성의 공적 사용의

---

64   마키노 에이지는 아렌트의 칸트 해석의 중요한 특징이 칸트를 소크라테스와 겹쳐놓는 것이라고 말한다. "칸트의 3대 비판서에서 보이는 비판적 사고가 '소크라테스의 방식'에 따른 것"이라는 것이다(마키노 에이지 2009: 244-245). 푸코 역시 여러 곳에서 칸트와 소크라테스의 유사성을 거론한다(Foucault 2015/2016: 82, 1987/1994: 125 등 참조).

담지자인 지식인이 지위나 직위 혹은 직업에 의해 규정되어서는 안 될 것이기 때문이다. 누군가가 지식인으로서 이성을 사용하는 것이 이성의 공적 사용의 규정이지만, 반대로 (지식인은 사회적으로 미리 결정되어 주어지는 직업이나 직분이 아니기 때문에) 우리는 이성을 공적으로 사용함으로써만 지식인이 된다. 이성의 사적 사용은 언제나—이미 주어져 있는 사회적 규정에 종속된다는 의미에서 사실 주체의 자율성을 함축하는 고유한 의미에서의 이성 사용에는 미달한다. 그것은 이성의 "오용(Mißbrauch)"(WA, VIII 36)이다. 오직 이성의 공적 사용만이 고유한 의미에서의 이성 사용이라 할 만한데, 여기서 이성의 사용은 어떠한 미리 주어지는 사회적 규정으로부터도 자유로우며—저 사회적 규정과의 관계에서 이 자유는 '비판'이라는 방식으로 표현된다—이 자유는 저 이성 사용 자체가 사용의 주체를 구성할 정도로 근원적이다. 이성의 공적 사용의 자유가 언론·표현의 자유라는 자유주의적 틀을 넘어서는 것은, 이처럼 사회적 정체성을 벗어나는 주체 구성의 자유를 함축하기 때문이다.

이러한 맥락에서 이성의 공적 사용과 사적 사용의 구분은 성숙과 미성숙에 대한 벤저민의 해석적 구분에 상응한다. 앞서 언급한 바 있듯 벤저민은 성숙과 미성숙의 차이를 '규정되어 있지 않은 것'과 '규정되어 있는 것'의 차이로 본다. 칸트는 자율과 성숙의 반대편에 있는 요소로 타인의 지도를 거론하는데 이 계몽의 장애물이 반드시 인격적 형태로 나타나는 것은 아니다. 가장 넓은 의미의 '타인의 지도'는 자율적인 삶의 태도를 포기하도록 강제하거나 유혹하는 모든 것, 주체에게 미리 규정되어 기댈 수 있는 "보행기"로 주어짐으로써 "나태와 나약(Faulheit und Feigheit)"(WA, VIII35)을 초래할 수 있는 모든 것, 한마디로 '이미 규정되어 있는 것(the already determined)'이다. 미성숙한 사람은 선입견과 미신에 묶여 있다는 의미에서 '규정되어' 있다. 이때 선입견과 미신은 평균인이라면 누구나 비웃을 극도의 어리석음이나 종교적 광신을 의미하지 않는다. 주체가 이미 그 안에 속해 있는 조건, 더 정확히 말하면 주체를 주체로 만든 조건, 그러면서도 자율적인 이성의 사용에, 즉 비판에 회부된 적이 없는 사회적 삶과 존재의 조건, 요컨대 다름 아닌 '평균인'을 '규정'하는 대부분의 요소가 바로 미성숙을 초래하는 선입견과 미신이다. 성숙의 반대편에 있는 것, 즉 미성숙은 이미 규정된 것 안에 머무는 것이다. 미성숙은 이미 규정되어 주어지는 것을 "운명과 자연"으로 삼는다. 반면 성숙은 자기 스스로 받아들인, 그래서 스스로에게 책임이 있는 이 '이미 규정되어 주어진 것'을 벗어나기 위한 방법, 그것도 유일한 방법이다. 미성숙을 자기 스스로 부과한 것으로 인식하는 것 자체가 "운명과 자연 모두를 무효화하는" 효과를 갖는다. 독일어 'Ausgang'의 의미대로 성숙은 규정으로부터 '벗어남(혹은 벗어날 수 있음)'이다(Benjamin 2012: 37-38).

사적인 것과 공적인 것의 구분 역시 위와 같은 맥락에서 해석할 수 있다. 칸트적 의미의 사적인 것은 공동체적인 것에 대립하는 개인적인 것을 의미하는 것이 아니라 "특수한 정체화의 공동체적-제도적 질서를 지칭"한다(Zizek 2009/2010: 209). 이성의 사적 사용이란 저 질서가 규정하는 정체성을 벗어나지 않는 방식으로 이성을 사용함을 가리킨다. 바로 이런 의미에서 칸트는 이성을 사적으로 사용하는 한에서 주체는 "기계의 부품"(WA, VIII37)에 불과하다고 말한다. 모든 '기계의 부품들'에게는 "규칙과 제식들(Satzungen und Formeln)", 즉 인간의 "천부적 능력의 이성적 사용, 더 정확히는 오용의 기계적 도구들"이 주어지는바 이것은 "영구적인 미성숙의 족쇄들"이다(WA, VIII36). 칸트는 이성의 사적 사용의 불가피한 사회적 필요성을 인정하는 듯한 태도를 취하면서도, 이성의 사용이 오직 사적인 차원에만 머물 때 그것이 곧 '영구적인 미성숙'의 상태임을 부정하지 않는다.

반면 이성을 공적으로 사용한다는 것, 즉 전체 공동체로서의 세계시민사회의 구성원이 된다는 것은 역설적으로 어떠한 실체적인 공동체의 구성원도 아니라는 것을 뜻한다. 현실적 공동체의 구성원은 세계시민사회의 성원이 될 수 없다는 이야기가 아니라, 이성을 공적으로 사용할 때 주체는 모든 특수한 정체화로부터 벗어나 있다는 말이다. 지젝은 이것을 "우리는 공동체적 정체성들의 틈새들에서 근본적으로 특이할 때에만 진정으로 보편적이다"라는 말로 정식화한다. 세계시민사회의 구성원으로서 이성을 공적으로 사용하는 주체는 기존의 어떠한 사회적 정체성에 의해서도 규정되지 않는다는 의미에서 특이하다. 그리고 그러한 특이한 주체로서 보편적 차원에 직접 참여한다. 다시 말해 세계시민사회의 공적 공간은 주체가 "실체적인 공동체적 정체화로부터 뿌리 뽑혀진, 혹은 심지어 그에 대립되는 특이한 개인으로서 '공적' 영역의 보편적 차원에 참여한다"는 "보편적 특이성의 역설"에 의해 규정된다(Zizek 2009/2010: 209-210). 이 역설을 가능케 하는 것은 정체화로부터 벗어남, 앞서 논의 맥락을 가져온다면 이미 규정되어 있는 것으로부터 벗어남이다. 지젝의 말대로 칸트는 이성의 사적 사용과 공적 사용의 구분을 통해 "우리의 사회적 정체성의 한계, (사회적) 존재의 질서 내에서 우리가 갖는 위치의 한계 바깥에 있는 해방적 보편성의 차원을 환기한다."(Zizek 2009/2010: 210-211)[65]

　이런 맥락에서 '세계'는 '사회적 정체성의 한계 바깥에 있는 해방적 보편성의 차원'을 가리키는 개념으로 해석될 수 있다. 공적 영역이 어떠한 실체적 공동체에도 갇히지 않는다고 말할 때, 이는 모든 이들에게 공통적이고 개방적이라는 공적인 것의 '전복적' 규정으로부터 필연적으로 따라 나오는 결론이다. 그러므로 공적인 것에 적합한 유일한 영역은 어떠한 특수한 공동체로도 환원되지 않는 세계일 수밖에 없다. 이때 세계는 일체의 기존 공동체와 동일시될 수 없으므로 미리 주어지는 것이 아니라 오직 지식인들의 집단적인 이성의 공적 사용으로만 만들어진다. 다시 말해 세계가 미리 존재하고 그 위에서 이성의 공적 사용이 실행된다는 인식은 피상적이고 부적절하다. 지식인이라는 이성의 공적 사용의 주체가 그 사용 자체에 의해 구성되듯이, 세계시민사회의 '세계' 역시 이성의 공

65　물론 이성의 공적 사용 혹은 그것에 의해 구성되는 계몽의 주체가 단순히 '벗어남'이나 '비규정성'에 의해서만 규정되는 것으로 이해해서는 안 될 것이다. 고정된 사회적 정체화의 논리에서 벗어나 비규정성의 지대로 향함은 공적 이성의 주체가 자율적 자기구성이라는 적극적 운동을 수행함에 있어 거치게 되는 하나의 (부정적인 그러나 필수적인) 계기로 이해되어야 한다. 칸트 해석을 넘어선 현대정치철학의 맥락에서 지젝이 말하는 "보편적 특이성" 자체의 내적 논리를 발전시킨, 동일성-정체성과 명확한 대비를 이루는 대안적 주체성 모델에 대한 탐구로는 네그리와 하트의 특이성(singularity) 이론을 참고할 수 있다(Hardt and Negri 2009/2014: 462-463).

적 사용에 의해 구성되며 그것으로 인해 존재한다.[66] 요컨대 기존
의 사회적 규정과 정체성으로부터 자유로운 계몽의 주체로서의 지
식인이 수행하는 이성의 공적 사용의 근원적인 의미는 세계를 구
성하고 그것에 참여함이다.[67] [68]

칸트와 아렌트의 연결고리로 이성의 공적 사용을 부각시킴에
있어 핵심적인 것이 바로 위와 같은 의미의 공적 영역으로서의 세

---

66 하버마스(Jürgen Habermas)식으로 표현하면, "칸트가 세계시민주의를 말할 때
의 '세계'는 이성적 존재의 의사소통에서 형성되는 공간이다."(Habermas 1962-
1990/2001:183)

67 "공론장은 우리가 그 안에서 수행하는 공동 행위에 의해서만 구성되는 [그 외의 어떤
것으로부터도 영향받지 않는] 연합체다. 그 공동 행위란, 그런 일이 이루어질 수 있는
곳이라면 어디에서나 의견을 교환하면서 공통의 정신에 이르는 것이다. 연합체로서
공론장의 존재는 단지 이러한 식으로 우리가 함께 행동하는 과정 그 자체일 뿐이다.
이 공동 행위는, 신의 행위에 의해서건 존재의 대사슬 속에서건, 혹은 태곳적부터 내
려온 법에 의해서건 간에, 어떤 행위 초월적(action-transcendent) 차원에서 구축되어
야 하는 틀 없이도 가능한 것이다."(Taylor 2004/2010: 146) 아렌트도 여러 곳에서 동
일한 취지의 언급을 하고 있다. "정치적 영역은 함께 행위함에서, '말과 행위와 공유'
에서 직접적으로 발생한다. 그래서 행위는 우리 모두에게 공통적인 세계의 공적 부분
과 가장 밀접한 관계를 가질 뿐만 아니라 그것을 구성하는 하나의 활동이기도 하다.";
"정확하게 말한다면, 폴리스는 지리적으로 자리 잡은 도시국가가 아니다. 폴리스는
사람들이 함께 행위하고 말함으로써 발생하는 사람들의 조직체이다. 그리고 폴리스
의 참된 공간은, 그들이 어디에 있든 간에, 이 목적을 위해 함께 살아가는 사람들 사
이에 존재한다."(Arendt 1958/1996: 260, 261)

68 이 장의 초고를 발표한 한국칸트학회 학술대회에서, 칸트 철학에서 '세계'는 이성의
공적 사용에 의해 비로소 구성되는 것이라기보다는 "인간이 느끼고 인식하는 대상들
의 총괄(Inbegriff)", "이성의 사용만으로 환원되지 않는, 지성계와 감성계에 모두 속
한 존재로서의 인간이 실존하며 살아가는 공간"을 의미한다는 논평이 있었다. 칸트
철학에서 세계 개념이 그와 같은 의미로 사용되는 대목들을 발견할 수 있음은 물론이
다. 그러나 다른 많은 개념들이 그렇듯 세계 개념은 일의적이지 않으며, 특히 역사·사
회철학적 맥락에서 '세계시민' 혹은 '세계시민사회' 등의 합성어를 구성할 때의 세계
개념은 '대상들의 총괄'과 상관적인 객체적 공간이라기보다 집합적 주체의 행위와 상
관적인 주체적 공간을 의미하는 것으로 이해해야 한다는 것이 이 장의 취지다.

계다. 아렌트는 칸트와 마찬가지로 세계를 공적 행위—아렌트가 '정치'라는 개념으로 지시하는 것은 통상적인 의미에서 권력이나 제도와 결부된 행위가 아니라 바로 이 공적 행위를 가리킨다—가 이루어지는 공간으로 이해하는바, 김비환의 적절한 지적대로 "아렌트의 저작들은 초기부터 후기에 이르기까지 정치적 공간으로서의 세계에 대한 관심과 애착에 의해 이끌리고 있다."(김비환 2001: 73)[69] 아렌트가 극히 일부를 제외한 대부분의 철학자들이 정치에 대해 일종의 적대감을 품고 있는데 칸트가 그 '극히 일부'에 속한다고 말할 때, 그는 정치 혹은 공적인 것을 위한 공간으로서의 세계에 대한 관심을 자신과 칸트가 공유하고 있음을 의식하고 있는 것이다(Arendt 2013/2016: 21).

아렌트의 정치적 행위 개념과 칸트의 이성의 공적 사용 개념의 중요한 공통점은 양자 모두 사회적 규정성이나 정체성을 벗어난 장소, 즉 공적 영역 혹은 세계 속에서 인간이 발휘할 수 있는 고유한 능력에 관심을 갖는다는 데 있다. 반(反)계몽은 바로 이 고유한 능력이 상실되거나 발휘되지 않을 때 도래한다. 아렌트가 보기에 근대의 특징은 맑스가 강조한 자기소외가 아니라 세계소외(world alienation)인바, 세계소외, 즉 공적 영역의 몰락은 대중들의 "무세계적 정신구조의 형성"을 초래함으로써 이데올로기들의 지배를 가능케 했으며, 이것이 반유대주의·전체주의·제국주의 등 현대적 재앙

---

69 한 인터뷰에서 아렌트는 명확히 "세계는 정치를 위한 공간"이라고 규정한다(Arendt 2013/2016: 59).

이성의 공적 사용이란 무엇인가?

들의 원인이 되었다(Arendt 1958/1996: 322, 김비환 2001: 74). 아렌트

정치이론이 지향하는 바는 저 무세계적 정신구조의 조건을 비판

하고 공적 영역으로서의 세계의 복권을 도모함으로써 세계소외의

과정을 역전시키는 것인바, 이는 오직 공공성을 조건으로 해서만

계몽이 가능하다고 생각했던 칸트의 시대 진단과 해법을 계승하

는 것이다.[70] 칸트와 아렌트 모두에게 있어서 "미신과 기만의 현저

한 증가", 즉 반계몽은 "세계로부터의 소외의 명확한 징표"(Arendt

1958/1996: 272)이며, 이러한 상황에서 무엇보다 요구되는 것이 이

성의 공적 사용인 것이다.

『인간의 조건』에서 근대적 세계소외의 원인으로 지목되는 것은

이른바 '사회'의 출현이다. 사회란 전통적으로 사적 영역의 문제로

여겨졌던 생명과정, 즉 생계유지의 문제를 공적으로 조직화한 체계

인바, 사회적인 것의 출현은 "비교적 단시간 안에 모든 근대의 공동

체들을 노동자와 직업인의 사회로 변형시켰다."(Arendt 1958/1996:

99) 현대 독자들이 칸트적 의미의 공사 구분을 이해하는 데 특히 어

려움을 겪는다면, 이는 우리가 세계시민으로서의 활동이 아닌 "단

지 공개적으로 전시되는 사적 활동들"(Arendt 1958/1996: 191)을 공

---

70   Dana R. Villa는 "아렌트의 정치적 사유는 이 무근성(rootlessness)—무세계성
(worldlessness)—의 계보를 추적하고, 정치적 행위, 오직 정치적 행위만이 전체주의,
그리고 그것이 창출한 병리적 측면들과 싸울 수 있음을 증명하려는 것"이라고 말하
는데, 여기서 정치적 행위를 이성의 공적 사용으로, 전체주의와 그것의 병리적 측면
들을 반계몽/미성숙으로 읽는다면 이는 정확히 칸트적 기획이라고 할 수 있다(Villa
1996/2000: 38-39).

적인 것으로 간주하는 데 익숙해졌기 때문이다.[71]

사회의 특징은 '무엇(what)'과 '누구(who)'의 구분을 통해 선명하게 드러난다. "노동자와 직업인의 사회"에서 인간은 "언제나 사회구조 내의 그들의 지위와 동일시"된다(Arendt 1958/1996: 93). 그리고 사회적 지위나 규정, 즉 정체성과 동일시되는 한에서의 인간은 '무엇'으로 취급된다. 공무원, 교수, 주부 등 '무엇'으로 취급되는 인간은 단독성 혹은 특이성을 상실하고 타인과 교환가능한 존재가 된다. 대중은 '무엇'들의 집합이다. 흔히 대중에 대해 '무차별적'이라는 술어를 사용하는 것은 그것을 구성하는 인간들이 대체가능한 '무엇'들이기 때문이다. 공무원으로서의 인간은 다른 공무원으로서의 인간에 대해 무차별적이다. 그런데 우리는 앞서 칸트가 이처럼 특정한 사회적 정체성에 묶여 있는 상태에서의 사고작용을 이성의 사적 사용으로 규정했음을 살펴본 바 있다. 이런 맥락에서 아렌트가 말하는 '사회'의 문제를 재정식화하면, 이성의 사적 사용이 공적 사용을 압도하는 것이라고 할 수 있다.

이성의 사적 사용이 지배적인 사회, 즉 이성의 공적 사용의 힘이 약화된 사회의 문제가 극적으로 드러난 사례가 아돌프 아이히만(Adolf Eichmann)이다. 잘 알려져 있듯이 전범재판에서 아이히만은 자신은 단지 자신에게 부과되는 의무를 수행했을 뿐이라고 강변했고, 여기서 아렌트는 사유하지 않음이라는 '악'을 보았다. 아렌트는

---

71   아렌트는 칸트가 "사회적인 것과 구별되는 정치적인 것을 세계에 속한 인간의 조건"으로 의식하고 있었다고 평가한다(Arendt 1992/2002: 38).

아이히만에게서 일체의 공적 행위성이 제거된 '기능하기(function-ing)'만을 발견할 수 있었다고 말하는데, 자신에게 할당된 표준적 의무를 정확히 수행하는 이러한 기능하기가 이성의 공적 차원이 제거되고 사적 사용만이 이루어지고 있는 상태를 가리킨다는 것은 별도의 설명을 요하지 않는다(Arendt 2013/2016: 77). 아이히만은 이성을 사적으로 사용하는 데는 아무 문제가 없었다. 그러므로 그가 사유하지 않음이라는 '악'의 현현(顯現)이라면 이때 사유하지 않음은 이성을 공적으로 사용하지 않음일 것이다. 이러한 의미의 악이 '평범한(banal)' 이유는 근대 이후의 사회가 이성의 사적 사용이 공적 사용을 압도하는 사회. 즉 공공성이 결여된 이성의 사적 사용이 표준이자 정상인 사회이기 때문이다. 아이히만은 '무엇'으로서 악을 저지른 것이며, 다른 '무엇'들로 대체가능한 기능을 수행하는 '무엇'이 저지르는 악이 평범함은 당연하다 할 것이다.

'무엇'과 달리 '누구'는 대체불가능한 개인성을 가리킨다. 앞서 살펴본 지젝의 해석에서 사람들이 "실체적인 공동체적 정체화로부터 뿌리 뽑혀진, 혹은 심지어 그에 대립되는 특이한 개인으로서 '공적' 영역의 보편적 차원에 참여한다"고 할 때 '특이한 개인'을 가리키는 아렌트의 용어가 바로 '누구'인 것이다. '누구'는 표준적이고 규범적인 역할이나 기능이 아니라 오직 공적으로 수행되는 말과 행위를 통해서만 드러나므로 말과 행위로 구성되는 공적 영역은 "사람들이 자신이 누구인지를 진정으로 그리고 교환불가능한 방식으로 보여줄 수 있는 유일한 장소"이다(Arendt 1958/1996: 94). 개성 혹은 특이성은 결코 사적인 문제가 아니다(Arendt 1995/2010: 111).

역설적으로 들릴지라도, 사람들은 타인들과 함께 세계를 구성하고 그에 참여할 때만 어떤 타인과도 동일하지 않은 '누구'가 된다.

　세계, 즉 공적 영역이 '무엇'이 아닌 '누구'들로 구성되는 공간인 한에서 복수성이 그것의 본질적 특징임은 자명하다. 그러므로 역으로 복수성이 제거된 공간은 공적 영역일 수 없다. "복수성을 제거하려는 시도는 언제나 공적 영역 자체를 제거하려는 시도와 같다."(Arendt 1958/1996: 284) 물론 노동자와 직업인들의 사회에도 집단성은 존재한다. 그러나 그것에 고유한 "사회성(집단성)은 동등성(equality)이 아니라 동일성(sameness)에 기반한다."(Arendt 1958/1996: 277) 노동과 직업의 사회는 인간들의 독특성과 차이를 사상(捨象)하여 하나로 만든다. 이성의 사적 사용은 이러한 하나됨, 동일성과 아무런 갈등도 일으키지 않는다. 이성의 사적 사용의 주체로서 인간들은 아무런 차이를 갖지 않으며 그러한 한에서 대체 가능하다. 그러나 이성의 공적 사용은 복수성을 전제한다. 공적 영역이 복수성의 공간이 아니라면, 즉 공적 공간에서 사유하는 것이 우리 사유에 아무런 차이도 도입하지 못한다면 구태여 우리의 사유를 공적으로 만들 필요가 없을 것이다. 이때 중요한 것은 이성의 공적 사용이 사회적 탈정체화의 운동을 함축하는 한에서, 공적 영역의 복수성은 사회적 정체성들의 차이로 구성되지 않는다는 점이다. 세계를 구성하는 것은 특이한 개인인 '누구'들 사이의 차이다.

　아렌트는 공적 영역으로 나아가는 것을 하나의 "모험"으로 규정한다(Arendt 1995/2010: 113). 이것이 모험인 이유는 용기를 필요로 하는 일이기 때문이다. 용기와 과감성은 영웅의 것이 아니라 "자신의 자아를 세계 속으로 삽입하고 자신의 이야기를 시작하려는 의지에 이미 들어 있다." 공적 영역으로 나아가는 용기와 과감성이 없다면 행위와 말, 심지어 자유까지도 가능하지 않다는 것이 아렌트의 생각이다(Arendt 1958/1996: 248). 우리는 여기서 『계몽이란 무엇인가?』 첫 문단의 메아리를 듣는다. "계몽은 모험을 감행하지 않으려는 인간들의 성향으로 인해 위협"받는다(Hinske 1980/2004: 88). 우리는 이성을 사적으로 사용하는 한에서 스스로 생각하길 요구받지 않는다. "규칙과 제식들"(WA, VIII36)을 지키기만 하면 되기 때문이다. 이성을 사적으로 사용할 때 사유는 "보행기" 위에서 이루어진다. 그러나 이성을 공적으로 사용하는 이는 기댈 수 있는 아무런 규칙과 제식, 보행기를 갖고 있지 않다. 글쓰기와 사유의 공포와 괴로움은 이러한 사실로부터 온다. 그러므로 "너 자신의 지성을 사용할 용기를 가져라!"라는 계몽의 표어는 이성의 공적 사용의 문제다. 아이히만의 악은 사유하지 않음일 뿐 아니라 공적 영역을 향한 모험을 감행하는 용기의 부족, "나태와 나약"(WA, VIII35)이기도 하다.

이성의 공적 사용이 용기를 필요로 하는 이유, "공적 영역으로의 모험"이라는 표현이 성립하는 또 한 가지 이유는 그것이 스스로 생각하기일 뿐 아니라 타인들 앞에 스스로를 드러내는 일이기도 하다는 데 있다. 사회적 정체성을 배경으로 목소리를 내는 일과 달리, 타인들에게 자신의 고유한 생각을 드러내고 자유롭고 제한 없는 검토를 받는 것은 두려운 일이다. 그러나 다르게 보면 공적 영역의 존재는 역으로 용기의 이유기도 하다. 우리는 함께 생각하는 타인들의 존재와 그들에 의해 이루어지는 철저한 검토 가능성이라는 안전판과 더불어서만 스스로 생각하겠다는 용기를 낼 수 있다. 고립 속에서 작동하는 사유는 늘 자신의 타당성에 대한 의심에서 자유로울 수 없다. 함께 생각하는 타인들의 존재와 더불어서만, 즉 사유하기를 공적으로 수행할 때만 우리는 후견인의 보행기를 거부할 수 있는 것이다.

그러므로 공적 영역으로서 세계의 복수성은 계몽의 필수조건이다. 이성의 공적 사용만이 계몽을 가능케 하며 공적 사용의 자유가 보장되면 계몽은 거의 반드시 실현될 수밖에 없다는 칸트의 확신은 세계의 복수성을 근거로 한다. 이런 맥락에서, 공적 삶과 세계에 대한 아렌트의 입장이 요약되어 있는 아래 인용문은 이성의 공적 사용이란 세계시민으로서 이성을 사용하는 것이라는 칸트적 테제의 함의 또한 요약하고 있다고 하겠다.

공적 영역의 실재성은 수많은 관점과 측면들이 동시에 존재한다는 사실에 기초해 있다. 공통의 세계(common world)는 이러한 관점과 측면들 속에서 자신을 드러내지만 이것들에 공통적으로 적용되는 척도나 공통분모는 결코 있을 수 없다. 공통세계가 모두가 만나는 공통의 근거를 제공할지라도, 여기에 모이는 사람들의 위치는 상이하기 때문이다. 두 물체의 위치가 동일할 수 없듯이, 한 사람의 위치와 다른 사람의 위치는 일치할 수 없다. 타자에 의해 보여지고 들려진다는 것이 의미가 있는 것은 모든 이들이 다른 입장에서 보고 듣기 때문이다. 이것이 공적 삶의 의미이다.(Arendt 1958/1996: 110-111)

세계 수용으로서의 이성의 공적 사용

벤저민은 「계몽이란 무엇인가?」가 말하는 성숙을 "주체의 세계화(the becoming worldly of the subject)"로 정식화하는데(Benjamin 2012: 33), 칸트와 아렌트의 공공성 이론은 여기서 세계화를 세계로 나아감과 세계를 안으로 들임이라는 두 가지 의미로 해석하는 것을 가능케 한다. 앞선 1절은 서로를 전제하는 순환적 정초 관계에 있는 저 두 운동 중 전자, 즉 세계 구성과 참여의 관점에서 이성의 공적 사용을 다뤘다. 이번 2절은 이성의 공적 사용을 주체 내적 세계화라는 관점에서 해석한다.[72]

아렌트에 따르면 복수성은 공적 영역의 필수조건일 뿐 아니라 나아가 사유 사체의 조건이기도 하다. 잘 알려져 있듯 아렌트의 이러한 입론의 기저에는 칸트의 판단(혹은 공통감) 개념에 대한 적극적 해석이 놓여 있다. 칸트 판단이론에 대한 아렌트의 관심은 플라톤 이래 지배적이었던, 정치에 대한 이성 중심 접근에 대한 반발이라는 성격을 갖는다. 아렌트 정치이론의 일관된 관심은 "일자에 대항하여 복수적인 것의 복원"(Lefort 1986/2015: 89)을 도모하는 것이었던 반면, 정치에 대한 이성적 접근의 의도와 효과는 이성을 통해 진리를 확보하여 의견(doxa)들의 다양성을 평정함으로써 공적 영

---

72   이번 절의 논의를 통해 그 의미가 분명해질 주체의 내적 세계화는 앞 절에서 논의한 복수성을 본질적 조건으로 하는 공적 영역으로서의 세계 없이는 불가능하며, 반대로 공적 영역으로서의 세계의 구성은 자신의 이성 사용에서 세계를 안으로 받아들이는 주체들의 존재를 전제한다. 실상 주체의 세계화의 두 측면은 단지 개념적으로만 구분되며 실천에 있어서는 하나의 동일한 운동을 이룬다고 하겠다.

역과 정치의 본질인 복수성을 제거하고 일자의 지배를 가능케 하는 것이었기 때문이다.[73] 반면 아렌트가 보기에 칸트에게 공공성은 행위뿐 아니라 판단, 인식, 윤리 등의 개념까지 규정하는 '초월적 원리'로 기능한다.[74] 그리고 이것이 복수성의 공간인 세계로부터 물러남을 전제하는 관조적 삶에 대한 플라톤 이래 거의 모든 철학자들의 예찬과 칸트의 철학적 태도가 갈라지는 지점이다(Arendt 1992/2002: 119-120).

아렌트가 실마리를 제시한 해석 방향을 따라, 만약 칸트가 말하는 공적 이성이 세계의 복수성과 대립하는 플라톤적 이성과 달리 판단 혹은 공통감과 내용상 다르지 않은 것으로 해석될 수 있다면, 즉 칸트 철학에서 공공성이 사회철학적 문제일 뿐 아니라 이성적 사유 자체의 가능성의 조건으로 해석될 수 있다면, 칸트의 이성 개념—적어도 이성의 공적 사용을 말하는 맥락에서의 이성 개념—은 세계의 복수성을 수용하는 것으로 이해될 수 있으며 그러한 한에서 판단이론에 대한 아렌트의 논의들은 이성의 공적 사용과 관련

---

73 김선욱 2002: 124-130 참조. 아렌트는 칸트를 정치에 대해 적대감을 품고 있지 않은 예외적인 철학자라 평하면서도, '이성비판'이라는 제목을 달고 있는 첫 두 비판서에 대해서는 세계의 복수성을 다루지 못하는 철학서라고 부정적으로 평가한 바 있다 (Arendt 1992/2002: 67). 이러한 관점에서 이루어지는 칸트 실천철학에 대한 아렌트의 부정적 평가에 대해서는 Villa 1996/2000: 136-149, 임미원 2018: 144-146 참조.

74 가령 공공성은 다음과 같은 방식으로 도덕철학의 기준이 된다. "도덕성이란 사적인 것과 공적인 것의 일치이다. 준칙이 사적으로 남기를 고집하는 것은 악한 것이다. 따라서 악한 것은 공적인 영역으로부터의 후퇴라는 특징을 갖는다. 도덕성이란 보여지기에 적합한 것을 의미한다. 여기서 보여진다는 것은 인간들에게뿐만 아니라 최종적으로는 신, 즉 마음속에 있는 것까지 아는 자에게도 보여지는 것이다."(Arendt 1992/2002: 104)

하여 재해석될 수 있을 것이다.[75]

칸트는 『판단력비판』에서 "보통의(공통적인, gemein) 인간 지성의 준칙들"을 제시하는데, 그것은 1. 스스로 사고하기(선입견 없는 사유방식의 준칙), 2. 모든 타자의 위치에서 사고하기(확장된 사유방식의 준칙), 3. 항상 자기 자신과 일치하도록 사고하기(일관된 사유방식의 준칙)이다(KU, V294). 그런데 『실용적 관점에서의 인간학』(이하 『인간학』)에서는 이와 동일한 내용이 아래와 같은 언급을 동반하여 등장한다.

동일한 대상을 바라보는, 그리고 서로를 바라보는 방식에서의 두 뇌들의 큰 상이함을 통해, 그리고 그런 두뇌들이 서로 부딪치고, 서로 결합하고 분리됨을 통해 자연은 무한히 서로 다른 방식의 관찰자와 사상가들의 무대 위에 볼 만한 연극을 연출한다. 사상가들의 부류에 대해서는 (…) 다음의 명제들이 불변의 지시명령으로 제시될 수 있겠다.(Anth, VII228)

지금까지 논의에 비추어볼 때, 정신들의 차이에 의해 규정되는 "무한히 서로 다른 관찰자와 사상가들의 무대"란 공적 영역과 다른

---

75   나종석은 "칸트의 이성이 근본적으로 공공성의 이성, 달리 말하자면 공적 이성의 차원으로 재해석될 수 있다"고 주장한다(2010: 77). 김선욱은 "아렌트가 정치에 대해 언급할 때는 칸트의 이성 개념을 전적으로 버린 것이라고 전제해야 한다"고 말하는데, 만약 나종석의 주장을 따라 이성의 공적 사용에서의 이성이 "독백적이거나 폐쇄적인 주체적 이성이 아니라, 본래적으로 타자의 관점을 지향하는 이성"으로 이해될 수 있다면, 아렌트 본인의 의도와 무관하게 우리는 아렌트의 정치 개념과 칸트의 이성 개념을 연결하여 논할 수 있을 것이다(김선욱 2002: 154, 나종석 2010: 94).

것이 아니다. 같은 맥락에서 사상가(Denker)란 이성의 공적 사용의 주체인 지식인에 대한 다른 명명으로 볼 수 있다. 위의 서술이 「계몽이란 무엇인가?」와 갖는 관련성은 분명하다. 실제로 이 인용문 이후 세 가지 준칙에 대한 서술이 이어지고 바로 뒤이어 "인간 내면에서 가장 중요한 혁명"으로서의 계몽이 강조되는데 이는 우연이 아닌 것이다(Anth, VII229).

이러한 맥락으로부터 읽어낼 수 있는 것은 두 가지다. 첫째, 사상가들을 위한 준칙이 동시에 보통의 인간 지성의 준칙이기도 하다는 것은 (앞서 이미 지적했듯이) 칸트가 생각하는 지식인이나 사상가가 보통의 인간과 구분되는 별도의 인간 집단을 가리키지 않음을 의미한다. 둘째, 우리의 논의 맥락에서 보다 중요한 것으로, 세 준칙들 모두 공적 영역에 참가하는 이들, 즉 공중을 위한 것이며 그러한 한에서 이성의 공적 사용의 준칙들이라는 사실이다. 셋 모두가 이성의 공적 사용의 준칙이라면 칸트적 계몽과 관련하여 첫 번째 준칙인 '스스로 생각하라'만을 배타적으로 강조하는 것은 부적절할 것이다.

실제로 세 준칙은 내적으로 필연적 연관을 갖는다. 스스로 생각한다는 것은 고독 속에서, 단독적 존재로 사고하는 것이 아니라 미리 정해져 주어지는 타인의 지도에서 벗어나 사고하는 것이다. 다시 말해 이것은 '규칙과 제식들', 즉 외부로부터 강제되는 규정들, 사적 정체화의 장치들로부터 독립적으로 사고하는 것이다. 그리고 이처럼 사적 정체화의 규정과 장치들에서 벗어날 때 우리는 세계 시민으로서, 즉 모든 타자의 위치에서 사고할 줄 아는 이로서 사고한다. 그러므로 첫 번째 준칙과 두 번째 준칙은 동일한 것을 강조점을 달리하여 진술한 것으로 이해할 수 있다. '스스로' 사고하라는 말은 '자신의 입장에서' 사고하라는 말과 다르며, '타인의 입장에서' 사고하라는 말은 '타인의 의지나 지도에 따라' 사고하라는 말과 같지 않다. 계몽의 준칙에 입각해서 사고할 때, 즉 이성을 공적으로 사용할 때 우리는 스스로 타인의 입장에서 사고한다. 그리고 이처럼 사고를 자율적으로 확장하면 할수록 자기 자신과 일치하도록 사고할 가능성, 즉 일관되게 사고할 가능성 또한 더욱 커진다. 정신의 크기가 커지면 커질수록 일관성을 방해하는 주관의 우연적 요소가 행사할 수 있는 상대적 힘의 크기는 작아지기 때문이다.[76]

다시 말해 세 준칙은 별개가 아니며, 그 종합적 핵심은 사고의 자율적 확장이다. 칸트는 이를 이기주의와 대립하는 "다원주의(pluralism)"로 규정하는데, 이것은 "자신을 전체 세계를 자신 안에 포괄하는 자로 보고 처신하는 것이 아니라, 순전히 한 사람의 세계시민으로 보고 처신하는 사고방식(성향)"을 말한다(Anth, VII130). 자신이 세계 전체를 포괄한다고 생각하는 자와 세계시민의 관점에서 생각하는 자는 전혀 다를 뿐 아니라 대립한다. 전자는 세계의 근원적 복수성을 오직 하나의 관점(자신의 관점)으로 환원하지만, 후자는 세계의 복수성을 사유의 조건으로 수용한다. 자신을 한 사람의 세계시민으로 본다는 것은 자신의 유한성을 인정하는 동시에 사고

---

76   나종석(2010: 90–91) 역시 자율적·독립적 사고와 확장적 사고가 내적 필연성에 의해 연결되어 있다고 본다.

의 자율적 확장을 통해 세계의 복수성을 자신 안에 받아들이려 노력한다는 것이다. 칸트의 계몽은 인간 이성의 유한성을 전제로 하며, 무제약적인 보편적 이성—가령 신과 같은 인간 이외의 이성적 존재자의 이성—과 완전히 동일시될 수 없음으로 규정되는 저 유한성은 다른 이질적 유한성, 즉 타인의 존재와 움직임에 대한 개방성을 필연적인 것으로 요구한다. 다시 말해, 인간 이성의 유한성 자체가 "모든 다른 사람의 이성을 보편적 이성의 한 부분으로 파악하고 그래서 진지하게 여기게끔 한다."(Hinske 1980/2004: 49)

그러므로 세계시민적 관점에서 이루어지는 사고의 자율적 확장은 필연적으로 타인의 존재를 요구한다. 아렌트의 말대로, "이 확장된 사유방식은 엄격한 고립이나 고독 속에서는 제 기능을 할 수 없다. 이 방식은 타인의 존재를 필요로 한다. 왜냐하면 그것은 '그들의 입장'에서 사유해야 하고, 그들의 관점을 고려해야 하며, 그들이 없다면 작동할 기회조차 갖지 못하기 때문이다."(Arendt 1968/2005: 294-295) 그리고 아렌트가 "판단력은 그것이 인간으로 하여금 공적 영역, 공통의 세계 속으로 향할 수 있도록 해주는 한 인간이 정치적 존재로서 가진 근본적인 능력들 가운데 하나일 것이다"라고 말할 때, 그는 내용상 사고의 자율적 확장 즉 이성의 공적 사용과 같은 것을 말하고 있는 것이다(Arendt 1968/2005: 295).

아렌트는 판단을 "그 속에서 타인과-함께-세계를-공유함이 발생"하는 활동으로 규정한다(Arendt 1992/2002: 296). 이러한 규정에 따르면 판단 혹은 (현재 논의 맥락의 용어 사용을 유지하면) 이성의 공적 사용에서 타인과 세계는 주체의 사고 바깥에 있지 않다. 이성을 공적으로 사용하는 주체는 무수한 차이들과 그 관계로 구성되는 공통적인 것으로서의 세계를 자신 안에 받아들임으로써 그러한 세계를 향해 자신을 확장한다. 잘 알려진 『판단력비판』의 한 대목에서 칸트는 이러한 '세계-되기'의 능력을 공통감(sensus communis)으로 규정한다.

> 공통감이라는 말로는 공통[공동체]적 감[각](gemeinschaftlicher Sinn)의 이념을 뜻하지 않으면 안 된다. 다시 말해, 이를테면 전체 인간 이성에 자기의 판난을 의지하고, 그렇게 함으로써 자칫 객관적이라고 여겨질 수 있는 주관적인 사적 조건들로 인해 그 판단에 해로운 영향을 줄지도 모르는 환상에서 벗어나기 위하여, 자기의 반성에서 다른 모든 사람의 표상방식을 사유 속에서 (선험적으로) 고려하는, 하나의 판정능력의 이념을 뜻하지 않으면 안 된다. 그런데 이런 일은, 사람들이 자기의 판단을 다른 사람의 실제적이라기보다는 오히려 단지 가능적인 판단들에 의지해보고, 또 한낱 우리들 자신의 판정에 우연적으로 부수하는 제한들을 사상(捨象)하여 스스로 타자의 위치에 서봄으로써 일어난다. (KU, V293)

주의할 것은 확장된 사고방식과 공통감의 준칙, 즉 다른 사람의 표상방식을 사유 속에서 고려한다는 것, 스스로 타자의 위치에 선다는 것이 그들의 "실제적" 판단에 의지함을 의미하지는 않는다는 것이다. "다른 모든 사람의 표상방식"을 사유 속에서 고려하는 작업은 "가능적" 방식으로 이루어질 수밖에 없다. 그리고 이러한 방식으로 다른 모든 사람의 표상방식을 고려하는 한, 어떤 특정한 하나의 표상방식과 자신의 사유를 동일시하는 일은 불가능하다. 즉 공통감은 단순히 타인의 관점을 자신의 관점으로 삼는 능력이 아니다. '타자의 위치에 서봄'이 단순히 그 타자의 실제적 판단에 기댐을 의미한다면, 그것은 제약된 판단(나의 판단)을 똑같이 제약된 다른 판단(타인의 판단)으로 대체함에 불과하며 이는 어떠한 의미에서도 사고의 확장이 아니다. 타자의 위치에 서봄을 통해 얻게 되는 사유의 효과는 복수의 위치를 확보함으로써 그 위치들 사이의 차이를 의식하게 되는 것이다. 다시 말해, 공통감을 통한 사고의 확장으로서의 이성의 공적 사용은 어떤 특정한 실제적 판단이 아니라 다수의 이질적인 판단들의 공존에서 발생하는 '시차(Parallaxe, 視差)'에 근거해서 이루어진다. 이런 의미에서 공통감에 대한 논의는 시차에 대한 다음과 같은 칸트의 언급으로 보충될 때만 완전해진다.

이전에 나는 인간 지성 일반을 순전히 나의 지성의 관점에서만 바라보곤 했다. 이제 나는 나 자신을 나로부터 독립적이며 나에 대해 외적인 다른 누군가의 이성의 위치에 두며, 나의 판단을 그것의 가장 비밀스러운 원인들과 함께 다른 이들의 관점에서 바라본다. 이 두 고찰의 비교는 확실히 강한 시차를 낳는다. 그러나 그것은 또한 광학적 기만을 막을 수 있는 유일한 방법이며, 개념들을 그것들이 인간 본성의 인식능력과 관련하여 점하는 참된 위치에 두는 유일한 수단이다.(TG, II349)

인간 이성의 유한성에서 비롯하는 "광학적 기만"을 막을 수 있는 유일한 방법은 이러저러한 유한성의 입장들 사이에서 이루어지는 위치 바꿈이 아니라 그러한 위치들 사이에 서는 것, 위치들 사이의 차이 자체를 관점으로 삼는 것이다.[77] 아렌트가 칸트의 판단, 확장된 사유방식에 주목할 때 염두에 두는 것이 바로 이것이다.

아렌트에 따르면 세계란 이처럼 "온갖 다양성을 지닌 사람들 사이의 공간(interspace)" 외에 다른 것이 아니다. 그가 복수성이 사라지면 세계 역시 사라질 것이라고 말하는 것은 세계가 동일성, 즉 하나됨으로 환원되지 않는 차이 나는 것들을 전제로 하는 '사이'로서만 존재할 수 있기 때문이다(Arendt 1995/2010: 41, 1992/2002: 105). 아렌트의 칸트 강의를 편집·출판한 로널드 베이너(Ronald Beiner)의 말대로, "상호주관적 판단은 주체들 사이에서 공유되는 것, 말 그대로 그들 사이에 있는 것, 즉 (⋯) 칸트가 '세계'라고 부른 것에서 나온다."(Arendt 1992/2002: 209) 이성의 공적 사용이란 세계시민으로서 이성을 사용하는 것인바 이는 저 '사이'의 관점에서 사유하는 것이다.

세계, 즉 '사이'에 입각해 판단할 때 나는 나로부터 벗어난다. 이런 맥락에서 확장된 사유방식이라는 표현은 오해를 초래하기 쉽다. 고정된 정체성을 유지하는 '나'가 확장된다는 방식으로 이해되기 쉬운 것이다. 그러나 확장된 사유방식은 남이 되는 것도, 나로 남는

---

77   주지하듯 가라타니 고진과 지젝의 칸트 독해는 이러한 '시차적 관점'에 대한 강조를 핵심으로 한다. 고진 2013, Zizek 2006/2009 참조.

것도 아니다. 아렌트는 이렇게 말한다.

나는 주어진 문제를 다른 관점들에서 고려함으로써, 현재 함께 있지 않은 사람들의 입장들을 내 정신에 제시함으로써 하나의 의견을 형성한다. 즉 나는 그들을 재현한다. 이러한 재현의 과정은 다른 곳에 서 있는 사람들의 실제 견해를 맹목적으로 채택하는 것, 따라서 [단순히] 세계를 다른 관점에서 바라보는 것이 아니다. 이는 다른 누군가가 되거나 그와 같이 느끼려 하는 식의 감정이입의 문제도 아니고, 인원수를 셈해서 다수에 참여하는 문제도 아니다. 이것은 **그 속에 실제로는 내가 존재하지 않는 나 자신의 정체성 안에서 존재하고 생각하는 것**(being and thinking in my own identity where actually I am not)이다.(Arendt 1968/2005: 323. 강조는 인용자)

사유를 확장할 때, 즉 이성을 공적으로 사용할 때 우리는 내가 아닌 나 속에서 존재하고 생각한다. '그 속에 내가 존재하지 않는 나 자신의 정체성 안에서 존재하고 생각하기'란 '정체성'이라는 말에도 불구하고 실제로는 정체화가 아닌 탈정체화의 운동을 가리킨다. 앞서 사회의 규범적 정체성들과의 관계에서 고찰했던 이성의 공적 사용과 탈정체화 논리의 연관이 사고의 확장에 대한 논의에서도 유지되는 것이다. 세계시민으로서 사고한다는 것은 사회적 의미와 정신적 의미 모두에서 사적 정체화의 논리로부터 벗어남을 뜻한다. 아렌트 연구자인 사이토 준이치는 이를 다음과 같이 인상적으로 정리한다.

아렌트는 주체 내부에 있는 복수의 가치 사이의 대화를 '사고'라고 부른다. 이 시각에서 보면, 일의적인 정체성에 경직되고, 단일한 가치에 응고된 주체는 더 이상 사고가 불가능하다. 주체(사고하는 존재로서의 자기)에게 위기는, 다양한 가치를 질서 짓는 어떤 중심적·지배적인 가치가 결여되어 있음(소위 '정체성의 위기')이 아니라, 거꾸로 어떤 하나의 절대적인 가치가 주체를 지배하는 '정체성이라는 위기'이다. 복수성은 공공성에서 '정치적 삶'의 조건임과 동시에, 주체의 '정신적 삶'의 조건이기도 하다. 우리가 염려하지 않으면 안 되는 것은 정체성을 잃어버리는 것이 아니라 타자를 잃어버리는 것이다.(2009: 114-115)

주체가 자신 내부에서 수행하는, 복수성에 입각한 이성의 공적 사용은 사고 그 자체, 인간의 정신적 삶 자체의 가능성을 결정하는 요소다. 이성의 공적 사용은 단순히 이성의 인식근거(ratio cognoscendi)에 그치는 것이 아니라 이성의 존재근거(ratio essendi)이기도 하다.[78] 계몽의 준칙에 따르면 우리는 스스로 복수(複數)적 존재가 되어야 하며 타인 혹은 세계와의 관계에서뿐 아니라 우리 자신과의 관계에서도 이성을 공적으로 사용해야 하는데, 이는 우리의 정체성-동일성을 지키기 위함이 아니라 오히려 타자성을 지키기 위한 것이다. 우리는 우리 자신 안에 다름을, 타자성을 받아들이는 한

---

[78]   이성의 공적 사용을 침식한다면 이성의 사적 사용을 포함한 모든 이성 사용이 궁극적으로 위기에 처하게 될 것이라는 O'Neill의 단언 역시 같은 궤에 있다(O'Neill 1989: 38).

에서만 사고할 수 있기 때문이다. 보편적으로 사고한다는 것은 전체를 규정하는 하나의 기준에서 사고하는 것이 아니라 다름을 향해 개방되어 있는 상태로 사고한다는 것이다. 그런 의미에서 "보편적 인간 이성이란 항상 또한 다르게 생각하는 자의 이성이기도 하다."(Hinske 1980/2004: 78)

사고 자체, 인간의 정신의 삶 자체가 공적 이성 사용에 기초한다는 명제는 아렌트나 아렌트 해석가들만의 생각이 아니다. 칸트 역시 공동체와 더불어 생각할 자유를 박탈하는 것은 생각의 자유 자체를 박탈하는 것이라고 단언한 바 있으며(WDO, VIII144), 통상 단수적 순수주체의 이성 사용에 대한 탐구로 이해되는 『순수이성비판』에서조차 이성의 존재 자체가 비판의 자유, 즉 이성의 공적 사용의 자유에 근거하는 것으로 논해진다(KrV, A738=B767). 요컨대 "이성은 자신을 고립시키지 않고 공동체에 들어가도록 만들어져 있다"는 것이 칸트의 생각이었다(Refl, XV392). 아렌트의 말대로 칸트 역시 "사유기능 자체가 그것의 공적 사용에 의존한다"고 믿었던 것이다(Arendt 1992/2002: 88). 이성이 먼저 있고 이성의 공적 사용이 뒤따라오는 것이 아니다. 이성의 공적 사용이 이성 사용 자체의 조건이다. 그리고 이때 이성의 공적 사용이란 세계 속에서 이성을 사용함을 뜻할 뿐 아니라 자신 속에 세계를 수용함 또한 의미한다. 이성의 공적 사용의 준칙은 홀로 있을 때조차 자신의 사유를 공적인 방식으로 구성할 것을 요구한다. 즉 이성의 공적 사용이 목표로 하는 공공성은 공론장의 그것일 뿐 아니라 주체가 자신 안에서 달성해야 하는 공공성이기도 한 것이다.

주체 자신의 세계화로서의 이성의 공적 사용에 관한 지금까지 논의는, 칸트의 이른바 방법론적 유아론(唯我論)에 대한 하버마스와 아펠 같은 이들의 비판, 즉 "칸트 철학에서 타자라는 것은 단순히 자기를 일반화하거나 보편화하여 이해한 것에 지나지 않는다"(마키노 에이지 2009: 171)는 평가를 재고해볼 수 있는 근거를 마련한다. 마키노 에이지의 평가대로 "이론 이성과 실천 이성의 경우에는 자기 및 타자, 양자의 존재를 일거에 보편적인 원리와 관련지어서 양자의 공통 이해나 의사소통의 형태, 공통성의 근거를 마련하려는 초월론적 철학의 사고법이 전형적으로 발휘되고 있다."(마키노 에이지 2009: 220-221) 그러나 지금까지 살펴본 바대로, 확장된 사유방식으로서 이성의 공적 사용에서 타자는 단순히 '나'의 또 다른 모습으로, '나'가 단독자가 아니라는 알리바이를 만들기 위한 구실로 소비되지 않는다. 나의 보편적 사유능력이 나와 타자의 초월적 공통근거로 자리하는 것이 아니라 오히려 나와 타자 사이의 시차가 사유 자체의 근거라면, 이성의 공적 사용은 주체 내부에서 이루어지는 경우에도 전통적인 철학적 진리 탐구 방법으로 여겨져왔던 단독적 주체의 내적 대화와는 다르다고 봐야 할 것이다.[79]

---

79 이는 칸트 저작들에 등장하는 1인칭 주어에 대한 모든 언급들이 복수적 주체에 관한 것으로 이해되어야 한다는 주장도, 또 그렇게 이해될 수 있다는 주장도 아니다. 아렌트가 단독적 주체로서의 대문자 인간(Man)이 중심인 『순수이성비판』·『실천이성비판』과 일괴암적(monolithic) 집단으로서의 인류가 중심인 『판단력비판』 2부를, 복수성을 본질로 하는 인간들(men)에 주목하는 『판단력비판』 1부와 구분하여 후자에만 집중했던 것은 사유·윤리·행위 등에 관한 칸트의 이론에서 단수적 주체와 복수적 주체 간의 관계를 일률적으로 해명하는 작업에 수반되는 어려움을 간접적으로 입증한다(Arendt 1992/2002: 67). 주체의 수(數)라는 관점에서 칸트 철학 전체를 일관되게

대중지성 시대에 이성의 공적 사용의 의의

칸트는 누구라도 지식인으로서 공적 영역에 참여할 수 있는 가능성을 이론적으로 거론했지만 이 가능성은 이제 현실이 되었다. 오늘날 공적 영역의 많은 부분은 고전적인 출판 활동이 아니라 1인 미디어들의 광대한 네트워크로 구성되며, 글쓰기가 더 이상 직업적 학자, 작가, 연구자의 전유물이 아니라는 말은 식상하기까지 하다. 이른바 대중지성 혹은 일반지성이라는 말은 단순한 수사(修辭)가 아니며, '지식인의 죽음'은 오히려 전체 인구의 지식인화 경향으로 뒤집어서 이해되어야 한다.

이성의 공적 사용에 대한 칸트와 아렌트의 사유가 그들의 시대보다 오히려 오늘날 더 크고 전면적인 중요성을 가질 수 있는 이유에는 이러한 변화가 배경으로 자리하고 있다. 그러나 대중지성의 성장이 곧 이성의 공적 사용에 대한 감각이 사회 전체에 널리 퍼져 있음을 의미하지는 않는다. 공론장의 양적 확장이 이성의 공적 사용의 약화와 결합될 때 결과는 자유의 확장이 아니라 오히려 '선입견과 미신'의 지배일 것이다. 특히 정체성들의 차이가 새로운 사유를 생산하는 시차로 작용하기보다 '혐오'의 기반이 되고 있는 현실은, 자신의 사유를 공적으로 만든다는 것은 사회적으로든 정신적

해석하는 것은 중요한 문제지만 우리의 논의가 감당하고자 했던 과제는 아니다. 이번 장은 방법론적 유아론으로 환원될 수 없으며 심지어 그것과 대립하는 것으로 보이는 측면이 칸트 철학에 존재한다는 것을 확인하고, 그것을 아렌트의 이론을 경유하여 이성의 공적 사용이라는 개념과의 관계에서 숙고해보고자 했을 뿐이다.

으로든 사적 정체화의 논리에서 벗어남을 의미해야 한다는 통찰을 더욱 절실한 것으로 만든다. 대중의 무세계적 정신구조가 반유대주의·전체주의·제국주의 등 정치적 재앙들의 근저에 있다는 아렌트의 진단이 비단 20세기에만 유효한 것은 아니다. 이성을 공적으로 사용하는 일에 대한 감각을 상실한 사회는 정의상 언제나 반계몽의 상태, 즉 선입견과 미신의 지배하에 있게 될 것이다. 그리고 오늘날 우리에게 문제로 제기되고 있는 것은 공론장의 형식적 확장과 선입견·미신의 확산이 상호 연결되어 동시에 진행될 수 있는 가능성이다. 이것이 대중지성의 시대에 이성의 공적 사용에 대한 연구와 강조가 더욱 필요한 이유다.

그러나 칸트나 아렌트의 텍스트에 대한 분석과 해석이 아니라 대중지성 혹은 일반지성의 시대에 이성의 공적 사용이 가질 수 있는 의의와 역할에 대한, 직접적으로 현실에 기반하고 현실을 대상으로 하는 연구는 아직 수행되어야 할 것으로 남아 있다. 이를 본 연구의 후속 과제로 기록해두는 자리에서 특히 언급할 만한 것은, 현대 자본주의의 성격 변화가 이 연구를 더욱 복잡한 것으로, 그러나 그만큼 흥미로운 것으로 만들고 있다는 사실이다. 아렌트는 경제와 정치의 혼합이 근대의 특유성을 구성한다고, 그리고 그것이 문제라고 말하는데, 경제와 정치의 구분 불가능성은 현대자본주의에 와서 더욱 비가역적으로 강화되고 있다. 그러나 그 혼합의 양상 내지 특질은 사회적인 것의 부상이라는 문제틀을 통해 아렌트가 분석한 것과 상이하다. 근대 초입에는 경제적인 것이 정치적인 것에 대한 문제의식을 뒤덮어버렸다면, 탈근대의 삶정치적 생산

(biopolitical production)에서는 아렌트가 정치라는 개념으로 분석했던 특질들이 생산과 노동을 규정하기 시작했다는 것이 현대자본주의를 인지자본주의, 정동자본주의 등으로 규정하는 연구자들의 주장이다(Fumagalli et al 2019, Hardt and Negri 2009/2014, 이항우 2017). 이들의 주장대로 환원 불가능한 차이를 갖는 복수적 주체들 사이의 상호작용이 전통적인 정치 공간을 넘어 생산과 노동을 규정하는 본질적인 특징이 되었다면 이성의 공적 사용이라는 개념─그리고 그것과 연결된 공적인 것·공중·공론장·세계 등의 개념─은 지금까지와는 전혀 다른 맥락에서 해석되고 숙고되어야 할 것이다. 좁은 의미의 철학만이 아니라 사회과학적 작업까지 포괄하는 학제적 연구의 주제가 되어야 할 이 '현대자본주의와 이성의 공적 사용'이라는 문제를 이후 연구 과제로 남겨둔다.

II부

푸코와 함께 칸트를

푸코의 칸트 『인간학』 독해의 양면성

푸코는 1961년에 국가박사학위 부논문—주지하듯 주논문은 『광기와 비이성. 고전주의 시대 광기의 역사』(*Folie et déraison. Histoire de la folie à l'âge classique*)—으로 칸트의 『인간학』을 프랑스어로 번역하고 128쪽에 달하는 서설을 첨부하여 제출한다. 푸코의 초기 칸트 해석은 철학적 인간학에 대한 지속적 관심과 비판적 개입을 특징으로 하는바, 그 출발점이 바로 이 『칸트의 『인간학』 서설』(*Introduction à l'anthropologie de Kant*, 이하 『인간학 서설』)이다. 이 시기부터 1980년대까지 푸코 고유의 칸트 해석이 그리는 궤적을 볼 때, 이 텍스트는 푸코와 칸트의 첫 만남이라는 형식적 의미에서뿐 아니라, 이후 본격화될 두 가지 칸트 해석 노선을 동시에 품고 있다는 점에서 흥미롭다. 『인간학 서설』은 『말과 사물』(*Les mots et les choses: une archéologie des sciences humaines*)이 비판하는 인간학적 사유의 철학적 발생지로서의 칸트에 대한 분석을 포함하는 동시에, 후기에 「계몽이란 무엇인가?」에 대한 독해와 더불어 부각되는, 푸코 자신의 동반자이자 지지자로서의 칸트를 예시(豫示)하는 요소들도 갖고 있다. 말하자면 『인간학 서설』은 칸트 철학과 푸코의 칸트 해석 모두의 중심에 있는 두 근본 물음인 '인간이란 무엇인가?'와 '계몽이란 무엇인가?'의 공존과 긴장, 그리고 ('인간의 죽음'이라는 매개를 통한) 전자에서 후자로의 이행의 단초를 보여주는 텍스트다. 이 장의 목표는 『인간학 서설』의 저 상반되는 두 맥락을 살핌으로써 푸코의 초기 칸트 독해의 양면성을 드러내고, 더불어 이 초기 연구에서 이후 작업들로 이어지는 잠재적인 선을 확인하는 것이다.

인간학적 사유의 선: 『인간학 서설』과 『말과 사물』의 연속성

푸코는 『인간학 서설』을 출간하지 않았다.[80] 128쪽에 달하던 텍스트는 1964년 출간된 『인간학』 번역본에 붙이는 짧은 머리말이 되었다. 칸트 텍스트의 성립에 관한 역사적 사실들을 간략히 소개하는 이 머리말 끝에는 다음과 같은 예고가 각주로 달려 있었다. "비판적 사유와 인간학적 성찰의 관계가 이후 작업에서 연구될 것이다."(Foucault 1964: 293) 그리고 2년 뒤 그 연구는 『말과 사물』로 확장되어 나타난다.

『인간학 서설』과 『말과 사물』은 근대 지식의 가능성의 조건에

80　『인간학 서설』의 프랑스어판 편집자들에 따르면, 전통적으로 국가박사학위 부논문은 출간하지 않는 것이 관례였다. 『인간학 서설』은 2008년에 와서야 『인간학』 번역과 함께 묶여 출간되었다.

대한 고고학적 탐구라는 푸코 초기 기획의 산물이다. 이때 그 가능성의 조건은 단적으로 말해 '인간'이라는 주체 형상 혹은 개념이다. 차이가 있다면, 『인간학 서설』이 칸트의 텍스트들로 연구 범위를 국한하는 데 반해 『말과 사물』은 서구 지식 체계 일반으로 그 범위를 확대한다는 것이다. 그러나 이런 차이에도 불구하고 양자는 인간이라는 탐구 주제와 고고학이라는 방법론을 공유한다(김광철 2012: 158).

『인간학 서설』은 서로 연결된 두 가지 테마를 중심적으로, 그리고 반복적으로 다룬다. 하나는 경험적인 것과 초월적인 것의 관계고, 다른 하나는 칸트 비판철학과 인간학의 관계다. 그리고 이 테마들은 궁극적으로 하나의 주제, 즉 역사적으로 구성되는 인간과 일체의 가능한 경험을 구성하는 인간 정신의 구조 사이의 관계라는 주제로 수렴된다. 바로 이 주제가 『말과 사물』의 칸트에 관한 논의를 위한 구도를 설정한다(Allen 2008: 29).

『인간학 서설』이 『말과 사물』과 동일한 테마를 공유한다는 사실은 무엇보다 푸코가 칸트 『인간학』의 고유한 논의 대상을 '주체 그 자체'도 아니고 '순수한 나'도 아닌 "규정되는 동시에 규정하는 주체라는 역설적 정체성"을 갖는 것으로서의 '인간'으로 정의하는 데서 잘 드러난다(Foucault 2008a/2012: 47). 말하자면 『인간학』은 초월적 차원에만 관심을 갖는 비판철학 저작들, 특히 첫 번째와 두 번째 비판과 달리 '경험적-초월적 이중체(un doublet empirio-transcendantal)'로서의 인간—이것은 『말과 사물』의 인간 규정이기도 하다—을 다룬다(Foucault 1966a/2012: 437, Han 2002: 20).

『인간학 서설』에서 인간을 규정하는 두 벡터인 경험적인 것과 초월적인 것의 긴장은 가령 다음과 같은 문제를 통해 선명하게 부각된다. 칸트의 『인간학』은 인간을 경험적으로 연구하는 가운데 마음의 능력들의 사용과 오용이라는 문제에 지속적으로 주목한다. 그런데 무엇이 능력의 '오용'인지에 대한 규정은 이미 인간성에 대한 규범적 관념을 전제하며 이는 초월적 차원에서 나온다. 요컨대 실용적 인간학은 경험적 연구로 제시되지만, 그것이 경험적이라고 주장하는 인간성 관념은 규범적-초월적 관념과의 불편한 긴장 속에서만 분명하게 성립되고 표현될 수 있는 것이다(Allen 2008: 29-30).

이러한 경험적인 것과 초월적인 것 사이의 긴장, 경험적-초월적 이중체로서의 인간 형상 배후에는 비판철학과 인간학의 관계라는 문제가 있다. 『인간학 서설』에서 양자의 관계는 일방적인 것으로 고찰되지 않으며, 바로 그러한 한에서 '이중체'로서의 인간 형상과 연결된다.

먼저, 『인간학 서설』의 일부 맥락에서 『인간학』은 비판철학을 반복하거나 그것에 의해 정초되는 것으로 나타난다. 형식적 관점에서 보면, 『인간학』의 구조는 단순히 비판철학의 구조를 반복하는 외양을 띤다. 제1편 인간학적 교수론의 세 부분, 즉 제1권 인식능력에 대하여, 제2권 쾌와 불쾌의 감정, 제3권 욕구능력에 대하여는 세 비판서를 반복하고, 제2편 인간학적 성격론은 역사와 정치에 관한 텍스트들을 반복하는 듯 보이는 것이다. 그리고 이러한 반복은 『인간학』이 다루는 경험적 영역과 비판철학이 관여하는 초월적 영역 사이의 원리적 정초 관계에서 비롯하는 당연한 귀결로 해석된다.

푸코가 정리하는 바와 같이 칸트의 명시적 가르침에 따르면,

『인간학』의 경험성은 그 자체로 근거지어질 수 없다. 『인간학』은
오직 비판철학의 반복으로서만 가능하며, 비판철학을 포괄하지 못
하고 비판철학을 참조하지 않을 수 없다. 만약 『인간학』이 비판철
학의 외적이고 경험적인 유사물처럼 보인다면, 그것은 『인간학』
이 이미 확인되고 알려진 선험성의 구조에 기초하고 있기 때문이
다.(Foucault 2008a/2012: 143)

그러나 이처럼 『인간학』을 비판철학에 종속시키는 관점이 『인간
학 서설』이 제시하는 유일한 해석은 아니다. 『인간학 서설』은 『인간
학』에서 비판철학으로 향하는 반대 방향의 움직임 또한 분석하며,
사실 푸코의 더 깊은 관심은 이것을 향해 있는 것으로 보인다. 『인간
학 서설』은 서두에 다음과 같은 문제를 제기하며 논의를 시작한다.

1772년부터 이미 [칸트 철학에] 어떤 구체적인 인간의 이미지가 있
었으며, 아마도 이것이 『비판』의 매우 깊숙한 층위에 존속한 것이
아닐까? (…) 그리고 만약 이 인간의 이미지가 왜곡되지 않은 채로
비판철학적 경험을 수용할 수 있었다면, 아마도 그것이 칸트 철학
을 조직하고 지휘하지는 않았더라도 적어도 어느 정도까지는 인도
하고 은밀히 방향을 제시했기 때문이 아닐까?(Foucault 2008a/2012:
24)

요컨대 인간에 대한 구체적이고 경험적인 관념이 비판철학의 초월적 탐구를 인도하고 있지 않은가라는 문제의식이 처음부터 『인간학 서설』의 논의를 이끄는 것이다. 이런 문제의식 혹은 의심은 칸트의 인간학 연구가 시작된 1772년이 전(前)비판기가 끝나는 시점과 일치한다는 사실, 그리고 이후 인간학 강의가 지속된 25년이 비판철학의 발전기와 겹친다는 사실로 간접적으로 뒷받침된다. 칸트가 25년 동안 인간학을 강의한 것은 단순히 대학교수로서의 직업적 책무 때문이 아니라 "칸트적 문제의 구조 자체와 연결된" 철학적 관심 때문이라는 것이 푸코의 생각이다(Foucault 2008a/2012: 144). 단적으로 말해 『인간학 서설』의 중심 주장 중 하나는 『인간학』이 단지 주변적인 텍스트가 아니라 칸트 사유의 핵심에 위치한다는 것이다. 이런 맥락에서 푸코는 비판철학의 심장부에 자리하며 그것을 이끄는 주체 형상에 '비판적 인간(homo criticus)'이라는 이름을 부여한다. 『인간학 서설』은 고고학적 방법을 통해 "이전까지의 인간과 본질적으로 다른 구조를 가진 비판적 인간의 탄생"을 밝히려는 작업이다(Foucault 2008a/2012: 24).

'비판적 인간'이라는 말 자체가, 칸트적 주체는 비판철학과 인간학이 교차하는 지점에서 성립함을 가리킨다. 사실 비판철학과 인간학의 교차가 정립하는 문제영역은 푸코에 앞서 칸트 자신이 시사한 바 있다. 푸코가 보기에 칸트 철학에서 『인간학』의 중심성은 무엇보다 칸트 자신이 철학의 주도 물음들을 제시하는 방식에서 주어진다.

이러한 세계시민적인 의미에서 철학의 영역은 다음과 같은 물음들을 제시한다. 1. 나는 무엇을 알 수 있는가? 2. 나는 무엇을 해야만 하는가? 3. 나는 무엇을 희망해도 좋은가? 4. 인간이란 무엇인가? 첫 번째 질문은 형이상학에서, 두 번째 질문은 도덕에서, 세 번째 질문은 종교에서, 네 번째 질문은 인간학에서 답변된다.(Log, IX24-25)

잘 알려져 있듯 앞의 세 물음은 『순수이성비판』, 『실천이성비판』, 『판단력비판』을 중심으로 하는 칸트 비판철학을 주도하는 질문들이다. 반면 네 번째 물음은 비판철학의 체계에 속하지 않는다. '인간이란 무엇인가?'라는 네 번째 물음의 위상은 처음부터 나머지 셋과 다를 뿐 아니라 이 셋을 포함하고 종합한다. 앞의 셋은 마지막 질문으로 수렴한다. 푸코는 지식, 도덕, 종교, 미학의 원천과 한계라는 문제를 인간의 본성이라는 문제로 제기하도록 하는 논리가 처음부터 비판철학의 기획을 형성했을 가능성을 이러한 포함·종합·수렴의 관점에서 검토한다. 이런 관점에서는 비판철학이 인간학을 정초한 것이 아니라 반대로 인간학이 비판철학의 무언의 전제로 나타난다.[81]

---

[81] Han 2002: 21 참조. 사실 칸트 철학에서 '인간이란 무엇인가?'를 중심적이고 정초적인 근본 물음으로 부각한 것은 푸코 이전에 『칸트와 형이상학의 문제』(*Kant und das Problem der Metaphysik*, 1929)의 하이데거였다. 스스로 인정하듯 푸코는 하이데거에게 큰 영향을 받았으며, 『인간학 서설』의 프랑스어판 편집자들에 따르면, 푸코는 1953년 이후 하이데거를 통해 칸트와 니체를 다시 읽었다(Foucault 2008a/2012: 17). Mcquillan(2016)은 그러한 전기(傳記)적 사실과 개념 사용을 단서로 『인간학 서설』과 『말과 사물』에 나타나는 칸트 해석이 하이데거의 강한 영향 아래 이루어졌으며, 후기 계몽 연구는 하이데거적 칸트 해석에서 벗어나는 대안을 발전시키려는 시도로 간주되

한(Béatrice Han)이 적절히 지적하듯, 이처럼 세 비판서를 규정하는 물음들을 '인간이란 무엇인가?'로 수렴시키는 운동은 비판철학을 가능케 했던 경험적인 것과 초월적 조건의 주의 깊은 구분에 변화를 초래한다. 인간에 대한 구체적이고 경험적인 관념이 경험 자체의 가능 조건을 규정하는 데 영향을 미치며, 그로부터 인간의 유한성 내부에서 초월적 규정의 요소들을 찾으려는 경향이 발생하는 것이다(Han 2002: 3). 초월적인 것의 경험적인 것으로의 이러한 '접힘'은 오직 비판철학과 인간학의 결합으로부터만 발생한다. 이런 점에서 "『인간학 서설』은, 인간을 정의하는 이중 구조가 명확히 가

어야 한다고 주장한다. Mcquillan에 따르면, 푸코가 『인간학 서설』과 『말과 사물』에서 '인간이란 무엇인가?'라는 물음을 칸트의 『논리학』으로부터 인용하는 것 자체가 『칸트와 형이상학의 문제』를 반복하는 것이며 하이데거의 영향을 보여준다. 사실 '인간이란 무엇인가?'를 칸트 철학 전체를 포괄하는 물음으로 간주하는 일은 칸트 연구자들 사이에서는 당연시되지 않는다. 최근까지도 많은 칸트 연구자들은 이 질문을 그다지 중요하게 여기지 않고 있는데, 무엇보다 『논리학』텍스트의 진본성 자체가 확실치 않기 때문이다(Boswell 1988: 193-203). 더욱이 칸트 『인간학』에 대한 최근 연구들이 통각의 초월적 통일, 도덕적 인격성, 인간성 사이의 관계가 이전에 알던 것보다 한층 더 복잡하다는 것을 드러냄으로써, '인간이란 무엇인가?'라는 물음으로 칸트 철학 전체를 포괄하려는 시도는 적어도 칸트 연구자들 사이에서는 점점 더 의심스러운 것이 되어가고 있다(Louden 2000, 2011, Frierson 2011, 2013 참조). 요컨대 '인간이란 무엇인가?'라는 질문에 가치를 부여하고 그것이 비판철학의 진정한 성격을 드러낸다고 가정하는 것은 일반적인 칸트 해석이 아니라 하이데거적 해석의 특이점에 해당하는 것이다. 『말과 사물』에서 중요하게 부각되는 유한성의 분석학은 이러한 하이데거적 칸트 해석의 영향이 고고학 시기 내내 이어지고 있음을 보여준다. 그러나 Mcquillan에 따르면, 이미 『말과 사물』자체에서 하이데거적 해석과의 중요한 분기(分岐)가 일어나고 있는바, 핵심은 하이데거가 유한성의 문제를 기초존재론의 수준으로 끌어올려서 사유 혹은 실존의 본질적 문제로 삼는 데 반해, 푸코는 유한성의 문제에 이르는 경험적인 것과 초월적인 것의 관계를 역사화한다는 데 있다. 이러한 역사-비판적 접근법이야말로 푸코적인 것이며, 이런 점에서 하이데거적 해석에서 벗어나 후기 계몽의 문제계에 이르는 운동은 이미 고고학 시기에 시작되었다고 볼 수 있다.

시화되는 것은 오직 『인간학』 이후부터라는 것을 보여준다."(Han 2002: 35)

결국 『인간학 서설』이 검토하는 경험적인 것과 초월적인 것, 비판철학과 인간학의 관계는 양자의 상호참조 속에서 인간이라는 근대적 주체가 주조되는 양상을 드러낸다. 인간의 구체적이고 경험적인 이미지가 비판철학의 초월적 탐구를 인도하며, 반대로 인간학적 분석의 중심에는 비판철학의 토대인 초월적 주체가 놓여 있다(Allen 2008: 30). 그리고 이것이 『말과 사물』, 특히 9장 〈인간과 인간의 분신들〉의 중심 테마인 경험적-초월적 이중체로서의 인간의 출현을 설명해준다. 『인간학 서설』이 『말과 사물』의 논의 구도를 예비한다고 말할 수 있는 것은 이런 맥락에서다.[82]

푸코-칸트적 계몽의 선: 「계몽이란 무엇인가?」를 예시하는 요소들

『인간학 서설』에서 『말과 사물』로 이어지는, 인간학적 사유에 대한 푸코의 검토는 비판적 시각을 기본으로 한다. 그러나 『인간학 서설』에서는 그러한 비판적 평가와 나란히, 70년대 중후반 이후 본격화하는 칸트에 대한 긍정적 재평가를 예고하는 듯한 독해도 이루

---

[82]   『말과 사물』이 경험적-초월적 이중체로서의 인간을 다루는 방식에 대한 더 자세한 논의는 다음 장에서 이루어진다.

어진다. 다시 말해 『인간학 서설』은 『말과 사물』로 이어지는 선뿐 아니라, 후기 푸코의 재해석을 통해 정립되는 푸코-칸트적 계몽 사상으로 이어지는 선, '계몽이란 무엇인가?'라는 동일한 제목을 갖는 칸트와 푸코의 텍스트를 예시(豫示)하는 요소들 또한 포함하고 있다. 그런데 거의 '공식적'이라 할 만한 첫 번째 선에 비해 상대적으로 두 번째 선에 주목하는 논의는 많지 않다.

간략히 말해 칸트 철학을 재구성하는 푸코 고유의 칸트주의의 핵심은, 경험 일반의 가능 조건으로 기능하는 칸트의 초월적 주체를 구체적인 역사·문화·사회적 실천들에 결부된 주체로 변형하는데 있다. 『인간학 서설』의 두 번째 해석 노선에서 푸코는 다름 아닌 칸트 자신이 실용적 인간학을 통해 이러한 역사-철학적 주체 논의로 가는 문을 연다고 본다(Allen 2008: 24).

『인간학 서설』의 이 같은 소수적 노선에 주목하는 연구자 중 한 명인 앨런(Amy Allen)은 '기원적인 것(l'originaire)'이라는 개념에 주목한다. 그에 따르면 기원적인 것은 『인간학』이 관계하는 고유한 영역으로서 비판철학의 선험적인 것(a priori)을 비틀면서 반복하는 형식이다. 이때 반복은 '시간' 속에서 이루어진다. 비판철학이 자발성과 수동성의 관계에서 이루어지는 '규정'으로 제시하는 것을 『인간학』은 "결코 끝나지 않을 것이고 시작된 적도 없는 시간적 분산 (dispersion temporelle)"으로 기술한다. 그것은 "언제나 이미 거기" 있으면서도 결코 완전히 주어지지 않는다. 푸코의 관점에서 이것은 기원의 문제를 배제하는 것이 아니라 오히려 그것에 진정한 의미를 돌려주는 방식이다. 여기서 기원의 문제는 최초의 시간을 드러내고 고립시키는 것이 아니라 언제나 이미 시작되어 있지만 그렇다고 덜 근본적이지는 않은 시간적 틀을 회복하는 것이다. 요컨대 기원적인 것은 푸코가 생각하는 역사, 단일한 시원(始原)으로 환원될 수 없는 우연성과 복합성으로 구성되는 역사다. 이런 의미에서 기원적인 것은 "시초적인 것(le primitif)"이 아니라 "진정으로 시간적인 것(le vraiment temporel)"이다. 그리고 푸코는 진정으로 시간적인 것으로서의 기원적인 것이 진리와 자유의 처소라고 본다. 그리하여 기원적인 것은 거짓된 인간학과 칸트의 인간학을 구분하는 기준이 된다. 거짓된 인간학은 시초로, 사실과 권리의 시원으로, 선험적인 것의 구조로 돌아가려 한다. 그러나 푸코가 읽는 칸트의 인간학은 이렇게 가르친다. "비판철학의 선험적인 것을 기원적인 것 속에서, 즉 진정으로 시간적인 차원에서 반복하라."(Foucault 2008a/2012: 112–113) 푸코의 역사적 선험(a priori historique)은 칸트의 이 가르침을 실천한 결과로 나타난다. 역사적 선험의 뿌리는『인간학 서설』의 '기원적인 것'에 있는 것이다.[83]

『인간학 서설』에 소수적 노선이 존재한다고 보는 또 다른 연구

---

[83] 이런 맥락에서 Allen은 푸코에게 칸트『인간학』이 갖는 의미를 이렇게 평가한다. "그리하여 푸코는 다음과 같이 주장한다.『인간학』은 (아마도 부지불식간에) 비판철학의 틀을 부수어 개방하며, 우리의 선험적 개념들의 역사적 특수성, 즉 그것들이 역사적으로 가변적인 사회적·언어적 실천과 제도들에 뿌리박고 있음을 드러낸다. 따라서 칸트의『인간학』에 대한 푸코의 독해는, 칸트의 체계 자체가 그 자신의 근본적인 변형, 즉 푸코가 자신의 작업에서 취하게 될 변형의 씨앗들을 포함하고 있다는 점을 암시한다. 구체적으로 말해, 푸코의 작업은, 보편적이고 필연적인 것으로서의 선험 개념에서 역사적 선험으로의 변형, 그리고 그와 관련된, 모든 경험의 가능 조건으로 복무하는 초월적 주체에서 구체적인 역사적, 사회적, 문화적 상황에 뿌리내림을 조건으로 하는 주체로의 변형을 낳는다."(Allen 2008: 31–32)

자인 자발라(Marc Djaballah)에 따르면 푸코가 해석하는 칸트는 두 개의 극(極)을 갖는바, 하나는 칸트 독자와 연구자들에게 일반적으로 친숙한 비판철학의 초월론적 사유며, 다른 하나는『인간학』과 계몽 논문에서 집중적으로 나타나는 역사-실천적 성찰들이다. 이러한 구도가 이미 함축하는바, 자발라는 후기 윤리학적 푸코의 계몽에 대한 관심이『인간학』에 대한 독해에서 이미 나타난다고 본다. 그에 따르면 푸코는 "인간학적 실천의 수행(修行)적 차원"을 강조한다(Djaballah 2014: 641, 646). 핵심은『인간학』이 단순히 '자신인 바'의 인간이 아니라 인간이 '자신으로부터 만들어내는 바'를 다룬다는 것이다. 푸코는 자유로운 행위자로서의 인간이 자기 자신으로 무엇을 만드는가가 인간학의 중심 주제라는 것을 지속적으로 강조하며, 그런 의미에서『인간학』을 이론적이거나 학술적인 책이 아니라 "일상적인 연습에 관한 책"으로 본다(Foucault 2008a/2012: 65). 즉 푸코가 보기에 "인간학적 실천은 외적 관찰을 통해 인간에 관한 경험적 지식체를 수립하는 것이 아니라 일정한 문화 속에서 개인들이 자기 자신, 자신의 구체적 실존 형식들과 맺는 관계를 변형하는 것을 목적으로" 하며, 이런 점에서『인간학』은 후기 푸코가 주목하는 주체의 자기구성이라는 계몽의 문제의식을 예비하는 텍스트로 나타난다(Djaballah 2014: 646).

앨런과 자발라는 상이한 방향에서이기는 하지만 공히『인간학 서설』의 소수적 노선에 주목하며, 여기서 칸트『인간학』은 초월철학이 아니라 푸코적 칸트주의의 중심 텍스트인 (칸트와 푸코 모두의)「계몽이란 무엇인가?」와 잠재적 연속성을 갖는 것으로 독해된다.

이후 논의는 이 소수적 해석 노선을 따라『인간학』에서「계몽이란 무엇인가?」를 예시하는 것으로 간주될 수 있는 테마와 개념적 요소들을 식별 내지 발굴하는 작업을 수행할 것이다. 앞서 살펴본 연구자들의 기본 관점을 공유하되 그들의 연구가 언급하지 않는 요소들이 초점인바, '사용'이라는 문제계, 인간 혹은 인간의 자기 창조 행위와 세계의 본질적 관계, 세계시민이라는 연구 대상과 층위, 세계의 언어적 성격이 그것이다.

『인간학』머리말에서 칸트는 인간에 대한 지식, 곧 인간학을 생리학적(자연적, physiologisch)인 것과 실용적인 것으로 나눈 후 차이를 설명한다.

생리학적 인간지(Menschenkenntniß)는 **자연[본성]이 인간으로부터 무엇을 만들어내는지**에 대한 탐구를 향해 있고, 실용적 인간지는 **자유로운 행위자로서 인간이 그 자신으로부터 무엇을 만들어내는가, 혹은 만들 수 있으며 만들어야 하는가**를 향해 있다.(Anth, VII119. 강조는 인용자)

이 추상적인 설명이 의미하는 바는 바로 이어지는 기억능력의 사례를 통해 보다 분명해진다.

예컨대 기억능력이 의거함직한 자연원인들을 천착하는 자는 감수한 감각들이 뒤에 남겨놓은, 뇌수에 남아 있는 인상들의 흔적들을 (데카르트를 따라) 이리저리 추론해서 짜맞춰볼 수 있으되, 그때 그는, 그가 자기의 표상들의 이 유희에서 한갓된 구경꾼일 뿐이며, 자연에 모든 것을 맡길 수밖에 없음을 토로하지 않을 수 없다. 그는 두뇌 신경 및 섬유에 대해 알지 못하고, 그것들을 그의 의도대로 조작할 줄도 모르며, 그러니까 이런 것에 관해 이론적으로 이리저리 짜 맞추는 것은 순전히 헛일일 것이니 말이다.—그러나 만약 그가 기억에 방해가 되거나 촉진에 도움이 되었던 것에 관한 지각들을 기억을 확장하거나 기민하게 하는 데에 이용하고, 이를 위해 인간에 대한 지식을 사용한다면, 이것은 실용적 견지에서의 인간학의 일부를 이룰 것이다. 이것이 바로 우리가 여기서 하고 있는 일이다.(Anth, VII119)

말하자면 실용적 인간학은 자연적 존재로서의 인간, 더 정확히는 자연적 존재이기만 한 인간은 다루지 않는다. 인간은 자연이 자신에게 부여한 근원적 조건에 대해서는 "자연에 모든 것을 맡길 수밖에 없"는 "한갓된 구경꾼"의 처지를 벗어나지 못한다. 기억을 가능케 하는 생리적 작용 같은 인간의 자연적 본질은 인간의 실천이 관여할 수 있는 범위 안에 있지 않다. 인간이 어찌할 수 없는 인간 자신의 자연적이고 생리적인 본질에 대한 지식, 인간의 근원적 수동성에 대한 인식, 이것이 바로 생리학적 인간학을 이룬다. 반면 실용적 인간학이 관심을 갖는 것은 자연과 인간의 관계가 아니라 '인간이 자신과 맺는 관계'다. 실용적 인간학은 "인간이 그 자신으로부터 무엇을 만들어내는가, 혹은 만들 수 있으며 만들어야 하는가에 향해 있다." 이처럼 인간의 자신과의 관계, 인간이 자신과 창작 혹은 제작("machen")의 관점에서 만나는 영역에서만 우리는 "자유로운 행위자로서의 인간"을 말할 수 있다.[84] 그러나 이때 자유가 좁은 의미의 윤리학이 말하는 자유가 아님은 분명하다. 주지하듯 칸트 윤리학이 말하는 자유의 핵심은 일체의 경험적인 것으로부터의 독립이다. 자유는 무제약자다. 그러나 실용적 인간학의 대상(이자 주체)인 "자유로운 행위자"는 자연적인, 즉 경험적인 자신의 존재를 조건으로 한다. 예컨대 그가 "기억에 방해가 되거나 촉진에 도움이 되었던 것에 관한 지각들을 기억을 확장하거나 기민하게 하는 데에 이용하고, 이를 위해 인간에 대한 지식을 사용"하는 일은 예지적 존재가 아니라 자연적 존재로서의 인간의 기억능력을 전제하며 또 그 기억능력에 관한 경험적 지식들을 필요로 하는 것이다. 이처럼 도덕적 자유와 구분되는 『인간학』의 자유를 푸코는 '구체적 자유' 혹은 '실용적 자유'라 말한다.

『인간학』은 처음부터 자연과 자유가 교차하는 지점, 자연적 존재이기만 한 것도 순수한 자유의 주체이기만 한 것도 아닌 인간과 관계한다. 푸코의 말대로 『인간학』의 문제는 "어떻게 자연적 인간(homo natura)에 대한 분석을 자유로운 주체라는 인간의 정의에 기

---

[84] 인공지능, 생명공학 등 현대의 기술들은 인간의 자연적 본질을 더 이상 인간 실천의 범위 밖에 남겨두지 않는 듯하다. 이런 상황이 인간의 근원적 수동성을 제거하는 데까지 이어질 수 있는가라는 근본적인 물음과 별개로, 생리학적 인간학과 실용적 인간학의 경계가 칸트 시대와 동일하게 유지될 수 없음은 분명해 보인다. 전통적으로 인간의 실천이 영향을 미치지 못한다고 여겼던 영역까지 인간의 '창작 혹은 제작'의 대상이 된다는 것은, 이전에 생리학적 인간학의 소관이었던 것이 실용적 인간학의 영역에 포섭됨을 의미한다. 요컨대 우리 시대는 칸트가 생각했던 것보다 훨씬 더 많은 문제들을 실용적 인간학의 관점에서 검토해야 할 것으로 보인다.

반해서 명확하게 수행할 것인가"였다(Foucault 2008a/2012: 60). 그리고 이렇게 자연과 자유가 교차하는 지점에서 고유하게 정립되는 것이 바로 '사용(Gebrauch)'이라는 문제다.

1770년대와 1780년대 인간학 강의 초안에는 다음과 같은 서술들이 등장한다.

> 여기서 우리는 인간이 자신으로부터 무엇을 만들어내며, 어떻게 인간이 그를 **사용**할 수 있는지(was er aus sich machen und wie man ihn brauchen kan)를 알기 위해 인간을 연구한다; 인간지는 우리가 자연을 우리의 의도에 따라 최대한 **사용**할 수 있다는 이념에 기초한다; 그로부터 사회에서의 일반적인 **사용**이 만들어지게 되는 인식이 실용적인 인식이다.(ECA, XV659-660. 강조는 인용자)

『인간학』이 이처럼 자연과 자유가 교차하는 지점에서 '사용'이라는 문제계를 발견하는 이유는 명확하다. 인간을 자연적 존재나 예지적 존재로만 고찰하는 한에서 사용이라는 문제는 제기되지 않는다. 인간을 자연적 존재로 고찰할 때 우리는 그것의 본성·구조·기능을 탐구하며, 인간 자신 혹은 인간의 능력을 어떻게 사용할지는 초점으로 정립되지 않는다. 예지적 존재로서의 인간과 관련해서도 사용이 문제 되지 않기는 마찬가지인데, 예지계의 구성원으로서 그는 자유로운 존재지만, 이 자유는 그가 예지계가 아닌 경험 세계에 속하는 한에서만 실천의 힘, 즉 '구체적' 혹은 '실용적' 힘이 되기 때문이다. 말하자면 사용은 오직 자유로운 주체로서의 인간이 자연적 존재로서의 자신과 관계하는 지점에서만 하나의 문제로 정립된다.

그리고 바로 이 '사용'이라는 문제계야말로 계몽을 이야기할 수 있는 자리, 계몽의 핵심이 놓이는 자리다. 칸트에게 계몽은 이성을 어떻게 사용할 것인가의 문제, 이성의 공적 사용과 사적 사용을 둘러싼 문제다. 이것은 이성의 본성은 무엇인가, 이성의 기능은 무엇인가, 이성의 한계는 무엇인가, 이성은 어떤 체계를 구성하는가 등의 물음과 구분되며 그로부터 독립되어 있는 문제영역이다. 물론 칸트 철학에서 이성은 주로 자연과 자유의 교차점이 아니라 자유의 세계로서의 예지계와 관련하여 규정되고 논의된다. 그러나 이성의 본성(Natur der Vernunft)이나 이성의 사실(Faktum der Vernunft)에 대한 탐구와 이성의 사용에 대한 논의는 다르다. 이성의 본성과 사실은 인간 실천과 무관하게 이미 주어져 있는 것으로 '실용적 자유'의 문제가 아니다. 오직 이성의 사용만이 실용적 자유의 소관이며 그러한 것으로서 계몽의 문제다. 칸트에게 "실용적인 인식"이 "사회에서의 일반적인 사용"에 관한 인식인 한에서, 실용적 인간학의 영역은 동시에 계몽의 문제가 정립되고 사고될 수 있는 공간이기도 하다.[85]

실용적 인간학의 영역이 예지계가 아님은 분명하다. 그러나 그것은 또한 단순한 의미의 자연을 뜻하는 현상계도 아니다. 예지계

---

85 칸트 철학에서 이성의 본성·체계·사실 등의 문제와 구분되는 이성의 사용이라는 문제계의 고유성과 중요성에 초점을 맞추는 이성론을 '실용적 관점에서의 이성학'이라 할 수 있을 것이다. 이에 대한 더 자세한 논의는 보론 '실용적 관점에서의 이성학' 참조.

로도 현상계로도 환원되지 않는 이 영역, 계몽의 문제를 가능케 하는 영역, 앞서 '사회'라는 말로 지칭된 이 영역을 가리키는 『인간학』의 또 다른 용어는 '세계(Welt)'다. 푸코는 이렇게 말한다. "『인간학』에서 인간은 자연적 인간도 자유의 순수한 주체도 아니다. 그는 이미 자신과 세계의 관계가 작동시킨 종합 안에 붙들려 있다."(Foucault 2008a/2012: 67)

지금까지 논의에 따르면, 자유로운 행위자로서의 인간이 자연적 존재로서의 자신과 자신의 능력을 사용하는 문제를 다루는 것이 실용적 인간학이다. 이제 여기서 추가되는 칸트의 또 다른 의미 규정은 "세계시민(Weltbürger)으로서의 인간에 대한 인식"을 함유하는 인간지가 실용적 인간학이라는 것이다(Anth, VII120). 실용적 자유 혹은 구체적 자유에 입각해서 행위하며 자신과 자신의 능력을 어떻게 사용할 것인가를 탐구하고 실험하는 인간의 이름은 세계시민, "세계거주자(Weltbewohner)", "세계존재(Weltwesen)"(OP, XXI27; 69)이며, 따라서 실용적 인간학의 영역은 세계다. 이처럼 칸트적 계몽의 핵심 테마인 세계 혹은 세계시민이 실용적 인간학의 문제계를 구성한다는 사실이 다시 한 번 실용적 인간학을 계몽의 공간과 겹쳐놓는다.

『인간학』에서 세계는 인식을 제1의 문제로 정립하는 영역이 아니다. 칸트는 세계를 아는 것(die Welt kennen)과 세계를 갖는 것(die Welt haben)을 구분한다.

세계를 안다는 표현과 세계를 갖는다는 표현은 그 의미하는 바에서 아주 차이가 크다. 전자는 단지 그가 구경했던 유희를 이해한다는 것이고, 후자는 함께 유희했다는 것이니 말이다.(Anth, VII120)

세계를 아는 것, 세계의 유희를 이해하는 것은 "이론적 세계지"의 문제고, "세계를 갖는 것", 세계와 함께 유희하는 것은 "실용적 세계지"의 문제다(Anth, VII120). 이처럼 이론적 세계지와 구분되는 실용적 세계지는 「계몽이란 무엇인가?」에서 이성의 사용이라는 문제가 계몽을 인식을 넘어서는 실천의 문제로 정립하는 것과 같은 궤에 있다. 이성을 공적으로 사용하느냐 사적으로 사용하느냐는 세계를 얼마나 정확히 이해하느냐가 아니라 자신을 어떤 존재로 구성하며, 그렇게 구성된 존재로서 세계와 어떻게 관계할 것이냐의 문제기 때문이다. 이러한 문제는 적어도 일차적으로는 세계를 인식 대상으로 삼기보다 개입과 변화의 영역으로 사고하도록 한다.[86] 요컨대 계몽은 "세계를 아는 것"(인식)이 아니라 "세계를 갖는 것"(사용, 즉 실천)의 문제다. 계몽의 관건은 자연과 세계의 유희를 지켜보고 이해하는 것이 아니라 "어떻게 세계 안에 자리 잡고 유희 안으로 들어가는가의 문제"(Foucault 2008a/2012: 65), 즉 '함께 유희함(Mit-spielen)'의 문제다. 실용적 인간학과 계몽의 관점은 단순히 세계라는 동일한 문제에 주목한다는 사실을 넘어 세계와 관계하는 방식

---

86   Djaballah는 이와 관련하여 푸코가 칸트 『인간학』에서 "칸트 사상에서 세계를 이미 주어진 것으로 간주하는 1760년대와 70년대의 우주론적(cosmological) 관점에서 세계를 만들어야 할 것으로 보는 세계정치적(cosmopolitical, 즉 세계시민적) 관점으로의 이행"을 읽어낸다고 본다(Djaballah 2014: 643-644).

에서도 중첩된다.

그런데 여기서 세계란 정확히 무엇인가? 세계는 계몽의 공간이 자 실용적 인간학의 영역이라는 동어반복으로 세계의 성격을 설명 할 수는 없다. 푸코는 이렇게 말한다.

『인간학』의 인간은 분명 세계시민이다. 그러나 인간이 어떤 사회 집단이나 제도에 속한다는 의미에서 그러한 것은 아니다. 인간이 세계시민인 것은 순수하고 단순하게 그가 말하기 때문이다. 인간 이 구체적 보편성에 도달하는 동시에 그것을 실현하는 것은 바로 언어의 교환 속에서다. 인간의 세계 거주는 근원적으로 언어 안에 서의 삶이다.(Foucault 2008a/2012: 123-124)

그러므로 단적으로 말해 『인간학』의 세계, 계몽의 세계는 언어 적 세계, 언어로서의 세계다.

푸코에 따르면 칸트의 다른 저작들에 비해 『인간학』이 갖는 주 된 특징 중 하나는 일상언어에 대한, 혹은 그에 기댄 분석이 결정 적 역할을 수행한다는 점이다. 다른 '학술적' 문헌들과 달리 『인간 학』은 사용되는 어휘를 정의하거나 정당화하려 하지 않는다. 그것 은 일상적으로 사용되는 언어를 이론적 정확성이나 명료함의 기 준에서 문제화하기보다 "세계시민으로서의 인간"에 대한 분석의 전제로 받아들인다. 가령 칸트는 정신착란을 분석하는 자리(Anth, VII119)에서 '단순한(einfältig)', '우둔한(dumm)', '어리석은(tor)', '멍 청한(narr)', '바보(Geck)', '경솔한(unklug)' 등의 어휘를 사용하는데,

푸코에 따르면 이는 18세기 정신병 분류에서 단지 대중적 언어관습의 모호함만을 반영하는 근거 없는 언어사용이라고 기각되었던 것들이다(Foucault 2008a/2012: 115).

『인간학』이 수행하는 언어 분석의 특이성은 독일어와 라틴어의 위상 변화에서도 확인된다. 비판서들에서는 라틴어에 대한 참조가 체계적이고 본질적인 의미를 가지며 독일어 사용 자체가 제약과 한정으로 인식되지만,『인간학』에서는 독일어 표현체계와 그것이 담지하는 경험들이 결정적 준거로 작용한다(Foucault 2008a/2012: 117-118). 예컨대 우울을 의미하는 라틴어 'Melancholia'는 같은 의미의 독일어 'Tiefsinnigkeit'와 달리 'Scharfsinnigkeit(명민)', 'Leichtsinnigkeit(경솔)' 등의 표현과 일정한 계열을 형성하지 못하는데,『인간학』에서 중요한 것은 바로 그 단어들의 계열, 거기서 식별되는 미묘한 차이, 그리고 그러한 연결과 차이에 대한 분석에서 도출되는 세계와 인간에 관한 앎이다. 'Wahrsagen', 'Vorhersagen', 'Weissagen'과 같은 'Sagen(말함)'의 계열(Anth, VII187)을 비롯해 이와 유사한 사례들은『인간학』곳곳에서 찾아볼 수 있다. 이것의 의미를 푸코는 다음과 같이 설명한다.

이렇게 라틴어 형태의 보편성에서 철학적 성찰이 분리되었다는 사실은 중요하다. 이제 철학 언어는 주어진 언어 안에서 자신의 기원의 장소를 인식하고 탐구 영역을 정의할 가능성을 자각한다. 이 철학 언어가 특정 언어와 연결되어 있다는 사실은 그것이 담고 있는 의미를 상대적이고 제한적으로 만들지 않고 그것의 발견을 규정된

언어적 영역 내에 위치시킨다. (Foucault 2008a/2012: 121-122)

　　다시 말해 『인간학』의 철학, 철학적 인간학은 철학이 세계와 거리를 두고 만들어낸 언어가 아니라 이미 세계 속에서 혹은 세계로서 주어진 언어 안에서 자신의 기원을 발견하고, 그 안에서—그것을 대상으로 해서가 아니라—탐구를 수행하며, 탐구 결과 역시 세계 속에서 규정된 일상언어의 영역 안에 위치시킨다. 그러므로 비판서들의 체계에 따라 마음의 능력들에 대한 분석에 집중하는 듯한 『인간학』의 외관에도 불구하고, "인간학적 경험의 진정한 바탕은 심리학적이라기보다는 언어적이다." 그리고 이 인간학적 경험의 진정한 토대로서의 언어는 "여기서 탐구해야 할 체계로서가 아니라, 오히려 우리가 처음부터 그 안에 위치하는 당연한 요소로 주어진다."(Foucault 2008a/2012: 122)

　　이처럼 『인간학』은 학술어와 라틴어가 아닌 일상어로서의 독일어, 즉 삶에서 주어지는 그대로의 언어를 자신의 물음과 탐구가 펼쳐지는 공간으로 취한다. 그것은 주어진 일상어에 어떠한 학술적·이론적 수정도 가하지 않고 다만 그것을 "투명하게" 만들 뿐이다(Foucault 2008a/2012: 125). "세계시민으로서의 인간에 대한 인식"이 되어야 할 실용적 인간학이 다만 언어를 "투명하게" 하는 데 집중한다면, 그것은 바로 그처럼 언어를 투명하게 하는 작업 자체가 세계시민으로서의 인간에 대한 인식을 가능케 하는 일이기 때문일 것이며, 그렇다면 다름 아닌 언어 자체가 인간학적 진실의 자리일 것이다. 그리고 그곳이 인간학적 진실의 자리라면, 그것은 또한 바로 그곳이 세계시민으로서 인간이 거주하는 공간이기 때문일 것이다. 세계시민이 거주하는 공간은 세계다. 이제 그 공간의 다른 이름은 언어인 것으로 드러난다. 인간학과 계몽의 공간인 세계는 언어적 세계, 언어로서의 세계다.

푸코는 직접 언급하지 않지만, 인간학적 영역으로서의 세계가 언어로 이루어진다는 사실은 칸트적 의미의 계몽에서 결정적인 지점을 환기한다. 앞서 보았듯, 푸코가 보기에 『인간학』의 서술에서 인간이 세계시민이라는 것은 어떤 사회 집단이나 제도에 속한다는 의미가 아니다. 이는 「계몽이란 무엇인가?」에서 칸트가 특정한 사회 집단이나 제도 속에서 활동하는 상태의 인간을 "기계의 일부"로 규정하여 "세계시민사회의 구성원"으로서의 인간과 구분한 것에 상응한다. "기계의 일부"일 때 인간은 이성을 사적으로 사용하는 데 반해, 계몽의 과제는 세계시민으로서 이성을 공적으로 사용함으로써만 수행할 수 있다. 그리고 이성을 공적으로 사용한다는 것은 "지식인으로서 독자 세계의 전체 공중 앞에서 이성을 사용하는 것"이다(WA, VIII37). 요컨대 세계시민이 된다는 것은 이성을 공적으로 사용한다는 것이며 이성을 공적으로 사용한다는 것은 언어-세계의 시민이 된다는 것이다. 「계몽이란 무엇인가?」에서 공론장과 언론의 자유가 그토록 중요했던 이유는 이를 통해 설명된다. 이성을 공적으로 사용한다는 것, 세계시민이 된다는 것, 언어의 세계에 거주한다는 것은 본질적으로 동일한 사태로서 오직 이를 통해서만, "언어의 교환"을 통해서만 인간은 "전체 공동체의 구성원"(WA, VIII37)이라는 구체적 보편에 도달한다. 정리하면 다음과 같다. 1)

인간은 세계시민인 한에서 언어 속에 거주하며, 언어에 거하는 한에서만 세계시민이다. 2) 이처럼 언어-세계에 거하는 인간은 사적인 이성 사용 상태의 특수성을 벗어나 이성을 공적으로 사용하는 구체적 보편성에 도달하는바, 이때 이성의 공적 사용은 곧 언어의 공적 사용이다. 3) 그러므로 계몽은 세계시민이 이성-언어를 공적으로 사용함을 의미한다.[87]

지금까지 살펴본 푸코의 재해석 속에서 계몽의 영역, 실용적 인간학의 영역, 세계시민의 영역은 모두 구체적 보편의 영역으로 나타난다. 그리고 실용적 인간학이 보편을 구체화하는 한에서 결과적으로 자유와 진리의 보편성 역시 구체화되고 실용화된다. 그런데 구체적 보편, 구체적 자유, 구체적 진리란 구체적으로 무엇인가?

구체적이고 실용적인 보편, 자유, 진리는 칸트 자신의 용어법에서는 낯선 표현들이다. 인간학적 보편, 인간학적 자유, 인간학적 진리의 개념 규정에는 사실 푸코의 '구부림'이 있는 것이다. 가령 푸코는, 구체적이고 실용적인 자유에서는 "요구들과 책략들, 수상한 의도들과 위선들, 지배를 위한 은밀한 노력들, 끈기 있는 자들 간의 타협에 대한 질문이 관건이 된다"(Foucault 2008a/2012: 53)고 말하는데, 푸코의 독자라면 여기에 등장하는 어휘와 표현들이 권력관계의 속성을 설명할 때 사용되는 극히 푸코적인 표현들과 유사함을 알수 있다. 또한 푸코는 인간학적 진리는 "언어에 앞서는 진리", 즉 언

어에서 독립하여 그 자체로 존재하는 진리가 아니라, 오직 언어적 교류 한가운데에서만 구체적으로 출현하는 진리라고 말하는데, 이러한 진리 규정과 담론 개념을 통해 진리의 가능 조건을 탐구했던 푸코 자신의 진리관은 멀리 있지 않다. 보편성 규정 역시 마찬가지다. 구체적이고 실용적인 자유와 진리가 취하는 보편성은 "진정으로 시간적인 것과 실제로 교류되는 것의 운동 속에 있는 경험의 한가운데서 출현한다." 바로 이런 의미에서 보편은 구체적 보편이 된다. 보편의 구체성은 "결코 원점으로 주어지지 않는 시간의 흐름과 언어 체계 속에서" 나타나서 그 안에 머문다(Foucault 2008a/2012: 125). 이처럼 시간화된 보편성, 역사화된 보편성, 언어화된 보편성에서 보편성 혹은 선험성을 역사화하려 했던 푸코의 한결같은 이론적 노력의 흔적을 찾기는 어렵지 않다.

요컨대 인간학과 계몽의 영역에서는 보편, 자유, 진리 같은 개념들이 구체적이고 실용적이며 담론적이고 역사적인 것으로 재해석 혹은 해체된다. 그리고 이 같은 재해석/해체 속에서 우리는 푸코 자신의 어휘와 문제들을 발견한다. 구체적 자유의 공간으로서의 세계는 전략과 게임을 통해 권력이 작동하는 영역이고, 인간학적 진리는 담론적 진리이며, 역사화되고 언어화된 보편성은 역사적 선험과 에피스테메 개념을 소환한다. 『인간학』과 「계몽이란 무엇인가?」가 푸코적 칸트주의의 핵심적 원천으로 나타나는 것은 바로 이런 맥락에서다. 푸코가 칸트에게서 읽어낸 (비판의 대상인 '거짓' 인간학과 다른) 실용적 인간학과 계몽의 공간은 동시에 푸코 자신의 문제가 정립되고 전개되는 공간이기도 하며, 그러한 공간인 한에서 푸코적 칸트주의, 즉 칸트주의의 변형이 시작되는 곳이 된다. 소수적 노선을 따라 독해되는 실용적 인간학은 푸코와 칸트가 교차하는 공간, '푸코의 칸트'의 공간을 정립하는 것이다.

인간의 죽음을 통해 계몽으로

실용적 인간학에서 발견되는 잠재적인 푸코-칸트적 계몽의 선에도 불구하고, 『인간학』이 '푸코의 칸트'의 공간으로서 갖는 성격, 『인간학』안에 존재하는 「계몽이란 무엇인가?」와의 연속성의 요소들이 푸코의 사유 속에서 본격적으로 개화(開花)하는 데는 20년에 가까운 시간이 필요했다. 푸코의 『인간학』독해가 분석하는 두 개의 선 가운데 먼저 전면화한 것은 『말과 사물』의 분석으로 이어진 인간학적 사유의 선, 궁극적으로 '인간의 죽음'이라는 테제를 통해 비판되고 기각되어야 할 선이었다. 『인간학 서설』이 품고 있는 잠재적이고 부분적인 칸트주의의 내재적 변형의 씨앗에도 불구하고 고고학 시기 내내 칸트의 초월철학에 푸코가 비판적 태도를 유지한 것은 그런 맥락에서였나. 반면 1970년대 후반부터 시작된 윤리학 시기에 「계몽이란 무엇인가?」를 중심으로 이루어진 칸트에 대한 재평가는 칸트를 푸코의 가장 중요한 철학적 동지이자 스승인 니체에 버금가는 위치에 올려놓을 정도로 긍정적이었다. 바로 이런 사정이 푸코의 칸트 독해에 근본적으로 상이하며 심지어 대립적인 두 가지 버전이 있다는 해석을 낳았다.[88]『인간학 서설』은 이 두 버전의 칸트 독해가 공존하며 어느 하나의 극으로 쉽사리 환원되지 않는다는 점에서 독특성을 갖는다.

고고학 시기 푸코의 칸트 인간학 연구는 인간학의 영역이 계몽의 문제가 정립되고 전개될 수 있는 공간을 구성하는 잠재적 요소들을 품고 있다는 것을 보여주지만, 동시에 그 요소들이 '인간학'이라는 이름 아래서는 충분히 개화할 수 없다는 사실 역시 드러낸다. "인간이란 무엇인가?"라는 질문은 "계몽이란 무엇인가?"라는 물음이 물어질 수 있는 자리를 마련하지만, 후자의 본격적인 전개는 전자의 극복을 전제로 하며 그것을 요청한다. 다시 말해 계몽의 문제는 인간의 죽음을 통해서만, 더 정확히는 인간의 죽음을 초래하는 것으로서만 제기될 수 있다. 그리하여 '비판적 인간'에서 인간은 죽고 비판이 남는다. 그리고 인간과 분리된 비판은 계몽이라는 이름을 얻는다. 후기 푸코에 의한 칸트 계몽 개념의 재구성과 푸코적 칸트주의의 전개는 바로 이런 궤적을 따라 이루어진다.

---

88   대표적으로 하버마스의 입장이 그러하다. Habermas 1994 참조.

푸코-칸트주의 정립의 궤적

앞 장 '푸코의 칸트『인간학』독해의 양면성'에서 보았듯 칸트에 대한 푸코의 태도는 단선적이지 않다. 한편으로 1970년대 후반 이후 이른바 윤리학 시기 푸코는 자기돌봄(ἐπιμέλεια ἑαυτοῦ), 파레시아(παρρησία) 등과 같은 고대철학의 테마들과 더불어 칸트의 「계몽이란 무엇인가?」에 대한 연구를 자기 사유의 중심에 놓고 스스로를 칸트로부터 시작되는 '우리 자신의 비판적 존재론(l'ontologie critique de nous-mêmes)'의 계보에 귀속시킨다(Foucault 1993/1999: 174-175). 그러나 다른 한편『인간학 서설』과『말과 사물』을 중심으로 하는 1960년대 고고학 시기 푸코는 칸트 철학의 뿌리에 '인간'이라는 주체 형상에 기초한 인간학적 사유가 존재한다고 보았으며 그에 대해 비판적이었다. 그리고『말과 사물』출간 이후 1978년 프랑스철학회에서 행한 '비판이란 무엇인가?'라는 제목의 강연에서 통치화에 대한 저항이라는 맥락에서 계몽의 문제를 처음으로 제기하기까지 12년 동안 칸트와 관련한 긴 침묵이 있었다.

고고학 시기와 윤리학 시기 칸트에 대한 상반된 평가와 그 사이에 놓인 침묵은 푸코와 칸트의 관계에 대한 이해에 어려움 혹은 복잡성을 발생시킨다. 핵심은 겉으로 분명해 보이는 저 상반된 평가 사이의 단절을 그대로 받아들이고 푸코의 비일관성을 지적할 것인가, 아니면 양립불가능해 보이는 두 시기 칸트 해석 모두의 기저에 있는 어떤 연속성을 발견할 수 있는가다.

칸트와의 관계에 대한 푸코 자신의 입장은 분명해 보인다. 푸코는 자신의 작업이 어떤 철학 전통에 속한다고 할 수 있다면 그것은 "칸트의 비판적 전통"일 것이라고 말한다. 스스로를 일종의 칸트주의자로 규정하는 것이다(Foucault 1998: 459).[89] 그러나 푸코의 이 같은 자기규정에는 곧바로 여기서 칸트주의란 무엇을 의미하는가라는 물음이 따라붙는다. 칸트 비판철학은 보편적이고 필연적인 초월적 층위의 분석을 수행하는 데 반해, 푸코는 "역사 이외에 아무것도 하지 않은" 사람이기 때문이다(Foucault 1991/2004: 125). 그러므로 칸트주의자라는 푸코의 자기규정은 칸트 철학을 칸트 자신의 의도대로 계승하고 활용했음을 의미할 수 없다. 칸트 철학의 인간학적 측면에 대한 고고학 시기 비판적 평가는 푸코가 칸트 철학을 '있는 그대로' 보존하는 데 관심이 없었음을 보여주는 하나의 표지다. 말하자면 푸코가 칸트주의 혹은 칸트적 전통을 말할 때 그 의미는 칸트 철학 자체에서 자명하게 주어지기보다 칸트와 푸코 사이에 존재하는 긴장과 그로부터 발생하는 새로운 문제계의 관점에서 설명

---

[89]   Ian Hacking은 고고학과 윤리학 시기 모두에 공히 나타나는 칸트의 영향력을 거론하면서 푸코를 "매우 유능한 칸트주의자"로 평가한다(Hacking 1986: 238-239).

되어야 할 것으로 남아 있다.

앨런은 푸코-칸트 관계의 이러한 복잡성을 "변형을 통한 지속"으로 간결하게 정식화한다(Allen 2008: 24). 이 장은 앨런의 정식화를 출발점 삼아 고고학 시기에서 윤리학 시기로 이어지는 푸코-칸트주의의 궤적을 살펴면서 저 지속과 변형의 요소, 내용, 방향, 성격을 확인하고자 한다.[90] 고고학 시기와 윤리학 시기 모두를 푸코-칸트주의라는 표제하에 검토한다는 것은 두 시기 사이에 근본적인 단절이 아니라 모종의 연속성이 있다고 보는 입장을 함축하되, 이때 연속성은 저 겉보기의 '단절'을 설명해줄 수 있는 것이어야 할 것이다. 요컨대 이 장의 과제는 푸코가 칸트 철학에서 지속시키는 것은 무엇이고 변형하는 것은 무엇이며 변형을 '통해' 지속시킨다는 것은 무엇을 의미하는지 밝힘으로써 고고학 시기와 윤리학 시기 칸트 해석의 단절과 연속성을 종합적으로 사고하는 방법을 모색하는 것이다. 이처럼 푸코-칸트주의의 궤적을 규명하고 추적하는 일은 동시에 푸코-칸트주의란 무엇인가라는 물음에 답하는 일이기도 할 것이다.

---

90 이 장의 논의는 앨런이 제출한 정식화의 기본적인 아이디어에 동의하되 세부에서는 앨런의 푸코 해석이 아니라 푸코의 1차 문헌 자체에 대한 독해에 집중한다. 앨런의 해석과 본고 논의 방향의 차이에 대해서는 뒤에서 자세히 서술한다.

비판의 비판과 주체의 문제

칸트 철학의 '변형을 통한 지속'이라는 푸코의 기획은 비판철학의 비판적 재전유, 즉 "비판의 비판(critique of critique)"을 통해 수행된다(Allen 2008: 24).[91] 정확히 비판의 어떤 점이 비판되는가? 그것은 비판의 초월적(transzendental) 성격이다.[92] 푸코는 고고학 시기 방법론을 철학적으로 해설하는 『지식의 고고학』(*L'Archéologie du savoir*, 1969) 결론에서 고고학의 목적은 "사유의 역사를 초월적 예속으로부터 해방하는 것, (…) 즉 모든 초월적 나르시시즘으로부터 그것을 떼어내는 것"이라고 말한다. 그리고 철학이 초월적 반성과 동일시되기 시작한 것이 칸트 이후라고 말함으로써 저 "초월적 예속" 혹은 "초월적 나르시시즘"의 기원에 칸트가 있음을 분명히 한다(Foucault 1969/2000: 279, 281).

이처럼 초월적 반성으로 실행되는 칸트의 비판을 비판하면서도 스스로를 칸트로부터 시작된 비판 전통에 위치시키는 일이 가능하려면, 비판의 개념이 변형되어야 할 것이다. 변형의 관건은 역사다. 푸코는 칸트의 비판을 역사화한다. 캉길렘(Georges Canguilhem)의 평가대로 푸코는 초월적 함축을 갖는 문제들은 배제하고 역사적 함축을 갖는 문제들을 선호했으며(Canguilhem 1992: xvi), 푸코 스스로도 자신의 작업에 대해 "초월적인 것에 가능한 한 최소의 공

---

91   Koopman 2010과 Han 2002 역시 기본적으로 이와 동일한 관점에서 출발한다.

92   Djaballah는 칸트적 비판의 초월적 실행에 대한 저항이 푸코의 방법론에서 지속적으로 반복되는 테마라고 평가한다(Djaballah 2014: 649).

간을 남기기 위해 최대한 역사화하려고 노력한다"고 말한 바 있다 (Foucault 1972: 373). 푸코는 (지식, 권력, 주체 등을 성립시키는) '가능성의 조건'에 대한 진단이라는 의미의 비판을 자신의 작업의 본질로 삼는다는 뜻에서 칸트의 정신을 '지속'하면서도, 그 비판을 보편적이고 필연적인 조건이 아니라 특수하고 우연적이며 역사적인 조건에 대해 수행함으로써 그것을 '변형'한다. 푸코의 역사서술은 현재의 '가능성의 조건'을 진단한다는 점에서 분명 비판적 기획이지만, 가능성의 보편적이고 필연적인 조건을 드러내는 것을 목적으로 하지 않는다는 점에서 초월적 비판은 아니다. 요컨대 푸코의 기획은 비판을 핵심으로 한다는 점에서 칸트적이지만, 비판이 무엇이며 어떤 층위에서 어떤 방식으로 수행되어야 하는가에 대한 칸트의 개념화는 받아들이지 않는다는 점에서 무비판적으로 칸트적이지는 않다.[93]

　보다 구체적으로 경험의 가능성의 조건이라는 문제를 보자. 푸코는 "그 자체가 사유방식이 아닌 경험은 존재하지 않는다"고 생각했다(Veyne 2008/2009: 3). 우리가 진리를, 타인과의 관계를, 우리 자신을 어떻게 사유하는가에 따라 경험은 달라진다. 즉 사유는 경험을 정립하는 "경험의 소점(foyer d'expérience)"이다(Foucault 2008b: 5). 잘 알려져 있듯 말년의 푸코는 평생에 걸친 자신의 작업을 "사유의 비판적 역사"로 규정한다(Foucault 1998: 459). 푸코는 비판을

---

93 Koopman 2010: 115, 117. Koopman은 "비판적 가능성의 조건(critical conditions-of-possibility)"과 "초월적 가능성의 조건(transcendental conditions-of-possibility)"을 구분하고 이를 각각 푸코와 칸트의 작업에 연결한다.

가능성의 조건에 대한 진단이라는 칸트적 의미로 이해하므로 사유의 비판적 역사는 사유의 가능성의 조건의 역사를 뜻하며, 이는 다시 경험의 가능성의 조건의 역사를 의미한다. 푸코는 자신의 작업 전체를 경험에 대한 비판, 즉 경험의 가능성의 조건의 규명으로 이해했던 것이다. 그런데 이는 정확히 칸트 비판철학이 수행하고자 했던 작업이다. 푸코가 자신의 작업 전체를 사유의 비판적 역사로 설명하는 바로 그 자리에서 스스로를 칸트주의자로 규정하는 것은 이 때문이다.

차이는 푸코가 수행한 작업이 비판적 '역사'라는 데 있다. 폴 벤느(Veyne 2008/2009: 23-24)는, 칸트의 용어를 '남용'하여 푸코의 사유를 설명하자면, 우리는 사물 자체가 아니라 오직 현상만을 경험할 수 있는데 이때 현상을 가능케 하는 것은 때로는 담론으로 불리고 때로는 에피스테메로 불리는 '역사적 선험'이라고 말한다. 앞서 사유가 경험을 정립한다고 했을 때, 그 사유는 초월적 주체의 자발성의 작용이 아니다. 우리가 사유하는 대상과 방식을 규정하는 일정한 역사적 조건이 존재하며, 사유의 가능성의 조건을 진단한다는 것은 그 역사적 조건을 규명한다는 것이다. 칸트 비판철학에서는 초월적 주체의 본성적 구조가 경험을 가능케 한다면, 푸코의 '사유의 비판적 역사'에서는 역사적 선험이 우리의 경험을 규정한다. 요컨대 경험의 가능성의 조건을 탐구한다는 점에서는 동일하더라도, 칸트가 초월적 주체의 문제에 집중하는 데 반해 푸코는 역사적 지평에서 출발한다. 바로 이런 의미에서 푸코는 칸트의 기획을 '변형'

하여 '지속'하는 것이다.[94]

푸코의 지적 여정은 일반적으로 담론 분석을 중심으로 하는 고고학 시기, 권력에 초점을 맞추는 계보학 시기, 주체(화)를 중심 문제로 부각하는 윤리학 시기로 구분하지만, 저 변형된 칸트주의, 변형된 비판의 작업은 푸코의 작업 전체를 관통한다. 앨런은 심지어 푸코가 평생 수행한 일이 칸트 철학의 네 가지 주도 물음의 재정식화, 정확히는 역사화와 맥락화로 정리될 수 있을지도 모른다고 말한다. "나는 무엇을 알 수 있는가?"라는 질문은 "담론 구조들이 어떻게 나를 말하고 인식하는 주체로 정립하는가?"라는 고고학적 물음으로, "나는 무엇을 해야 하는가?"라는 질문은 "권력과 규범이 어떻게 나를 규범화·표준화되고 훈육된 주체로 정립하는가?"라는 계보학적 물음으로, "나는 무엇을 희망해도 좋은가?"라는 질문은 "나는 어떻게 자아의 실천과 테크놀로지를 통해 나 자신을 윤리적 주체로, 내 삶을 예술작품으로 전환할 수 있는가?"라는 후기의 윤리학적·실존미학적 물음으로, 그리고 앞의 세 질문을 종합하는 마지막 "인간이란 무엇인가?"라는 질문은 "인간의 주체성은 무엇이었고 무엇이 될 수 있는가?"라는, 마찬가지로 푸코의 작업 전체를 총괄하는 물음으로 역사화되고 맥락화되었다고 볼 수 있다는 것이다 (Allen 2008: 40).

---

[94] Gary Gutting 역시 푸코가 이성의 사용을 지배하는 선험적이고 필연적인 조건들에 대한 칸트의 연구를 그 조건들의 역사적 우연성과 특이성에 대한 분석으로 대체함으로써 이성 비판이라는 칸트적 기획에 새로운 의미를 부여했다고 평가한다(Gutting 1989/1999: 17).

그런데 이러한 칸트 주도 물음들의 재정식화는 주체라는 문제가 말년의 윤리학 시기뿐 아니라 고고학과 계보학 시기까지 포괄하는 푸코의 지적 여정 전체에 걸친 문제라는 사실을 보여준다. 푸코 자신도 타계 2년 전인 1982년 발표한 「주체와 권력」에서 그때까지 20년간 자신이 수행한 연구작업의 일반적인 주제는 주체라고 말한 바 있다(Foucault 1982: 209). 고고학과 계보학이 담론과 권력의 문제를 다루었다는 통상적 이해를 이런 관점에서 정교화하자면, 푸코가 본질적으로 관심을 가진 문제는 담론, 진리, 권력-지식 복합체가 어떤 방식으로 주체를 구성하는지였다고 할 수 있을 것이다. 실제로 푸코는 『지식의 고고학』에서 고고학적 기획이 "주체의 문제를 제거하고자 한 것이 아니라, 주체가 담론들의 다양성 속에서 점할 수 있는 위치와 기능들을 규정하고자 한 것"이라고 말한다 (Foucault 1969/2000: 275). 담론 속에서 주체가 점하는 위치와 기능이 주체가 주체로서 갖는 일정한 성격을 부여한다는 점에서, 고고학은 단순히 주체 개념을 기각하는 이론이 아니라 주체의 구성을 설명하기 위한 기획인 것이다.

자주 거론되는 고고학 시기 푸코와 구조주의의 유사성이 부각되는 것이 이 지점이다. 일반적으로 주체를 부정하는 사유로 이해되는 구조주의는 "주체가 주체 외적인 요소들에 의해 형성된다고 주장함으로써 주체형성의 문제틀을 특권시"하며, 그런 점에서 주체를 부정하는 사유이기는커녕 오히려 '주체의 이론'이라고 할 수 있다. 말하자면, 주체 일반을 기각하는 것이 아니라 원인·원리·기원으로서의 구성적 주체를 전제로 삼는 이론적 태도를 비판하고 그 전제 자체의 구성, 즉 구성된 주체성을 연구주제로 삼는 이론이 구조주의다. 구조주의는 "단순히 주체의 위치를 박탈하는 사유가 아니라 '구성적 주체를 구성된 주체성으로 전도'하는 운동이며, '주체를 탈구축하는 동시에 재구축하는 사유, 정확히 말하면 아르케(원인, 원리, 기원)로서의 주체를 탈구축하는 동시에 효과로서의 주체성을 재구축하는' 사유인 것이다."(사토 요시유키 2012: 18, Badiou 1982, 2005 참조) 그리고 이 설명은 그대로 고고학과 계보학 시기 푸코의 작업에 대한 설명이기도 하다.[95] 이런 관점에서 보면 후기 윤리학 시기를 특징짓는 것은 주체(화)라는 새로운 문제계의 부상(浮上)이 아니라 주체의 구성이라는 동일한 문제계에서의 강조점과 관점의 이동, 즉 주체를 구성하는 외적 요소들에 대한 분석에서 스스로를 구성하는 주체 자신의 힘(=자유)에 대한 연구로의 이행이라고 할 수 있다.[96]

요컨대 푸코의 일관된 연구주제는 주체의 구성—외적 요소들에

---

[95]   푸코는 자신뿐 아니라 라깡과 알튀세르 역시 전혀 구조주의자가 아니라고 하면서도, 구조주의자로 불리어온 (자신을 포함한) 이들에게 하나의 공통점 혹은 수렴지점이 있다고 하면서, 그것은 "데카르트로부터 우리 시대까지 프랑스 철학에서 결코 단념하지 않았던 위대하고 근본적인 기본 원리인, 주체의 문제에 이의를 제기했다는 점"이라고 말한다(Foucault 1991/2004: 60). 이때 주체의 문제에 이의를 제기했다는 것 역시 주체라는 문제 자체를 기각했다는 말이 아니라 "근본적인 기본 원리", 즉 아르케로서의 주체에 이의를 제기했다는 것으로 이해되어야 할 것이다.

[96]   "푸코의 비판의 비판, 즉 주체성 자체의 가능성의 조건들에 대한 그의 궁구가 그로 하여금 처음에는 담론(고고학)과 사회적 실천들(계보학)을 통해 주체가 구성되는 양태들을 탐구하고, 후에는 자아의 실천 혹은 테크놀로지를 통한 주체의 자기구성의 양태들(윤리학)을 탐구하도록 한다."(Allen 2008: 37) 이렇게 보면, 후기 푸코에서 이루어지는 주체성의 '귀환'이 주체를 '기각'했던 그의 이전 작업들과 모순된다는 비판들은 초점을 잃은 것이다. 그러한 비판으로는 Dews 1989, McCarthy 1991 등 참조.

의한 구성이건 주체의 자기-구성이건 간에—이다. 우리는 앞서 변형된 비판, 역사화된 비판이 푸코 작업 전체를 관통한다고 말한 바 있다. 그러므로 푸코의 작업에 대한, 그리고 푸코-칸트주의에 대한 일관적 이해는 주체의 구성이라는 문제계와 역사적 비판 혹은 비판적 역사서술이라는 방법론이 교차하는 지점에서 주어진다고 할 수 있다. 푸코는 "사건들의 장에 대해 초월적이거나 역사의 과정 내내 공허한 동일성을 유지하는 주체를 참조함 없이" 작업해야 한다고, "역사적 틀 내에서 주체의 구성을 설명할 수 있는 분석에 도달해야 한다"고 말한다(Foucault 1977: 117). 요는 주체의 구성이 초월적 층위가 아니라 역사적 지평에서 분석될 수 있어야 한다는 것이다. 주체의 구성을 역사적 구성으로 이해할 경우, 주체의 구성이라는 문제의식의 일관된 유지 자체가 초월적 주체에 대한 거부와 비판을 함축한다. 역사적 구성의 지평에 개방된 초월적 주체는 정초적 기원으로서의 기능을 유지할 수 없을 것이니 말이다.[97]

　사실 앞서 논의한 칸트적 비판의 초월적 성격에 대한 비판은 더 정확히는 그러한 비판의 중심에 위치하는 초월적 주체에 대한 비판으로 이해되어야 한다. 초월적 주체는 단순히 역사를 배제하지 않는다. 그것은 정초하고 구성하는 행위를 통해 기원으로 자리하며, 그러한 한에서 역사를 차이·변화·변이·불연속의 공간이 아니라 기원으로의 회귀의 약속과 목적론에 의해 마름질된 연속성의

---

[97] 　그러므로 역으로 초월적 주체의 정립은 "주체의 비역사화(dehistoricization)"를 통해 이루어진다. 칸트(그리고 그 이전의 데카르트)에게 "초월적이고 비역사적 주체는 객관적 지식의 구성에 필수적인 것으로서 도입된다."(Strozier 2002: 255)

푸코-칸트주의 정립의 궤적　　　　　　　　　191

공간으로 만든다. 칸트와 결부된 초월적 나르시시즘을 비판하는
『지식의 고고학』의 한 대목에서 푸코는 이렇게 말한다.

> 문제는 이 [사유의] 역사를 어떤 목적론도 미리 환원시킬 수 없는 불
> 연속성 속에서 분석하는 것, 어떤 필연적인 지평도 가둘 수 없을 분
> 산 속에서 그것의 지도를 그리는 것, 어떤 초월적 구성도 주체의 형
> 식을 부과할 수 없을 익명성(匿名性) 속에서 그것이 전개되도록 하는
> 것, 어떤 새벽으로의 회귀도 허락하지 않을 시간성으로 그것을 개
> 방하는 것이다.(Foucault 1969/2000: 279)

요컨대 고고학과 계보학이라는 푸코의 역사 연구 방법은 기원
으로서의 초월적 주체와 결부되는 역사—푸코의 관점에서는 비-
역사—에 대한 비판을 함축한다. 초월적 주체와 관련된 가장 큰 문
제는 주체가 기원이자 원리로 설정됨으로써, 주체의 변화 가능성이
역사적으로 사고될 수 없다는 것이다. 초기 고고학 시기의 칸트 비
판, 즉『인간학 서설』과『말과 사물』에서 이루어진 주체 형상에 대
한 비판은 기본적으로 이러한 아르케로서의 주체에 대한 비판이라
는 맥락에서 이해되어야 한다.
 그러나 푸코가 칸트로부터 발굴해내는 주체 형상은 단일하지
않다. 주체 이론, 혹은 (푸코 자신의 용어로 하면) '비판적 존재론'의
관점에서 이루어지는 푸코의 칸트 독해는 비판이나 기각으로 끝나
지 않는다.『말과 사물』에서 '인간의 죽음'과 더불어 폐기될 운명인
인간학적 사유의 출발점으로 비판되었던 칸트는 계몽이라는 문제

계와 더불어 푸코 자신의 새로운 주체성 모색의 원천으로 귀환한
다. 인간학의 탄생지로서의 칸트에서 인간의 죽음 이후의 철학의
출발점으로서의 (니체적인) 칸트로의 이행. 이후 논의를 통해 도달
해야 할 것은 바로 이 이행의 과정과 성격에 대한 이해다.

고고학 시기의 칸트 해석: 비판철학과 '인간'

앞서 언급했듯 푸코의 칸트 해석은 크게 초기 고고학 시기와 후기
윤리학 시기로 나뉜다. 그런데 사실 고고학 시기 푸코와 칸트의 관
계 그 자체도 단선적이지 않다. 이 시기 푸코는 비판을 역사화하는
방식으로, 즉 '역사적 선험'이라는 개념을 중심으로 칸트의 방법론
을 수용하지만, 이 방법론에 의한 작업의 실질은 '인간의 죽음'을 지
지함으로써 칸트와 충돌한다. 이 시기의 푸코는 "칸트 스스로가 자
신의 출발점으로 삼은 것, 즉 초월적 주체의 한계와 가능성의 조건
에 대한 연구"(Allen 2008: 35)를 수행하는바, 이는 칸트의 출발점에
대한 칸트적 의미의 비판이라고 할 수 있다.[98]

『말과 사물』에서 칸트 철학은 '근대성의 문턱'으로 제시된다. 그
러므로 푸코가 생각하는 칸트 철학의 특이점은 우선 근대 이전 에

---

[98]　동일한 문제를 Béatrice Han은 다음과 같이 정식화한다. "푸코의 사유는 두 가지 모
순된 요구에 의해 생기를 부여받는 것으로 보인다. 칸트의 비판적 물음을 반복하기,
그러나 그것이 의도치 않게 발생시키는 인간학적 배치로부터 벗어나려고 시도하기."
(Han 2002: 4)

피스테메와의 대비에서, 즉 칸트 철학이 이전 시대의 사유 방식을 극복하는 양상에 대한 푸코의 분석 속에서 분명하게 드러날 것이다. 실제로 『말과 사물』에서 고전주의 에피스테메 분석에 할애된 많은 분량의 서술은 근대적 에피스테메와 그 문턱으로서의 칸트 철학의 역사적 특성을 조명할 수 있는 거리를 확보해주는 기능을 한다. 푸코는 이러한 고고학적 거리두기를 통해 근대를 '인간'의 시대로 특징지을 수 있게 된다(Dreyfus and Rabinow 1983: 18). 그리고 거팅(Gutting 1989/1999: 20)이 적절히 지적하듯, '인간'이 근대 이전의 고전주의적 에피스테메에서는—그리고 마찬가지로 그 이전의 르네상스 에피스테메에서도—아무런 역할도 하지 못했음을 보여주는 것 자체가 이미 인간이라는 주체 형상을 비판하는 하나의 방식을 구성한다.

고전주의 에피스테메를 지배한 것은 표상(représentation), 더 정확히 말하면 표상이 존재를 투명하게 재현한다(représenter)는 비가시적 전제에 기반한 사유 방식이다. 푸코가 "표상과 사물의 공통 담론으로서의 고전주의적 언어" 혹은 "존재와 표상의 공통의 장소인 고전주의적 담론"이라는 표현을 쓸 때, 그것은 고전주의적 사유에서 표상과 사물 혹은 존재 사이에 상정되는 저 직접적이고 투명한 관계를 가리킨다(Foucault 1966a/2012: 428-428). 고전주의 시대에는 (근대적 의미의) '언어'가 존재하지 않았다는 푸코의 주장은, 고전주의 에피스테메에는 언어의 존재가 문제화되는 계기인 언어의 표상 기능의 불투명성이 존재하지 않았다는 진단을 근거로 한다(Foucault 1966a/2012: 130-131).[99] 고전주의 시대에 언어의 질서는 그대로 세계의 질서이며 그것을 완벽하게 반영한다. 이러한 고전주의적 언어와 담론의 본질은, '나는 생각한다'와 '나는 존재한다'를 연결한 데카르트 철학에서 명료하게 드러난다(Foucault 1966a/2012: 428). 고전주의 에피스테메에서 표상은 그 자체로 세계에 대한 지식이 된다. 표상과 존재가 일치하므로 표상의 완벽한 질서를 구축한다면 그로써 우리는 세계의 완벽한 질서에 관한 지식 또한 갖게 될 것이다. 고전주의적 에피스테메는 표상이 구성하는 동질적 공간의 외부를 알지 못하며, "언제나 세계를 남김없이 질서 지우려는" 고전주의 시대 학문들의 기획은 바로 그러한 조건에서만 가능한 것이었다 (Foucault 1966a/2012: 125).

그러므로 역으로 근대적 에피스테메는 표상이 문제화될 때, 불투명해질 때, 그것이 "사물과 지식의 공통의 질서를 규정할 수 없"을 때 시작된다(Oksala 2005: 28). 근대철학을 지배하고 규정하는 물음은 무엇이 존재를 말과 명제들에 연결하고 진정한 지식의 기초를 제공하는가, 즉 표상의 가능성과 정당성은 어디서 어떻게 주어질 수 있는가인바, 이것은 고전주의 에피스테메에서는 성립할 수 없었던 물음이다. 옥살라(Oksala 2005: 28)의 지적대로, 근대철학에서 중심적 지위가 존재론에서 인식론으로 넘어가는, 자주 언급되는 철학사적 전환의 장면은 이 같은 에피스테메의 변화를 배경으로

---

99   역으로 표상 관계의 투명성에 대한 회의를 특징으로 하는 근대에 오면 언어는 그 자체의 밀도와 두께를 갖는 지식의 대상이 된다.

한다.

　말하자면 근대적 에피스테메와 그것의 중심 형상인 '인간'은 고전주의 에피스테메에서 당연시되던 표상과 사물의 연계가 끊어짐으로써 출현한 어떤 공간으로부터 발생한다.[100] 그리고 '비판'이라는 방법을 통해 그 공간을 만들어낸 것이 바로 칸트의 철학이다. 칸트가 근대성의 문턱을 표지하는 것은 표상이 구성하는 고전주의적 지식의 공간 너머를 바라봄으로써 표상을 문제화한 최초의 철학자이기 때문이다. 칸트 이후 문제는 표상들의 완벽한 질서를 구성하는 것이 아니라 표상의 가능성의 조건을 묻는 것이 된다. 요컨대 칸트 비판철학은 어떠한 정당화도 필요치 않은 "사유의 실재 그 자체의 필연적 형식"(Gutting 1989/1999: 241)으로 당연시되던 표상의 적법한 토대와 기원, 한계를 문제 삼음으로써 근대적 에피스테메로 향하는 운동의 출발점이 된다(Foucault 1966a/2012: 341). 칸트의 비판 이후 표상은 이제 더 이상 그 자체로 자기정당화의 출발점이 되지 못한다(Gutting 1989/1999: 240). 칸트 비판철학은 "지식과 사유가 표상의 공간 밖으로 물러나는" 역사상 최초의 사건이었으며, 이후 한계지어지지 않은 표상의 영역은 형이상학으로 비판받게 된다(Foucault 1966a/2012: 341). 이런 맥락에서 칸트의 형이상학 비판은 근대적 에피스테메의 관점에서 이루어진 고전주의 에피스테메에 대한 비판으로 이해될 수 있다.

100 　"표상과 사물의 공통 담론으로서의 고전주의적 언어 (⋯) 서구 문화에서 이 언어가 말해지는 한, 인간의 존재가 그 자체로 문제화되는 것은 가능하지 않았다. 저 언어는 표상과 존재의 연계를 포함하고 있었기 때문이다."(Foucault 1966a/2012: 428)

표상이 그 자체로 정당화되지 않으며 그보다 더 근본적인 어떤 것에 근거해야 한다면, 이제 문제는 그러한 '더 근본적인 것'이 무엇이냐는 것이다. 주지하듯, 칸트 비판철학은 표상의 원천, 표상의 가능성의 조건으로 초월적 주체를 제시한다. 칸트 철학이 근대성의 문턱이라 할 때, 그 핵심에는 초월적 주체가 있다. 그러므로 초월적 주체는 (그에 관한 담론이 표방하는 비역사성에도 불구하고) 역사적이다. 푸코의 관점에서 보면, 초월적 주체의 초월성은 역사적으로 특정한 시기에 특정한 지식체계의 조건 위에서 정립된 것이다. '인간의 죽음'이라는 『말과 사물』의 테제가 의미하는 바를 논하는 자리에서 상술하겠지만, 이처럼 초월적 주체의 출현을 역사적 사건으로 분석하는 것 자체가 이미 푸코적 의미의 '비판'이다. 역사 속에서 출현한 것은 역사 속에서 소멸할 것이기 때문이다. 푸코의 기획인 '우리 자신의 비판적 존재론'은 이렇게 초월적 주체를 구성하는 동시에 그것을 기초로 하는 비판철학의 존재론에 대한 비판을 전제하며 함축한다.

푸코에 따르면 초월적 주체에 근거한 칸트 비판철학은 '인간이란 무엇인가?'라는 물음으로 수렴된다. 초월적 주체의 이름은 '인간'이다. 고전주의 시대에 존재하지 않았던 '인간'은 칸트가 표상의 초월적 조건에 관한 물음을 인간에 관한 물음으로 제기함으로써 근대적 에피스테메의 중심 형상으로 떠오른다.

초월적 주체가 인간인 이상 그것은 무한하지 않다. 칸트의 초월적 주체는 유한한 인간-주체다. 노동, 생명, 언어에 관한 근대의 실증적 지식들은 인간이 무한하지 않다는 것을 인간 자신에게 보여준다. 그러나 인간의 유한성 자체는 근대적 지식이 새삼스럽게 밝혀낸 사실이 아니다. 유한성에 대한 사유는 고전주의 시대인 17~18세기에도 존재했다.

차이는 유한성을 사유하는 방식에 있다. 고전주의 에피스테메는 유한성을 무한성과의 부정적 관계에서 규정한다.[101] 즉 고전주의적 사유는 유한성을 그 자체로 다루지 않고 단지 무한의 부정으로서만, 무한에 근거하여 규정되는 것으로서만 다루었다. 반면 근대는 "유한성 자체에 대한 한없는 참조 속에서 유한성이 사유"될 때 시작된다(Foucault 1966a/2012: 436). 그리고 푸코는 이런 방식으로 유한성을 사유하기 시작한 사람이 바로 칸트라고 말한다.

푸코가 보기에 칸트 비판철학의 근저에 놓여 있는 문제의식은 "무한자의 존재론을 거치지 않고 절대자의 철학에서 정당화를 구하지 않는 성찰 속에서 어떻게 유한성을 사유하고 분석하고 정당화하고 정초할 것인가"라는 물음이다. 칸트가 유한성의 문제를 정식화하는 방식의 독특성은 칸트 이전의 철학들이 유한성과 관계하는 방식과의 대비 속에서 선명해진다. 데카르트는 오류에 대한 고찰에서 유한성의 문제를 일찌감치 발견했지만 문제 설정의 초점은 무한자의 존재론을 통해 그것을 확고히 기각하는 데 있었다. 경험론도 유한성을 끊임없이 언급하고 활용하지만, 오직 자신의 한계,

---

101 고전주의 시대에는 "무한과의 부정적 관계―창조로 이해되든, 퇴락으로 이해되든, 육체와 영혼의 결합으로 이해되든, 무한한 존재 내부의 규정으로 이해되든, 총체성에 대한 개별적 관점으로 이해되든, 표상과 인상 간의 연결로 이해되든―가 인간의 경험성과 그에 관해 얻을 수 있는 지식에 선행하는 것으로 정립되었다."(Foucault 1966a/2012: 434)

즉 인식의 경계의 문제로만 국한시키고 유한성 자체를 지식의 가능성의 조건으로 검토하는 일은 시도하지 않았다. 유한성을 그 자체로 사유하고 분석하고 정당화하는 문제는 칸트에 와서야 비로소 제기된다(Foucault 2008/2012: 142).

다시 말해 칸트는 유한성을 그 자체에 대한 "한없는 참조 속에서" 사유함으로써 고전주의적 사유와 단절했다(Foucault 1966a/2012: 436). 유한성이 그 자체에 대한 한없는 참조 속에서 사유되기 위해서는 유한성에 대한 경험과 인식의 가능성의 조건이, 즉 초월성이 유한성 자체에서 정립되어야 한다. 유한성에 대한 실증적 형태의 지식이 유한성 외부의 어떤 것에도 의지하지 않아야 유한성 자체의 '한없는 참조'가 정립될 수 있다.

> 인간이 자신이 유한하다는 것을 배울 수 있는 이 실증적 형태들[노동, 생명, 언어]은 오직 인간 자신의 유한성을 배경으로 해서만 인간에게 주어진다. (…) 우리는 모든 경험적 실증성의 바탕에서, 그리고 인간 실존의 구체적인 한계로 밝혀질 수 있는 모든 것의 바탕에서 유한성을 발견한다.(Foucault 1966a/2012: 432)

이처럼 경험적 실증성에 근거한 유한성에 대한 앎이 유한성 자체에서 정초된다는 것은, 경험과 인식을 가능케 하는 초월적 층위·작용·힘이 유한자 안으로 들어온다는 것이며 이 때문에 유한자는 이중화된다. 요컨대 유한성이 그 자체에 대한 한없는 참조 속에서 사유되기 위해서는 유한성에 대한 경험과 인식의 가능성이, 즉 초월성이 유한성 자체에서 정립되어야 하며 이러한 정립은 유한한 주체를 경험적-초월적 이중체로 구성한다.

유한성의 분석학 안에서 인간은 기이한 경험적-초월적 이중체(un étrange doublet empirio-transcendantal)이다. 왜냐하면 인간은 모든 인식을 가능하게 만드는 그런 인식을 그 자신 속에서 취하는 존재이기 때문이다.(Foucault 1966a/2012: 437)

칸트 철학이 근대적 에피스테메의 철학적 원형인 이유는 이처럼 유한성으로서의 유한성에 정초적 역할을 부여했다는 데 있다. 유한자와 정초적 힘의 결합은 이중체를 낳을 수밖에 없다. 경험적-초월적 이중체로서의 유한자에서 초월적 측면이 제거된다면, 유한자는 정초적 힘을 갖지 못하고 다시 자신의 외부에서 지식의 가능성의 조건을 구해야 할 것이다. 반대로 경험적 측면이 제거되면, 즉 오직 초월적 측면만 남는다면 그것은 더 이상 유한성의 차원에 머물지 않을 것이다. 그러므로 칸트 비판철학에서 유한성의 분석학과 경험적-초월적 이중체로서의 인간의 결합은 필연적이다. 근대성의 문턱은 인간이라는 현상이 제 발로선 유한성의 형상화로 출현할 때 나타나고, 이런 일은 초월적 층위가 유한자 내부로 들어오지 않고서는 불가능하다. 근대성이 "인간이라 불리는 경험적-초월적 이중체가 구성되었을 때" 출현하는 것으로 이야기되는 것은 이 때문이다(Foucault 1966a/2012: 437).

인간학적 사유의 전개와 한계

『말과 사물』9장은 칸트의 비판철학이라는 문턱이 정립한 경험적인 것과 초월적인 것의 이중구조가 칸트 이후 철학적 인간학에서 굴절되고 확대되는 양상을 보여준다. 서술의 초점은 칸트 이후 근대적 사유에서 이중체로서의 인간의 존재 방식이 어떻게 규정 혹은 이해되는가이다. 푸코는 "실증성들의 유한성과의 연결, 경험적인 것과 초월적인 것의 중첩, 비사유(l'impensé)에 대한 코기토의 영속적 관계, 기원의 후퇴와 회귀가 우리에게 있어서 인간의 존재 방식을 규정"하며 "19세기 이래로 성찰은 표상의 분석이 아니라 바로 이 존재 방식의 분석을 통해서 지식의 가능성의 철학적 토대를 모색해왔다"고 말한다(Foucault 1966a/2012: 459).

본격적인 논의에 앞서 주의해야 할 것은 푸코가 나열하고 있는 저 네 요소들의 관계가 단순히 병렬적이지 않다는 것이다. 1) 첫 번째로 언급된 '실증성들의 유한성과의 연결'이 유한성의 분석학이라는 상위 카테고리를 형성하며, 나머지 세 가지 테마는 저 유한성의 이중적 성격의 세 측면과 관련된다. 2) 경험적-초월적 이중체로서의 인간에 대한 분석이 세 가지 가운데 하나로 포함되어 있지만, 내용상 유한성의 분석학 전체, 그러니까 나머지 두 분석까지도 근본적으로는 칸트가 정립한 경험적인 것과 초월적인 것의 이중 구도를 일정하게 반복한다.

여러 연구자들이 지적하듯, 사실 이중체로서의 인간 혹은 인간의 이중구조에 대한 『말과 사물』의 비판적 서술이 직접적으로 겨냥하는 것은 칸트 철학이라기보다 현상학이다. 『말과 사물』 9장은 푸코 초기 저작에 나타난 현상학에서 대한 가장 강력한 비판들 중 하나이며(Murphy 2014: 133), 드레이퍼스-라비노우와 거팅에 따르면 이중구조의 세 가지 형식, 즉 경험적인 것과 초월적인 것, 코기토와 비사유, 기원의 후퇴와 회귀는 각각 메를로퐁티, 후설, 하이데거에 대한 평가와 관련되어 있다.[102]

경험-초월이라는 칸트적 구도가 세 방향으로 확장·변형되는 양상을 분석함으로써 푸코가 논의하는 것은 칸트 철학 자체가 아니라 근대의 문턱에서 칸트가 정립한 문제를 이후 철학들(특히 현상학)이 다루는 방식이지만, 역으로 이는 칸트의 문제가 칸트 이후 철학을 규정하는 방식을 규명하는 작업이기도 하다. 그러한 한에서 『말과 사물』 9장은 칸트 철학을 직접 다루지 않음에도 불구하고 오히려 『인간학 서설』보다 더 넓은 지평에서 근대적 사유 전체를 규정하는 칸트주의 혹은 칸트적 사유방식을 푸코가 어떻게 이해하고 평가하는가를 보여준다고 할 수 있다.

인간의 존재 방식을 규정하는 네 요소들 가운데 첫 번째인 실증성들의 유한성과의 연결, 즉 유한성의 분석학이라는 문제에서 논의를 시작해보자. 앞서 유한성의 분석학이 칸트에 의해 정립되는 장면을 검토하는 곳에서 보았듯이, 근대적 에피스테메는 유한성이 유

---

102 Dreyfus and Rabinow 1983: 33-41, Gutting 1989/1999: 290-291. 세 가지 형식에 대한 분석 전체를 후설과 관련된 것으로 독해하는 입장으로는 Oksala 2005: 53-69 참조. 한편 Eribon은 『말과 사물』을 사르트르에 대한 도전으로 해석하는바, 그에 따르면 『말과 사물』은 본래 (최종 판본에서는 빠진) 사르트르에 대한 다수의 비판을 포함하고 있었다(Eribon 1991: 157).

한성 자체에 대한 '한없는 참조 속에서' 사유될 때 개시되었다. 유한성은 유한성인 한에서 (그것의 지식과 존재 모두에서) 무언가에 의해 '정초됨'을 필요로 하는바, 이 정초됨이 유한성 외부의 힘으로 이루어진다면 '유한성 자체에 대한 한없는 참조'는 성립할 수 없을 것이다. 그러므로 근대적 유한성은 필연적으로 유한성의 자기-정초를 요구한다. 즉 근대적 인간의 유한성은 정초되는 동시에 정초하는 유한성이다. 거팅과 옥살라의 정식화에 따르면, 칸트와 칸트 이후 근대철학의 기획은 이러한 인간 유한성의 자기-정초가 어떻게 가능한지를 보이는 것이며, 바로 그러한 의미에서 유한성의 분석학인 것이다(Gutting and Oksala 2019).

따라서 근대의 유한성은 정초하는 것으로서의 유한성과 정초되는 것으로서의 유한성으로 이중화되어 나타난다.[103] 푸코는 전자를 '근본적인 것(le fondamental)', 후자를 '실증적인 것(le positif)'으로 명명한다. 푸코가 초월적인 것과 경험적인 것이라는 칸트의 개념을 두고 굳이 새로운 용어를 도입한 데는 이유가 있다. 근본적인 것은 실증적인 것의 토대라는 점에서 분명 '초월적'이라고 할 만한 역

---

103 Han은 전자를 '초월적 유한성'으로, 후자를 '경험적 유한성'으로 규정한다. 이와 같이 이중화된 유한성의 관점에서 칸트 철학의 핵심을 재정식화하면, 칸트가 다루고자 했던 문제는 "신이 더 이상 영원한 진리의 보증자가 아닌 세계에서, 유한자가 어떻게 자신의 경험적 한계들을 넘어서 앎의 보편성을 정당하게 주장할 수 있는가"라는 물음이며, 이에 대한 회의주의적 결론을 극복하기 위한 칸트의 대담한 시도가 바로 새로운 형태의 유한성, 즉 '초월적 유한성'을 창안하는 것이었다. Han에 따르면 '코페르니쿠스적 전회'의 진정한 핵심은 "경험적 유한성을 극복하려는 그것의 시도"에 있으며, "푸코가 보기에, 칸트의 진정한 천재성은 유한성을 초월적 층위에서 토대적인 것으로 만듦으로써, 그것이 이전에 가졌던 부정적 의미들을 역전시킨 데 있다."(Han 2003: 127-128)

할과 기능을 갖지만, 경험적인 것과 엄밀히 구분되는 칸트 철학에서의 초월적인 것과 달리 그 자체로 경험적 성격을 갖는다. 즉 칸트 철학에서 경험적인 것과 초월적인 것 사이에 분배되던 위상과 기능은 이제 공히 경험적 층위에서 정립되는 실증적인 것과 근본적인 것 사이에서 재분배된다. 다소 혼란스러워 보일 수 있는 이러한 용어법으로 푸코가 말하고자 하는 바를 이해하기 위해서는 다음과 같은 대목을 참조할 필요가 있다.

> 유한성의 분석학이 인간의 존재 방식에 부여하는 최초의 특성, 더 정확히 말해 유한성의 분석학이 온전히 펼쳐지게 되는 공간은 **반복의 공간, 즉 실증적인 것과 근본적인 것의 동일성과 차이의 공간**이다. 즉 익명적으로 생물의 일상적인 생존을 갉아먹는 죽음은 나의 경험적 삶이 나 자신에게 주어지는 바탕으로서의 근본적인 죽음과 동일하고, 경제적 과정의 중립성 속에서 사람들을 연결하고 분리하는 욕망은 모든 것이 나에게 욕망 가능한 것으로 주어지는 토대인 욕망과 동일하며, 언어를 지탱하고 언어 안에 자리하며 마침내 언어를 닳게 하는 시간은 내가 나의 담론을 입 밖으로 내기도 전에 그것을 끌어내서 어떤 인간도 제어할 수 없는 연속 속으로 집어넣는 시간이다. **경험의 한쪽 끝에서 다른 쪽 끝까지 유한성이 자기 자신에게 응답한다.** 유한성은 동일자의 형상 내에 존재하는 실증성과 실증성의 토대 사이의 동일성과 차이이다. (…) 근대적 사유의 미래와 매우 깊은 관계가 있는 이 유한성의 분석학이 전개되는 것은, 바로 **근본적인 것 내에서의 실증적인 것의 반복**에 의해 열리는 이 방대하지

만 협소한 공간에서이다. 즉 거기서 우리는 초월적인 것이 경험적인 것을, 코기토가 비사유를, 기원의 회귀가 기원의 후퇴를 반복하는 것을 연속적으로 보게 되며, 고전주의 철학으로 환원되지 않는 동일자에 대한 사유가 스스로를 긍정하는 것 역시 바로 거기에서이다.(Foucault 1966a/2012: 433. 강조는 인용자)

핵심은 근본적인 것이 실증적인 것을 '반복'한다는 것이다. 근본적인 것은 정초하는 유한성인 한에서 정초되는 유한성으로서의 실증적인 것과 구분된다(차이). 그러나 근본적인 것이 실증적인 것을 반복하는 한에서 양자는 또한 동일하다(동일성). 유한성의 분석학이 온전히 펼쳐지는 "반복의 공간"이 곧 "실증적인 것과 근본적인 것의 동일성과 차이의 공간"이라는 말이 의미하는 바가 이것이다.

유한성이 그 자체에 대한 한없는 참조 속에서 사유된다는 말과 "경험의 한쪽 끝에서 다른 쪽 끝까지 유한성이 자기 자신에게 응답한다"는 말은 같은 말이다. 근본적 유한성이 실증적 유한성을 정초하는 것이 양자 사이에 존재하는 관계의 전부라면, '한없는 참조'나 '자기 자신에 대한 응답'이 함축하는 상호성은 성립하지 않을 것이다. 유한성의 자기 자신에 대한 한없는 참조는 정초하는 유한성과 정초되는 유한성이 서로의 꼬리를 물 때, 그리하여 순환성이 성립할 때, 다시 말해 근본적인 것이 실증적인 것을 정초할 뿐만 아니라 자신을 규정하는 요소로 자신 안에서 그것을 반복할 때 이루어진다.

근본적인 것은 어떤 의미에서 실증적인 것과 동일하며 그것을 반복하는가? 인용문에서 죽음으로 이야기된 것과 동일한 사태의 뒷면인 생명을 사례로 취하자면, 나에게 모든 경험적 삶이 가능해지는 토대인 '근본적인 것'으로서의 생명은, 생명체 일반과 관계되며 그러한 한에서 근대 경험과학의 대상인 '실증적인 것'으로서의 생명과 다르지 않다. 동일한 논리가 『말과 사물』이 분석하는 근대 경험과학의 또 다른 대상인 노동(욕망) 및 언어와 관련해서도 성립한다.[104] 그리하여 "노동, 생명, 언어는 살아 있는 존재, 생산의 법칙, 언어의 형식들에 대한 객관적 인식을 가능하게 하는 (…) '초월적인 것들'로 나타난다." 이것들은 '초월적인 것'인 한에서 칸트가 발견한 초월적 영역에 상응하지만, 1) 초월적인 것이 대상 쪽에 놓여 있다는 점에서, 2) 초월적인 것이 모든 가능한 경험의 선험적 종합이 아니라 후험적 종합과 관련된다는 점에서 그것과 구별된다 (Foucault 1966a/2012: 343).

여기서 우리가 보게 되는 것은 초월적인 것과 경험적인 것의 구분의 붕괴 혹은 양자의 혼합 내지 중첩이다. '푸코의 칸트 『인간학』 독해의 양면성' 장에서 보았듯 이러한 경향은 이미 칸트 자신의 기획에, 심지어 그 핵심에 존재했다는 것이 고고학 시기 푸코의 판단이다. 칸트의 세 비판서를 규정하는 물음들이 '인간이란 무엇인가?' 라는 질문으로 수렴됨으로써 인간에 대한 구체적이고 경험적인 관념이 경험 자체의 가능성의 조건을 규정하는 데 영향을 미치게 되

---

104   노동, 생명, 언어는 『말과 사물』에서 푸코가 근대적 인간의 유한성을 규정하는 것으로 초점을 맞추는 세 요소다.

었다는 것이 『인간학 서설』의 핵심 중 하나였다. 근대의 사유가 초월적인 것에 대한 탐구를 인간에 근거시키는 한, 인간의 구체적 실존을 규정하는 노동, 생명, 언어에 초월적 가치가 부여되는 일은 불가피하다. 푸코가 "경험적 내용들에 초월적 가치를 부여하는 일 혹은 경험적 내용들을 구성적 주체성의 방향으로 옮겨놓는 일"은, "획득되는 지식(결과적으로 모든 경험적 지식)의 정당한 한계가 정확히 이 동일한 경험적 지식에 주어지는 것으로서의 구체적 실존의 형식들"이라는 전제 위에서 작동하는 사유, 즉 인간의 구체적 실존에 대한 경험적 탐구와 초월적인 것에 대한 탐구를 중첩시킴으로써만 가능한 사유인 인간학적 사유를 필연적으로 동반한다고 말하는 것은 이 때문이다(Foucault 1966a/2012: 348). 이러한 '인간학적 전회'에 의해 규정되는 한에서 유한성의 분석학은 푸코가 '인간학적 가상' 혹은 '인간학적 잠'이라고 부르는 것을 피할 수 없다.

인간의 이중적 존재 방식에 대한 『말과 사물』의 분석에서 현상학이 중요하게 다루어지는 것은, 푸코가 보기에 현상학이 인간학적 구도에서 문제로 제기되는 초월적인 것과 경험적인 것의 내적 긴장을 —실증주의처럼 하나를 다른 하나로 환원함 없이—철저하게 사유하려는 이론적 노력이며, 그러한 한에서 인간학적 사유의 내적 모순이 가장 잘 드러나는 장소이기 때문이다. 일반적으로 말해 현상학은 1) 인간 경험의 초월적 조건들을 정교하게 서술하는 것을 목적으로 하는 동시에, 2) 초월적인 것에 대한 이러한 검토를 인간의 경험적 현실에 위치시킨다(Murphy 2014: 133). 요컨대 현상학은 초월적인 것과 경험적인 것이 형성하는 긴장 속에서 머물면서 양자 모두를 지탱하려 한다. 그러나 세 가지 형태의 이중구조에 대한 검토를 통해 푸코가 내리는 결론은, 그러한 이론 구성을 위협하는 순환적 규정의 모순은 해소되지 않으며, 결과적으로 현상학적 사유는 인간에 초점을 맞추는 유한성의 분석이 처음부터 실패할 운명이며 끝까지 모호한 것으로 남을 수밖에 없음을 보여줄 뿐이라는 것이다.

푸코의 현상학 비판은 종종 부정확하며 철학적 논변이나 텍스트적 전거에 의해 뒷받침되지 않는다는 비판을 받는다. 가령 거팅은 푸코가 각각의 이중구조 분석에서 제기하는 비판들, 즉 메를로퐁티의 현상학이 궁극적으로는 경험적인 것에 기댄다는 비판, 총체적 반성이라는 데카르트적 이상은 불가능하다는 진단에 기반하는 후설 현상학에 대한 비판, 인간의 기원으로의 진정한 회귀는 불가능함을 지적하는 하이데거 존재론에 대한 비판 모두 충분한 근거 제시가 동반되지 않은 단순한 부정이나 단언에 머물러 있다고 평가한다. 인간의 이중구조에 대한 서술은 『말과 사물』에서 가장 난해하고 애매한 대목이기 때문에 독자들이 그 안에 자신이 이해하지 못하는 심원한 층위의 비판이 숨어 있으며 그것을 보지 못하는 것은 자신의 무능 때문이라 생각하기 쉽지만, 사실 『말과 사물』 9장은 현상학에 대한 정확한 비판이라기보다 단지 근대 대륙 철학의 주요 기획들에 대한 푸코 자신의 고유한 해석을 보여주는 것으로 이해하는 편이 적절하다는 것이다(Gutting 1989/1999: 290–291).

『말과 사물』의 결론이자 후기 칸트 해석과 이어지는 중요한 연결고리인 '인간의 죽음'에 대한 논의로 넘어가기에 앞서 이중체로서의 인간에 관한 논의를 마무리하기 위해, 앞서 중점적으로 다룬

바 있는 경험적-초월적 이중체로서의 인간 외에 다른 두 이중구조, 즉 코기토와 비사유, 기원의 후퇴와 회귀에 관한 푸코의 분석을 검토하는 것이 아래에서의 과제인데, 여기서 우리의 관심은 그러한 분석이 현상학 비판으로서 정당하게 성립할 수 있는지의 여부는 아니다. 초점은 푸코의 분석에 포함된 현상학 이해와 비판이 적절하든 적절하지 않든 거기서 드러나는, 푸코 자신이 '인간학적 사유'라 규정하는 칸트로부터 시작된 어떤 사유 방식에 대한 푸코의 입장과 태도이며, 그러한 분석을 통해 푸코가 궁극적으로 무엇을 말하고자 하는가이다. 따라서 거팅의 평가대로 푸코의 현상학 비판이 실패로 끝난 것이 사실이라 하더라도, 거기서 "근대 대륙 철학의 주요 기획들에 대한 푸코 자신의 고유한 해석"이 드러난다면 우리의 논의가 목적하는 바를 위해서는 그것으로 충분하다 하겠다.

코기토와 비사유가 이루는 이중구조는 근대적 코기토가 자기반성을 통해 자신에 대한 투명한 인식에 이를 수 없다는 사정과 관련되어 있다. 이는 경험적-초월적 이중체라는 인간의 첫 번째 규정의 직접적 귀결이다. 푸코는 이렇게 말한다.

> 만약 인간이 정말로 세계에서 경험적-초월적 이중체의 장소라면, 만약 인간이 이 역설적인 형상을 띠게 되어 있고 이에 따라 경험적 지식의 내용을 가능하게 하는 조건이 경험적 내용 자체로부터 솟아난다면, 인간은 코기토의 직접적이고 지고한 투명성 속에 자리할 수 없다.(Foucault 1966a/2012: 442)

경험을 가능케 하는 조건, 즉 초월적인 것이 다름 아닌 경험적 내용 자체로부터 나온다면, 바꿔 말해 (앞서 살펴본 푸코 자신의 표현으로 하자면) 근본적인 것이 실증적인 것을 반복한다면, 코기토는 "경험적 잡다, 무질서한 내용의 축적, 끊임없이 인간 자신을 벗어나는 경험의 무게, 비사유의 모래사장에서 정립되는 말 없는 지평 전체"(Foucault 1966a/2012: 442)를 자신을 구성하는 조건으로 갖게 될 것이며, 그러한 한에서 사유는 비사유에 근거하게 될 것이다. 근대적 코기토가 전통적으로 코기토와 결부되었던 방법인 자기반성을 통해 자신에 관한 투명한 인식에 이를 수 없는 것은, 자기반성이 사유되는 것을 조명하는 방법인 데 반해 근대적 주체 형상은 비사유, 사유되지 않는 것에 의해 구성되기 때문이다.

그러므로 근대적 코기토는 데카르트적 코기토와 다르다. 데카르트적 코기토의 직접성과 투명성이 더 이상 유지될 수 없는 상황에서 이제 근대적 코기토는 "어떻게 사유가 비사유의 형식들로 존재할 수 있는가에 대한 끊임없이 되살아나는 질문"이 되며, 코기토가 사물의 존재 전체를 사유로 환원하는 일은 사유의 존재가 비사유의 연결망에 근거하는 대가 없이는 일어나지 않는다(Foucault 1966a/2012: 444). 그리고 이처럼 비사유가 코기토를 구성하는 한, 즉 나의 존재의 내용이 사유하는 자아의 내용을 넘어서는 한, '나는 생각한다'와 '나는 존재한다'의 연결은 더 이상 자명하지 않다. 거팅과 옥살라가 적절하게 정리하듯, 『말과 사물』에서 푸코가 이해하는 바의 근대적 주체는 살아가고 노동하고 말하는 주체이며, 이 모든 것이 그것을 단순한 사유의 영역 너머로 데리고 간다. '나'라는 말을 단순히 의식하는 존재를 가리키기 위해 사용한다면, 세계 속에 존재하는 자아를 구성하는 대부분의 내용이 그로부터 빠져나갈 것이다(Gutting and Oksala 2019). 우리는 데카르트적 코기토와 근대적 코기토의 이러한 차이를 사유와 존재의 연계의 자명성이 의심되기 시작했을 때 근대가 시작되었다는 앞서 논의와 연결할 수 있을 것이다.

푸코가 보기에 데카르트적 코기토와 근대적 코기토의 차이를 분명히 하는 일은 후설의 초월적 현상학을 평가하는 데 결정적이다. 후설의 현상학은 어떻게 경험적 자아가 다른 경험적 영역 전체와 더불어 초월적 자아에 의해 구성되는지를 보여주고, 이로써 유한성 자체에 근거한 인간 유한성에 대한 일관된 설명 속에서 초월적 주체로서의 인간과 경험적 대상으로서의 인간을 연결하는 데 성공하는 것으로 보인다. 그러나 푸코에 따르면 그러한 시도는 초월적 자아가 순수한 데카르트적 코기토와 동일시될 수 있는 한에서만 의미가 있는바, 근대적 에피스테메에는 그러한 순수한 의식을 단언할 수 있는 어떠한 기초도 존재하지 않는다. 살펴본 바와 같이 근대적 코기토에서는 초월적 의식 자체가 비사유와 불가분하게 엮여 있는 것이다. 그러므로 후설의 초월적 자아는 인간의 이중구조가 제기하는 문제의 해결이라기보다 그것의 한 사례로 남을 뿐이다(Gutting 1989/1999: 268-269). 결과적으로 푸코는 현상학이 인간에 대한 경험적 분석들과의 은밀하고 친근한 관계를 결코 제거할 수 없었으며, 이 때문에 코기토로의 환원과 더불어 시작했음에도 불구하고 언제나 전형적인 존재론의 물음으로 이끌렸다고 평가한다.

우리의 눈앞에서 현상학의 기획은 끊임없이 매듭이 풀려 본래의 취지에도 불구하고 경험적인 체험의 묘사와 '나는 생각한다'의 우위를 회로 밖으로 몰아내는 비사유의 존재론으로 변모한다.(Foucault 1966a/2012: 446)

결국 인간의 이중적 성격에 대해 환원주의보다 더 나아간 접근을 보여주는 현상학 역시 경험적 지식의 장(場)에 하나의 대상으로 속하는 인간-주체가 그 장 자체를 초월적으로 정초한다는 근대적 에피스테메의 모순을 해결하지 못한다. 코기토와 비사유의 관계에 대한 푸코의 분석은 이처럼 인간을 초월적 주체로 정립하려는 철학적 인간학의 시도가 부딪힐 수밖에 없는 내적 모순을 극복하는 일의 지난함을 보여준다.

이 모순은 인간의 기원에 관한 문제에서도 동일하게 반복된다. 『말과 사물』 9장 6절 '기원의 후퇴와 회귀'는 역사 혹은 시간성의 측면에서 인간의 이중적 성격을 다룬다. 문제는 인간이 역사적 과정의 산물인 동시에 역사 자체를 개시하는 정초적 존재라는 데서 주어진다. 한편으로 실증적 차원에서 인간은 늘 이미 존재하는 역사적 조건의 산물로 고찰된다.

인간이 자기 자신을 살아 있는 존재로 정의하려 할 때 그는 자신보다 훨씬 이전에 시작된 생명을 배경으로 해서만 자신의 시초를 밝힐 수 있고, 자신을 노동하는 존재로 파악하려 할 때 그러한 존재의 가장 기초적인 형태들조차 이미 사회에 의해 제도화되고 제어되는 인간의 시공간 내부에서가 아니면 드러날 수 없으며, 자신의 본질을 일체의 실질적으로 구성된 언어 이전에 말하는 존재로 정의하려할 때 그는 모든 언어들과 심지어 언어 그 자체를 가능하게 하는 토대로서의 더듬거리는 소리나 최초의 말이 아니라 이미 전개되어 있는 언어의 가능성만을 발견할 뿐이다. 인간에게 기원으로서 복무할 수 있는 것을 인간이 사유할 수 있는 것은 언제나 이미 시작된 것을 배경으로 해서이다.(Foucault 1966a/2012: 452)

노동, 생명, 언어는 '언제나–이미' 시작되어 인간을 규정하고 있으며, 그러한 한에서 실증적인 것의 관점에서 '최초의 순간', 즉 기원을 확정하는 일은 불가능하다. 기원이 후퇴한다는 말이 의미하는 바가 이것이다.

다른 한편, 실증적인 것의 관점에서 규정되는 '이미'의 시간성의 반대편에 근본적인 것의 관점에서 규정되는 '이미'의 시간성이 있다.

시간 속에서 생겨나고 틀림없이 시간 속에서 사라질 모든 사물의 한가운데서 인간은 모든 기원으로부터 분리된 채로 이미 존재한다. 그리하여 사물들은 다름 아닌 인간에게서 자신들의 시초를 발견한다. 즉 인간은 지속의 어느 순간에 이루어진 단절이라기보다는, 그로부터 시간 일반이 재구성될 수 있고, 지속이 흘러나올 수 있으며, 사물들이 적절한 순간에 출현할 수 있는 개시이다.(Foucault 1966a/2012: 455)

실증적인 것의 관점에서 노동, 생명, 언어가 '언제나-이미' 인간을 규정하고 있다는 사실이 기원을 끝없이 후퇴시킨다면, 이제 초월적 주체가—경험적 지식의 가능성의 조건이 되듯이—'언제나-이미' 시간 일반과 그 속에서 출현하고 사라지는 사물들의 조건, 즉 역사의 조건이 된다는 사실은 기원을 인간 자신에게로 회귀시킨다. "인간은 그 자신을 역사적 실재로 구성함으로써 세계를 역사적인 것으로 구성"(Gutting 1989/1999: 270)하며, 그러한 한에서 인간의 기원은 인간에 대해 외적인 것이 아니라 인간 자신의 본질의 표현이 된다.[105]

기원의 회귀는 "근본적인 시간, 시간이 경험에 주어질 수 있는 기반으로서의 시간"의 지평에서만 가능하다. 그리고 인간이야말로 바로 그 근본적인 시간 자체다(Foucault 1966a/2012: 459). 이 근본적 시간의 토대 위에서 우리가 '시간'이라고 부르는 시간, 즉 실증적 시간이 정립된다. 실증적 시간은 사물의 시간이다. 그러므로 우리는 지금까지 살펴본 이중적 선(線)들에 상응하는 두 가지 시간성을 갖게 된다. 실증적인 사물의 시간과 근본적인 인간의 시간. 푸코는 사물이 인간과 "동시간적(contemporain)"이지 않다고 말하는데, 이는 인간의 시간성과 사물의 시간성이 구분됨을 뜻하는 것이다.

---

105 드레이퍼스와 라비노우의 지적대로, 이러한 방식으로 기원의 후퇴를 극복하고자 하는 전략의 가장 전형적인 사례 가운데 하나가 하이데거의 『존재와 시간』일 것이다(Dreyfus and Rabinow 1983: 39). 잘 알려져 있듯이 거기서 하이데거는 시간성의 기원 혹은 원천은 오직 현존재의 구조를 통해서만 이해될 수 있다고 주장한다. 기원의 회귀가 기원의 후퇴라는 문제를 최종적으로 극복할 수 없음을 주장하는 『말과 사물』 9장 6절의 논의가 하이데거에 대한 비판으로 독해될 수 있는 것은 이러한 맥락에서다.

사물은 인간의 시간과 다른 시간에 속하고 그러한 한에서 "인간과 다른 것"이다. 그리하여 실증적 관점에서 인간의 기원을 탐색하는 일은 "처음부터 인간 자신과 다른 것에 인간을 관련시키는 것이고, 인간보다 오래되고 인간이 제어하지 못하는 내용과 형식을 인간의 경험 속으로 끌어들이는 것이다."(Foucault 1966a/2012: 454) 바로 이 때문에 실증적 시간성과 기원의 끝없는 후퇴를 극복하고자 했던 근대의 기획들—헤겔·맑스·슈펭글러와 같이 기원을 결핍되어 있던 총체성이나 충만함이 완성되는 지점으로 이해하건, 횔덜린·니체·하이데거처럼 진공이나 무(無)로 이해하건—의 궁극적 과제는 인간의 동일성을 회복하고 그것으로 돌아가는 일이 된다(Foucault 1966a/2012: 457-458).

실증적인 시간과 근본적인 시간, 사물의 시간과 인간의 시간이 명확히 구분되고 서로의 영역을 침범하지 않는다면 이러한 회귀의 기획은 성공적일 수 있을지 모른다. 그러나 근본적인 것은 실증적인 것을 반복한다. 기원을 회귀시키고자 했던 근대적 사유의 기획들은 후설의 현상학이 코기토와 관련하여 실패했던 것과 동일한 이유에서 실패한다. 코기토와 사유가 비사유을 조건으로 하고 그것을 자신의 본질적이고 구성적인 계기로 포함하는 일을 피할 수 없듯이, 근본적인 시간의 시간성 정초는 '언제나-이미' 실증적 시간성으로 오염되어 있다. '언제나-이미'는 인간적-근본적 시간성의 논리이기만 한 것이 아니라 사물적-실증적 시간성의 논리이기도 하다. 그리하여,

근대적 경험에서 기원의 후퇴는 모든 경험보다 더 근본적이다. 경험이 반짝이고 자신의 실증성을 드러내는 것이 바로 기원의 후퇴 속에서이기 때문이다. 사물들이 그것들에 고유한 시간과 함께 인간에게 제시되는 것은 바로 인간이 자신의 존재와 동시간적이지 않기 때문이다.(Foucault 1966a/2012: 459)

말하자면 인간과 동시간적이지 않은 사물들이 인간 자신의 존재를 구성하며, 다름 아닌 그러한 존재로서의 인간에 의해 실증적 사물과 시간이 인간 자신에게 주어진다. 근본적인 시간과 기원의 회귀를 향한 기획은 실증적 시간과 기원의 후퇴를 극복할 수 없는 것이다.

결론적으로 근대적 에피스테메의 중심에 있는 유한성의 분석학은 인간의 존재 방식이자 그에 대한 일체의 고찰 방식을 규정하는 경험적인 것과 초월적인 것의 관계, 즉 인간의 이중구조의 모순을 해소하는 데 실패한다. 유한성의 분석학은 근본적인 것이 실증적인 것을 반복함으로써 발생하는 문제, 즉 정초하는 유한성이 다시 정초되는 유한성을 조건으로 하는 악순환의 문제, 칸트가 '인간이란 무엇인가'를 비판철학적 물음들이 수렴하는 근본물음으로 정립했을 때 이미 잠재적으로 존재했던 문제를 해결하지 못한다.

그렇다면 문제의 해결은 근본적인 것이 실증적인 것을 반복하지 않도록 함으로써, 즉 경험적인 것과 초월적인 것의 관계를 모순 없이 재정립함으로써 주어져야 하지 않는가? 그러나 푸코는 그러한 길을 가지 않는다. 푸코가 보기에 인간의 이중적 성격이 정립하는 내적 긴장과 모순에 갇힌 근대적 사유들에 대한 "진정한 문제제기"는 그러한 이중구조의 전제 자체를 문제 삼는 것, 즉 "인간이 정말로 존재하는가"라는 물음을 던지는 것, 그리하여 "인간이 존재하지 않는다면 세계와 사유 그리고 진리가 무엇일 수 있을까"를 상상하는 것이다(Foucault 1966a/2012: 441). 이것이 이어서 논의할 '인간의 죽음'이라는 문제다.

'인간의 죽음'을 어떻게 이해할 것인가?

경험적-초월적 이중체로서의 인간이 역사적 형상인 한에서, 그것을 낳은 역사적 조건이 사라지면 인간도 사라질 것이다.[106] 이것이

---

106   『말과 사물』에서 푸코는 이 '역사적 조건'이 무엇인지는 설명하지 않는다. 마찬가지로 르네상스에서 고전주의로의 이행, 그리고 고전주의에서 근대로의 이행의 조건 역시 서술되지 않는다. 『말과 사물』이 다루는 것은 변화의 내용이지 그 조건이나 원인은 아닌 것이다. 사실 이처럼 세 가지 에피스테메가 단절적으로 제시될 뿐 이행이나 변화의 이유가 설명되지 않는다는 것이 『말과 사물』에 대해 처음부터 제기되었던 많은 불만 내지 비판의 초점 중 하나였다. 이와 관련하여, 한 대담에서 푸코는 담론 혹은 담론 변동의 역사적 조건에 대한 분석은 애초부터 『말과 사물』의 목적이 아니었다고 말한다(미셸 푸코·와타나베 모리아키 2016: 37). 또한 『말과 사물』에는 지식의 고고학의 관점에서 에피스테메들 사이의 '단절'을 '설명'하는 일은 불가능하다는 언급이 등장한다. "지식의 고고학이라는 관점에서 볼 때, 연속성의 평면에 생기는 이 심원한 균열은 세심하게 분석되어야 마땅하지만, 이것을 한마디로 '설명'할 수는 없고 요약하기는 더더구나 불가능하다. 이 균열은 지식의 가시적 표면 전체에 고루 퍼지는 근본적인 사건으로, 그것의 징후나 충격 또는 결과를 조금씩 추적하는 것만이 가능할 뿐이다."(Foucault 1966a/2012: 308) 이로부터 도출할 수 있는 결론은, 담론의 변화, 즉 에피스테메들 사이의 단절과 이행에 대한 설명은 담론의 영역을 넘어서는 연구에 의해서만, 즉 지식의 고고학이라는 관점을 넘어서는 관점으로부터만 주어질 수 있다는 것이다. 그리고 바로 이것이 70년대부터 푸코가 계보학이라는 표제하에 권력-지식의

『말과 사물』 결론부 인간의 죽음 혹은 소멸에 관한 이야기다.[107] 그런데 푸코는 인간 형상의 역사적 소멸 전망을 객관적으로 진술하는 데서 그치지 않는다. 그는 "우리의 지식이 새로운 형태를 띠자마자 인간은 사라질 것이라고 생각하는 데서 오는 위안과 깊은 안도감"을 말한다.[108]

인간의 죽음에 대한 객관적이고 역사적인 전망과 푸코가 그것을 말할 때 드러내는 어떤 '즐거움' 사이에는 분명 설명되어야 할 무언가가 존재한다. 거팅의 말대로, 『말과 사물』에서 인간은 일차적으로 인식론 혹은 지식체계와 관련된 개념이었다. 근대적 인간 개념이 흔들린다면 분명 지식의 개념 역시 크게 변화할 것이다. 그

연계에 초점을 맞출 때 수행했던 작업일 것이다.

107 "인간은 인간의 지식에 제기된 가장 유구한 문제도 가장 지속적인 문제도 아니다. 제한된 지리적 영역 내의 비교적 짧은 역사적 표본―16세기 이래의 유럽 문화―만 검토해도 인간이 그 안에서 비교적 최근에 발명된 것임을 알 수 있다. (…) 우리 사유의 고고학이 분명히 보여주듯이, 인간은 최근에 발명된 것이다. 그리고 아마도 그 종말이 가까이 있는 발명품이다. 만약 그 배치가 출현했던 것과 마찬가지로 사라지게 된다면, 18세기 말에 고전주의적 사유의 밑바탕이 그러했듯이 만약 우리가 지금으로서는 그 가능성을 감지할 수 있을 뿐이고 그 형태가 무엇일지 그것이 무엇을 약속하는지도 알지 못하는 어떤 사건이 그 배치를 무너뜨린다면, 틀림없이 인간은 바닷가 모래사장에 그려놓은 얼굴처럼 사라지게 될 것이다."(Foucault 1966a/2012: 525-526)

108 Foucault 1966a/2012: 21. 푸코는 다음과 같은 신랄한 태도도 숨기지 않는다. "인간이나 인간의 지배 또는 인간의 해방에 관해 여전히 말하고자 하는 모든 이들에게, 인간이 본질적으로 무엇인가를 여전히 자문하고 있는 모든 이들에게, 진리에 도달하기 위해 인간을 출발점으로 삼고자 하는 모든 이들에게, 다른 한편으로 모든 지식을 인간 자신의 진리로 귀착시키는 모든 이들에게, 인간화하지 않고는 형식화하지 않고 탈신비화하지 않고는 신비화하지 않으며 사유하는 것은 바로 인간이라고 즉각 생각하지 않고는 사유하려 하지 않는 모든 이들에게, 이 모든 비틀어지고 뒤틀린 형태의 성찰들에게 우리는 오직 철학적 웃음, 일정 부분 조용한 웃음으로 응답할 수밖에 없다." (Foucault 1966a/2012: 468-469)

러나 인간학적 사유에 대한 푸코의 신랄한 태도는 그러한 변화가 단순히 인식론적인 것 이상의 의미를 가질 것임을 강하게 시사한 다(Gutting 1989/1999: 293). 그럼에도 『말과 사물』은 인간의 죽음이 어째서 단순히 전망되는 것이 아니라 강하게 바랄 만한 것인지는 설명하지 않는다. 푸코는 왜 인간의 죽음을 그토록 중요하게 여겼 던 것인가? 인간의 죽음이 의미하는 바는 무엇인가?

이 물음들에 대한 푸코 자신의 답변은 『말과 사물』 출간 이후 12년이 지난 시점에 이루어진 한 대담에서 주어진다. 거기서 푸코 는 자신이 인간의 죽음이라는 테제를 말함에 있어서 서로 다른 두 가지 내용을 뒤섞어 제시함으로써 오류를 저질렀다고 설명한다. 둘 의 차이는 인간의 죽음을 '인간은 죽었다(혹은 죽는다)'로 이해하느 냐 아니면 '인간은 죽어야 한다'로 이해하느냐 사이에 있다. 첫 번째 는 푸코가 "작은 규모의 현상"이라고 평가하는 것으로서, 인간의 본 질, 인간의 참모습을 발견하게 해주겠다는 근대 인간과학의 약속이 지켜지지 못했다는 사실이다. 근대 지식체계는 자신이 지식의 대상 으로 환원시켜 만들어낸 인간이라는 형상의 참모습을 결코 발견해 내지 못했다. 근대는 그저 또 하나의 역사적인 주체성 형식을 만들 어냈을 뿐이다. 이런 의미에서 인간은 이미 사라졌거나 사라지고 있다. 인간의 죽음이라는 테제는 주로 이 첫 번째 측면과 관련하여 해석되어왔고, 푸코를 이른바 포스트모더니스트로 간주하는 결정 적 오해가 발생한 것도 이러한 맥락에서다. 그러나 푸코는 자신이 첫 번째 측면과 부적절하게 뒤섞어버린 두 번째 측면이야말로 진 정으로 이야기하고 싶었던 것이라고 말한다.

내가 첫 번째 것과 뒤섞어버린 두 번째 면은, 스스로의 역사 속에서 인간은 결코 자신들을 구성하는 행위를 멈추지 않았다는 것입니다. 즉, 인간은 지속적으로 그들의 주체성의 수준을 전환하고, 그 자신을 상이한 주체성들의 무한하고 다양한 계열들로서 구성하였습니다. 그러한 과정은 결코 종결되지 않으며, 결코 우리를 '인간'이 될 그 무엇과도 마주치도록 하지 않습니다. 인간은 경험의 동물이며, 그는 대상의 영역을 결정하는 동시에, 그 자신을 바꾸고, 해체하고, 변환하고, 주체로서 탈바꿈하는 무한한 과정 속에 놓여 있습니다. 약간 예언자처럼 단순하고 혼란스러운 형태로 '인간의 죽음'을 말하긴 했지만, 나는 실제로는 이러한 것들에 대해 말하고 싶었습니다.(Foucault 1991/2004: 120)

주체의 끊임없는 자기 구성과 변화를 말하는 이 두 번째 맥락에서 인간의 죽음은 '인간은 죽었다'는 객관적 사실의 확인이 아니라 실천적 요구다. 인간은 사라져야 한다. 푸코는 이것을 '인간에 의한 인간의 생산'이라는 맑스의 테제와 연결한다. 푸코가 보기에 저 테제에서 생산되는 인간이란 자연이나 본질, 본성과 동일시될 수 없다. "반대로 우리는 아직 존재하지 않았던, 어떻게 될지 그리고 무엇이 될지 알 수 없는 어떤 것을 생산해야만 하는 것"이다. 인간의 생산은 "현재의 우리를 파괴하는 것이고, 완전히 다른 어떤 것, 즉 전체적인 혁신을 창조하는 문제"다.[109] 다시 말해 '인간의 죽음'이라는 도발적 테제를 통해 푸코가 주장하고자 했던 바는 우리 자신의 진실과 성질, 우리가 우리 자신과 관계 맺는 방식이 고정되어 있지도 불변적이지도 않다는 것일 뿐이다. '인간'은 근대의 주체가 자신과 관계 맺는 방식이었다. 그 관계 맺음 방식이 사라지면 '인간'도 사라질 것이다.

요컨대 푸코가 반대한 것은 '인간'이든 '주체'든 그것이 보편적이고 필연적으로 여겨지는 것, 어떠한 문제제기도 가능하지 않은 진리·정치·윤리의 기원이자 원리로 간주되는 것, 그래서 결국 우리가 우리 자신으로부터 벗어나고 달라지는 것을 가로막는 감옥이 되는 것이다. 그러므로 정확히 말하면 푸코의 관심은 이미 주어져 있는 것으로서의 주체가 아니라, 그 주체가 어떻게 현재와 같은 모습이 되었으며 또 어떻게 그로부터 벗어날 것인가의 문제, 즉 (예속과 자유 모두를 포함하는) 주체화의 문제라고 할 수 있다(Foucault 2008b: 5-7).

인간이 경험적-초월적 이중체인 한에서, 인간의 죽음은 경험적인 것과 초월적인 것의 관계라는 칸트 철학의 핵심과도 연결된다. 앞서 살펴본 대로 『말과 사물』 9장은 칸트에서 시작된, 근대적 주체의 경험적 측면과 초월적 측면 사이의 긴장이 함축하는 바를 분석

---

109 Foucault 1991/2004: 118-119. 푸코는 프랑크푸르트학파와 자신의 차이를 언급하는 부분에서 이 이야기를 꺼낸다. 그에 따르면 프랑크푸르트학파는 주체성의 항구적인 변형이나 생산이 아니라 "'잃어버린' 우리의 동일성을 회복하는 것 혹은 구속되어 있는 우리의 본성이나 인간의 근본적인 진리를 해방시키는 것"을 강조했다.

한다. 푸코는 칸트 그리고 칸트 이후 철학적 인간학과 인간과학이 인간의 초월적 측면과 경험적 측면의 관계를 제대로 설명하지 못하고 많은 경우 양자를 혼동했으며 그로부터 다수의 오류와 가상이 출현했고 결과적으로 그들이 약속했던 인간의 참모습이 드러나지 못했다고 지적한다. 이러한 지적으로부터 가질 법한 기대는, 푸코가 자신이 비판한 대상들이 겪은 실패를 극복할, 즉 경험적-초월적 이중체로서의 인간에 대한 본질적 이해에 이르는 다른 접근방식을 제안하리라는 것이다. 그러나 『말과 사물』은 그러한 작업을 수행하지 않는다.

이것은 이론적 실패, 혹은 해결 불가능해 보이는 문제 앞에서의 이론적 회피 아닌가? 그러나 푸코의 기획이 기원적-정초적-초월적 주체로서의 인간의 지위를 문제 삼는 것이었다면, 경험적인 것과 초월적인 것의 이중구조를 수용한 상태에서 양자의 관계에 대한 적절한 설명을 제시하는 것이 아니라, 그 구도 자체, 그러한 구도를 가능케 한 역사적 가능성의 조건 자체를 문제 삼는 것이 일관적이다. 거팅의 지적대로, 고고학은 인간 본성에 대한 일반적인 이해에 복무하지 않는다. 같은 고고학 시기 저작인 『지식의 고고학』에서 이루어지는 이론적 논의 역시 고고학이 인간에 대한 적절한 이론을 확립하는 방법이 아니라 근대적 인간 개념을 극복할 수 있도록 해주는 역사 연구 방법으로서 적절하다는 것을 보여준다(Gutting 1989/1999: 346-347).

근대적 인간 개념이 문제적이라면, 경험적-초월적 이중체라는 그것의 규정도 문제적이다. 푸코의 관점에서는 인간의 초월적 주체

로서의 성격뿐 아니라 그와 결부된 경험 개념 역시 비판되어야 한
다. 푸코에게 경험의 가능성은 초월적 주체에 의해 보편적이고 필
연적으로, 즉 '경험 일반'으로 정초되지 않는다. 경험은 우연적이고
복합적인 요소들의 그물망인 역사적 선험에 근거하며 그러한 한에
서 늘 역사적 재구성의 가능성에 개방되어 있다.[110] 요컨대 경험적-
초월적 이중체로서의 인간에 대한 푸코의 분석은, 경험적인 것과
초월적인 것의 적절한 관계 정립이 아니라 폐쇄적 원환 속에서 서
로를 정초하는 그 이중구조 자체에 대한 비판을 겨냥한다.

　이러한 비판은 후기의 주체성의 재개념화와 밀접하게 연관되
어 있다. 푸코-칸트적 계몽의 주체는 칸트 철학이 탄생시킨 경험
적-초월적 이중체로서의 인간이라는 주체 형상을 칸트 철학의 비
판적 재전유를 통해 역사적으로 비판함으로써 정립된다. 계몽의 주
체는 역사적 변화 가능성에 열려 있다는 점에서 초월적 주체가 아
닐 뿐 아니라, 현재의 자신을 구성한 역사적 조건들에 대한 비판으
로서 고고학적-계보학적 탐구를 수행한다는 점에서, 자신의 새로
운 구성을 위해 자신이 발 딛고 있는 역사적 선험을 문제화한다는

110　Rajchman은 '경험 일반'이라는 관념에 대한 푸코의 회의주의를 다음과 같이 인상적
　　　으로 설명한다. "그[푸코]는 경험 일반에 대해 고전적인 회의의 질문을 하는 것이 아
　　　니라, 우리의 학문, 합리성, 주체성, 언어 또는 지배기술을 경험 일반과 같은 단일한 철
　　　학적 카테고리에 기초해서 포섭하려는 생각 자체에 대해 회의한다. 그는 외부의 실
　　　재에 대해 회의적인 것이 아니라 유일하고 통일적인 것, 즉 유일한 세계가 있다는 가
　　　설에 대해 회의한다. 푸코의 회의론에서는 모든 것을 동시에 회의하는 것은 의미가
　　　없다. 그는 총체성에 대해 회의적이기 때문에 총체적인 회의론을 갖고 있지 않다. 따
　　　라서 그는 지식, 합리성, 주체성을 일반론의 형식으로는 분석하지 않는다. 그의 회의
　　　론은 상황에 따라 나름대로 행해진다. 그것은 끝이 없으며 영원한 질문인 것이다."
　　　(Rajchman 1985/2020: 9)

점에서 단순히 경험적 층위에 붙들려 있는 (초월적 주체의 분리 불가능한 대응항인) 경험적 주체도 아니다. 이런 의미에서 칸트 계몽주의에 대한 푸코의 해석은 푸코-칸트주의의 궤적을 명시적인 방식으로 집약한다고 할 수 있다.

계몽과 비판적 존재론의 전화(轉化)

하버마스는 칸트에 대한 후기 푸코의 긍정적 평가가 초기 고고학 시기의 비판적 태도와 모순되며, 이는 푸코 자신의 사유에 존재하는 근본적인 모순을 가리킨다고 본다. 문제는 "어떻게 [계몽에 대한 재해석에서 나타나는] 근대적 철학함에 대한 그처럼 긍정적인 이해가 (…) 근대성에 대한 푸코의 완고한 비판과 조응할 수 있는가" 혹은 푸코의 주요 저작들에서 나타나는 지속적인 반계몽주의적 태도가 어떻게 후기의 계몽에 대한 긍정과 양립할 수 있는가이다. 요컨대 하버마스는 푸코의 근대성 비판과 계몽 전통에 대한 (매우 독특한 해석에 기반한) 수용이 양립 불가능한 관계에 있다고 본다. 그에 따르면 바로 이 모순이 말년의 푸코를 "그가 폭파하고자 했던 영향력을 갖는 영역, 즉 근대성의 철학적 담론이라는 영역으로 (…) 다시 끌고 갔다."(Habermas 1994: 152-154)[111]

---

111 하버마스의 이런 비판에 대한 푸코의 가능한 응답은, 고고학 시기 주체에 대한 비판이 주체 일반에 대한 기각이 아니듯 근대적 에피스테메에 대한 비판 역시 근대성 일반에 대한 기각은 아니라는 기본 전제 위에서 이루어질 수 있을 것이다. Rajchman이

이와 반대로 앨런은, 자신의 일반적인 연구 주제가 주체였다는 푸코의 진술에 대한 적극적 해석을 기초로, 초기와 후기 칸트 해석이 양립 불가능하지 않으며 푸코 자신의 사유와 기획에도 모순이 존재하지 않는다고 주장한다. 앨런에 따르면 고고학 시기의 주체 개념 비판, 즉 칸트 철학에 중심적인 초월적 주체에 대한 비판을 주체성 개념 일반의 폐기로 독해하는 것은 푸코의 의도를 오해하는 것이다. 확실히 푸코는 특정한 주체 관념을 비판하지만, 이것은 주체를 폐기하기 위한 것이 아니라, 푸코가 후기 작업에서 시도하고 있듯이 새롭고 대안적인 주체성을 모색하기 위한 공간을 마련하려는 시도로 이해되어야 한다. 이렇게 보면, 칸트에 대한 고고학 시기의 비판적 태도에서 윤리학 시기의 긍정적 태도로의 '전환'은 모순을 나타내기는커녕 대안적 주체성의 모색이라는 푸코의 일관된 기획의 표현이라는 관점에서 가장 잘 이해될 수 있다(Allen 2008: 23-24).

두 입장은 분명 대립적이지만, 푸코의 칸트 해석과 푸코 자신의 사유가 일관적이냐 모순적이냐의 문제가 연동되어 있다는 전제를 공유한다. 푸코의 칸트 해석에 존재하는 단절은 그 자신의 기획과 사유의 모순을 보여주며, 반대로 푸코의 칸트 해석이 일관적인 것으로 해석될 수 있다면 그 자신의 사유의 일관성 역시 간접적으로 입증된다는 것이다.

푸코의 회의주의를 정리하면서 적절히 지적했듯이 푸코에게 총체적으로 규정될 수 있는 대상은 없다. 근대성은 하나의 선이나 요소에 의해 규정되지 않는다.

특히 앨런은 푸코의 일관성을 부각하기 위해, 고고학 시기 푸코가 초월적 주체 개념을 분명히 비판하고 있음을 인정하면서도 그것이 칸트에 대한 단순한 기각을 의미하지는 않는다는 것을 보이기 위해 노력한다. 그러나 『인간학 서설』의 칸트 해석에서 푸코 자신의 기획과 일치하는 요소를 일부 발견할 수 있다 하더라도, 이것으로 근대적 에피스테메와 연결된 칸트의 초월적 주체로서의 인간 형상에 대해 푸코가 제출한 비판의 비타협성이 중화되는 것은 아니다. 칸트에 대한 후기 푸코의 지지가 명백한 만큼이나 그의 초기 작업은 칸트 철학의 어떤 측면을 본질적으로 비판한다. 그러므로 칸트에 대한 푸코의 평가가 이중적이라는 사실, 푸코가 그리는 칸트의 모습이 하나가 아니라는 사실은 분명해 보인다. 그러나 이것이 필연적으로 푸코 자신의 사유에 비일관성이 존재함을 의미하지는 않는다. 칸트에 대한 두 가지 버전의 해석은 오히려 푸코 기획의 일관성의 표현으로 이해될 수 있다.

고고학 시기 초월적 주체에 대한 비판이 대안적 주체성의 모색이라는 계몽의 문제의식과 연속적이라는 앨런의 평가, 때문에 "고고학은 처음부터 「계몽이란 무엇인가?」에서 제시된 철학적 목적에 일치하는 비판적 역사의 도구"(Gutting 1989/1999: 348)라는 거팅의 평가는, 인간의 죽음이라는 테제로 진정으로 말하고자 했던 바는 인간의 자기생산 혹은 자기구성이라는 푸코 자신의 설명과 일치한다. 주체가 푸코의 일관된 연구 주제라면 칸트에 대한 평가, 칸트주의의 변형에서의 초점 역시 주체일 것이다. 푸코의 일관된 관심은 초월적인, 그래서 기원적이고 정초적인 주체를 비판하고 주체의 역사적 변형 가능성을 긍정하는 것, 그리고 그런 긍정에 기반해 대안적 주체 구성을 모색하는 것에 있다. 칸트에 대한 초기와 후기의 상반된 평가는 공히 이와 같은 일관된 관점과 기준에서 도출된다. 푸코는 비판철학적 주체에 대해서는 비판적이었고, 『인간학』에 대해서는 양면적이었으며, 「계몽이란 무엇인가?」에 대해서는 긍정적이었다. 그러나 이 상이하고, 때로는 충돌하는 것처럼 보이기까지 하는 해석과 평가들은 푸코 자신의 일관된 주체 이론 기획의 표현이라는 점에서 근본적으로 연속적이다. 요컨대 푸코가 전통적인 철학에 제안하는 이중적 변형에 대한 거팅의 다음과 같은 적절한 요약에서 나타나는 철학적 태도가 고고학, 계보학, 윤리학 시기 내내, 그리하여 그 기간 동안 이루어진 칸트 해석에서의 '변화' 속에서도 단절 없이 이어지고 있는 것이다.

푸코는 전통적 철학 개념의 이중적 변형을 제안한다. 첫째, 그는 인간의 사고와 행위의 본질적 한계를 선험적으로 규정하기 위한 노력으로부터 철학이 벗어나도록 하고, 대신 철학을, 스스로를 필연적 제한으로 제시하는 것의 우연성에 대한 역사적 증명으로 만든다. 둘째, 그는 철학이 우리 삶을 인도하는 가치들에 대한 정당화를 제공할 것을 요구하지 않으며, 대신 그러한 가치들의 달성에 이르는 경로를 가로막고 있는 지적 장애물을 치우는 데 철학을 사용한다. 이러한 철학의 재개념화는, 근본적 진리들을 통해 지식 주장(knowledge claims)과 행위를 정당화하기라는 철학의 전통적 목표의 달성과 관련해 전망이 희박하다고 생각하는 사람들에게 특히 의미를 가질 수 있다. 푸코는 이러한 목표를 피하면서도 여전히 인간의 계몽과 해방에서 철학에 중요한 역할을 부여할 수 있다.(Gutting 1989/1999: 368)

이러한 기획의 일관성이 인정될 수 있다면, 푸코의 칸트 해석이 두 가지 방식으로 나타나는 것은, 푸코 자신에게 그에 상응하는 모순적 기획과 사유가 있음을 가리키기보다, 푸코가 다르게 평가할 수밖에 없는 두 가지 요소 혹은 벡터를 칸트에게서 발견했기 때문이라고 보아야 할 것이다.[112]

실제로 「비판이란 무엇인가?」는 칸트 철학에서 비판과 계몽이 의미하는 바를 날카롭게 구분한다. 푸코는 강연 주제인 '비판적 태도(l'attitude critique)'를 통치에 대한 저항, 다시 말해 "진리와 권력이 결합하여 발생하는 효과들의 총체로 이해되는 인간들의 통치를 문제 삼는 태도"로 규정한다. 그리고 이러한 의미의 비판적 태도를 칸트의 비판이 아니라 계몽과 연결한다(Foucault 2015/2016: 48).

칸트의 비판은 "모든 가능한 인식의 구성 조건과 정당성의 조건"에 대한 판정이며, 그러한 한에서 통치를 문제 삼는 태도로서의 계몽과 다르다. 푸코는 칸트 이후 많은 경우 계몽의 문제가 본질적

---

112   푸코는 자신이 칸트에게서 읽어내는 두 가지 근본적으로 상이한 벡터를 칸트 이후 철학사에 대한 해석과 연결한다. 그에 따르면 칸트는 '진리의 분석학'과 '우리 자신의 비판적 존재론'이라는 "근대철학을 양분하고 있는 두 개의 커다란 비판 전통"을 정초했다(Foucault 1993/1999, 174-175). 이 '두 철학 전통'이라는 문제는 후기의 고대철학 연구에서 소크라테스까지 거슬러 올라가는 서구철학사 전체를 관통하는 테마가 된다. 이에 대한 자세한 논의는 III부 '푸코의 문제화로서의 철학과 철학의 문제화' 참조.

으로 인식의 측면에서 제기되게 된 것은 칸트가 벌여놓은 "비판과 계몽 사이의 간극" 때문이라고 본다(Foucault 2015/2016: 62-63). 본래 계몽의 문제의식에서 출발했던 비판이 인식적 진리의 형식적 분석학으로 정립되면서 계몽과 다른 독자적 문제영역을 설정하고 그것이 역으로 계몽의 의미를 규정하게 된 것이 계몽의 인식화의 역사인 것이다.

비판적 태도를 통치에 대한 저항으로 규정하는 데서 이미 드러나듯이, 푸코가 제안하는 것은 계몽을 좁은 의미의 인식이 아니라 권력의 문제로 이해하는 것이다(Foucault 2015/2016: 63). 그리고 이러한 전제 위에서 푸코는 비판과 계몽의 관계를 역전시킬 필요를 주장한다. "비판적 태도를 [칸트적 의미의] 비판의 문제 내로 이동시킨 운동, 아니 그 목적이 인식으로 하여금 자기 자신에 대한 적절한 관념을 획득 가능하게 하는 데 있는 비판의 기획 내에서 계몽의 기획을 재검토[재평가]하는 데 있는 운동, (⋯) 요컨대 계몽의 문제를 비판 속에 억지로 편입시켰던 방식"이 지금까지 칸트 철학과 칸트에서 기원하는 사유의 역사를 규정했다면, 자신이 계몽의 문제를 다시 제기하는 이유는 저 운동과 "반대 방향의 길"을 가기 위해서라는 것이다(Foucault 2015/2016: 74).

이 '반대 방향의 길'은 두 가지 변화를 함축한다. 첫째, 계몽의 개념은 진리의 형식적 분석학이라는 의미의 비판에 의해 규정되지 않고 권력-통치의 문제계와 관련하여 본래의 정치적 의미를 회복할 것이다. 둘째, 비판이 계몽을 규정하는 것이 아니라 계몽이 비판을 규정함으로써 비판의 의미 역시 달라질 것이다. 계몽의 재해석은 비판의 비판, 비판의 변형을 동반하게 될 것이다. 「비판이란 무엇인가?」 이후 6년이 지난 1984년 발표한 「계몽이란 무엇인가?」의 한 대목에서 푸코는 자신이 생각하는 비판의 변형의 방향을 명확하게 제시한다. 다소 길지만 푸코에 의한 칸트 철학의 변형, 즉 푸코-칸트주의의 정신과 방법을 집약적으로 제시하는 부분이므로 전체를 살펴보자.

비판은 한계들을 분석하고 한계들에 관해 성찰하는 것으로 이루어진다. 그러나 칸트의 문제가 지식이 넘어서지 말아야 할 한계가 무엇인지를 아는 것이었다면, 오늘날 비판의 문제는 적극적인 것으로 바뀌어야 한다. 우리에게 보편적이고 필연적이고 강제적인 것으로 주어진 것에서, 특이하고 우연적인 모든 것 그리고 자의적인 제한의 산물은 어떤 위치를 차지하는가? 요컨대 중요한 것은 필연적인 한계설정의 형태로 수행된 비판을 가능한 한계-넘어서기의 형태를 취하는 실천적 비판으로 전화시키는 것이다.
이는 다음과 같은 명백한 귀결을 수반한다. 비판은 더 이상 보편적 가치를 가진 형식적 구조들을 찾기 위해 실행될 것이 아니라, 우리로 하여금 우리 자신을 구성하게 했고 우리 자신을 우리가 행동하고 생각하고 말하는 것의 주체로서 인식하게 한 사건들에 대한 역사적 탐구로서 실행될 것이다. 그런 의미에서 비판은 초월적이지 않으며, 그 목표는 형이상학을 가능하게 하는 것이 아니다. 비판은 의도에 있어서 계보학적이며 방법에 있어서 고고학적이다. 모든 지식의, 혹은 모든 가능한 도덕적 행동들의 보편적 구조들을 밝혀

내려 하지 않고 우리가 생각하고 말하고 행하는 것을 그만큼의 역사적 사건들로서 표현하는 담론의 사례들을 다루려고 한다는 의미에서 (초월적이지 않고) 고고학적이다. 그리고 이 비판은 우리의 존재의 형식으로부터 우리가 할 수 없고 알 수 없는 것을 도출하지 않고 현재의 우리를 만든 우연으로부터 현재의 우리의 존재가 더 이상은 아닐 가능성, 현재 우리가 생각하고 행하는 것을 더 이상 생각하고 행하지 않을 가능성을 분리해낸다는 의미에서 계보학적이다. 이는 마침내 학문으로 정립될 형이상학을 가능하게 하려는 것이 아니라 '정의되지 않은 자유의 일(le travail indéfini de la liberté)'에 가능한 한 멀리 그리고 널리 새로운 추동력을 부여하려는 것이다.(Foucault 1984a/1999: 194-195)

여기서 우리는 앞서 '비판의 비판'의 내용으로 정리한 바 있는 초월적 비판의 역사적 비판으로의 전화라는 테제를 다시 한 번 확인하게 된다. 계몽이 수반하는 비판, 계몽으로서의 비판은 보편적 가치를 갖는 형식적 구조를 찾기 위한 초월적 비판이 아니라 현재의 우리 자신 그리고 우리 자신이 속한 역사적 시기에 대한 항구적 비판이다. 비판은 현재 우리가 생각하고 말하고 행하는 것을 생각하고 말하고 행하도록 한, 즉 우리에게 현재와 같은 주체성을 부여한 역사적 사건과 조건에 대한 연구다. 고고학과 계보학은 이러한 의미의 비판의 다른 이름일 뿐이다. 푸코는 자신의 변형된 칸트주의적 방법을 고고학과 계보학이라 부른 것이다. 그러므로 푸코에게 고고학과 계보학, 윤리학은 단절적이지 않다. 계몽과 함께 자기돌봄, 파레시아 등의 주제를 중심으로 하는 윤리학 시기는 고고학과 계보학이라는 역사적 비판의 방법이 주체의 자기구성이라는 문제계와 만나는 지점을 가리킨다. 이 시기에 고고학과 계보학은 단순히 학적이거나 이론적인 방법론이 아니라 푸코가 '우리 자신'이라고 부르는 계몽의 주체가 자기변형을 위해 수행하는 역사-비판적 작업이 된다.

그러나 역사화가 비판의 비판이 의미하는 전부는 아니다. 지금까지 논의가 어느 정도 함축하는 비판의 변형의 두 번째 의미가 존재하는바, 그것은 한계 넘어서기, 즉 위반을 위한 작업으로서의 비판이다. 칸트의 비판이 넘어서는 안 될 필연적 한계의 설정을 의미한다면, 이제 푸코의 비판은 한계를 넘어설 가능성을 모색하기 위해 한계 위에 서는 '한계-태도(limit-attitude)'이다. 고고학과 계보학이라는 이름의 역사적 비판은 현재 우리에게 부과된 한계의 역사적 성격을 확인하는 것인데, 이 작업의 목적은 현재의 우리를 현재의 우리로 만드는 한계와 분리될 수 있는 가능성을 타진하고 현실화하는 데 있다. 바로 이런 의미에서 비판은 '정의되지 않은 자유의 일'을 추동하며 그 일부가 된다.

푸코는 저 정의되지 않은 자유를 단순히 희망하거나 확인하는 것에 만족하지 않으려면 고고학-계보학으로서의 역사-비판적 태도가 동시에 실험적 태도이기도 해야 한다고 말한다. 실험이란 현재의 우리를 규정하는 역사적 한계를 넘어서 우리를 새롭게 구성해보려는 노력, 즉 "우리가 자유로운 존재들로서 우리 자신에 대해서 수행하는 작업"이다(Foucault 1984a/1999: 195-196).[113] 그리하여 푸코가 칸트적 의미의 계몽으로부터 시작되었다고 강조하는 '우리 자신의 비판적 존재론'의 의의는 다음과 같이 설명된다.

우리 자신의 비판적 존재론은 확실히 이론이나 독트린으로 간주되어서는 안 되며, 심지어는 축적되어 가는 영구적인 지식으로 여겨져서도 안 된다. 그것은 하나의 태도, 하나의 에토스, 요컨대 현재의 우리에 대한 비판이 동시에 우리에게 부과되는 한계들의 역사적 분석이기도 하고 또한 그 한계들을 넘어갈 가능성의 실험이기도 한 철학적 삶으로 간주되어야 한다.(Foucault 1984a/1999: 200)

정리하면, 우리 자신의 비판적 존재론으로서의 계몽=우리에게 부과되는 한계들에 대한 역사-비판적 분석(고고학과 계보학)+그 한계를 넘어갈 가능성의 실험이다. 우리는 여기서 계몽에 대한 연구가 이루어지는 윤리학 시기가 고고학과 계보학이라는 이전 시기의 방법과 문제를 포괄하면서도 그와 구별될 수 있도록 해주는 지

---

113   한계를 필연적 준수가 아니라 위반의 대상으로 본다는 점에서 이러한 실험적 태도는
       분명 칸트 철학의 핵심과 갈라지지만, 주체의 자율적 자기구성에 대한 근본적인 관심
       이라는 측면에서는 칸트적 문제의식을 이어받는 것이기도 하다. Ian Hacking은 이 점
       을 이렇게 말한다. "칸트의 발본적인 새로움 가운데 하나는 우리가 우리의 윤리적 입
       장을 구성한다는 생각이다. 칸트는 우리가 이성에 의지해 이것을 행한다고 말했지만,
       혁신은 이성에 있는 것이 아니라 구성에 있다. 도덕성을 구성한다는 그러한 생각과
       결합된 푸코의 역사주의는 칸트의 자구와 법칙과는 거리가 있지만, 기묘하게도 칸트
       의 정신은 보존한다. 칸트는 자유를 필연적으로 앎의 영역 바깥에 있는 무언가로 만
       들었다. (…) 자유에 대해서는 아무것도 말할 수 있는 것이 없다. 그것의 공간에서 우
       리가 우리의 윤리와 삶을 구성한다는 것밖에는."(Hacking 1986: 239)

점을 발견한다. 그것은 현재의 우리 자신의 한계를 넘어설 가능성의 실험으로서의 태도, 에토스, 철학적 삶(βίος φιλοσοφικός)에 대한 강조다.[114] 이 결정적 지점은 푸코가 평생에 걸쳐 수행한 역사-비판적 작업이 무엇을 겨냥하고 있는지를 드러내며, 그러한 한에서, 관점에 따라 비일관적이고 심지어 모순적으로 보이기도 하는 푸코의 작업 전체를 일관된 지평에서 파악할 수 있도록 해준다. 그러므로 푸코의 칸트 독해의 궤적을 하나로 꿸 수 있도록 해주는 것 역시 이 철학적 삶 혹은 계몽의 관점이다.

결론적으로 푸코가 수행한 칸트주의 변형, 푸코-칸트주의 정립의 궤적 전체를 다음과 같이 정리할 수 있다.

1) 비판의 비판은 방법론적 계승과 변형 모두를 가리킨다. 푸코는 자명한 기원으로 주어지는 것의 가능성의 조건을 묻는다는 의미의 비판을 자신의 방법으로 택한다는 뜻에서 칸트를 계승하되 그것을 초월적 지평에서 역사적 지평으로 이동시킨다는 점에서 칸트를 변형한다. 푸코의 비판은 칸트의 비판의 내용을 좇지 않지만 그것의 정신에는 충실하다.

2) 푸코는 자신의 변형된 칸트주의 방법론, 즉 역사-비판적 방법론을 칸트의 초월적 주체에 적용한다. 푸코는 칸트가 출발점으로 삼은 초월적 주체로서의 '인간'의 역사적 한계와 가능성의 조건을

---

114   '철학적 삶'이라는 테마는 파레시아와 자기돌봄을 중심으로 한 푸코의 고대철학 연구에서 중심적이다. 푸코가 여러 차례 명시적으로 밝히듯 칸트 계몽주의 연구와 고대철학 연구는 본질적으로 통치에 대한 비판 혹은 대안적 자기통치의 구성이라는 동일한 관심에서 이루어진다. 이에 대한 더 자세한 논의는 III부 '푸코의 문제화로서의 철학과 철학의 문제화' 참조.

묻는다. 고고학 시기 작업이 이에 해당한다.

3) 윤리학 시기에 와서 초월적 주체와는 다른 주체 형상이 칸트 철학 안에서 발견된다. 그것은 자기 자신과 자신이 속한 현재를 지속적으로 비판하며 그를 통해 자신에게 부과되는 역사적 한계를 넘어서는 실험을 수행하는 계몽의 주체다.

4) 2와 3의 결과, 우리는 두 가지 버전의 '푸코의 칸트'를 갖게 된다. 비판철학의 칸트와 비판적 태도(=계몽)의 칸트. 진리의 형식적 분석학의 칸트와 우리 자신의 비판적 존재론의 칸트. 초월적 주체로부터 출발하는 칸트와 주체의 역사적 구성을 말하는 칸트.

5) 푸코의 칸트주의는 전자를 비판하면서 후자의 전통을 계승한다. 비판의 대상과 비판의 원천이 동일하다는 점에서 이러한 비판적 계승은 '자기비판'이라는 칸트 비판철학 정신의 푸코적 구현이라고 할 수 있다.

6) 결론적으로 푸코의 칸트 해석과 수용에는 총 3번의 구부림이 존재한다. 첫째는 초월적 비판의 역사적 비판으로의 구부림, 둘째는 그렇게 변형된 비판을 칸트 자신에게 겨누는 구부림, 셋째는 칸트에 대한 비판을 통해 확보되는 대안적 주체 구성의 공간을 다시 칸트와 연결하는 구부림. 이 구부림의 마디들은 푸코-칸트주의를 구성하는 변형과 연속성을 동시에 표지하는바, 우리는 이 변형을 통한 연속의 운동을 초월적 주체의 비판적 존재론에서 우리 자신의 비판적 존재론으로의 전화(轉化)라는 테제로 집약할 수 있을 것이다.

계몽과 비판의 재구성

앞 장에서 보았듯 푸코-칸트주의, 푸코에 의한 칸트주의 변형의 핵심에는 칸트주의의 기저에 있는 개념이자 정신인 계몽과 비판의 재구성이 있다. 푸코는 계몽과 비판을 재발견, 재확인, 재개념화함으로써 자신을 칸트의 후예로 세운다. 이번 장은 푸코-칸트주의가 그리는 궤적의 도달점이자 궤적 전체를 인도하는 핵(核)인 계몽과 비판을 따로 확대경 아래로 가져와서 푸코가 칸트 철학의 두 기둥을 왜, 어떻게, 무엇으로 재구성하는지 더 자세히 들여다본다.

푸코에게 칸트의 「계몽이란 무엇인가?」는 그가 분석했던 다른 많은 텍스트들과 같은 위치에 있지 않다. 니체의 텍스트들이 그렇듯 그것은 단순히 거리를 두고 '분석'할 수 있는 대상이 아니라 푸코 자신의 일부를 이루는 텍스트다. 푸코는 「계몽이란 무엇인가?」가 다루는 문제뿐 아니라 문제를 다루는 방식까지도 자신과 기꺼이 연결하며, 이 텍스트가 자신에게 하나의 문장(紋章)이자 페티쉬라고 말한다(Foucault 2008b: 8). 푸코 외에는 누구도 이 작은 텍스트에 이토록 큰 의미를, 이런 방식으로 부여하지 않았다. 「계몽이란 무엇인가?」는 푸코 이전에도 '유명한' 텍스트였지만 푸코에 이르러서야 비로소 커다란 철학적 중요성, 그것도 매우 독특한 중요성을 갖는 텍스트가 되었다. 「계몽이란 무엇인가?」에 대한 푸코의 독해를 연구한다는 것은, 푸코가 이 텍스트에 부여한 저 독특한 중요성을 이해하는 것이며, 이때 그 중요성은 계몽과 비판에 대한 푸코의 재해석과 관련되어 있다.

푸코는 「계몽이란 무엇인가?」가 철학적 성찰의 장에 새로운 유형의 문제를 도입했다고 말한다. 그것은 "오늘날 무슨 일이 일어나고 있는가? 지금 무슨 일이 일어나고 있는가? 우리 모두가 살고 있고, 내가 글을 쓰고 있는 순간을 규정하는 이 '지금'이란 무엇인가?"라는 문제다. 얼핏 단순해 보이는 이 물음들을 푸코는 "현재성(actualité)의 문제"로 정식화한다(Foucault 1993/1999: 163-164). 푸코가 보기에 「계몽이란 무엇인가?」가 수행한 것은 현재성의 철학이다. 그리고 푸코는 다시 이 현재성의 철학을 "우리 자신의 비판적 존재론(l'ontologie critique de nous-mêmes)"으로 규정한다(Foucault 1984a/1999: 196, 200). 그러므로 우리가 먼저 규명하고 이해해야 할 것은 푸코가 칸트와 결부시키는 현재성이란, 현재성의 철학이란 무엇인가, 그리고 그것은 어떤 의미에서 우리 자신의 비판적 존재론이라 불리는가라는 문제다.

계몽의 재구성
: 현재성의 철학, 우리 자신의 비판적 존재론

1. 현재성이라는 문제

푸코에 따르면, 「계몽이란 무엇인가?」는 칸트의 다른 역사철학 저작들과 다르다. 그것은 「인류사의 추정된 기원」("Mutmaßlicher Anfang der Menschengeschichte")처럼 역사의 기원이라는 문제를 다루지 않고, 「세계시민적 관점에서 본 보편사의 이념」("Idee zu einer allgemeinen Geschichte in Weltbürgerlicher Absicht")처럼 역사의 성취나 완성에 관심을 갖지 않으며, 「만물의 종말」("Das Ende aller Dinge")이나 「철학에서 목적론적 원리들의 사용에 관하여」("Über den Gebrauch teleologischer Principien in der Philosophie")를 비롯한 거의 모든 역사철학 저술들을 관통하는 목적론적 관점의 지배를 받지도 않는다. 「계몽이란 무엇인가?」는 역사의 기원도, 종말도, 완성도, 목적도, 즉 역사에 관한 어떠한 초험적 문제도 묻지 않고, 다만 현재, 오늘, 지금 이 순간의 우리를 물으며, 그러한 것으로서 칸트의 역사철학, 나아가 사상 전체에서 독특한 위치를 점한다(Foucault 1993/1999: 163-164).

물론 칸트가 현재를 철학적 사유의 주제로 삼은 최초의 철학자는 아니다. 푸코에 따르면 칸트 이전에도 자신이 속한 시대에 대한 철학자들의 성찰은 존재했으며, 그것은 대체로 다음과 같은 세 가지 형태를 취했다. 1) 플라톤의 『정치가』와 같이 현재를 어떤 극적인 사건이나 고유한 특질에 의해 다른 시대와 구분되고 분리된 특수한 시대로 보는 것, 2) 아우구스티누스(Aurelius Augustinus)의 역사 해석에서와 같이 현재 속에서 장래에 도래할 사건을 알리는 징조를 해독하는 것, 3) 비코(Giambattista Vico)가 『새로운 학문』(*La Scienza nuova*)의 마지막 장에서 그랬던 것처럼 현재를 새로운 세계를 향한 이행의 지점으로 사고하는 것(Foucault 1984a/1999: 179-180). 이러한 방식의 성찰들에서 현재는 미래의 특권적 사건 혹은 시점과의 관계 속에서 특권화되거나, 아니면 다른 어떤 시대와도 다른 그것만의 특권적 특질에 의해 그 자체로 특권화된다.

이처럼 현재를 '특별한' 역사적 시기로 간주하는 태도가 칸트 이전의 사유에만 특징적인 것은 아니다. 푸코는 그러한 사유형식을 일종의 "습관"이라고, 그것도 헤겔 이후 근대적 사유를 통틀어 가장 해로운 습관 가운데 하나라고 말한다. 철학자들, 나아가 사람들은 자신이 속한 시기를 역사상 가장 밝은 시기로, 혹은 가장 어두운 시기로, 아니면 결정적 전환이나 단절의 시기로 생각하고 싶어 한다. 그러나 푸코가 보기에 당대와 대면하는 사유에 필요한 것은 현재를 모든 것이 완결되거나 다시 시작되는 유일무이한 시기 혹은 근원적인 시기로 파악하는 "근엄함"이 아니라 현재가 역사 속에서 어떠한 특별한 위치에도 있지 않음을 받아들일 수 있는 "겸손함"이다. 현재는 암흑의 심연이나 승리의 새벽이 아니더라도, 바로 우리가 속해 있는 '지금'이라는 이유만으로도, 아니 다른 무엇도 아닌 정확히 그 이유로 충분히 철학적 성찰과 분석의 주제가 될 만하다. 다시 말해 현재는 아무런 특권도 갖고 있지 않다는 점에서 다른 모든 역사적 시기와 다를 바 없지만, 다름 아닌 '현재'라는 점에서는 그 어떤 역사적 시점과도 같지 않다. 그리고 푸코에 따르면, 근엄하게 현재를 특권화하는 것이 아니라 겸손하게 현재의 성격과 그 현재를 사는 우리에 대해 질문하는 것이야말로 철학적 사유가 맡아야 하는 역할이며, 칸트가 「계몽이란 무엇인가?」에서 제기하고 수행했던 과제다(Foucault 1983a/1999: 77).

요컨대 역사 속에서 어떤 특권도 갖고 있지 않지만 어떤 역사적 시점과도 같지 않은 '오늘'이 현재 그 자체로서 갖는 성격을 '현재성'이라 한다면, 이 현재성이야말로 「계몽이란 무엇인가?」가 제기하는 가장 중요한 문제다. 말하자면 계몽은 현재성의 문제다.[115] 그러므로 '계몽이란 무엇인가?'라는 물음은 현재성이 무엇인지를 이해함으로써만 대답될 수 있다.

2. 주체성과 특이성

현재성은 두 가지 성격을 갖는데, 하나는 주체성(subjectivité)이고 다른 하나는 특이성(sigularité)이다. 현재성은 1) 주체와의 관련을

---

115 계몽, 즉 '현재성'이라는 문제는 칸트에게뿐 아니라 그 이후의 철학사 전체에서 결정적 중요성을 갖는다는 것이 푸코의 생각이다. "이 계몽의 문제에서 우리는 이후 2세기에 걸친 오랜 역사를 갖는 어떤 철학함의 방식의 최초의 표현들 가운데 하나를 본다. 18세기 말과 19세기에 태동되었다고 볼 수 있는 이른바 '근대' 철학의 주된 기능, 본질적 기능들 가운데 하나는 자신의 현재성에 대해 스스로 문제를 제기하는 것이다." (Foucault 1993/1999: 167-168) 푸코는 심지어 계몽의 문제가 서양 철학사 전체를 포괄할 가능성까지 거론한다. "어쨌거나 칸트 이래로 서양철학에서 매우 근본적이었다 할 수 있는 이 계몽의 문제, 저는 이 문제가 철학의 근본적인 기원까지 이르는 모든 가능한 철학사를 포괄할 수 있다고 믿습니다. 이러한 관점에서 소크라테스 소송의 문제는, 칸트가 계몽의 문제로 생각했던 바에 입각해 전혀 시대착오 없이 타당하게 검토될 수 있는 문제라고 생각합니다."(Foucault 2015/2016: 82)

통해, 그리고 주체의 관점에 의해 규정되며, 2) 늘 특이한 것으로 나타난다.

현재성이 주체성이라는 성격을 갖는다는 것은, 현재가 주체와 관련하여, 주체의 관점에서, 더 정확히는 주체가 그 안에 속한 것으로 규정되는 한에서 하나의 문제로 제기됨을 의미한다. 현재성이 '지금 이 순간의 우리'의 문제라는 말이 의미하는 바가 이것이다. 여기서 현재는 다른 역사적 시기들과의 상대적 비교를 통해 승리의 새벽이나 암흑의 심연, 혁명적 전환점 등으로 평가되는 방식으로 '대상화'되지 않는다. 현재, 지금, 오늘은 오직 그 안에 우리가 속해 있기 때문에, 우리가 속해 있는 것으로서만 우리의 관심사가 된다. 그러므로 「계몽이란 무엇인가?」가 수행하는 현재성의 철학이란 현재에 속해 있으면서 자신을 포함하고 있는 것으로서의 오늘을 묻고 검토하는 철학이다. 푸코는 이렇게 말한다.

칸트의 이 텍스트는 현재에 대해 말하는 철학자를 그 안에 포함하는 하나의 철학적 사건으로서의 현재라는 문제를 제기하는 것 같다. (…) 계몽에 관한 이 텍스트와 더불어 우리는 그 자신의 담론적 현재성을 문제화하는 철학(…)을 보게 된다. (…) 이처럼 현재에 자신이 포함되어 있음의 문제를 철학자가 제기할 때 그것은 더 이상 어떤 교리나 전통에 귀속되는 문제가 아닐 것이다. 그것은 심지어 그가 인류 공동체 일반에 속한다는 문제도 아닐 것이다. 그것은 어떤 특정한 '우리', 그 자신의 현재성의 특유한 문화적 집합체에 상응하는 '우리'에 포함되는 문제이다.(Foucault 1993/1999: 165-166)

말하자면, 현재성의 철학을 수행하는 철학자는 인류라는 보편적이고 영원한 공동체가 아니라 바로 지금 이 순간의 '우리'에 속하며, 그러한 조건과 자격에 입각해 '우리'에 대해 묻는다. 「계몽이란 무엇인가?」의 철학, 현재성의 철학이 '인류의 존재론'이 아니라 '우리 자신의 비판적 존재론'인 것은 이 때문이다. 여기서 프랑스어 'de'나 영어 'of'의 번역어인 한국어 '의'는 원어와 마찬가지로 목적격과 주격의 의미 모두를 유도한다. 즉 우리 자신의 비판적 존재론은 우리 자신에 대한 비판적 존재론이자 우리 자신이 수행하는 비판적 존재론이다. 현재성의 철학이란 현재에 속한 우리와 우리를 품은 현재, 곧 우리-현재에 대해 우리 자신이 문제를 제기하는 철학이라는 의미에서 우리 자신의 비판적 존재론인 것이다.

푸코가 말하는 현재성은 특이성이기도 하다. 들뢰즈는 푸코 사유 전반의 성격을 개관하면서 그 중요한 특징 가운데 하나로 "보편적인 것의 포기"를 거론한다. 들뢰즈에 따르면 푸코 철학의 관점에서 "일자(l'Un), 전체(le Tout), 참된 것(le Vrai), 대상(l'objet), 주체(le sujet)는 결코 보편적인 것들이 아니다." 그것들은 "단일화(unification), 전체화(totalisation), 진리화(vérification), 대상화(objectivation), 주체화(subjectivation)라는 특이한 과정들"의 효과, 즉 그러한 과정을 실행하는 테크놀로지, 장치들의 효과일 뿐이다. 많은 이론들이 이 '효과'를 주어진 것으로 전제하고 출발하지만, 푸코의 철학은 저 효과들을 가능케 하는 조건에 대한 분석의 끝에서 오직 유명론(唯名論)적 의미에서만 보편적인 것을 만날 뿐이다. 그리하여 푸코의 관점에서 "보편적인 것은 사실 아무것도 설명하지 못한다. 오히려 설명되어야 하는 것이 보편적인 것이다."(Deleuze 1988/2007: 470-485)[116] 푸코는 자신의 중심 개념인 권력이나 지식에 대해서조차도 방법론적 유용성만을 인정하며, 유명론적인 관점에서 이해하고 사용해야 한다고 말한다.

분석의 매 순간마다 이 두 용어에 구체적이며 명확한 내용을 부여할 수 있어야 합니다. 이러한 지식의 요소, 저러한 권력 메커니즘 하는 식으로 말입니다. 하나의 지식 또는 하나의 권력이 존재한다거나, 아니면 더 나쁘게는 자기 안에서 자기 스스로 작동하는 듯한 보편적 지식 또는 보편적 권력이 존재한다고는 결코 전제하지 말아야 합니다.(Foucault 2015/2016: 66)

푸코에게 분석의 대상은 '이러한'과 '저러한'의 방식으로만 존재한다. 그리고 이렇게 '이러한'과 '저러한'의 방식으로만 존재하는 것, 들뢰즈와 과타리라면 아마도 '이것임(heccéité)'이라 부르고자 했을 것, 그것을 푸코는 특이성으로 규정한다.[117] 폴 벤느에 따르면 특이성은 "푸코주의의 존재론적 원리"다. 푸코 고유의 존재론적 관점에서 보면 "모든 시대, 역사적 우주는 이전의 카오스에서 유래한

---

116 같은 관점에서 폴 벤느(Veyne 2008/2009: 8-9)와 존 라이크만(Rajchman 1985/
1990: 8-9)은 푸코를 일반관념들(idées générales)의 진실을 믿지 않은 '회의주의자'
로 평가한다.

117 "특수성이 일반성의 한 사례로 환원되는 데 반해, 특이성이란 일반성으로 환원되지
않는 일종의 '이것임'과 관련되어 있다."(사토 요시유키 2012: 122) '이것임'에 대한
들뢰즈와 과타리의 논의는 Deleuze and Guattari 1980/2001: 493-503 참조.

특이성들의 카오스에 불과하다."(Veyne 2008/2009: 126)

특이성의 다른 이름은 '사건(événement)'이다. 푸코는 자신의 계보학적 연구를 "사건화(événementialisaion)의 검토"라고 부른다(Foucault 2015/2016: 63). 사건은 보편적이고 일반적인 틀로 환원되지 않기 때문에, 즉 특이하기 때문에 사건이다. 푸코의 독해에서 「계몽이란 무엇인가?」는 현재를 하나의 사건으로 이해한다. 앞서 인용문을 다시 보자.

> 칸트의 이 텍스트는 현재에 대해 말하는 철학자를 그 안에 포함하는 **하나의 철학적 사건으로서의 현재**라는 문제를 제기하는 것 같다. (…) 계몽에 관한 이 텍스트와 더불어 우리는 그 자신의 담론적 현재성을 문제화하는 철학(…)을 보게 된다. 이 철학은 현재성을 **하나의 사건**으로, 즉 자신이 그것의 의미와 가치, 철학적 특이성을 진술해야만 하고, 또한 그 안에서 자신의 존재이유와 자신이 말해야 하는 바의 근거를 도출해야 하는 그러한 **하나의 사건**으로 문제화한다.(Foucault 1993/1999: 165-166. 강조는 인용자)

현재성의 철학은 현재를 하나의 사건으로, 즉 특이한 것으로 다룬다. 사건이 어떻게 사건으로 출현하는지를 검토한다는 의미에서 '사건화'의 관점에서 수행되는 현재에 대한 계보학적 탐구는, 지금 이 순간이 어떻게 바로 지금 이 순간과 같은 성격을 갖게 되었는지를, 다시 말해 현재의 현재성을 묻는다. 현재의 현재성에 대한 물음은 어떠한 역사에 대한 일반론으로도 대답될 수 없다. 현재성은 애초에 그러한 일반론을 벗어난 곳에서만 하나의 문제로 제기되기 때문이다. 이러한 의미에서 현재성은 특이성이다. 현재, 오늘, 지금은 주체적일 뿐 아니라 특이하다. 특이성이 "푸코주의의 존재론적 원리"라는 폴 벤느의 해석을 받아들인다면, 이제 우리는 현재성의 철학이 곧 우리 자신의 비판적 존재론이라는 말의 의미를 더 잘 이해할 수 있다.

당연히도 현재성의 전모는 주체성과 특이성이 함께 고려되는 자리에서 드러난다. 주체성과 특이성은 서로를 규정하며, 그러한 방식으로 현재성을 규정한다. 우선 우리는 다른 어느 시간도 아닌 지금 이 순간에 속한다. 그리고 현재는 바로 그러한 것으로서 어느 시간과도 다르다. 그러므로 현재는 주체적인 것으로서 특이하다. 다른 한편, 현재성의 현재는 객관화된 시간 속의 한 점이 아니라 '오늘날의 우리'를 가리킨다. 그러므로 현재가 특이하다는 것은 오늘날의 우리가 특이하게 존재한다는 것을 의미한다. 지금 이 순간의 우리를 핍진하게 규정하는 보편적이고 일반적인 틀은 없다. 우리의 존재는 외부의 선에 의해서건 우리 자신에 의해서건 구체적으로 결정된다.

3. 권력, 자유, 비판

주체성과 특이성의 결합으로서의 현재성은 '지금 이 순간의 우리'라는 말로 집약된다. 그리고 '지금 이 순간의 우리'는 구체적인 제도, 실천, 전략, 테크놀로지, 장치에 의해, 요컨대 통치성(gouverne-mentalité)에 의해 형성되고 규정된다.

푸코에 대한 많은 오해들이 존재하지만, 권력이 얼마나 촘촘하고 완벽하게 우리를 규정하는지, 그래서 자유가 얼마나 허황된 것인지를 보여준 권력의 이론가로 푸코를 바라보는 것만큼 큰 오해는 없다. 푸코는 늘 권력을 하나의 관계로, 정확히는 그 속에서 실행되는 전략들에 의해 변형될 수 있는 관계로 사고했다.[118] 푸코가 권력이나 통치를 연구한 것은 바로 그 변형 가능성, 주체에게 주어지는 구체적 자유의 가능성을 탐구하기 위한 것이었다.[119] 사실 푸코는 여기서 더 나아가, 권력은 원리상 자유 뒤에 오며 그것을 전제한다고 생각했다. 어떠한 자유도 없는 존재에게 행사되는 힘이란 권력이 아니라 공중의 돌을 끌어당기는 중력과 같은 일종의 물리력에 가까우며, 이런 의미에서 "주체들이 자유롭지 못하다면 권력관계도 있을 수 없"기 때문이다(Foucault 1982: 221-222). 그러므로 권력이 편재한다면, 그것은 자유의 부재가 아니라 오히려 자유 또한 편재함을 의미한다.[120] 칸트식으로 말하자면, 자유는 권력의 존재근거고 권력은 자유의 인식근거다. 그리고 이런 의미에서 권력 연

---

118   "나는 '권력'이라는 말을 거의 쓰지 않았으며, 가끔 썼다 해도 그것은 내가 늘 사용하는 표현 즉 권력관계의 줄임말이었습니다. (…) 권력관계는 변화가능한 관계이며, 한 번 주어지면 영원히 계속되는 것이 아닙니다."(Foucault 1984c/1994: 113-114)

119   "내 모든 연구는 절대적 낙관주의에 기반하고 있습니다. 나는 '이것이 사물들이 존재하는 방식이요. 당신이 어떻게 갇혀 있는지 보시오'라고 말하기 위해 분석을 행한 것이 아닙니다. 나는 사물들이 변형될 수 있다고 믿는 한에서만 그것에 대해 말해왔습니다. 나는 나의 작업이 이러한 목적에 도움이 될 수 있다고 생각했기 때문에, 그 모든 것을 할 수 있었지요."(Foucault 1991/2004, 165); "나의 분석은 제도의 자의성을 밝히고, 우리가 여전히 누릴 수 있는 자유의 공간은 무엇이며, 얼마만큼의 변화가 아직도 일어날 수 있는지를 명백히 제시하는 일입니다."(Foucault 1988: 11)

120   "권력이 있는 곳, 거기에는 저항이 있다."(Foucault 1976/2004: 109)

구는, 그 이면에서는 이미 주체의 자유에 대한 연구다. 자신이 수행한 모든 연구의 일반적 주제는 권력이 아니라 주체라는 푸코의 말은 이런 맥락에서 이해해야 한다(Foucault 1982: 209).[121]

현재성을 연구하는 목적, 현재성에 대한 물음이 중요한 이유 역시 같은 궤에 있다. 푸코는 이렇게 말한다.

현재의 성격에 관한 진단이 갖는 기능에 대해 이야기하고 싶습니다. 그것은 단순히 우리가 무엇인지를 특징짓는 것이 아닙니다. 그것은 현재 속에 있는 허약한 선들을 추적하면서, 왜 그리고 어떻게 현재 존재하는 것이 더 이상 현재 존재하는 것이 아닐 수 있는지를 파악하려 하는 것입니다. 이런 의미에서 [현재에 관한] 어떠한 기술도 구체적인 자유의 공간, 즉 가능한 변형으로 이해되는 자유의 공간을 열어주는 이러한 종류의 잠재적인 균열들을 따라서 이루어져야 합니다.(Foucault 1983/1999: 78)

다시 말해, 현재성의 철학은 단순히 현재에 대한 인식적 관심에서 출발하지 않는다. 그것은 현재가, 지금 이 순간의 우리가 무엇인지가 아니라 왜 그리고 어떻게 그것이 달라질 수 있는지를 탐구한다. 현재는 지금 우리가 생각하고 말하고 행동하고 살아가는 방식을 만들어낸 조건과 그 조건 위에서 그것을 대상으로 행해지는 자

---

121 다음의 구절도 참조. "나는 결코 권력 이론가가 아닙니다. 극단적으로 말하면, 하나의 독립적 문제로서의 권력은 나의 관심사가 아니었다고 할 수 있습니다."(Foucault 1983a/1999: 81)

유의 행위 사이에서 새로운 특이성이 출현하는 경계이자 그 경계를 넘어서는 움직임 자체다. 새로운 것, 다른 것은 현재라는 이름의 이 경계 위에서 다른 무엇이 아닌 현재성의 운동 자체에 의해 만들어진다. 요컨대 현재성에 대한 물음과 탐구는 "다가올 시간을 위하여 시간에 맞서서 행동하기, 시간 위에서 행동하기"를 실천하는 것이다(Deleuze 1988/2007: 482). 이 실천에 푸코는 칸트로부터 유래하는 '비판'이라는 익숙한 이름을 붙인다(Foucault 1984a/1999: 195).

단적으로 비판은 "자발적 불복종의 기술, 숙고된 불순종의 기술"이자 "진실과 권력이 결합해 발생하는 효과들의 총체로서 이해되는 인간들의 통치를 문제 삼는 태도"다(Foucault 2015/2016: 47-48). 푸코가 보기에 칸트적 계몽의 핵심은 이러한 의미의 비판과 다르지 않다. 그러므로 푸코가 캉길렘의 『정상적인 것과 병리적인 것』(Le normal et le pathologique) 영역본 서문과 프랑스철학회 강연 '비판이란 무엇인가?'에서 칸트의 계몽 논문을 처음으로 언급하고 분석한 해인 1978년이 콜레주드프랑스 강의 '안전, 영토, 인구'에서 통치성이라는 주제가 등장한 해이기도 한 것은 우연이 아니다(Canguilhem 1978, Foucault 2004a/2011). 푸코가 '자기 통치와 타자 통치(Le gouvernement de soi et des autres)'라는 제목의 강의를 「계몽이란 무엇인가?」에 대한 분석으로 시작한 것 역시 같은 관점에서 이해할 수 있다(Foucault 2008b: 1~2강).

이러한 맥락은 어째서 현재성의 철학이 '우리 자신의 비판적 존재론'인지를 우리에게 알려준다. 우리 자신의 비판적 존재론은 말 그대로 현재 우리가 존재하는 방식을 비판한다. 다시 말해 그것은 우리를 만들어낸, 우리를 규정하고 있는 통치성을 비판한다. 이때 비판은 필연적이고 자명한 것으로 주어지는 것들을 문제화한다는 의미, 즉 그것들을 가능케 한 조건을 심문한다는 푸코-칸트적 의미에서의 비판이다. 현재의 우리를 가능케 한 조건에 대한 고찰은 그것의 외견상의 필연성을 문제화함으로써 미래의 변형 가능성을 발굴한다. 종합하면, 현재성의 철학은 특이한 현재 속의 특이한 존재로서의 우리 자신이 그 현재의 우리와 달라질 수 있는 가능성을 탐구하고 실험한다는 의미에서 우리 자신의 비판적 존재론인 것이다.

비판의 재구성: 비판의 담론과 비판의 에토스

계몽을 우리 자신의 비판적 존재론으로 규정함으로써 푸코는 계몽과 비판이라는 칸트의 두 가지 핵심 개념을 불가분하게 결합한다. 그리고 이 결합은 계몽의 재구성뿐 아니라 칸트 비판 개념의 재정식화 또한 요구한다. 이제 우리는 앞서 개괄적으로 제시했던 푸코적 칸트주의에서 비판의 의미를 보다 자세히 들여다볼 것이다.

처음으로 자신의 문제의식과 「계몽이란 무엇인가?」의 관련을 언급하기 시작한 1978년까지만 해도 푸코는 자신이 말하는 '비판적 태도(l'attitude critique)'가 칸트의 계몽과는 통하되 비판철학과는 다르다고 생각했다. 즉 당시 푸코의 해석 속에서는 '칸트의 계몽

(=푸코의 비판)'과 '칸트의 비판' 사이에 긴장이 존재했다.[122] 그러나 1983년 이후에는 이 같은 긴장이 사라지고 칸트의 비판과 계몽 기획의 밀접한 관계가 조명되기 시작한다. 이 시기의 푸코는 칸트 철학에서 "비판의 기획과 계몽의 과정이 서로를 보완하고, 서로를 소환하며, 서로를 필수적인 것으로 만든다"고 말한다(Foucault 2008b: 30). 그리고 이전에 계몽과 비판 사이에 존재하는 것으로 이야기되었던 간극은 이제 공히 칸트의 비판으로부터 발생한 두 가지 전통, 즉 '진리의 분석학'과 '우리 자신의 비판적 존재론' 사이의 긴장으로 고찰된다.

진리의 분석학은 진리에 대한 인식론적 탐구로서, 참된 지식이 성립하기 위한 조건, 대상에 관한 지각이나 진술의 진리 주장과 관련된 절차, 구조, 형식을 다룬다. 칸트 비판철학에 대한 지배적인 해석이 비판을 바라보는 관점이 이것이며, 이 관점에서 비판은 적어도 일차적으로는 인식 혹은 인식과 관련한 능력들에 대한 비판이다. 그러나 지금까지 살펴보았듯 푸코의 관점에서 칸트의 비판은 역사-철학적 기능 또한 갖는다. 이러한 의미의 비판에서 발원하는 철학적 전통은 진리의 형식적 조건이 아니라 우리 자신이 현재 존재하는 방식을 비판한다. 푸코는 이 두 가지 의미의 비판 사이에 오

---

122   "제 생각에 칸트 이후로 계몽의 문제는 칸트 때문에 그리고 아마도 그가 설정한 비판과 계몽 사이의 간극 때문에 본질적으로 인식의 측면에서 제기되었습니다. (…) 한마디로 칸트가 벌려놓은 계몽과 비판의 간극으로부터 상이한 분석 절차들이 파생되어 나옵니다."(Foucault 2015/2016: 62-63)

늘날의 철학적 선택지가 존재한다고 말한다.[123] 푸코 자신의 선택은 분명하다. 그는 자신이 후자의 전통에 속한다고 생각했으며, "다른 유형의 비판철학을 모색하는 것, 우리의 가능한 대상 인식의 조건들과 한계들을 규정하고자 하는 비판철학이 아니라, 주체의 변화, 우리 자신의 변화의 조건들과 그 확정되지 않은 가능성들을 탐구하는 비판철학을 모색하는 것"을 자신의 과제이자 목표로 제시했다(Foucault 2013/2022: 40).

'다른 유형의 비판철학'의 모색, 다시 말해 계몽의 관점에서 규정되는 비판철학의 구상은 칸트 비판철학의 어떤 측면, 즉 '진리의 분석학'으로 이어지는 맥락에 대한 비판을 요구한다. 두 가지 비판적 전통의 구분은 칸트 비판 개념의 푸코적 재구성이 겨냥하는 지점을 드러내며, 그러한 한에서 칸트 철학의 비판적 재전유를 통한 지속, 내부로부터의 변형을 통한 극복이라는 푸코적 칸트주의의 핵심을 요약한다. 간략히 결론을 미리 제시하자면, 푸코가 칸트 철학에 대해 수행하는 비판·극복·변형 작업의 근저에는 칸트의 비판을

---

123   "내가 보기에 칸트는 근대철학을 양분하고 있는 두 개의 커다란 비판 전통을 정초했다. 그의 위대한 비판 저작들에서 칸트는 참된 지식이 가능한 조건들을 규정하는 철학의 비판적 전통을 기초하고 수립했다고 할 수 있다. 또한 그것을 기반으로 19세기 이후의 근대철학의 한 영역 전체가 진리의 분석학으로서 제시되고 발전되어왔다고 말할 수 있다. 그러나 근대 및 현대 철학에는 또 다른 종류의 질문, 또 다른 방식의 비판적 문제제기 또한 존재한다. 이것은 바로 계몽의 문제 혹은 혁명에 관한 칸트의 텍스트에서 그 시작점을 찾아볼 수 있는 비판적 전통이다. (…) 오늘날 우리가 직면해 있는 철학적 선택지는 다음과 같은 것으로 보인다. 우리는 진리 일반에 관한 분석적 철학으로 틀지어지는 비판적 철학을 선택할 수도 있고, 우리 자신의 존재론, 현재성의 존재론이라는 형태를 취하는 비판적 사유를 선택할 수도 있다."(Foucault 1993/1999: 174-175)

담론으로서의 비판과 태도 혹은 에토스로서의 비판으로 이중화하는 관점이 놓여 있다.

1. 비판철학의 비판

주체의 자기변형으로서의 계몽의 관점에서 볼 때, 인식의 분석학으로 이해되는 칸트 비판철학의 본질적 문제는 초월적 주체를 상정하며 그에 기초한다는 것이다. 비판철학은 진리와 경험의 가능성의 조건을 묻는다는 점에서 푸코 자신의 사유와 궤를 같이하지만, 그 가능성의 조건에 대한 탐구의 토대가 비역사적인 것으로 전제된다는 점에서 푸코에게 비판의 대상이 된다. 푸코는 "어떠한 근원에도 의지하지 않는 것, 순수한 형식 속으로 도주하지 않는 것"에 자신의 역사-철학적 연구 방법의 가장 중요한 쟁점이 놓여 있다고 말한다 (Foucault 2015/2016: 70). 푸코가 보기에 초월적 주체는 칸트 비판철학에서처럼 그로부터 모든 분석이 시작되는 '근원'이나 '순수한 형식'이 아니라 역사적 비판의 대상일 뿐이다.

이런 관점은 「계몽이란 무엇인가?」에 대한 재독해가 시작되기 이전부터 푸코 사유의 중심에 존재했다. 가령 1973년에 브라질에서 행한 일련의 강연에서 이미 푸코는 데카르트와 칸트에게서 발견되는 것과 같은 종류의 주체 이론에 대한 니체의 비판이 오늘날에도 계속해서 유효하다고 평가한다(Foucault 1974). 데카르트와 칸트의 주체 이론은 주체를 진리와 자유의 절대적 토대이자 무사심한 원천으로 간주한다. 그러나 니체는 주체와 진리가 언제나-이미 주어져 있는, 정초적 역할을 수행하는 영원한 범주가 아니라, 철학적 담론 외부에서 비롯하는 역사를 갖는 우연적 범주라고 말한다. "주체와 진리는 특정한 역사적 조건에서 메타-철학적 동기들에 의해 구성된다." 데카르트와 칸트의 주체, 초월적이고 비역사적인 주체는 역사적으로 '발명'된 것에 지나지 않는 것이다(Djaballah 2013: 267).

근대 서양철학의 헤게모니적 주체 형상인 데카르트-칸트의 초월적 주체가 역사적으로 발명된 것이라면, 그와 다른 주체에 관한 이론, 나아가 그러한 주체의 실천적 구성 역시 가능할 것이다. 고고학에서 계보학을 거쳐 윤리학 시기에 이르는 푸코의 작업 전체가 수렴하는 지점이 있다면, 그것은 저 초월적 주체와 그것이 갖는 권력-진리 효과를 비판하고 넘어설 수 있는 대안적인 주체(화)의 모색이라고 할 수 있다. 70년대 후반부터 푸코가 수행한 윤리학적 탐구는 고고학과 계보학 시기에 연구의 목적이나 동기로 배경화되어 있던 그러한 대안적 주체(화)의 모색이 전면화된 것이다. 그리고 거기서 칸트 계몽주의 연구와 더불어 한 축을 이루는, 고대 문화에서 자기돌봄(ἐπιμέλεια ἑαυτοῦ)과 영성(spiritualité)이 갖는 의미에 대한 연구는, 푸코가 칸트 비판철학에 대해 가졌던 불만이 무엇인지를 명확히 보여준다.

푸코에 따르면 고대철학에서 영성은 주체, 진리, 그리고 주체와 진리의 관계에 대해 데카르트-칸트 철학과 전혀 다른 관점을 제시한다. 데카르트-칸트의 주체 이론이 "주체가 주체로서 갖는 주체 자신의 구조를 통해 주체에게 열려 있는 진리(진실)에 접근하기 위해서 주체는 그저 있는 그대로의 자신이기만 하면 된다"(Foucault

2001/2007: 222)는 관념에 입각해 있다면, 영성은 정확히 그 반대편에 있는 주체관과 진리관을 전제한다.

영성은 주체가 그 자체로는 진실에 접근할 수 있는 권리와 능력을 갖고 있지 않다고 전제한다. 영성은 주체가 주체이고 이러저러한 주체의 구조를 가지고 있기 때문에 기초될 수 있고 정당화될 수 있는 단순한 인식 행위를 통해 주체에게 진실이 주어지는 것은 아니라고 전제한다. 진실에 도달할 권리를 갖기 위해서는 주체가 자기 자신을 변화시키고 변형하며 이동하고 어느 정도와 한도까지는 현재의 자기 자신과 다르게 될 필요가 있다는 점을 전제한다. 진실은 주체의 존재 자체를 내기에 거는 대가로만 주체에게 부여된다. 왜냐하면 주체는 그 자체로서는 진실의 능력을 갖고 있지 못하기 때문이다.(Foucault 2001/2007: 59)

푸코가 보기에 고대의 철학과 문화에서 진리/진실은 존재론적이고 윤리적인 관심의 대상으로 존재한다. 고대 문화에서 '어떻게 진리/진실을 획득할 것인가?'라는 철학의 문제와 '진리/진실에 도달하기 위해 주체는 자신을 어떻게 변형시켜야 하는가?'라는 영성의 문제는 분리되지 않는다. 자기돌봄은 이처럼 진리에 접근하기 위해 요구되는 자기변형의 조건 혹은 요소들 전체를 가리키는 말이었다(Foucault 2001/2007: 61). 이 시기 철학은 무엇보다 자신의 존재와 삶을 바꾸는 윤리적 실천, 삶으로서의 철학, 즉 '철학적 삶(βίος φιλοσοφικός)'의 문제였으며, 일반적으로 담론과 이론으로서의 철학은 부수적이고 수단적인 지위와 기능을 가질 뿐이었다.

반면 진리의 역사에서 근대는 진리가 오직 인식적 관심의 대상
으로 정립되는 순간, 인식이 진리에 접근할 수 있는 유일한 통로가
되는 순간 시작된다. 근대적 진리/진실은 주체의 자기변형을 요구
하지 않으며, 그러한 한에서 주체와의 관계에서 존재론적이고 윤
리적인 함축을 상실한다. 누구도 근대의 과학자와 그의 지식에서
윤리적 가치를 기대하지 않는다는 것이 푸코가 자주 거론하는 사
례다. 그리하여 푸코에 따르면, "주체는 그 자체로서 진실의 능력
이 없으나 진실은 그 자체로서 주체를 변형시키고 구원할 수 있다
고 전제하는 실천의 형식을 영성이라고 정의할 수 있다면, 주체와
진실이 맺는 관계에 있어서 근대는 주체는 그 자체로 진실의 능력
이 있지만 진실은 그 자체로 주체를 구원할 수 없다고 우리가 가정
하는 순간 시작된다." 이제 진리/진실에의 접근을 위한 주체의 영
성적 변화라는 생각은 시대착오적이고 공상적인 것이 된다. 그리고
푸코는 이처럼 영성을 공상적인 것으로 만들어버린 변화, 자기돌
봄과 진리의 분리가 데카르트-칸트와 더불어 시작되었다고 본다
(Foucault 2001/2007: 61, 63, 223).[124]

후기 푸코의 사유에서 근대 계몽과 같은 궤에 있는 고대철학적
자기돌봄-영성의 테마는, 푸코가 초월적 주체의 어떤 면을 비판하
고자 하는지, 또 그와 다른 방식의 주체 구성을 강조할 때 정확히

---

124 담론/이론으로서의 철학과 삶으로서의 철학의 구분과 관계에 대한 논의는 III부 '푸
코의 문제화로서의 철학과 철학의 문제화'에서 다시 자세히 이루어진다.

무엇을 말하고자 하는지 명확히 보여준다. 칸트 초월철학에서 주체와 진리의 관계는, 진리가 주체의 보편적이고 필연적인 내적 구조에 의해 정초되는 것으로 주어진다. 진리는 주체의 변형에 아무런 기여도 하지 않으며, 오히려 주체의 불변의 구조가 진리를 보장한다. 반대로 자기돌봄-영성-계몽의 계열에서 진실은 주체의 본성적 구조에 기초한 대상 인식이 아니라 주체가 자신을 하나의 작품으로 간주하여 만들어가는 작업을 통해서만 도달 가능한 것이 된다.[125] 단적으로 말해, 푸코의 관점에서는 주체가 본성적으로 보유하는 내적 구조를 상정하는 것 자체가 주체의 항구적인 자기변형을 강조하는 계몽의 문제의식과 대립하는 것이다.

---

[125] 주체-진리 관계의 변화는 진리/진실 관념 자체의 변화를 동반한다. 근대철학에서 'vérité/truth'는 거의 전적으로 대상 인식의 문제로 제기된다. 인식과 대상의 일치라는 일반적인 진리 개념의 정의가 이를 잘 보여준다. 푸코는 대상 인식과 자신이 '진실에의 접근'이라 부르는 것을 구분한다. "데카르트적 인식은 진실에의 접근으로 정의될 수 없으며, 대상들의 영역에 대한 인식이다. 대상 인식이라는 관념이 진실에의 접근이라는 관념을 대체한다고 말해도 좋다."(Foucault 2001/2007: 224) 고대철학이 말하는 주체의 변형을 통해서만 도달가능한 'vérité/truth'와 대상 인식으로서의 'vérité/truth'는 다르다는 것이다. 이와 관련하여 한국어는 'vérité/truth'에 대한 번역어로 '진리'와 '진실'이라는 두 가지 선택지를 제공한다는 이점을 갖는다. 근대철학적·인식론적 의미의 'vérité/truth'는 '진리'로, 자기돌봄-영성-계몽의 'vérité/truth'는 '진실'로 옮겨 구분할 수 있는 것이다. 그러나 푸코 작업 전체가 그것의 문제화로도 간주될 수 있을 만한 개념인 'vérité/truth'가 갖는 함축은, 상이한 맥락에서 작동하는 상이한 의미들이 이 하나의 단어에 중첩되어 있다는 사정에 대한 종합적 숙고 속에서만 온전히 드러날 것이므로, 번역어에 의한 이러한 구분은 절대적일 수 없다 하겠다. 맥락에 따라 '진리/진실'이라는 표기를 사용한 것은 그 때문이다. 한국어 어감상 어색함 등의 이유로 '진리' 혹은 '진실'을 단독으로 사용하는 경우에도 양자의 의미를 겹쳐 읽어야 할 것이다.

2. 비판의 이원화

푸코가 비판철학의 기저에 놓인 초월적 주체에 비판적이므로, 우리가 비판철학의 내용이 칸트적 비판의 전부라고 생각하는 한, 칸트에서 시작하는 비판적 전통에 스스로를 귀속시키는 푸코의 자기 해석은 이해할 수 없는 것이 된다. 따라서 푸코가 우리 자신의 비판적 존재론을 말할 때의 비판은 초월적 주체에 기반한 비판철학의 담론으로 환원되지 않는 것이어야 한다.

결과적으로 푸코의 칸트 해석은 비판을 이원화한다. 한편에는 비판에 의해 정립된 결과로서 비판철학의 담론 즉 담론으로서의 비판 혹은 비판의 담론이 있고, 다른 한편에는 그러한 비판철학의 담론을 낳은 수행과 실천으로서의 비판, 푸코가 태도-에토스로 규정하는 비판, 즉 태도로서의 비판 혹은 비판의 태도가 있다. 자발라가 지적하듯, 우리 자신의 비판적 존재론에서 "비판은 이론적 입장이나 독트린이 아니라, 존재론적 태도, 철학적 존재양식과 삶의 방식"이며, 푸코가 보기에 칸트의 비판서들에서 나타나는 초월철학은 이와 같은 의미의 비판의 "부분적이고 훼손된 실행"이다(Djaballah 2013: 265-266).

두 가지의 의미의 비판은 계몽의 문제가 처음으로 제기된다는 점에서 후기 칸트 해석의 시작점으로 간주할 수 있는 강연 '비판이란 무엇인가?'(1978)에서부터 구분된다. 강연 서두에서 푸코는 '비판적 태도'라 부를 수 있는 것에 대해 이야기하겠다고 한 후, 이러한 태도로서의 비판은 비판철학적 의미의 비판이 아니라 칸트가 계몽이라는 테마를 통해 말하고자 했던 바와 통한다고 주장한다

(Foucault 2015/2016: 50).

　이 강연에서 푸코는 비판적 태도의 계보를 제시하는데, 본래 소크라테스에게까지 거슬러 올라갈 수 있는 비판적 태도[126]의 근대적 형태는 15~16세기경 푸코가 '통치(성)'라고 부르는 근대적 형태의 사목권력(司牧權力, pouvoir pastoral)의 폭발적 증가에 대한 대응으로 나타난다. 목자와 양떼의 관계를 모델로 하는 그리스도교 조직방식에 기초한 사목권력은 고대 그리스-로마 문화에서는 전혀 생각할 수 없었던 착상에 근거하는바, 그것은 "모든 개인이 그의 나이나 지위에 상관없이, 생애의 처음부터 끝까지, 그의 세세한 행위들에 이르기까지 통치받아야 하고 또 통치받도록 자신을 내맡겨야 한다는 것, 다시 말해 자신을 구원으로 인도하는 누군가와 전면적인 동시에 면밀하고 세밀한 복종 관계를 맺어야 한다는 것"이다(Foucault 2015/2016: 42). 푸코는 이 같은 사고에 기초한 사목권력을 서구에서 발달한 근대적 통치성의 원형으로 분석한다. 종교개혁 이후 본래 종교의 영역에 국한되었던 인간을 통치하는 기술과 방법에 관한 논의가 사회 전체로 확장되어 다양한 영역에서 통치의 문제가 제기되었으며—"어린이를 어떻게 통치할 것인가, 가난한 자와 거지를 어떻게 통치할 것인가, 가족과 가정을 어떻게 통치할 것인가, 군대를 어떻게 통치할 것인가, 다양한 집단, 도시, 국가

126　"그 비판적 측면에서—제가 말하고자 하는 것은 넓은 의미에서의 비판입니다—철학은 모든 지배의 현상에 문제를 제기하는 것입니다. 그것이 정치, 경제, 성, 제도 등 어떤 층위에서 어떤 형태로 출현하건 말이죠. 철학의 이러한 비판적 기능은 어느 정도는 소크라테스의 명령(l'impératif socratique)에서 유래하고 있습니다. '자기를 돌보라', 다시 말해 '자기를 다스림으로써 자유에 기초해 행동하라'라는 명령에서 말입니다."(Foucault 1984c/1994: 125)

를 어떻게 통치할 것인가, 자신의 신체를 어떻게 통치할 것인가" 등
등—그 결과 15~16세기 이후 "어떻게 통치할 것인가?"라는 물음
이 사회와 정치의 근본적인 문제가 되었다(Foucault 2015/2016: 43,
1979: 955-968, 2004/2011: 181-312).

철학적 삶 혹은 자기돌봄이라는 고대철학적 테마의 근대적 귀
환이라 할 수 있는 비판적 태도는 이처럼 정치화된 사목권력의 확
장으로서의 통치화에 맞서 등장한다. 푸코가 말하는 비판적 태도는
통치를 불신하고 거부하고 제한하며, 그것의 정당한 한계를 모색하
고 그것을 변형시키려는 의지다. 비판철학의 그늘하에서 비판과 계
몽이 본질적으로 인식의 관점에서 이해되는 데 반해, 푸코가 동일
한 문제를 권력의 관점에서 검토할 것을 제안하는 것은 이런 맥락
에서다(Foucault 2015/2016: 44, 62-63).

푸코의 관점에서 칸트의 「계몽이란 무엇인가?」는 비판적 태도
에 대한 최초의 이론적 정식화일 뿐 아니라, 더 중요하게는 그 자체
가 비판적 태도의 실행이다(Djaballah 2013: 272). 주지하듯 칸트의
계몽주의는 이성 사용에서 타인의 지도로부터 벗어나는 것, 후견인
을 받아들이지 않는 것을 성숙으로 규정한다. 다시 말해 칸트의 계
몽은 '사목'에 대한 거부를 핵심으로 한다. 가령 「이론에서는 옳을
지 모르지만 실천에서는 쓸모없다고 하는 속설」에 나타난 "자연적
통치(natürliche Regierung)" 혹은 "가부장적 통치권(imperium pater-
nale)"에 대한 다음과 같은 칸트의 비판은 위에서 살펴본 사목권력
의 기본 착상과 극명한 대비를 이룬다.

자식들에 대한 아버지의 사랑과 유사한, 국민에 대한 호의의 원칙에 기초하고 있는 정부는, (…) 신민들을 마치 진정으로 무엇이 그들 자신에게 유익하거나 해로운 것인지를 모르는 어린애처럼 취급하며, 그들이 어떻게 행복해야만 하는지를 국가 최고 통치자의 판단에 (…) 맡기도록 하여 그저 수동적으로 처신하게끔 만든다. 이러한 통치 형태가 전제주의 가운데서도 가장 심각한 전제주의다.(TP, VIII290-291)

이런 관점에서 칸트 계몽주의는 부적절한 통치에 대한 비판이며 자율이라는 형태의 자기통치를 모색하려는 노력이자 태도다. 사목권력이 영혼을 지도하려 한다면, 계몽이라는 의미의 칸트적 비판은 외부의 힘이 영혼을, 칸트 자신의 용어로는 이성의 사용을 지도하는 것을 막고 자율의 공간을 확보하기 위한 것이다. 칸트적 비판의 본질이 한계의 설정이라고 할 때, 계몽과 자율의 관점에서 그것은 주체의 능력과 활동을 일정한 범위 안에 가둔다는 소극적 의미보다는 부당한 통치에 맞서 정당하게 자율을 주장할 수 있는 자기결정의 영토를 확보한다는 적극적 의미로 이해되어야 한다.

그런데 푸코가 보기에 여기서 중요한 것은 「계몽이란 무엇인가?」가 이러한 의미의 비판의 수행이기도 하다는 것이다. 칸트는 그 스스로가 계몽의 주체로서, 즉 자율적이고 공적인 이성 사용의 주체로서 「계몽이란 무엇인가?」를 쓰며, 「계몽이란 무엇인가?」의 저자로서 비판철학을 쓴다. 다시 말해 「계몽이란 무엇인가?」는 칸트의 체계와 담론을 낳은 철학적 삶과 태도가 드러나는 수행적 텍스트다. 그러므로 여기서 우리는 담론으로서의 비판과 에토스로서의 비판에 각각 상응하는 두 주체를 갖게 된다. 한편에는 체계의 교설, 비판철학의 담론의 전제인 초월적 주체가 있으며, 다른 한편에는 에토스로서의 비판을 자신의 윤리로 인수하는 계몽의 주체가 있다. 푸코가 비판철학을 계몽의 관점에서 이야기한다면, 그것은 담론으로서의 비판의 토대인 저 초월적 주체가 아니라, 비판철학을 낳은 비판적 태도의 담지자로서의 주체, 즉 철학자로서의 칸트 자신과 관련해서다.

푸코는 계몽과 혁명에 대한 저술과 강연 곳곳에서 비판적 태도와 그 주체로서의 철학자를 강조한다. 앞서 보았듯, 「계몽이란 무엇인가?」의 철학사적 특이성 중 하나는 "현재에 대해 말하는 철학자를 그 안에 포함하는 하나의 철학적 사건으로서의 현재"라는 문제를 제기한다는 것이다. 「계몽이란 무엇인가?」는 "사상가로서, 지식인으로서, 철학자로서 말하는 어떤 사람이 어떻게 그리고 어떤 점에서 이 동일한 과정['현재'라는 과정]의 일부를 이루는가, 나아가 이 과정에서 어떻게 그가 일정한 역할을 수행하여 그 속에서 하나의 요소인 동시에 행위자가 되는가"를 묻는다. 철학자는 현재의 일부로서, 추상적인 인류 공동체가 아니라 '우리'에 속하며, "이 '우리'에 속해 있다는 철학자의 특이한 상태가 철학자 자신에게 필수불가결한 철학적 성찰의 테마"가 되는 것이다(Foucault 1993/1999: 165-166). 우리 자신의 비판적 존재론이 수행하는 비판에서 드러나는 것은, 보편적 인간성에 관한 익명적인 체계적 독트린이나 담론이 아니라 '우리'의 일원으로서 현재에 대해, 그리고 현재 속에 있으며 현재 그 자체인 '우리 자신'에 대해 철학자가 취하는 태도다. 담론으로서의 비판은 이러한 비판적 태도의 결과로서 그것에 부수할 뿐이다.

이 같은 비판의 담론과 비판의 태도의 구분에 입각할 때만, 우리는 푸코가 「계몽이란 무엇인가?」라는 짧은 텍스트에 그토록 큰 중요성을 부여했던 이유를 이해할 수 있다. 태도와 에토스로서의 비판이 체계적 교설과 담론으로서의 비판과 구분될 뿐 아니라 그보다 더 근본적인 것으로 해석되는 한에서 「계몽이란 무엇인가?」는 칸트 철학에서 비판서들에 필적하거나 심지어 그것을 능가하는 중요성을 갖게 된다. 자발라의 지적대로, 바로 이런 이유에서 비판적 태도에 초점을 맞추는 푸코의 칸트 계몽주의 연구는 칸트 연구에서 비판철학의 담론에 초점을 맞추는 압도적인 경향에 대한 저항이라는 의미를 가지며, 칸트 이해에 일종의 '균형'을 가져오는 교정적 기능을 수행한다(Djaballah 2008: 12). 나아가 푸코가 자신이 '진리의 분석학'이라 부르는 근대 학문의 지배적 패러다임과 구분될 뿐 아니라 종종 대립하는 철학적 삶-영성-계몽-우리 자신의 비판적 존재론으로 이어지는 계열을 강조할 때, 이는 칸트 철학에 대한 이해라는 문제를 넘어, 전적으로 담론적인 목적과 기준, 이상을 중심으로 조직되어 있는 "현대 학문의 표준적인 관념에 대한 저항"을 표명하는 것으로 해석될 수 있다(Djaballah 2013: 264-265).

항구적 운동으로서의 비판과 계몽

비판과 관련하여 논의한 이원화의 관점은 비판의 짝인 계몽의 이해에서도 유효하다. 우리는 계몽의 '내용'이라 할 만한 것의 일반적인 패키지—이성의 승리, 선입견과 미신 비판, 과학적 지식의 증가 등—를 알고 있다. 이러한 '내용'의 관점에서 계몽은 시기적으로 특정한 역사적 단계에, 그리고 철학적으로 특정한 입장에 국한된다. 이른바 계몽주의에 대한 찬반은 통상 이 계몽의 '내용'을 두고 나누어진다. 그러나 우리는 푸코를 따라 계몽의 내용을 낳았지만 그것과 동일시될 수 없는 철학적 에토스로서의 계몽을 생각할 수 있다. 철학적 에토스로서의 계몽은 17~18세기 유럽에 국한된 현상이 아니라 비판이라는 활동과 결합된 항구적 운동으로 나타난다. 푸코는 이렇게 말한다.

> 우리를 계몽과 연결하는 실마리는 교조적인 요소들에 대한 충실함이 아니라, 어떤 태도, 즉 우리가 속한 역사적 시대에 대한 항구적 비판으로 서술될 수 있을 철학적 에토스의 항구적 재활성화이다.(Foucault 1984a/1999: 191)

모든 역사적 시기가 '우리'의 관점에서는 현재인 이상, 현재에 대한 비판으로서의 계몽은 특정한 역사적 조건에서 그것이 가졌던 특정한 내용을 넘어서는 영구적 운동을 의미하는 것이다.

칸트가 헤겔, 니체, 베버, 프랑크푸르트학파로 이어지는, (푸코가 그리는 다소 낯선) 우리 자신의 비판적 존재론이라는 계보의 시작점일 수 있는 것은 비판철학적 체계의 창시자가 아니라 철학적 에토스로서의 계몽과 비판의 실행자로서이다. 그리고 이 비판적 존재론의 계보를 생성하고 운동하게 만드는 것은 자기비판의 충동이다. 에토스로서의 비판의 항구성은 모든 담론으로서의 비판을 '우리 자신의 현재'에 속하는 것으로서 역사적 비판의 대상으로 만든다. 즉 모든 비판철학 혹은 비판이론은 그 자신이 이후에 오는 비판의 대상이 된다.[127] 이러한 비판의 끊임없는 자기비판의 역사는 내용으로서의 비판의 유한성을 증명함과 동시에 태도로서의 비판의 항구성을 입증한다.

푸코의 칸트 독해 역시 비판의 자기비판의 역사에 속한다. 푸코의 관점에서 담론으로서의 비판, 즉 주체의 본성적 능력들에 대한 분석으로서의 비판철학에서 "[비판적] 태도의 존재론적 차원은 초월적 비판의 전면에 부각되는 인식론적 목표들에 가려져 보이지 않게 된다."(Djaballah 2013: 276) 계몽과 비판의 재개념화를 중심으로 하는 푸코의 칸트 해석은 비판철학의 담론을 규정하는 초월적 비판과 비판적 태도의 이러한 관계를 비판하고 역전하는 것을 목표로 한다. 나아가 비단 칸트 독해뿐 아니라 푸코 자신의 지적 여정 전체를 바로 이런 의미의 항구적 운동으로서의 비판과 계몽에 대한 관심이라는 관점에서 조망할 필요가 있다.

127 　비판철학의 자기비판 충동과 그로부터 비롯하는 비판이론의 계보에 대한 더 자세한 논의는 Boer and Sonderegger 2012 참조.

Ⅲ부

푸코-칸트주의의 안과 밖

포스트휴먼 칸트의 단초
: 들뢰즈-푸코의 인간 없는 칸트주의

칸트를 넘어선 칸트주의와 포스트휴먼 칸트라는 괴물의 필요성

들뢰즈의 말대로 철학의 거인들 앞에서 일반적으로 우리에겐 두 가지 선택지가 주어진다. 그들이 해놓은 것을 영원히 다시 시작한다는 의미의 '철학사'를 할 것인가, 아니면 더 이상 플라톤적이지 않은 문제들, 칸트적이지 않은 문제들에 플라톤을, 칸트를 접목할 것인가. 이런 구도에서 우리가 플라톤을, 칸트를 반복할 이유가 없는 것은, 그들을 이미 넘어섰기 때문이 아니라 그들과 같은 방식의 철학함을 통해 도달할 수 있는 최대치가 이미 그들에게 있기 때문, 즉 원리상 반복을 통해서는 그들을 넘어서는 것이 불가능하기 때문이다(Deleuze 1990/1993: 162).

플라톤을, 칸트를 넘어서는 일이 가능하다면, 그것은 오직 그들의 철학을 그 고유한 지평과 논리를 교란하는 문제들에 개방함으로써일 뿐이다. 이는 우열의 관점에서의 넘어섬이 아니라 한계 밖으로 나간다는 의미에서의 넘어섬이다. 푸코와 들뢰즈는 이런 의미에서 칸트를 넘어선 칸트주의를 자신들의 사유의 중요한 계기로 삼았던 철학자들이다. 이들은 칸트에게서 전면에 두드러지지 않았던 선(線), 칸트 자신은 의식하지 못했던 선, 더 정확히 말하면 그들을 만나기 전에는 존재하지 않았다고 해야 할 선을 칸트 안에서 식별 혹은 창조하고 그것을 끄집어내서 푸코의 칸트, 들뢰즈의 칸트를 제시한다. 이것은 칸트를 칸트이도록 하는 한계 외부로 이어지는 사유의 선이라는 의미에서 칸트를 넘어선 것이되, 그 선의 출발점과 선을 그리는 도구 모두 칸트에게서 구한 것이라는 점에서는 여전히 하나의 칸트주의, 그러나 칸트를 넘어선 칸트주의라고 할 수 있다.

부르디외(Pierre Bourdieu)는 한 사상가와 더불어 바로 그 사상가에 맞서 사유하는 일이 가능할 뿐 아니라 바로 그것이 학(學)이 작동하는 방식이라고 말한 바 있다(Bourdieu 1990: 49). 들뢰즈와 푸코가 칸트와 맺었던 관계는 정확히 이 '함께'와 '맞서'의 공존, 수용과 비판의 동시성으로 규정된다. 이 장의 목적은 이들의 칸트 독해 속에 존재하는 이 '함께-맞서'의 벡터, 칸트와 더불어 칸트에 맞서 사유하기의 기획이 포스트휴먼적 조건 속에서 칸트를 다시 사유하기, 또 역으로 칸트를 통해 포스트휴먼적 세계를 사유하기라는 과제—오늘날 칸트 연구의 시급하면서도 지난한 과제 중 하나—의 단초로 기능할 수 있는 가능성을 타진하는 것이다. 그러므로 많은 포스트휴머니즘 이론들이 명시적으로든 암묵적으로든 당연한 것으로 전제하는 칸트의 휴머니즘을 겨냥한 비판에 대한 적극적 동조도,

본격적 반(反)비판도 이번 장의 관심사는 아니다.[128] 오히려 이 대립 구도 자체의 단순성을 문제화하는 것, 즉 칸트의 철학적 인간학 자체에서 인간을 문제화하거나 인간 너머를 가리키는 요소와 선을 발굴하고 그것을 재료로 전통적 인간학을 넘어서는 새로운 주체론과 능력론(doctrine des facultés)을 전개했던 푸코와 들뢰즈의 작업을 통해 저 대립 구도가 포착하지 못하는 포스트휴매니티와 칸트 철학의 복합적 관계를 부각하는 것이 이 장의 목적이라 하겠다.[129]

잘 알려져 있듯 들뢰즈는 철학사를 통한 철학하기를 저자와 해석자의 결합을 통한 괴물의 잉태와 출산으로 설명한다(Deleuze

---

[128]   일반적으로 포스트휴머니즘 문헌에서 칸트와 그의 시대는 적극적 참조점이 아닌 비판 대상으로 소환되며 "포스트휴머니즘 사유의 안전한 타자"로 여겨진다(Landgraf, Trop, and Weatherby 2020: 3).

[129]   '포스트' 이론들이 누리는 인기의 많은 부분은 극복 대상으로 거론되는 시대와 담론의 복잡성을 충분히 소화하지 않고도 그것 너머로 나아가도록 해주는 듯한 '효능감'에 기인하는 것으로 보인다. 통속화된 포스트휴머니즘 담론들은 칸트와 휴머니즘 전통에 대한 단순하고 관습적인 관념에 만족하고 그것을 스스로를 규정하기 위한 부정적 배경으로 활용하는 경향이 있다. 그러나 휴머니즘과의 외적 대립 관계에 만족하는 포스트휴머니즘은 휴머니즘을 단순화하는 대가로 스스로 단순화되는 위험을 피하지 못한다. 포스트모더니즘이 근대성의 복합적 유산에 대한 복합적 진단과 평가를 수반할 수밖에 없듯 포스트휴머니즘과 휴머니즘의 관계 역시 외적일 수도, 단선적일 수도 없다. 물론 이런 관점이 이 장만의 것은 아니다. Carsten Strathausen은 자기비판적 휴머니즘을 비판적 포스트휴머니즘의 본질적 부분으로 보고 그런 맥락에서 포스트휴머니즘이 칸트를 넘어서려 하기보다 그의 철학과 다시 관계해야 한다고 주장한다(2020: 105-125). Neil Badmington 역시 포스트휴머니즘은 휴머니즘 유산과의 절대적 단절을 수립할 수 없으며 오히려 그 전통과 관계하고 그것을 통해 작업하지 않을 수 없다는 입장을 취한다(2000: 7). Karl Steel은 포스트휴머니즘이 그 이름이 함축하는 바와 달리 휴머니즘 이후에 오는 것이 아니라 휴머니즘의 주장들 속에 내재해 있다고 진단한다(2017: 3). 이런 맥락에서 "휴머니즘의 포스트휴머니즘적 자취들"을 탐구할 필요성에 주목하는 논문집으로는 Landgraf, Trop, Weatherby이 함께 편집한 *Posthumanism in the age of Humanism* 참조.

1990/1993: 29). "인간이란 무엇인가?" 대신 "인간을 벗어난 주체는 무엇이 될 수 있는가?", "인간-형식의 한계를 넘어선 마음의 능력들 (Vermögen des Gemüts)은 무엇을 할 수 있는가?"를 묻는 칸트가 가 능하다면 그것을 포스트휴먼 칸트라 할 수 있을 것이다. 칸트는 많 은 물음들을 통해 결국 "인간이란 무엇인가?"라는 단 하나의 문제 만을 숙고했던 철학자라는 점에서 포스트휴먼 칸트는 (특히 '순수 한' 칸트에 대한 '정확한' 해석이 중요한 이들에게는) 분명 철학적 괴물 일 수밖에 없다. 그러나 포스트휴먼 자체가 하나의 괴물인 한에서, 그에 대한 사유 모델이 괴물의 형상을 띠는 것은 차라리 자연스럽 다 하겠다. 이념과 이론으로서의 포스트휴머니즘에 대한 찬반을 떠 나, 그것의 발생과 유행을 가능케 한 역사적·지구적 조건이 어떤 식으로든 전통적인 주체 형상으로서의 인간 이후 혹은 너머에 대 한 사유를 요청하는 상황에서 칸트 철학을 여전히 살아 있도록 하 는 유망한 길은, 칸트를 인간·인간학·휴머니즘이라는 틀 내에 온 전히 보존하기보다 포스트휴먼적 조건에서 작동하고 포스트휴먼 적 문제와 접목된 괴물로서의 칸트의 가능성을 타진하고 모색하는 것이다. 들뢰즈와 푸코의 사유 속에 소화되어 있는 칸트의 흔적들 을 포스트휴먼 칸트의 단초로 독해하는 이번 장의 논의는 그러한 방향의 집단적인 이론적 노력의 일부이고자 한다.

본격적인 논의에 앞서 연구 방법과 범위에 대한 간단한 언급이 필요하겠다. 첫째, 이번 장은 인간의 죽음과 초인(Übermensch)이라 는 니체적 테마가 칸트의 인간학적 사유에 대한 비판으로 연결되는 60년대 고고학 시기의 푸코, 이 비판을 칸트 계몽 개념에 대한 긍정적 재해석으로 뒤집는 70년 후반 이후 소위 윤리학 시기의 푸코, 그리고 인간의 죽음-초인-계몽/주체화라는 푸코 이론의 계열을 자신의 언어로 재해석하고 이를 다시 '사유의 이미지(l'Image de la pensée)'에 대한 철학사적 비판과 연결하는 『푸코』(*Foucault*)와 『차이와 반복』(*Différence et Répétition*)의 들뢰즈로 이어지는 선을 따라간다. 여기서 칸트, 푸코, 들뢰즈는 동일한 해석학적 위상과 비중을 갖지 않는다. 이 장의 논의는 칸트를 푸코의 관점에서 독해하고 다시 그 칸트와 푸코를 들뢰즈의 관점에서 읽는다는 점에서, '들뢰즈 속으로 소화된 푸코 속으로 소화된 칸트'라는 마트료시카(Matryoshka) 적 구조를 갖는다. 제목에서 들뢰즈와 푸코를 하나로 묶은 것은 그 때문이며, 같은 맥락에서 이 장이 말하는 포스트휴먼 칸트는 (들뢰즈-푸코-)칸트라고 할 수 있다.[130] 둘째, 이번 장은 들뢰즈-푸코와 칸트 사이에 존재하는 문제들 전체가 아니라 단지 인간 혹은 그것의 다른 이름인 주체와 관련한 논의들에 초점을 맞춘다. 따라서 역

---

[130] 들뢰즈-푸코의 칸트 해석에 대한 지금까지의 서술들은 그대로 들뢰즈의 푸코 해석에 도 적용할 수 있다. 들뢰즈가 『푸코』에서 수행한 작업은 역사적 푸코, 푸코가 말한 바에 충실한 주석 달기가 아니라 자신과 푸코 사이에서 들뢰즈도, 푸코도 아닌 '들뢰즈의 푸코'라는 괴물을 만드는 것이었다. 프레데리크 그로(Frédéric Gros)의 「들뢰즈의 푸코: 형이상학적 픽션」("Le Foucault de Deleuze: Une Fiction Métaphysique")이 말하는 바가 이것이다. 유의할 것은, 여기서 '형이상학'도 '픽션'도 폄하의 뉘앙스를 담고 있지 않다는 사실이다. 푸코 사유에 내재해 있는 '형이상학'을 드러내려는 들뢰즈의 기획을 긍정적으로 평가하는 글의 제목에 그로가 픽션이라는 표현을 사용한 것은, 1) 글의 서두에서 고백하듯 오랫동안 들뢰즈의 푸코 독해를 실제 푸코와 전혀 무관한 '픽션'에 지나지 않는다고 생각했던 자신의 과거에 대한 일종의 반성인 동시에, 2) 과거 자신이 그랬듯 한 철학자에 대한 해석이 아카데믹한 의미의 '충실함'을 벗어났을 때 사람들이 종종 '픽션'을 비난의 표현으로 동원하곤 하는 관행을 뒤집어 들뢰즈의 것과 같은 말 그대로 창조적인 해석이 갖는 가치를 부각하기 위해서인 것으로 보인다.

사적 선험(historical a priori)이라는 푸코-칸트적 문제나 이념, 강도, 초월론 같은 들뢰즈-칸트적 문제는 이 장에서 다루지 않는다.

논의 순서는 다음과 같다. 이어지는 '칸트 독해에서 푸코와 들뢰즈의 교차점'은 푸코와 들뢰즈의 칸트 독해가 인간이라는 초월적 주체 형상을 비판하고 극복하려는 기획에서 수렴하는 양상을 살핀다. 인간-주체 비판은 들뢰즈-푸코에게서 포스트휴먼적 칸트의 단초를 찾으려는 이 장의 모티프로 기능하는 테마로서, 언뜻 무관해 보이는 칸트, 푸코, 들뢰즈의 상이한 개념과 맥락들 간의 잠재적 연결선을 가시화하는 이후 논의에 중심과 초점을 부여한다. 다음 절 '인간의 죽음 이후의 주체로서의 초인과 '바깥'은 『푸코』를 중심으로 들뢰즈의 푸코 해석을 검토한다. 들뢰즈는 인간의 죽음 및 그와 결부된 주체 형상으로서의 초인이라는 테마와 후기 푸코의 주체화 연구를 '바깥(le dehors)'이라는 개념을 중심으로 한데 엮는바, 이 주제들은 공히 미리 주어진 주체 형식에 갇히지 않는 자유로운 주체의 자기 자신과의 관계로 재해석된 칸트적 계몽과 연결된다는 것이 중심 논지다. 마지막으로 '차이론적 능력이론'은 인간을 구성하는 힘들이 인간-형식으로 귀결되는 것은 필연이 아니라는 『푸코』의 논지가 칸트 초월철학 능력론의 비판적 변형으로서의 차이론적 능력론(théorie différentielle des facultés)으로 이어지는 『차이와 반복』의 논의를 검토한다. "주체는 인간을 벗어나 무엇이 될 수 있는가?"가 앞선 절을 인도하는 물음이라면 이 절은 "인간-형식의 한계를 넘어선 능력들은 무엇을 할 수 있는가?"라는 물음을 중심으로 한다.

칸트 독해에서 푸코와 들뢰즈의 교차점
: 인간이라는 이름의 초월적 주체 비판

1983년 이후 푸코가 칸트 비판철학과 계몽의 연속성을 거론하면서도(Foucault 2008b: 30) 결국 자신이 수행한 계몽의 재개념화를 비판철학에 대한 본격적인 분석과 결합하지 않은 것은 단순히 때 이른 죽음으로 인한 시간 부족 때문만은 아니었을 것이다. 푸코가 볼 때 비판철학을 낳은 철학적 에토스로서의 계몽을 존중하는 것과 담론으로서의 비판철학, 즉 비판철학의 내용을 존중하는 것은 다른 문제이기 때문이다. 자신은 역사 이외에 아무것도 하지 않았다고 말하는 푸코의 관점에서 인간을 구성하는 힘들이 초월적 지평을 넘어 역사적 지평에 개방되지 않는 한 비판철학적 구도와 계몽의 결합은 불완전할 수밖에 없다. 60년대 푸코의 인간학적 사유 비판, 인간의 죽음 테제와 동궤에서 재해석된 계몽의 관점에서 칸트 철학을 재구성하는 작업은 인간이라는 초월적 주체에 근거한 칸트적 문제설정 자체의 변화를 요구하는 것이다.

들뢰즈는 푸코 사유의 일반 원리를 요약하는 『푸코』의 마지막 부분 '인간의 죽음과 초인에 대하여'에서 바로 그러한 변화에 입각한 이론 구성의 단초를 제시한다.

푸코의 일반 원리는 모든 형식이 힘들의 관계로 구성된다는 것이다. 힘들이 주어질 때 우리는 우선 그것들이 어떤 바깥의 힘들과 결합하여 관계를 맺게 되는가, 그리고 그로부터 어떤 형식이 생겨나는가를 묻게 된다. 인간 내에 존재하는 힘들이란 상상하는 힘, 기억하는 힘, 이해하는 힘, 의지하는 힘 등이다. 아마도 혹자는 그러한 힘들은 이미 인간을 전제한다고 반대할 수도 있을 것이다. 그러나 형식의 관점에서 이는 진실이 아니다. 인간 안에 존재하는 힘들은 단지 장소들, 적용점들, 실존자의 영역(région de l'existant)만을 전제할 뿐이다. 마찬가지로 동물 내부의 힘들(운동성, 피자극성 등) 또한 어떠한 규정된 형식도 전제하지 않는다. 문제는 인간 안의 힘들이 일정한 역사적 형성체 위에서 어떤 다른 힘들과 관계하는가, 그리고 이 힘들의 구성물로부터 결과적으로 어떠한 형식이 창출되는가를 아는 것이다. 우리는 다음과 같은 점을 이미 예견할 수 있다. 인간 안의 힘들이 필연적으로 '인간'-형식(forme-Homme)을 구성하는 것은 아니며, 오히려 그와 달리 다른 구성물이나 다른 형식에 다른 방식으로 투여될 수도 있다. 심지어 짧은 시기 동안조차도 '인간'이 줄곧 실존했던 것은 아니며 마찬가지로 영원히 실존하지도 않을 것이다.(Deleuze 1986/2019: 207-208)

주지하듯 『칸트의 비판철학』(*La Philosophie Critique de Kant*)과 『차이와 반복』에서 들뢰즈 자신의 칸트 독해는 비판철학의 능력론을 중심으로 한다. 위 인용문은 "인간 안의 힘들"이라는 표현을 통해 자신의 능력론적 칸트 독해의 맥락을 주체성 형식에 대한 푸코의 사유에 접붙인다. 단적으로 말해 "인간 안의 힘들이 일정한 역사적 형성체 위에서 어떤 다른 힘들과 관계하는가, 그리고 이 힘들의 구성물로부터 결과적으로 어떠한 형식이 창출되는가"라는 문제가 들뢰즈와 푸코의 칸트 해석이 교차하는 지점에 위치하며, 또 그러한 것으로서 포스트휴먼 칸트에 대한 구상의 실마리로 기능한다.[131]

들뢰즈와 푸코의 철학적 관계에 대해서는 아직 많은 부분이 연구되어야 할 것으로 남아 있지만,[132] 우리의 주제와 관련하여 적어도 두 가지 측면에서 양자의 공통점을 명확히 지적할 수 있다. 첫째는 초월적·정초적 주체에 대한 비판과 주체를 구성 혹은 생산의 관점에서 보는 이론적 태도다. 이것이 푸코 작업의 핵심이라는 것은 줄곧 논의한 바와 같으며, 들뢰즈 역시 정신의 기원이 아니라 주체의 발생을 하나의 문제로 제기했다는 점에서 경험론이 갖는 중요성을 강조하는 첫 번째 저작 『경험론과 주체성』(*Emprisme et subjectivité*) 이후 『차이와 반복』에 이르기까지 줄곧 주체를 모든 것의 전제이자 출발점이 아니라 하나의 효과 내지 결과로 다루는 주체성 이론을 가다듬는다(Sauvagnargues 2009/2016: 30, 42-43). 이들이 보기에 인간-주체를 인식과 실천의 가능성의 조건으로 전제해서는 안 되며 오히려 인간이라는 주체 형식의 발생이 문제화되어야 한다. 그리고 발생의 관점에서 고찰되는 것은 원리상 소멸이나 해체

---

131   포스트휴먼 칸트의 단초라는 관점에서 위 인용문이 갖는 함축에 대한 보다 상세한 논의는 다음 절에서 이루어진다.

132   들뢰즈와 푸코의 관계에 대한 연구는, 1985-86년에 들뢰즈가 파리 8대학에서 진행한 푸코에 관한 세미나 강의의 내용이 2011년 〈프랑스국립도서관〉(Bibliothèque Nationale de France)에 의해 온라인으로 출간되면서 더욱 활발해졌다. 2011년 이후의 주요 연구로는 Morar, Nail, Smith가 공동편집한 *Foucault Studies*의 2014년 특별호 *Foucault and Deleuze*와 같은 이들이 편집한 *Between Deleuze and Foucault* 참조.

의 가능성에도 열려 있다.[133] 둘째는 칸트와의 이중적 관계다. 앞서 말했듯 들뢰즈와 푸코의 칸트 해석에는 수용과 비판이 공존하며, 양자 모두 칸트 자신 안에 존재하는 요소를 활용하여 칸트를 변형하고 비판한다. 말하자면 이들의 칸트주의는 칸트 철학을 계승하되 그것을 비튼다. 그리고 이 '비틂'은 궁극적으로 첫 번째 공통점, 즉 초월적 주체에 대한 비판과 관련되어 있다. 한마디로 들뢰즈와 푸코는 모두 초월적 주체 혹은 '인간'이 제거된 칸트주의를 모색하고 실험한다.

그러나 양자는 비판적 변형의 전략과 방법에서는 차이를 보인다. 푸코가 초월적 주체의 역사성을 드러냄으로써 그것을 비판하고 해체한다면, 들뢰즈는 초월적 주체 내부에 존재하는 균열의 선을 부각하고 확대함으로써 그것을 내파(內破)한다. 다시 말해, 푸코가 결과적으로 초월적 주체의 능력들에 관한 이론으로서의 비판철학의 지형과 거리를 두는 전략을 취하는 데 반해, 들뢰즈는 그 지형 내에서, 즉 능력론의 지평 위에서 새로운 능력론을 고안하며 그것을 "차이론적 능력이론"(Deleuze 1968/2004: 309)으로 명명한다.

칸트 해석에서 들뢰즈와 푸코 사이에 존재하는 이 같은 합류와 분기의 운동은, 물론 한편으로는 양자의 철학적 차이를 드러내는 것이지만, 다른 한편으로는 들뢰즈적 칸트주의와 푸코적 칸트주의

133 　칸트가 발생적 방법의 요구를 무시했다는 것이 칸트 당대에 마이몬(Salomon Maimon)이 제기한 주된 비판적 논점이었으며, 들뢰즈는 칸트 독해뿐 아니라 『차이와 반복』에 이르기까지 거의 모든 작업에서 발생에 관한 이 마이몬의 문제의식을 자신만의 방식으로 변주한다(Smith 2012/2023: 278-91). 칸트 이후 독일 철학사에서 마이몬이 갖는 중요성에 대해서는 Beiser(1987/2018: 286) 참조.

를 연결하는 모종의 해석적 보완을 시도할 수 있는 여지를 제공하기도 한다. 비판철학의 능력론이 들뢰즈를 통해 초월적 폐쇄성을 극복한 주체성 모델을 향해 개방될 수 있고 이것이 다시 들뢰즈의 푸코 해석 속에서 푸코의 주체 구성 이론과 연결될 수 있다면, 푸코 자신의 논의에서는 주변화되었던 비판철학의 능력론이 들뢰즈를 경유해 후기 푸코의 문제설정과 접속되는 해석을 구상해볼 수 있는 것이다.

실제로 들뢰즈는 『차이와 반복』과 『프루스트와 기호들』(*Proust et les signes*)에서 가장 선명하게 이루어지는 '사유의 이미지'에 대한 자신의 비판 작업과 인간학적 사유에 대한 푸코의 비판이 궁극적으로 같은 지점을 겨냥하고 있다고 보았다. 『차이와 반복』보다 2년 앞서 발표된 『말과 사물』에 대한 서평에서 들뢰즈는, 인간의 죽음 테제가 사유의 새로운 이미지를 세우는 일에 대한 권유로 이해되어야 한다고 주장한다. 들뢰즈에 따르면 이 새로운 사유란 "사유의 성립을 위해 반드시 필연적 균열에 의해 이론적으로 가로질러지게 되는 사유"인바, 이때 인간은 균열을 메우지도 접합하지도 못하며 반대로 이 균열이 인간 안에서 사유가 발생하는 지점을 나타낸다(Deleuze 1966/2007: 432, 434). 새로운 사유의 이미지에서 동일성으로서의 "자아를 위한 코기토"(Deleuze 1966/2007: 432)는 더 이상 유지되지 못하며 "분열된 자아를 위한 코기토"(Deleuze 1968/2004: 149)가 그 자리를 대신한다. 그런데 일치나 종합이 아니라 균열/분열로부터 발생하는 사유–코기토라는 테마는 들뢰즈가 『차이와 반복』에서 수행하는 칸트 비판철학에 대한 비판적 재구성의 중심에 놓여 있는 문제다. 이처럼 푸코가 인간의 죽음 테제로 사유하고자 했던 사태와 들뢰즈가 사유의 이미지 비판을 통해 말하고자 했던 바가 본질적으로 상응한다면, 그리고 푸코가 인간의 죽음을 통해 말하고자 했던 바가 결국 계몽의 문제, 즉 주체의 끊임없는 자기생산과 변화라면, 이제 우리는 사유의 이미지 비판과 칸트 능력론의 혁신을 연결하는 들뢰즈의 작업(Deleuze 1968/2004: 319-320, 324-325)을 후기 푸코의 중심 테마인 대안적 주체성 생산의 문제와 연결할 수 있을 것이다. 그리고 그런 한에서 들뢰즈의 변형된 칸트주의는 주체 생산에 대한 푸코의 관심을 공유하면서도 그와 달리 내용으로서의 비판철학을 도외시하지 않는다는 점에서, 인간의 죽음-초인-계몽으로 이어지는 푸코적 칸트주의의 문제의식이 비판철학의 지형과 만날 수 있는 경로를 마련한다고 할 수 있다.

단적으로 말해, 들뢰즈-푸코의 해석을 통과한 칸트 비판철학에서 인간을 구성하는 힘 혹은 능력들은 그 자체로는 고유하게 인간적이지 않으며, 그것들을 인간적인 것으로 만드는 것은 인간이라는 주체성 형식 혹은 배치다.[134] 이러한 사정이 함축하는 이론적 가능성, 그러나 칸트 철학 체계 안에서는 탐구되지 않았으며 탐구될 수 없었던 가능성은 다음과 같다. 1) 인간을 구성하는 힘들은 인간이 아닌 다른 형식을 구성할 수 있다. 현재 인간을 구성하는 힘들이 인

---

[134] 칸트 비판철학에서 인간 마음의 능력들의 비인간성과 그것이 주체의 비동일성으로 이어지는 경로와 논리에 대한 상세한 논의는 I부 '칸트적 주체의 (재)구성' 참조.

간이라는 배치를 이루는 것은 필연이 아니다. 2) 현재와 같은 배치, 인간이라는 형식 속에 있지 않은 힘들은 현재와 다른 역량 혹은 기능을 가질 수 있다. 가령 인간-형식 속에서 감성, 욕구능력 등 다른 힘들과 관계하는 지성이 할 수 있는 일과 그러한 배치와 제약을 벗어난 (예컨대 기계적 형식 속에서 작동하는) 지성이 할 수 있는 일은 다르다. 들뢰즈는 한편으로는 『푸코』에서 수행한 고유한 푸코 해석을 통해, 다른 한편으로는 『차이와 반복』을 중심으로 하는 칸트 능력 이론의 재전유를 통해 칸트 철학에 잠재해 있는 저 두 가지 철학적 가능성을 전개한다. 이어지는 절들에서 이를 차례로 검토한다.

인간의 죽음 이후의 주체로서의 초인과 '바깥'

들뢰즈의 푸코 해석의 중심에는 힘은 언제나 '바깥'에 속하며 '바깥'으로부터 온다는 테제가 있다.[135] 이 테제는 힘들의 상호 관계로서의 권력의 항구적 불안정성 및 자유와 저항의 원리적 우선성이라는 푸코 정치철학의 근본 문제설정(Foucault 1982, Deleuze 1986/2019: 152, Hardt and Negri 2009/2014: 331)의 바탕을 이룰 뿐 아니라, 능력들의 본유적 내재성을 전제하는 칸트 초월철학에 대한 비판과 변형의 출발점으로 복무한다.

---

135   주지하듯 푸코는 바깥이라는 테마를 블랑쇼(Maurice Blanchot)에게서 가져온다 (Foucault 1966b).

인간의 죽음 테제에 대한 들뢰즈식 해설이며 우리의 주제인 인간 없는 칸트주의의 문제설정이 집약되어 있는 앞서 『푸코』 인용문의 논의는 이 같은 힘과 바깥의 관계를 기반으로 한다. 힘은 어떠한 규정된 형식도 전제하지 않는다. 힘은 늘 바깥으로부터 오는 요소이며 바깥은 본성상 형식을 갖지 않기 때문이다(Deleuze 1986/2019: 147). "상상하는 힘, 기억하는 힘, 이해하는 힘, 의지하는 힘"—여기서 들뢰즈는 칸트 능력이론이 제시하는 능력들의 목록을 의식하는 동시에 변형한다—은 그 자체로 이미 인간-형식을 전제한다는 통상적 사고와 달리, 들뢰즈-푸코 즉 들뢰즈가 읽는 푸코 혹은 푸코를 읽는 들뢰즈에 따르면 인간 내부의 힘들은 인간을 구성하지만 그것을 전제하지는 않는다. 힘과 형식의 전제 관계의 이러한 역전, 그리고 그로부터 따라 나오는 "인간 내부의 힘들이 필연적으로 인간-형식을 구성하는 것은 아니며, 오히려 그와 달리 다른 구성물이나 다른 형식에 다른 방식으로 투여될 수 있"다는 진단이 자주 오해되어 온 인간의 죽음이라는 도발적 테제의 본의다. 들뢰즈-푸코는 이때 인간을 구성하는 힘들이 "다른 방식"으로 관계하여 만들게 될 "다른 구성물이나 다른 형식"에 니체로부터 가져온 '초인'이라는 이름을 부여한다.[136] 그리고 이처럼 인간이라는 주체성 형식의 소멸

---

[136] "만약 인간 안의 힘들이 오직 바깥의 힘들과 관계 맺음에 의해서만 하나의 형식을 구성한다면, 이제 그것들은 어떤 새로운 힘들과의 관계로 진입하며 또 그로부터 더 이상 신도, 인간도 아닌 어떤 새로운 형식들이 나타날 것인가? 이것이 바로 니체가 '초인'이라 불렀던 문제를 위한 정확한 자리이다."(Deleuze 1986/2019: 219-220) 들뢰즈는 초인 혹은 인간의 죽음 테제에 대한 숱한 오해를 의식한 듯 다음과 같은 '친절한' 설명을 덧붙인다. "초인은 실존하는 인간들의 사라짐이라기보다는 개념의 변화에 가까운 것이다. 그것은 신도 인간도 아니면서 이 이전의 두 형식보다 못한 것이 아니기

내지 해체를 뜻하는 인간의 죽음-초인 계열에 마지막으로 추가되는 항(項)이 바로 푸코-칸트적 의미의 계몽이다. "모든 형식은 힘들의 관계로 구성된다"는 푸코 사유의 일반 원리가 주체화의 문제계에 접목되었던 70년대 후반 이후 계몽이 그의 중심적 관심사로 떠오른 것은 이러한 맥락에서였다. 인간의 죽음-초인-계몽으로 이어지는 개념들의 계열이 가리키는 것은 주체성 형식의 변화 가능성과 그에 입각한 자유이며, 이때 주체 형식의 변화, 나아가 모든 형식의 해체와 재구성을 생각할 수 있는 것은 형식을 구성하는 힘들이 본질적으로 바깥에 속하기 때문이다.

바깥이란 무엇인가? 들뢰즈는 바깥의 의미를 일차적으로 '다르게 사유하기(penser autrement)'와 관련해서 설명한다. 푸코에게 사유하기란 "어떤 능력에 본유적인 실천"이 아니라 적극적으로 도달해야만 하는 어떤 것이다. 사유하기는 이미 주어진 기능 내지 능력의 자동적 실행이 아니며, 그런 한에서 언제나 '다르게 사유하기'의 형태로만 가능하다(그러므로 다르게 사유하지 않을 때 우리는 아예 사유하고 있지 않다). 그리고 이처럼 어떤 본유성에 의존하는 것이 아닌 한에서의 사유하기, 즉 다르게 사유하기는 "내부성(l'intériorité)에 의존해 있는 것이 아니라, 사이를 파고들며 내부적인 것을 파괴하고 절단하는 바깥의 침입 아래에서 생겨나는 것"이다. 이때 바깥

를 희망해볼 수 있는 어떤 새로운 형식의 도래인 것이다."(Deleuze 1986/2019: 223) 이런 맥락에서 분명히 드러나듯 들뢰즈-푸코는 칸트를 칸트 자신의 인간학적 사유로부터 '해방'시키기 위해 니체에 기대며 이 때문에 이들의 칸트주의를 니체와 칸트의 결합, 니체적 칸트주의라 할 수 있다.

의 침입으로 생겨나는 사유하기란 "지층화되지 않은 것에 도달하는 것"으로 정의된다. 달라진다는 것, 새로워진다는 것은 이미 만들어져 굳어진 지층이 아닌 '어떤 것'과 관계한다는 것이며 그 어떤 것의 이름이 바깥인 것이다. 다르게 사유하기가 바깥의 사유(la pensée du dehors)에 도달하기인 것은 그 때문이다(Deleuze 1986/2019: 165-166).[137]

일반화하면, 바깥은 이미 형성되어 있는 지층에서 벗어나 새로운 것, 다른 것의 구성을 가능케 하는 계기다. 그것은 기존의 것 안에 있지 않으며 안에 있을 수 없다는 바로 그 의미에서 '바깥'이다. 그러나 기존의 것 안에 있지 않으며 안에 있을 수 없다는 사실 자체가 그 기존의 것을 흔들고 새로운 구성을 가능케 하는 힘을 설명해주지는 않는다. 그러한 설명을 가능케 하는 바깥에 대한 보다 적극적인 규정은 '인간의 바깥'이라 할 초인을 언급하는 대목에서 주어진다.

초인은 결코 다음과 같은 것 이외의 어떤 것도 의미하지 않는다. 인간 자신이 삶을 구속하는 하나의 방식이기 때문에 삶을 해방해야 하는 것은 바로 인간 자체로부터이다. 권력이 삶을 자신의 대상으

---

137 내부성, 내부적인 것이란 "'모든 것'을 만들어내고 일치시킬 수 있는 기원과 목표, 시작과 끝을 전제"한다(Deleuze 1986/2019: 148-149). 우리는 이런 의미의 내부성에 입각한 주체 형상, 역으로 내부성을 가능케 하는 주체 형상이 들뢰즈-푸코가 시종일관 비판하는 초월적 주체임을 쉽게 알 수 있다. 바깥은 내부성을 깨뜨리는, 즉 초월적 주체의 작동을 가로막는 요소다. 이러한 의미의 바깥의 사유는 미리 전제된 본성적 능력의 자동적 실행을 의미하는 '사유의 이미지'에 대한 들뢰즈의 비판과 상통한다. 이에 대한 보다 상세한 논의가 다음 절의 내용이다.

로 삼을 때 삶은 권력에 대한 저항이 된다. (…) 권력이 삶-권력(bio-pouvoir)이 될 때, 저항은 이러저러한 다이어그램의 특정한 종류-환경-궤적에 한정될 수 없는 삶의 힘(pouvoir de la vie), 생동하는 힘(pouvoir-vital)이 된다. 바깥에서 오는 이 힘은 푸코 사유의 정점을 이루는 '삶(la Vie)'의 어떤 이념, 어떤 생기론(vitalisme)이 아닐까? 삶은 힘으로부터 나오는 이런 저항의 능력이 아닐까? (…) 스피노자는 이렇게 말했다. 우리는 인간의 신체가 인간의 규율로부터 해방될 때, 그것이 무엇을 할 수 있을지 알지 못한다. 그리고 푸코는 이렇게 말한다. 우리는 '살아 있는 것으로서' '저항하는 힘들의' 집합으로서의 인간이 무엇을 할 수 있는지 알지 못한다.(Deleuze 1986/2019: 156-158)

여기서 바깥, 정확히 말해 바깥에서 오는 힘은 삶 혹은 삶의 힘으로 이해된다. 삶의 힘은 "이러저러한 다이어그램의 특정한 종류-환경-궤적에 한정될 수 없"으며 그러한 의미에서 바깥의 힘이다. 푸코에게 권력은 주체를 일정한 방식으로 생산하는 힘이고, 그렇게 권력적으로 지층화된 주체성 형식은 바깥의 힘으로서의 삶을 구속하는 하나의 방식이다. 그리고 바로 그런 한에서 현재의 자신으로부터 벗어나는 일, 즉 자기 자신을 해방하는 것이 아니라 자신이 구속하고 있는 삶을 해방하는 일("인간 자신이 삶을 구속하는 하나의 방식이기 때문에 삶을 해방해야 하는 것은 바로 인간 자체로부터이다")로서의 계몽—푸코-칸트적 의미의 계몽—은 삶을 구속하는 권력, 곧 삶-권력에 맞선 저항이다. 우리는 현재 인간을 이루는 삶의 힘들이 저 저항 속에서 혹은 저항을 통해 인간이라는 구속복을 벗을 때 무엇을 할 수 있는지 알지 못한다. 다시 말해 인간이 자신의 '바깥'에서 무엇을 하고 무엇이 될 수 있는지는 미리 결정되어 알려져 있지 않다. 들뢰즈는 이것을 스피노자-니체-푸코로 이어지는 초인 사상의 내용으로 정식화한다.[138]

삶의 힘으로서의 바깥은 기존의 것, 확립된 것, 지층화된 것과 다른 층위 혹은 차원에 속하며 후자의 전사(傳寫)나 투사(投射)를 통해 사유될 수 없다는 바로 그 의미에서 바깥이다. 그러므로 바깥은 단순히 내부성 혹은 내부적인 것의 반대가 아니다. 내부성에 대립하는 것은 외부성(l'extériorité)인데, 외부성은 지층화된 것의 차원에 속한다는 의미에서 내부성만큼이나 바깥과 거리가 있다. 내부성(그리고 또한 외부성)과 바깥의 거리는 동일한 층위에서 측정되는 양적 거리가 아니라 차원의 차이에서 비롯하는 원리적 거리라는 점에서

---

138   들뢰즈-푸코의 개념으로서의 '삶'은 지층과 권력의 구속을 받으면서도 그것들과 결코 동일화되지 않는 이질적인 것으로서 그것들에 저항하며 이를 통해 지층과 권력을 새로운 차원에 개방하는 힘이다. 들뢰즈의 개념화에서 '새롭다'는 것은 시간이 지남에 따라 확립된 것이 되는 방식으로 소진되거나 낡아버리지 않는다는 것이다. 즉 새로운 것은 사실상(de facto) 새로운 것이 아니라 권리상(de jure) 새로우며 바로 이런 의미에서 확립된 것의 '바깥'이다(Deleuze 1968/2004: 304). 들뢰즈의 삶 개념에 대해서는 Deleuze 1995 참조. 발리바르는 이 같은 들뢰즈의 생기론적 푸코 해석이 관계의 사유를 힘의 사유 아래로 포섭한다고 비판한다(Balibar 2017: 33). 이 비판은 '사건의 철학(la philosophie de l'événement)'과 '구조로서의 현실태의 철학(la philosophie de l'actualité comme structure)'의 구분(Balibar 2020: 28, 배세진 2022: 349-354), 위에서 푸코 철학을 어디에, 어떻게 위치시킬 것인가라는 보다 확장된 논점과 관련되어 있다. 단순히 푸코 해석의 정확성을 가늠하는 문제를 넘어 현대 프랑스 철학 전체의 구도와 그 정치적 함축이 걸려 있는 한에서 이 장의 목적과 범위를 넘어서는 이 문제에 대한 본격적인 논의는 다른 자리를 기약한다.

바깥은 "어떤 외부적 세계보다 더 멀리" 있다. 들뢰즈가 "푸코는 내부성에 대한 급진적인 비판을 멈춘 적이 없다"고 말할 때, 이 비판은 외부가 아니라 어떤 외부적 세계보다 더 멀리 있는 바깥으로부터 온다(Deleuze 1986/2019: 163).

바깥과 구분되어야 하는 것으로 제시되는 외부성과 외부성의 형식에 대한 이해는 푸코의 일반적 방법론을 규명함에서 그리고 바깥의 개념을 명확히 하는 데서 필수적이다. 푸코는 겉으로 드러나 있다는 의미의 어떤 외부성을 파고들어 본질적이라고 가정되는 '내부성의 핵(核)'을 찾는 대신, 말과 사물의 외부성의 형식들 자체가 갖는 구성적 성격을 탐구한다. 요컨대 푸코가 보기에 우리의 경험을 구성하는 것은 본질적 내부성—앞서 언급했듯 이것의 대표적 형식이 초월적 주체다—이 아니라 외부성의 형식들이다. 들뢰즈에 따르면 이와 관련하여 세 가지 상관적 심급을 구분할 필요가 있는 바, 첫째 힘들이 발생하고 의존하는 원천으로서의 바깥이 있고, 둘째 "힘관계들이 현실화되는 구체적 배치들의 환경으로서의 외부"가 있으며, 셋째 그러한 힘관계들의 현실화를 규정하는 외부성의 형식들이 있다(Deleuze 1986/2019: 80).

힘관계들의 역사적 현실화는 푸코가 실증성 또는 경험성이라 부르는 지층을 형성하는데, 각각의 역사적 지층들은 말하는 방식과 보는 방식, 담론성(discursivité)과 명증성(évidence), 즉 언표가능한 것의 형식과 가시적인 것의 형식이라는 두 요소의 조합으로 형성된다. 여기서 들뢰즈는 언표가능한 것과 가시적인 것이라는 두 외부성 형식의 관계에서 푸코의 '신칸트주의'라 할 만한 것을 읽어낸

다. 언표와 가시성은 사유나 행위가 나타날 수 있는 초월적 조건인
바, 칸트의 구도로 환원하면 전자는 자발성(Spontaneität)에, 후자는
수용성(Empfänglichkeit)에 해당한다. 말하자면 푸코는 규정하는 것
으로서의 언표와 규정가능한 것으로서의 가시성의 조합을 통해 실
증성 혹은 경험성의 발생을 설명한다(Deleuze 1986/2019: 105-107).
그리고 칸트에게 있어서 자발성의 형식과 수용성의 형식, 지성과
감성이 상호 환원불가능하면서도 결합하여 경험을 가능케 하듯, 푸
코의 이론에서도 언표와 가시성은 상호 이질적이면서도 종합되어
야 하는 관계에 있다.

　푸코의 신칸트주의를 구성하는 이 유비의 선이 완결되려면, 칸
트 철학에서 도식(Schema)에 해당하는 무언가가 언표와 가시성 사
이에 있어야 할 것이다. 푸코에게서 도식의 역할을 하는 것은 바로
권력이다. 언표와 가시성이라는 두 외부성 형식 사이에는 "어떤 공
통의 형식 또는 상응성도 존재하지 않으며, 다만 양자 모두를 에워
싸고 있는 힘들의 비형식적 요소만이 존재할 뿐이다." 그리고 바로
이 형식으로 환원되지 않은 힘들 혹은 권력들이 두 형식의 통합을
통한 현실화(actualisation-intégration)를 가능케 한다. 이때 힘-권력
의 작용과 관계를 설명하기 위한 푸코의 개념이 다이어그램이며,
다이어그램의 기능(diagrammatisme)은, 자발성과 수용성이라는 환
원 불가능한 두 형식으로부터 경험의 도출을 보증하는 칸트의 도
식기능(Schematismus)의 유비로 이해될 수 있다. 말하자면 푸코에
게 있어서 "권력은 스스로는 보지도 말하지도 못하지만, 보고 말하
게 만드는 것이다."(Deleuze 1986/2019: 141)

이상이 들뢰즈가 요약하는 푸코적 신칸트주의의 개요다. 그런데 앞서 보았듯 바깥은 외부성의 형식과 다르며, 그 형식들의 '사이' 혹은 '환경'에서 그것들의 통합과 변화를 가능케 하는 다이어그램과도 다르다. 푸코적 칸트주의에 대한 지금까지의 설명은 형식과 다이어그램, (보다 일반적으로 알려진 용어로 하면) 지식과 권력에 대한 푸코의 이론을 정식화하지만 후기 푸코의 주체화 이론과는 연결되지 않는다. 주체화의 힘은 형식도 다이어그램도 아닌 바깥에서 온다. 푸코에게 지식과 권력에 관한 칸트주의와 구분되는 윤리적 칸트주의, 즉 계몽의 칸트주의가 있다면 그것은 무엇보다 바깥과 관련하여 규정되어야 한다. 그러나 주체성의 형식이 힘들의 관계이며 이 관계의 변화가 가장 먼 것보다 더 먼 바깥으로부터만 올 수 있다면, '자기와의 관계'라는 계몽의 문제(Foucault 1984a/1999: 190, 196, 200), 푸코의 마지막 테마는 어떻게 설명되어야 하는가?

앞서 살펴본 대로 들뢰즈-푸코에 따르면 힘이 힘인 것, 즉 서로 영향을 주고받으며 자신들의 관계와 형식에 변화를 가져올 수 있는 것은 오직 그것이 '바깥의 힘'이기 때문이다.[139] 그러므로 주체가 자신과 맺는 관계가 기존 주체성 형식의 변형을 낳으려면 이 관계 자체가 곧 바깥과의 관계이지 않으면 안 된다. 즉, 들뢰즈가 보기에 후기 주체화 이론이 바깥이라는 푸코 자신의 지속적 테마와 융합

---

139   이로부터 도출되는 결론 가운데 하나는, 일정한 형식의 구성에 참여하는 힘은 더 이상 바깥과 관계하지 못함으로써 힘의 본질을 상실한다는 것이 아니라, 모든 형식은 그것을 구성하는 힘의 본질로 인해 언제나 바깥에 노출되어 있으며 그 결과 필연적 불안정성과 변화 가능성을 갖는다는 것이다.

하려면, "자기와의 관계가 바깥에 대한 관계에 상응"해야 하며, 이러한 조건 위에서 "바깥과의 관계는 기존의 힘들을 끊임없이 다시금 문제화하며 결국에는 자기와의 관계가 주체화의 새로운 양식들을 불러내고 생산"하도록 만든다(Deleuze 1986/2019: 201-202).

자기와의 관계가 곧 바깥과의 관계이기 위해서는 바깥이 주체 안에 있어야 하기 때문에, 자기변형에 도달하는 자신과의 관계는 결국 바깥을 안으로 들이는 문제가 된다. 들뢰즈는 이것을 "바깥을 구부려서" '안쪽(le dedans)'을 만드는 일로 설명한다. 바깥이 내부성에 상응하는 것이 아니었듯 안쪽은 외부성의 맞짝이 아니다. 바깥이 내부성-외부성 짝과 다른 질서에 속한다면, 바깥을 구부려서 생겨나는 안쪽도 저것들과는 다른 층위에 속해야 할 것이다. 안쪽은 바깥과도 대립하지 않는데, 이는 그것이 "바깥이 아닌 무언가가 아니라 정확히 바깥의 안쪽(le dedans du dehors)"이기 때문이다. 바깥의 안쪽은 안쪽이 된 바깥, 즉 주체 안쪽에 있는 바깥이다. 바깥이 언제나 새롭게 시작할 수 있도록 해주는 삶의 힘이라면 주체의 자기구성은 자신 안에 있는 이 삶의 힘과 관계하는 것이다. 바깥의 안쪽 혹은 안쪽으로서의 바깥은 주체의 자기변형을 가능케 하는 근본적 계기지만 주체 자신의 것, 주체에게 내부적인 것은 아니다. 그것은 "바깥이 어떤 외부적 세계보다 더 멀리 있는 것이듯이, 어떤 내부적 세계보다도 더 깊이 놓여 있는" 것이다(Deleuze 1986/2019: 163).

주체화가 이처럼 주체를 구성하지만 고유하게 주체의 것은 아닌 바깥과 관계하는 일인 한, 들뢰즈-푸코가 말하는 자기와의 관계는 역설적으로 자신 안으로 구부려진 타자성 혹은 이질성과의 관계를 의미한다. 푸코 사유의 일반적 구도에 대한 들뢰즈의 또 다른 요약인 다음 대목은 이런 맥락에 삽입된다.

> 언제나 푸코를 뒤쫓고 있는 주제는 분신(分身, le double)이라고 할 수 있다. 그러나 분신은 결코 내부적인 것의 투사가 아니다. 그것은 정반대로 바깥의 내부화다. (⋯) 그것은 어떤 '나'의 발현이 아니라 언제나 다른 어떤 것 혹은 어떤 '비(非)-자아'를 내재화하기다. (⋯) 나는 내 안에서 타자를 발견한다.(Deleuze 1986/2019: 165-166)

다시 말해 푸코가 말하는 주체의 자기구성은 끝없이 외부의 타자를 동일화해가는 '나'의 운동, 타자 안에서도 자신만을 보는 '나-주체'의 확장이 아니다. 그것은 "바깥의 내부화"인바, 바깥은 내 안에 들어와도 결코 내가 되지 않는 것, "언제나 다른 어떤 것"이다. 그러므로 나는 내 안에서 타자를 발견할 뿐 아니라 이 타자가 영원히 나와 동일화되지 않을 것이라는 사실 또한 발견한다. 내 안의 제거불가능한 타자는 안쪽이 된 바깥이며, 바깥이기 때문에 나를 구성하는 현재 형식과 원리상 동일화되지 않는다.

이처럼 들뢰즈-푸코는 주체를 "바깥의 파생물로 정의"함으로써 "주체의 의미를 확장하는 동시에 그것에 하나의 환원 불가능한 차원을 부여한다."(Deleuze 1986/2019: 179) 주체를 주체화의 결과물로 이해한다는 것은 주체를 바깥과의 구성적 관계 속에서 사유한다는 것이며 이렇게 이해되는 주체는 본유적 내부성, 즉 인간의 본성, 인간이라는 이름의 초월적 주체로 환원되지 않는다는 의미에서 그러하다. 그리고 비판철학의 초월적 주체로서의 인간을 구성하는 힘-능력들이 지금까지 논의에 따라 재규정될 수 있다면, 그리하여 바깥에 개방될 수 있다면 우리는 본래적 칸트의 것과는 다른 능력이론을 갖게 될 것이다. 들뢰즈는『차이와 반복』을 중심으로 바로 이러한 방향의 작업을 수행한다.

차이론적 능력이론
: 인간을 벗어난 능력은 무엇을 할 수 있는가?

들뢰즈의 푸코가 인간을 구성하는 힘들이 바깥이라는 계기를 통해 인간과 다른 배치 혹은 형식으로서의 초인으로 재구성될 수 있는 가능성을 타진한다면, 들뢰즈 자신은 이처럼 인간과 다른 배치속으로 진입하는 능력들에게 일어나는 변화를 묻는 방식으로 인간 이후 혹은 너머를 사유한다.『차이와 반복』의 들뢰즈는 칸트가 개방함과 동시에 봉쇄하려 했던 이 같은 사유의 가능성을 식별하고그것을 칸트가 설정했던 한계 밖으로 전개하며, 이러한 비판철학의 비판적 재구성은 공통감, 마음의 능력, 초월/초험, 이념과 같은칸트의 주요 개념들을 자신의 방식으로 전유하고 재정의하는 일을수반한다.

　무엇보다 문제적인 것은 공통감(sensus communis)이다. 들뢰즈는 칸트 철학에서 공통감의 의미를 "능력들 간에 이루어지는 모든 일치", "능력 집단의 선험적인 일치"로 정의한다. 들뢰즈가 보기에 공통감이야말로 칸트 철학 전체를 하나로 꿰는 실인바, 이는 "칸트 철학이 가진 가장 독창적인 요소 가운데 하나가 '우리가 가진 능력들의 본성이 서로 다르다'는 이념"이기 때문이다(Deleuze 1963a/1995: 46). 능력들의 본성이 서로 다르기 때문에 그것들의 일치를 설명하는 일이 필수적인 과제로 제기되는 것이다.[140] 칸트 연구사에서 들뢰즈가 갖는 변별점은 이처럼 능력들의 일치의 문제적 성격을 칸트 철학 전체의 중심 문제로 부각했다는 데 있다. 그리고 능력들의 일치가 하나의 문제로 부각된다는 것은 역으로 그것을 더 이상 당연하게 전제할 수 없음을, 바꿔 말해 언제나 불일치의 가능성을 사유하지 않을 수 없음을 뜻한다.

공통감이라는 철학적 문제에 대한 들뢰즈의 태도는『칸트의 비판철학』과「칸트 미학에서의 발생의 이념」("L'idée de genèse dans l'esthétique de Kant")을 발표한 1963년과『차이와 반복』을 내놓은 1968년 사이에 미묘한 변화를 겪는다. 칸트 연구자로서의 면모가 더 강하게 느껴지는 1963년의 들뢰즈가『판단력비판』을 중심으로 능력들의 발생적 일치 혹은 자유로운 일치를 부각함으로써 칸트 철학의 아킬레스건이 될 수 있는 능력들의 일치의 '임의성'이라는 문제를 해결하려 했다면, 본격적으로 자신의 철학을 전개하는 1968년의 들뢰즈는 공통감 자체를 철학사를 지배해온 사유의 이미

---

140 능력들을 비롯하여 이질적인 것들의 관계 맺음을 사유하기 위한 칸트의 대표적 개념이 바로 '종합(Synthese)'이며 "종합의 개념은 칸트주의의 중심에 있는 것이자 칸트주의의 고유한 발견이다."(Deleuze 1962: 58) 칸트는 능력들의 일치를 뜻하는 것으로 Synthese 외에 Zusammenstimmung, Einstimmung, Übereinstimmung, Proportion, Harmonie 등과 같은 다양한 표현들을 사용한다(서동욱 2006: 164 참조).

지와 결부된 부당전제로 비판하고 칸트 자신의 숭고론이 그 일면을 보여준 능력들의 불일치라는 문제가 갖는 폭발적 잠재력의 크기와 성격을 검토한다(서동욱 2002: 44, 2006: 172).

여기서 우리가 주목하는 것은 후자의 해석 노선, 즉『차이와 반복』의 작업으로, 그것은 능력들의 일치를 가정하는 미리 전제된 주체성 형식을 벗어난 능력이 무엇을 할 수 있는지를 묻는다. 능력들의 불일치는 공통감을 통해 형성되는 안정적 주체 형상으로서 인간의 해체를 뜻한다. 인간이라는 형상, 형식, 배치가 해체되면 그것을 전제로 비판철학이 각 능력에 할당했던 고유한 한계도 철폐된다. 요컨대 주체의 구성이 달라지면 주체가 할 수 있는 일뿐 아니라 주체를 구성하는 각각의 능력이 할 수 있는 일도 달라진다. 능력의 기능과 역할을 제한하고 규정하는 배치가 달라지기 때문이다. 이처럼 미리 전제된 형식 혹은 (칸트 자신의 용어로 하면) 한계를 벗어난 능력이 무엇을 할 수 있는가라는 문제를 들뢰즈는 "능력의 초험적 실행"으로 정식화한다. 이것은 한계를 벗어난 실행이기 때문에 초월적(transcendantal)이지 않고 초험적(transcendant)이다. 칸트 철학의 대부분의 맥락에서 능력의 초험적 사용은 곧 부당한 사용이지만, 예외적으로 숭고론(과 천재론)은 자신의 한계를 넘어선 능력이 이전까지 하지 못했던 일을 할 수 있게 될 가능성, 능력들의 불일치가 비단 주체의 동일성뿐 아니라 능력들 자체의 동일성까지도 불안정하게 할 가능성을 보여주며, (이후 논의에서 보겠지만) 이 때문에 들뢰즈에게 숭고론은 각별한 중요성을 갖는다.

공통감에 대한 들뢰즈의 이 같은 전복적 독해는 사유의 이미지 비판이라는 더 넓은 맥락에 위치해 있다. 사유의 이미지란 무엇이며, 그것의 어떤 점이 왜 비판되어야 하는가? 들뢰즈에 따르면, 지금까지 거의 모든 철학은 선(先)-철학적이고 자연적인 어떤 사유의 이미지를 전제해왔다. 이것은 "철학들에 따라 바뀌게 되는 이러저러한 사유의 이미지가 아니라 철학 전체의 주관적 전제를 구성하는 하나의 단일한 이미지"다. 사유의 이미지는 모든 이들이 사유가 무엇인지를 알고 있을 뿐 아니라 실제로 사유할 수 있고 사유하고 있음을 당연시한다. 이는 사유의 이미지가 전제하는 사유가 "자연적 사유" 혹은 "보편적 본성의 사유"기 때문이다. 이에 따르면 사유는 "어떤 능력의 자연적 실행"이다. 자연에 속하고 일정한 본성(=내적 자연)을 가진 이—인간이라면 모두 이러한 존재로 여겨지거니와—라면 누구나 자연적으로 사유의 능력을 실행할 수 있는 것으로 간주된다. 그리고 이처럼 사유가 능력의 자연적 실행인 한 사유 주체와 진리의 관계도 자연적으로 전제된다. "자연적 사유는 사유 주체의 선한 의지와 사유의 올바른 본성이라는 이중적 측면에서 참에 대한 자질을 지니고 있고 참과 친근한 관계에 있다"(Deleuze 1968/2004: 291-295)는 것이다. 요컨대 사유는 자연적으로 실행되는 한에서 본성의 표현이고 그 본성은 선하고 올바른 것으로서 진리와 미리 결정된 관계 속으로 진입한다는 것이 철학 전체를 떠받쳐온 사유의 이미지의 내용이다.

바로 이런 의미에서 사유의 이미지는 푸코가 비판하는 인간학적 사유와 근본적으로 상통한다. 사유의 이미지는 "주체가 주체로서 갖는 주체 자신의 구조를 통해 주체에게 열려 있는 진리/진실에 접근하기 위해서 주체는 그저 있는 그대로의 자신이기만 하면 된다"고 전제한다는 점에서, 진리/진실을 "단 한 번도 되어본 적이 없는 자기"가 되려는 주체의 자기변형 의지와 연결하는 푸코의 주체관, 진리관과 정확히 반대편에 있다(Foucault 2001/2007: 222, 132). 사유의 이미지는 인간-주체가 그 자체로서 진리의 능력을 갖는다고 상정한다는 점에서 일정한 '주체의 이미지'인 동시에 그러한 주체의 사유에 상응하는 '진리의 이미지'다.[141] 여기서 사유-주체-진리의 본성은 부당하게 전제되며 고정된다.

들뢰즈의 관점에서 "사유가 사유하기 시작할 수 있고 또 언제나 다시 시작할 수 있는 것은 오로지 그 선-철학적 이미지와 공준들에서 벗어나 자유를 구가할 때뿐"이다(Deleuze 1968/2004: 296). 들뢰즈는 '사유(pensée)'와 '사유하기(penser)'를 구분하고 후자가 전자 속에서 발생해야 한다고 말한다. 본성의 자동적 실행으로 정립된 사유의 이미지는 사유하기의 발생과 그 발생의 역량을 봉쇄한다. 이는 미리 규정되어 주어지는 주체의 이미지가 주체화의 역량, 주체의 자기구성의 자유를 가로막는 것과 마찬가지다. 사유하기가 사유 속에서 발생해야 하고 주체화가 주체 속에서 작동해야 한다. 이런 맥락에서 들뢰즈는 아르토(Antonin Artaud)로부터 가져온 사유의 '생식성(génitalité)' 개념을 사유의 이미지가 내세우는 본유성

141　『안티 오이디푸스』(L'anti-Œdipe: Capitalisme et schizophrénie)의 논의는 이 계열에 '신체의 이미지'를 추가한다. 『차이와 반복』에서 수행되는 사유의 교조적 이미지에 대한 비판은 『안티 오이디푸스』에 등장하는 신체의 교조적 이미지—신체를 '유기체'라는 방식의 종합으로 이해하는 이미지—에 대한 비판에 상응한다(Villani and Sasso 2003/2012: 48 참조).

에 맞세운다. 사유의 생식성은 "사유하기가 본유적으로 타고난 것이라기보다 사유 속에서 분만되어야 하는 것"이라는 사실, 다시 말해 "문제가 본성상 그리고 권리상 선재(先在)하는 어떤 사유를 방법적으로 지도하거나 응용하는 데 있는 것이 아니라 다만 아직 현존하지 않는 것을 낳는 데 있다"는 사실을 가리킨다. "사유한다는 것은 창조한다는 것"이고 "창조한다는 것은 무엇보다 사유 속에 '사유하기'를 낳는 것"이다. 들뢰즈는 "이와 다른 작업은 없고 여타의 모든 것은 임의적이며 또 장식에 불과하다"고 단언한다(Deleuze 1968/2004: 328). 그리고 이 단언은, 우리는 다르게 사유할 때만 진정으로 사유하며, 다르게 사유하기 외에 다른 사유하기의 가능성은 없다는 푸코의 테제와 공명한다. 들뢰즈가 푸코 철학에서 사유하기를 본유적 능력의 자동적 실행이 아니라, 즉 "내부성에 의존하는 것이 아니라, 사이를 파고들며 내부적인 것을 파괴하고 절단하는 바깥의 침입 아래에서 생겨나는 것"(Deleuze 1986/2019: 148)으로 설명할 때, 그는 '사유의 생식성'과 같은 맥락의 무언가를 이야기하고 있는 것이다(Deleuze 1986/2019: 198). 그리고 이처럼 사유하기가 주체의 본성을 통해 미리 전제된 일치—주체를 구성하는 능력들의 일치 그리고 그에 상응하는 주체와 진리의 일치—에 도달하는 일과 다른 무엇인 한에서, 진리 역시 생산의 문제이지 본유성이나 자연적 사유의 문제는 아니게 된다(Deleuze 1968/2004: 340). 그러므로 사유-주체-진리에 관해 들뢰즈와 푸코가 지속적으로 강조하는 바는 동일하다. 그것들은 모두 발생 혹은 생산된다. 이 사실을 가려 보이지 않게 만드는 사유의 이미지, 주체의 이미지, 진리의 이미지는 정확히 우리를 우리가 할 수 있는 바—새로운 사유, 새로운 주체, 새로운 진리의 생산—로부터 분리한다는 니체적 의미에서 예속에 기여한다. 후기 푸코가 인간의 죽음과 초인에 대한 사유의 연장선에서 재규정한 계몽의 일차적 의미는 바로 그러한 예속에 맞선 투쟁이다. 들뢰즈가 주체의 힘의 고정된 본성과 자연적 실행을 전제하고 그로부터 그것의 '올바른' 사용을 연역하는 식의 사유에 반대할 때, 그는 푸코가 정립한 우리 자신의 비판적 존재론과 계몽의 계보에 합류한다.

　사유의 이미지가 무엇보다 능력들의 일치를 전제한다면, 능력론의 관점에서 바깥의 침입이 깨뜨리는 내부성은 다름 아닌 공통감의 이념일 것이다. 칸트 자신의 사유 내에서 숭고와 천재의 분석학이 보여준 것이 바로 이 공통감의 균열 가능성이다. 비판철학의 지도(地圖) 위에 주의 깊게 설정되었던 능력들의 경계와 조화로운 관계는 거기서 새로운 작도를 요구할 정도의 동요와 변화를 겪는다(Deleuze and Guattari 1991: 8). "그리하여 숭고[와 천재] 속에서는 (…) 공통감의 형식이 실패를 겪는 가운데 사유를 전혀 새로운 방식으로 생각할 기회가 주어진다."(Deleuze 1968/2004: 320) 공통감, 즉 능력들의 일치와 조화는 각 능력이 자신에게 주어지는 한계를 준수함을 뜻한다. 공통감의 형식 아래서 능력들의 역량은 일치의 관점에서 평가되고 제한되며, 역할 수행의 규범 또한 일치의 관점에서 주어진다. 그러므로 공통감이 실패한다는 것은 능력들이 일치라는 형식 속에서 자신에게 주어지는 역할과 기능을 벗어나서 활동하기 시작한다는 것—가령 상상력이 미감적 이념(ästhetische Idee)

을 현시하는 능력이 되는 경우(KU, V313-316)—이다. 이러한 능력의 활동 혹은 실행은 한계를 벗어남이라는 고유하게 칸트적인 의미에서 초험적이다. 비판철학의 '공식적' 입장은 능력의 초험적 실행 혹은 사용을 엄격히 금한다. 다수적 칸트(major Kant)는 공통감의 모델을 결코 포기하지 않을 것이며 능력들의 올바른 사용은 능력들의 조화로운 일치로부터 연역될 것이다. 그러나 들뢰즈의 소수적 칸트(minor Kant)는 "능력들의 불화적 사용"(Deleuze 1968/2004: 311)과 초험적 실행을 통해 사유하기가 발생하는 장면을 선구적으로 제시한 철학자로 나타난다.[142] 사유의 이미지가 공통감의 지평에서 능력들에게 미리 할당된 역할과 기능을 뜻하며 사유하기의 발생이 그러한 "사유의 이미지의 파괴"(Deleuze 1968/2004: 311)를 수반할 수밖에 없다면, 능력들의 불화적 혹은 초험적 실행이 사유하기를 촉발한다는 결론은 필연적이라 할 것이다.

그러나 사유의 이미지와 공통감의 파괴가 곧 능력들의 절연(絶緣)이나 관계의 부재를 뜻하지는 않는다. 만약 그렇다면 우리는 들뢰즈의 능력론을 주체화 혹은 새로운 주체의 구성이라는 후기 푸코의 테마―푸코가 칸트의 계몽에 대한 재해석의 초점으로 삼는 테마―와 연결할 수 없을 것이다. 들뢰즈에 따르면 능력들 사이에는 부조화의 조화 혹은 불일치의 일치가 존재한다.

---

142   다수적 칸트와 소수적 칸트를 구분하는 아이디어는 안토니오 네그리(Antonio Negri)와 마이클 하트(Michael Hardt)의 『공통체』(Hardt and Negri 2009/2014) 45-53쪽을 참조했다.

부조화는 여전히 어떤 조화를 함축하고 있으며, 이 조화에 따라 각각의 능력은 도화선을 통해 자신의 폭력을 다른 능력에 전달한다. 그것은 말 그대로 '부조화의 조화'로서, 공통감이 지닌 동일성, 수렴, 협력 등의 형식을 배제한다.(Deleuze 1968/2004: 420)[143]

부조화의 조화를 정립하는 것은 '폭력'의 전달이다. 능력은 자신의 한계를 넘어갈 것을 강요받을 때 폭력을 경험한다(KU V245, V265). 능력의 초험적 실행은 그 능력의 안전지대를 떠나는 월경(越境)을 요구한다는 점에서 폭력과 강제이며, 사유하기가 '비자발성의 모험'일 수밖에 없는 것은 이 때문이다.[144] 그러나 숭고와 천재의

143 　더 자세한 설명으로는 다음 대목을 참조. "[능력들의 초험적 사용에서도] 물론 능력들 간에는 어떤 연쇄가 있기 마련이고, 이 연쇄 안에는 어떤 질서가 현존한다. 하지만 이런 질서와 연쇄는 똑같은 것으로 가정된 하나의 대상 형식에 바탕을 둔 어떤 협력을 함축하는 것이 아니다. 그렇다고 '나는 생각한다'의 본성 안에서 성립하는 어떤 주관적 통일성을 함축하는 것도 아니다. 균열된 나의 가장자리들을 스쳐가고 또 분열된 자아의 조각들을 이러저리 스쳐가는 것은 어떤 강요되고 깨져버린 연쇄이다. 능력들의 초험적 사용은 정확히 말해서 어떤 역설적 사용이고, 이 역설적 사용은 어떤 공통감의 규칙 아래에서 이루어지는 능력들의 실행과 대립한다. 또한 능력들 간의 조화는 단지 부조화의 조화로서만 산출될 수 있다. 왜냐하면 각각의 능력이 다른 능력으로 전달하거나 소통시키는 것은 오로지 폭력밖에 없기 때문이고, 이런 폭력과 마주할 때 각각의 능력은 여타의 모든 능력들에 대해 차이를 드러내는 동시에 그 모든 능력들과 더불어 발산 관계에 놓이게 되기 때문이다. 칸트는 숭고 속에서 상상력과 사유가 이루어내는 관계의 경우를 통해 역사상 처음으로 이런 부조화에 의한 조화의 사례를 제시했다. 그러므로 하나의 능력에서 다른 능력으로 소통되는 어떤 것이 있다. 하지만 이것은 소통되면서 변신하되 결코 어떤 공통감을 형성하지는 않는다."(Deleuze 1968/2004: 324-25)

144 　들뢰즈에 따르면 "사유는 물론이고 각각의 능력이 빠져들 수 있는 모험은 오로지 비자발성의 모험밖에 없다."(Deleuze 1968/2004: 323) 이는 "사유하도록 강요하고 사유에 폭력을 행사하는 어떤 것이 없다면 사유란 아무것도 아니"라는 것을 의미한다. 사유보다 더 중요한 것은 "사유 바깥에, 사유하도록 강요하는 것 속에" 있다(Deleuze

분석학이 제시하는 상상력의 사례에서처럼 한계를 넘어서는 것은 각각의 능력에게 자유와 "n승의 역량"(Deleuze 1968/2004: 314) 또한 가져다준다. 그리고 이처럼 '단 한 번도 되어본 적이 없는 자기'가 된 능력은 한계를 넘어서는 자신의 자유와 역량을, 즉 '폭력'을 다른 능력에 전달한다(KU V249, V269, V274, Deleuze 1963b/2007: 197, 1993/2007: 175). 이것이 초험적으로 실행되는 능력들이 부조화의 조화를 이루는 방식이다. 들뢰즈는 능력들의 초험적 실행과 발산적 관계를 '모든 감각의 착란'이라는 랭보(Arthur Rimbaud)의 시구로 요약하고, 랭보에게 있어 모든 감각의 착란이 미래의 시를 정의하는 것이었듯 이제 모든 능력들의 탈구적 실행, 즉 비-공통감적 실행이 미래의 철학을 정의하게 될 것이라고 말한다(Deleuze 1993/2007: 176). 필시 인간의 죽음을 요구하고 그 죽음과 더불어서만 도래할 이 미래의 철학이 여전히 칸트와 결부될 수 있다면, 그것은 인간이라는 주체 형식과 그 형식에 결박된 능력들의 관계를 전제하지 않는 포스트휴먼 칸트, 인간 없는 칸트주의의 칸트일 수밖에 없을 것이다.

1964/2004: 143). 푸코의 구도로 말하자면, 내부성—능력들의 자연적 실행과 예정된 일치, 보편적 본성의 사유—이 바깥의 침입으로 깨질 때 사유하기가 시작된다. 들뢰즈의 '비자발성의 모험'은 푸코의 '바깥의 사유'와 같은 궤에 있는 것이다.

포스트휴먼 칸트(주의)의 물음들

지금까지 논의에서 드러나듯 푸코와 들뢰즈는 단순히 칸트와 결별하기보다 칸트에서 출발하되 칸트 자신이 설정한 한계 외부로 이어지는 사유의 선을 그려보고자 했던 철학자들이다. "인간이란 무엇인가?"라는 칸트 철학의 근본 물음을 대체하는 두 가지 물음이 이 칸트 내부에서 외부로 이어지는 운동을 추동하는바, 그것은 "인간-형식을 벗어난 주체는 무엇이 될 수 있는가?"와 "인간-형식의 한계를 넘어선 능력은 무엇을 할 수 있는가?"이다. 두 물음은 각각 인간은 스스로를 무엇으로 만들어야 하는가라는 계몽의 문제의식과 인간 마음의 능력들의 본성·역량·한계를 물었던 비판철학의 문제의식을 이어받아 그것을 칸트 자신보다 멀리까지 밀고 나간다. 이러한 칸트를 넘어선 칸트주의는 꽤 직접적인 의미에서 현대적 함축을 갖는바, 가령 들뢰즈는 『푸코』의 마지막 단락에서 인간 안의 힘들이 "탄소를 대체하는 실리콘, 유기체를 대체하는 유전자적 요소들"과 같은 바깥의 힘들과 관계하는 현대의 상황을 언급한다. 이런 맥락에서 초인이란 어떤 신비화와도 무관하며 단지 "인간 안의 힘들과 이 새로운 힘들의 형식적 구성물", 즉 "새로운 힘관계에서 생겨나는 형식"을 뜻한다(Deleuze 1986/2019: 222-223). 들뢰즈-푸코가 말하는 미래의 철학은 저 새로운 형식의 도래에 관한 숙고이자 모색이며, 인간 없는 칸트주의는 칸트를 이런 의미의 미래의 철학의 재료로 삼으려는 시도다.

푸코와 들뢰즈는 인간중심적 사유의 극복을 주장하는 많은 이론가 및 연구자에게 직간접적인 영감의 원천으로 여겨지고 있다는 점에서, 이들의 칸트 해석에서 포스트휴먼 칸트의 단초가 발견되는 것은 어쩌면 자연스러운 일이다. 그러나 실마리는 실마리일 뿐이다. 칸트와 포스트휴먼적 맥락의 접목과 그에 따른 칸트 철학의 본격적인 재구성, 또 그러한 재구성을 통해 탄생할 새로운 칸트(주의)가 인간 이후/너머의 시공간을 사유하려는 집단적 노력에 기여할 수 있는 바에 대한 구체적 숙고는 아직 수행되어야 할 작업으로 남아 있다. 이 작업은 가령 다음과 같은 물음들을 제기하고 다룰 수 있을 것이다. AI를 지성이 인간-형식 외부에서 작동하는 사례로 볼 수 있는가? 인간 외부에서 작동하는 지성이 여전히 인간을 구성하는 힘들과 관계함으로써 만들어지는 주체 형식의 성격, 가능성과 위험성은 무엇인가? 지성뿐 아니라 이성까지도 기계적 형식과 접목될 수 있는가? 그것이 가능하다면 그때 이성은 인간적 이성과 어떻게 구분되며 어떤 관계를 맺어야 하는가? 인간중심주의와 다른 방식으로 동물, 기계, 물질, 지구와 관계한다는 것은 인간이라는 배치를 넘어서 작동하는 감성을 위한 감성론 혹은 감성의 교육학을 요청하지 않는가? 인간 없는 새로운 칸트주의는 사이보그(Haraway 1991/2023)에 대해 무엇을 말할 수 있는가? 초인과 사이보그는 어디서 어떻게 만나고 어디서 어떻게 갈라지는가? 인간의 죽음 혹은 포스트휴먼을 불가피하게 받아들일 수밖에 없는 본질적으로 수동적인 사태가 아니라 우리가 자신과의 관계에서 수행하는 발명·구성·변형·극복이라는 의미의 윤리의 문제, 다시 말해 푸코-칸트적 계몽의 문제로 사유할 수 있는 방법과 조건은 무엇인가? 이런 문제들에 대한 숙고에 더해, 포스트휴먼 칸트(주의)의 관점에서 가능한 추가적인, 더 나은 문제의 설정·제기·검토를 이후 과제로 남겨둔다.

푸코의 문제화로서의 철학과 철학의 문제화

    푸코 독해와 연구에는 일정한 역설이 존재한다. 한편으로 푸코가 '무엇'을 했는지는 매우 명확하다. 그는 다른 많은 철학자들과 달리 광기, 형벌, 섹슈얼리티 등 구체적이고 특정한 문제들을 다루었고 때문에 현실의 문제를 사유함에 있어 직접적인 참조점으로 삼기 용이한 철학자로 여겨진다. 그러나 다른 한편으로 보면 푸코가 그러한 작업들을 통해 궁극적으로 '무엇'을 하려고 했는지는 아직도 추가적인 숙고와 논의를 요하는 문제로 남아 있다. 그가 역사학자인지 사회학자인지 철학자인지, 자유주의 혹은 신자유주의의 비판자인지 옹호자인지, 새로운 좌파 정치를 모색한 이론가인지 부르주아 이론의 최후의 보루인지 등에 대해 여전히 논란이 끊이지 않는 상황도—이런 문제 제기 방식의 기초에 놓여 있는 구분법의 낡고 거친 성격은 일단 차치하면—이 문제와 관련되어 있다. 후기 강연과 대담들에서 푸코가 자신의 가장 기본적인 의도와 개념, 프로젝트들에 대해 반복적으로 질문을 받고 설명해야 했던 것 역시 이와 무관하지 않을 것이다.

한 철학자의 작업의 세부가 아니라 그가 자신의 철학으로 결국 무엇을 하려고 했는지, 그 철학이 어디에 발 딛고 서서 어디를 바라보는지를 검토하는 일은—작업의 성격상 거칠고 성긴 논의에 머물고 말 위험에도 불구하고—철학의 해석과 활용, 연구의 시작점과 종착점 모두에 걸려 있는 문제다. 특히 푸코처럼 스스로 연구의 문제의식과 목적을 자주 밝혀왔음에도 불구하고 그 작업의 성격을 둘러싼 논란이 쉽게 해소되지 않는 철학자, 개념과 논리의 일관성과 체계성을 중시하기보다 초점의 변화에 따라 연구 대상과 행로를 끊임없이 재조정·재규정해온 철학자, 무엇보다 그 연구 혹은 작업의 철학으로서의 성격 자체가 문제적인 철학자라면 더욱 그렇다. 이번 장은 푸코가 철학과 맺었던 관계를 그의 작업 전체를 추동했던 문제의식의 맥락에서 문제화(problématisation)라는 문제계(問題系)를 매개로 검토해보려는 시도다.

푸코는 『광기의 역사』 이래 자신의 모든 작업을 관통하는 개념 중 하나로 문제화를 제시한다(Foucault 1984d: 257). 문제화는 일차적으로 연구나 분석의 대상을 가리킨다. 푸코는 "어떻게 그리고 왜 어떤 사태, 행동, 현상, 과정이 하나의 문제가 됐는지", 가령 "어떻게 그리고 왜 세계의 상이한 사태들이 정신병으로 규합되어 정신병으로 특징지어지고 분석됐으며 또 정신병으로 다루어진 것"인지, 요컨대 어떻게 그리고 왜 하나의 문제가 문제로 떠오르고 정립되는지를 분석하는 것이 자신의 과제였다고 말하면서 이를 문제화에 대한 분석으로 정식화한다(Foucault 2016/2017: 359-360, 1984e). 그러나 다른 한편 문제화는 연구 대상이 아닌 방식, 방향, 목적을 뜻하기도 한다. 문제화로서의 연구, 연구로서의 문제화는 하나의 문제를 현재 주어진 형식 그대로가 아니라 그것을 정립한 역사적 과정으로서의 문제화의 관점에서 분석함으로써 그 자명성 혹은 필연성의 외양을 파괴하는 것을 목적으로 한다.[145] 다시 말해 작업방식으로서의 문제화는 굳어져 고정된 것으로 보이는 '문제'들이 유동적이고 우연적인 '문제화'의 결과물임을 드러냄으로써 그것들을 재규정가능성의 장에 개방하는 일이다. 광기, 감금, 섹슈얼리티 등의 문제를 그 역사적 형성의 관점에서 고찰하는 연구 수행 역시 하나의 문제화인 것이다. 푸코는 자신이 여러 곳에서 철학 자체와 동일시하는 비판의 임무가 "항구적 재문제화"라고 말하는바, 결국 역사적 비판으로서 철학의 과제는 현재를 조건 짓는 문제화를 변화시키는 것, 즉 문제화를 문제화하는 것이다.[146] 종합하면, 문제화는 일정한 역사적 시기에 어떤 문제가 사유와 경험의 초점으로 정립되는 역사적 과정인 동시에 그 역사적 과정에 대한 비판적 분석―주지하듯 이 작업을 지시하는 푸코 자신의 개념이 고고학과 계보학이다―을 가리키는 용어다. 한마디로 문제화로서의 철학은 역사적 문제

---

145 푸코는 같은 내용을 사건화(événementialisaion)로 개념화하기도 한다. "저는 '사건화'라 부를 수 있는 방향으로 작업하고자 노력하고 있습니다. (…) 사태가 '필연적으로 그렇게 전개될 이유는 없었다'는 사실을 보여주는 것, 다시 말해 광인을 정신병자로 인식하는 것, 감금이 범죄자에 대한 유일한 대응책이 된 것, 개인의 신체에 대한 검사를 통해 질병의 원인을 찾는 것 등이 그렇게까지 당연한 일이 아님을 보여주는 작업이 바로 사건화입니다. 우리의 지식, 합의, 실천이 기대고 있는 이런 자명성과의 단절이 사건화의 첫 번째 이론-정치적 기능입니다."(Foucault 1980/2014: 117-118)

146 Foucault 2016/2017: 362. 문제화의 이 두 번째 의미에 초점을 맞추는 논의로는 Howarth 2013: 4, Castel 1994, 문제화와 비판(혹은 비판으로서의 계보학)의 관계에 대해서는 Geuss 2002, Lemke 2011 참조.

화를 문제화하는 작업이다.[147]

푸코와 철학의 관계라는 관점에서 문제적인 것은 문제화로서의 철학이 철학 자체를 문제화하는 국면들이다. 잘 알려져 있듯이, 또한 역사적 문제화 과정을 대상으로 하는 문제화 작업이라는 규정의 논리상 당연하게도, 푸코 철학을 규정하는 키워드는 역사인바, 이는 그가 역사에 대한 철학을 했음이 아니라 역사를 수행하는 방식으로 철학을 했음을 의미한다.[148] 푸코가 역사학을 혁신했다는 폴 벤느의 평가를 받아 말하자면 푸코는 역사학을 혁신하는 바로 그 방식으로 역사를 수행함으로써 철학을 혁신했다고 할 수 있다.[149] 그러나 철학의 문제화라는 관점에서 보면 역사함을 통한 철학함, 즉 철학의 역사화보다 더 중요한 것은 그러한 역사화의 이유 혹은 동기다. 문제화로서의 철학의 '어떻게'와 '왜' 모두가 철학을 문제화하지만 '어떻게'는 '왜'와의 관계에서 논의되지 않으면 과녁

---

147 Bacchi(2012)에 따르면 두 가지의 의미의 문제화는 단일한 접근법의 두 측면으로 이해되어야 한다. 문제화 개념에 대한 표준적 정리로는 Koopman 2014, 이 개념을 푸코의 작업 혹은 방법론 전체의 핵심으로 보는 논의로는 Szakolczai 2013, Koopman 2013 참조.

148 Balibar(1997/2007: 364)는 푸코가 수행한 철학의 전위(轉位)를 "역사에 대한(de) 철학에서 역사 속의(dans) 철학으로의 이행"으로 규정한 바 있는데, 이는 "역사에 대한 성찰"과 "역사 속에서의 성찰"을 대비시킨 푸코 자신의 정식화(Foucault 1983c: 412-415)에 기초한 것이다.

149 Veyne 1971/2004: 453-508. 물론 푸코가 '역사'를 수행했다는 말이 정확히 무엇을 뜻하는지는 별도의 추가적인 논의를 요하는 문제다. 푸코는 여러 강연과 대담에서 역사학자들의 작업과 자신의 작업을 구분하려 했다.(가령 Foucault 2004b/2012: 23) 이 구분은 푸코가 자신의 방법론을 단순히 역사학이 아니라 고고학과 계보학으로 규정하는 이유, 그가 역사학을 혁신했다고 평가받을 만한 이유와 관련되어 있을 것이다.

에 도달하지 못한다. 푸코는 왜 역사적 문제화의 방식으로 철학을 수행했는가? 이것이 이 장을 인도하는 물음이며, 이 물음의 인도하에서만 '비오스(bios)'와 '에토스(êthos)'라는 철학의 오랜 문제가 철학의 문제화의 정점으로 제기되는 후기 푸코의 행로의 철학적 함축을 이해할 수 있다.

주요 테제를 앞서 정리하면 다음과 같다. 첫째, 푸코는 철학을 문제화의 작업으로 규정하고 수행함으로써 철학 자체를 문제화한다. 푸코는 철학 바깥에 있다기보다는 (다른 주제나 영역과 관련해서도 그랬듯이) 안과 밖의 구분 자체를, 그럼으로써 철학 자체를 문제화한 철학자로 이해되어야 한다. 둘째, 푸코 사유에서 철학의 문제화가 도달한 극점(極點)은 철학적 삶, 혹은 삶으로서의 철학이라는 테마였다. 삶에 관한 진리가 아니라 진리로서의 삶, 에토스에 관한 담론이 아니라 에토스 자체가 철학일 수 있다는 테제가 철학에 대한 문제화의 마지막 단계를 이룬다. 셋째, 철학의 문제화가 철학적 삶이라는 테마에 도달한 이유와 경로는 문제화로서의 철학의 동기 혹은 그것이 입각해 있는 가치의 관점에서 숙고되어야 하며 또 그런 관점에서 볼 때 가장 잘 이해될 수 있다. 이어지는 논의는 이 세 가지 문제에 대한 상술이 될 것이다.[150]

---

[150] 이후 논의는 철학과 철학사에 대한 직접적인 검토와 언급 그리고 자신의 작업 전체의 문제의식의 표명이 밀접한 상호관계 속에서 집중적으로 이루어진 70년대 후반 이후의 푸코를 중심에 놓는다. 반면 이 장과 마찬가지로 푸코와 철학의 관계라는 문제를 다룬 논문에서 김은주(2022: 31)는 "푸코와 철학의 관계를 후기의 윤리 계보학을 중심으로 고찰할 경우 이 관계를 긍정적인 것으로 만드는 대가로, 오히려 푸코의 이론 전체를 관통하는 중요한 철학적 테제를 경시할 우려가 있다"고 말하며, 대표적인 것으로 "특정 시대에 특정한 합리성의 유형이 존재하며 개인이 자의적으로 그것을 뛰어

푸코 철학의 규정들
: 문제화로서의 철학, 현재성의 철학, 반시대적 철학

"철학이란 무엇인가?" 혹은 "철학이란 무엇이어야 하는가?"가 후기 푸코의 주요 물음 중 하나였다는 주장은 낯설게 들릴 것이다. 첫째, 푸코는 자신의 작업이 철학으로 규정될 수 있는지 없는지에 큰 관심을 갖지 않았던 것으로 보이며 때로는 명시적으로 자신이 철학이라는 실천 체계에 속하지 않는다고 말했기 때문이다(Foucault 2015/2016: 51). 둘째, 적어도 일정 시기 이후의 헤게모니적 철학

넘을 수 없다는 역사적 아프리오리의 문제의식"을 든다. 그러나 특정 시대에 특정한 합리성의 유형이 자명성과 필연성을 갖고 있지 않은, 역사적 우연의 산물임을 밝히는 것이 고고학의 목적이었고, 고고학을 통해 확보된 가능성의 공간에서 "개인이 자의적으로" 뛰어넘을 수 없는 한계로서의 '역사적 아프리오리'를 변형하기 위한 집단적인 자유의 실천과 실험의 기획에 관심을 가졌던 것이 후기의 푸코다. 역사적 아프리오리의 문제의식의 핵심이 "뛰어넘을 수 없다"에 있다면 그것은 적어도 "푸코의 이론 전체를 관통"하는 문제의식이라고 볼 수 없고—이 경우 역사적 아프리오리는 자유의 실천과 실험의 문제의식이 분명해지기 이전 시기에 속하는 개념으로 받아들여져야 할 것이다—"개인이 자의적으로" 뛰어넘을 수는 없으되 그 변형 가능성과 집단적인 실천·실험의 관계가 사유 가능한 것이라면 이는 후기 푸코의 문제의식과 대치될 이유가 없다. 그러므로 김은주의 우려를 뒤집어 다음과 같이 말해볼 수 있을 것이다. "역사적 아프리오리의 문제의식을 푸코의 이론 전체를 관통하는 대표적인 철학적 테제로 간주하는 대가로, 오히려 푸코 자신이 반복적으로 밝히고 있는 그의 작업 전체를 추동하는 실천적-정치적 동기와 가치를 경시할 우려가 있다." 푸코가 궁극적으로 문제 삼았던 '자의성'이 있다면, 그것은 현실적으로 높은 실패 가능성과 실패할 경우 감당해야 할 '자의적'이라는 비난과 조롱에도 불구하고 현재를 바꾸기 위한 실험을 감행하는 이들의 '자의성'이 아니라, 우리로 하여금 이러한 실험들이 '자의적'이며 결국 실패하고 말 것이라고 생각하고 말하도록 만드는 현재의 성격과 조건들의 '자의성'이다. 푸코 철학에서 '실험'의 의미와 중요성은 이어지는 논의를 통해 드러날 것이다. 역사적 아프리오리의 문제는 푸코의 고대철학 연구가 갖는 철학적 의의를 어떻게 이해해야 할 것인가를 생각하는 자리에서 다시 다룬다.

이 지도에도 달력에도 구속되지 않는 문제를 다루는 것, 혹은 지도와 달력에 결부된 문제를 그로부터 분리하여 다루는 것을 본분이자 영예로 알아왔으며 "철학이란 무엇인가?"라는 물음이 그러한 철학의 성격으로부터 자유로울 수 없다면, 그것은 지도도 달력도 없는 문제는 다루지 않는다고 알려진 푸코가 관심을 가질 법한 문제가 아닌 것으로 보이기 때문이다. 그러나 후기 푸코는 분명 철학이라는 문제계를 자주 그리고 직접적으로 다루었을 뿐 아니라 그것을 통치, 계몽, 비판, 윤리, 주체화 등과 나란히 핵심 개념들의 망(網)에 삽입시켰으며, 무엇보다 자신의 작업을 철학사의 맥락에 위치시키는 데 관심을 가졌다는 점에서 자신만의 방식으로 "철학이란 무엇인가?"라는 문제를 제기하고 사유했다고 할 수 있다. 철학에 지도와 달력을 부여하려는 푸코의 집요한 노력은 그의 작업을 특징짓는 다른 많은 물음들과 더불어, 그리고 그 물음들과 관련된 것으로서 "철학이란 무엇인가?", 더 정확히는 "철학은 어떤 과정을 거쳐 어떤 조건에서 지금의 철학이 되었는가?", "지금의 철학과 다른 가능한 철학의 양식은 무엇인가?", "우리는 어떤 조건 위에서 어떤 방식으로 철학에서의 '자유의 실천'을 말할 수 있는가?"라는 물음을 제기하는 것으로 보인다. 이것이 이 장이 '철학의 문제화'로 정식화하는 내용이다.

문제 자체 못지않게 중요한 것은 푸코가 그것을 어떻게 제기하고 다루었는가다. 푸코가 저 물음들에 접근하는 방식과 관련하여 두 가지 특기할 만한 점이 있다.

첫째, 푸코는 독자적 철학관을 제시하는 제스처를 취하기보다 소크라테스 이래, 혹은 칸트 이래 철학 전통을 둘로 나누는 결정적 분기가 존재한다고 주장하면서 그중 하나의 전통에 자신의 작업을 위치시킨다. 철학사를 재분류 혹은 재계열화하고 두 계열의 차이, 갈등, 경합, 길항, 교류를 서술하는 방식인데, 하이데거나 들뢰즈에게서 보듯 이 같은 철학사 재서술은 그 자체로 한 철학자의 철학이 제시되는 방식이며 이는 푸코의 경우도 마찬가지다. 그러므로 푸코가 행한 구분이 철학사적으로 얼마나 적절한가, 각 철학자들 혹은 연구자들의 관점에서 동의할 만한 것인가는 지금 맥락에서 유의미한 물음이 아니다. 문제는 이런 구분이 자신의 철학에 대한, 혹은 철학 일반에 대한 푸코 사유의 어떤 측면을 드러내는가 그리고 어떤 방식으로 철학의 현재를 문제화하는가이다.

둘째, 푸코는 고대철학에서 소크라테스로부터 출발하는 분기와 근대철학에서 칸트로부터 출발하는 분기를 그 핵심에서 같은 성격을 갖는 것으로 제시함으로써 서구철학사 전체를 관통하고 틀 짓는 문제가 있음을 시사한다(Foucault 2015/2016: 358-359). 철학에 대한 본질적 규정을 시도하기보다 역사적 맥락에서 논의를 전개하는 것은 푸코다운 방식인 데 반해, 철학사의 분기를 규정하는 문제의 항구적 성격을 주장하는 두 번째 논점에서는, 역사에서 연속성보다 불연속과 단절을 부각했던 기존 태도와 어긋나 보이는 것이 사실이다. 그러나 서구철학사 전체를 둘로 나누는 문제가 있다는 이 같은 주장, 나아가 자신 역시 그 문제가 규정하는 전통에 속한다는 주장은—그 주장의 타당성 여부를 떠나—후기 푸코의 고대철학 연구가 어떤 현재적 관심하에 이루어졌는지를 보여주며, 그러한 한에서 푸코의 근대철학 연구와 고대철학 연구 모두를 관통하는 문제의식과 관점을 살피는 출발점이 될 수 있다. 그리고 바로 이 관점과 문제의식이야말로 푸코가 철학과 철학사를 문제화하는 출발점이기도 할 것이다.

상호 연관되어 있지만 서로에게 환원되지 않으며 교류, 대립, 경쟁, 갈등하는 철학의 두 전통이라는 테마는 후기 강연, 대담, 인터뷰에서 자주 반복된다. 진리 혹은 인식의 형식적 분석학과 우리 자신의 역사적·비판적 존재론, 비판과 계몽을 인식의 문제로 이해하는 비판철학과 우리 자신의 변화의 문제로 이해하는 비판철학, 자기인식(γνῶθι σεαυτόν)을 우선시하고 자기돌봄(ἐπιμέλεια ἑαυτοῦ)을 주변화하거나 소거하는 철학과 자기인식을 자기돌봄의 한 계기로 배치·활용하는 철학, 영성(spiritualité)을 철학에서 배제하는 철학과 영성과 철학을 겹쳐놓는 철학 등 고대철학에서 근대철학에 이르기까지 시기와 맥락에 따라 다양한 변주를 통해 제시되는 철학의 분기 혹은 두 전통이라는 테마는 이 모든 변주의 결과를 하나로 엮는 철학적인 동시에 정치적인 관심을 중심으로 회전하며 푸코가 수행하는 철학의 문제화는 바로 그 관심에 입각해 있다(Foucault 2009: 2-3, 2015/2016: 99, 2001/2007: 44, 61, 63, 104, 2013/2022: 40).

대비의 효과를 얻기 위해, 푸코가 긍정적으로 개념화하는 철학적 실천을 본격적으로 논의하기에 앞서 그가 거리를 두는 철학, 적어도 자신의 것은 아니라고 생각하는 철학의 특징을 간략히 정리해보자. 두 전통을 나누는 중요한 한 가지 기준은 진리/진실에 접근하는 방식, 진리/진실을 사유하는 방식이다. 진리/진실을 무엇보다 혹은 오직 인식의 문제로 다루는 철학, 진리/진실을 그 자체로, 즉 그것에 대한 의지와 욕망—말할 것도 없이 이것은 니체적 테마다—및 그것이 발하는 권력-정치적 효과에 대한 고려 없이도 사유할 수 있다고 믿는 철학, 인식은 자신과 타자의 통치가 아니라 인식 그 자체를 위해 이루어진다고 믿는 철학, 진실과 거짓의 형식적 조건이 아니라 그 구분 자체의 정치적 원인과 효과를 문제 삼는 데 무관심하거나 무력한 철학, 그리하여 진리/진실이 오늘의 우리를 오늘의 우리로 만든 조건 및 그것의 변형 가능성과 무관하게 다루어질 수 있으며 나아가 마땅히 그렇게 '순수하게' 다루어져야 한다고 믿는 철학. 푸코가 문제화하는 것은 바로 이런 철학이 정립되어 다수적 위치를 점하게 된 역사적 과정과 그 정치적 효과 혹은 의미다.[151]

푸코는 자신을 다른 전통에 귀속시킨다. 푸코가 이 전통을 규정하는 데 동원하는 몇 가지 표현들이 있는데 그중 하나가 II부 '계몽과 비판의 재구성' 장에서 다룬 바 있는 현재성의 철학이며 이는 그대로 자신이 수행한 작업의 성격을 나타내는 말이기도 하다. 푸코가 문제화를 철학 활동 자체와 동일시할 때, 철학은 정확히 무엇을 문제화하는가? 단적으로 그것은 현재이자 우리이며 현재의 우리다. 현재성의 철학의 다른 이름이 우리 자신의 비판적 존재론인 것은 그 때문이다. 푸코를 나타내는 문장(紋章)이 되어버린 고고학

---

151 본문 서술에서 이미 드러나듯, 알레테이아(alêtheia), 폴리테이아(politeia), 에토스(êthos)라는 세 극의 상호영향·교통·착종 관계를 평생의 연구 주제로 삼았던 푸코의 관점에서 진리/진실의 문제에서의 차이는 곧바로 권력과 주체의 문제에서의 차이를 함축한다.

과 계보학은 현재성의 철학의 방법론이다. 고고학과 계보학은 역사와 무관한 것처럼 보이는, 혹은 무관함을 주장하는 것들을 역사와 다시 결부시키는 작업이다. 그러나 고고학과 계보학은 과거를 이해하는 것이 아니라 현재를 바라보는 방식을 바꾸는 것을 목적으로 한다는 점에서 역사학과 다르다(Oksala 2007/2008: 97, Negri 2004/2015: 299-300). 들뢰즈의 말대로 푸코 작업 전체에서 푸코 자신이 직접 밝힐 필요가 없을 정도로 명확하고 본질적인 두 가지가 있다면, 그것은 첫째, 그가 어떤 의미에서건 역사를 수행했다는 것이고 둘째, 어떤 역사적 시기이건 늘 오늘의 우리와의 관계에서 다루었다는 것이다(Deleuze 1990/1993: 104). 역사적 문제화의 문제화로서의 철학이 현재성의 철학이라는 다른 이름을 갖는 것은 이런 맥락에서다.[152]

현재에 대한 문제화 혹은 비판은 지금 이 현재보다 더 나은 어떤 현재를 제시하는 것을 목적으로 하지 않는다. 철학은 전통적으로 참칭해왔던 바와 달리 현재의 방향과 목적을 제시하거나 결정할 수 없으며 그런 의미에서 목적론적일 수 없고 목적론적이어서도 안 된다. 현재의 문제화는 다만 현재가 얼마나 자의적인지, 즉 자명하지도 필연적이지도 않은지만을 드러낸다. 그것은 현재의 가정된 필연성에 결박된, 혹은 비가시화된 가능성들의 개방에 관심을 갖는

---

[152] 주지하듯 푸코는 동일한 개념의 의미를 맥락에 따라 미묘하게 이동시키는가 하면 종종 상이한 개념들을 동일한 내용을 가리키는 데 사용하기도 한다. 그러므로 중요한 것은 문제화라는 개념의 일관적 사용을 확인하는 것이라기보다, 그것이 포괄하는 문제계와 관련 개념들의 계열을 관통하는 일관된 사유와 관심을 추적하고 드러내는 일이다.

다. 푸코적 의미의 자유는 이 가능성들의 개방에 관한 것이다. 그것은 억압받거나 소외되어 있는, 그러므로 저항의 실천을 통해 해방해야 할 어떤 본성이나 본질이 아니라 현재를 문제화하고 이를 통해 개방되는 가능성들을 실험과 관계시키는 우리의 실천에서 존립한다. 푸코가 "가장 역설적인 의미의 칸트주의자"인 것은, 가능 조건에 대한 탐구라는 유구한 칸트적 문제설정을 이어받았지만, 칸트의 탐구가 인식과 윤리의 확고한 정초를 위한 것이었던 데 반해 푸코의 탐구는 우리의 실존과 사유에 유동성과 비결정성을 도입하기 위한 것이었기 때문이다(Rajchman 1985/2020: 161). 그는 칸트로부터 선입견과 미신의 제거라는 의미의 계몽의 기획 또한 계승했지만 이때 선입견과 미신은 우리에게 주어진 선한 본성, 선한 인식 능력의 오용이나 그로부터의 일탈을 가리키기보다 오히려 우리가 우리 자신이라고, 우리의 '본성'이라고 확고히 믿고 있는 바에 관한 것이다. 현재를, 현재의 우리를 왜 문제화하는가? 단적으로 말해 그것을 변형하기 위해서다.

푸코가 니체주의자라는 진술은 그가 칸트주의자라는 진술만큼 복잡한 역설을 함축하지 않는다.[153] 그의 작업 전반이 그렇듯 현재성의 철학의 배후에는 매우 분명하게 니체적 사유가 작동하고 있다. 현재성의 철학은 단순히 '오늘의 이슈들'에 대해 이런저런 입장

---

153   물론 이는 푸코와 니체의 사상적 관계가 어떤 차이나 변형의 요소도 포함하지 않는다는 주장은 아니다. 기실 '철학자'라는 이름에 값하는 두 철학자 사이에서 그런 식의 관계가 성립하는 일은 원리상 불가능할 것이다. 푸코와 니체가 만나는 지점과 갈라서는 지점을 종합적으로 다루는 일은 푸코 연구의 중요한 한 축이며 이에 대한 논의로는 정대훈(2019)을 참조할 수 있다.

을 바삐 내놓는 철학, 현재 사람들의 이목을 끌고 있는 문제들에 말을 보태는 철학, 그래서 현재를 현재의 표면에서 사유하고 말함으로써 그것이 현재의 모습을 유지하는 데 기여하는 철학이 아니다. 다시 말해 그것은 소위 '시대정신'에 입각하거나 그것을 반영하는 철학이 아니다. 오히려 정확히 반대가 진실인바, 그것은 반(反)시대적 철학이다. 들뢰즈와 푸코는 공히 니체를 사숙했으면서도 그로부터 발굴해 낸 문제는 상이했고 철학함의 스타일도 달랐다고 해야겠지만, 반시대적 철학이라는 테마—그리고 그와 불가분한 '진단'이라는 테마—만은 함께 계승했다.[154] 철학의 반시대성에 대한 들뢰즈의 규정과 서술에서 푸코의 문제의식을 발견하게 되는 것은 그 때문이다. "철학은 역사의 철학도 영원성의 철학도 아니다. 철학은 반시대적이며, 언제나 그리고 오로지 반시대적일 뿐이다"(Deleuze 1968/2004: 21)라고 말할 때, 들뢰즈는 물론 니체가 개시한 철학사 전체에 대한 문제제기를 이어받고 있는 것이지만 이는 그대로 푸코의 철학관, 푸코가 수행한 철학의 문제화의 모토로 간주되어도 무방하다. 『철학이란 무엇인가?』에 등장하는 반시대적 철학에 대한 다음과 같은 서술 역시 그대로 푸코의 현재성의 철학에 대한 설명으로 독해될 수 있다.

과거에 맞서, (…) 현재 위에서, (바라건대) 어떤 미래(un avenir)를 위

154　푸코에 따르면, 들뢰즈 철학에서 니체의 영향이 뚜렷이 나타나는 것은 욕망 이론이지만 자신에게 니체와 관련하여 중요했던 것은 진리/진실이라는 문제였다(Foucault 1983a/1999: 73).

해 행위하기. 그러나 미래는 역사의 미래도 유토피아적 미래도 아니다. 그것은 무한한 지금, (…) 반시대적인 것이다. (…) 지나가는 모든 현재 속에서 생성을 진단하기, 이것이야말로 니체가 의사, 즉 '문명의 의사' 혹은 새로운 내재적 실존 양식의 고안자인 철학자에게 부여했던 과제다.(Deleuze and Guattari 1991: 107-108)

현재성의 철학자는 반시대적 철학자로서 현재 위에서 과거를 거슬러 "무한한 지금" 속에서/속으로부터/속으로 무언가가 도래하도록(à venir) 하기 위해, 즉 생성(devenir)을 위해 행위한다. 말하자면 그는 "새로운 내재적 실존 양식의 고안자"로서 행위한다. '진단'은 현재가 현재로 머물려는 힘이 얼마나 강력한지 확인하고 그 강력함을 근거로 '어쩔 수 없음'을 정당화하기 위해서가 아니라 새로움이 도래할 수 있는 가능성의 공간을 확보하기 위해 하는 작업이다. 푸코가 "위대한 철학자"인 것은 "역사를 다른 것을 위하여 이용했기 때문", 즉 "다가올 시간을 위하여 시간에 맞서서 행동하기, 시간 위에서 행동하기"를 실천했기 때문이라고 들뢰즈가 말할 때, 그는 푸코의 철학이 반시대적 철학이라고 말하는 것이다(Deleuze 1988/2007: 482).[155]

---

155   푸코와 들뢰즈의 관계에 대한 연구를 서로에 대한 명시적 언급들이 아니라 반시대적 철학이라는 공통의 테마에서 시작하는 것도 가능할 것이다. 『푸코』의 다음 대목은 '철학이란 무엇인가?'에 대한 들뢰즈 본인의 답변인 위 인용문과 거의 그대로 포개진다. "현재에 대립하여 과거를 사유한다는 것, 현재에 저항한다는 것은 결코 어떤 회귀를 위한 것이 아니며 오히려 '다가올 시간을 … 위하여'(니체) 즉 다시 말해서 과거를 바깥에 대해 능동적이고 현재적인 것으로 만들기 위하여, 그리하여 드디어는 어떤 새로운 무엇인가가 도래하도록 하기 위하여, 사유가 언제나 새로운 사유에 도달하도록

현재성의 철학을 반시대적 철학으로 만드는 것은 실험(expéri-
mentation, essai)이라는 계기다. 현재의 우리 자신에 대한 비판은 "우
리에게 부과되는 한계들의 역사적 분석", 즉 진단인 동시에 "그 한
계들을 넘어갈 가능성의 실험"이어야 한다(Foucault 1984a/1999:
200). 그러므로 실험은 이른바 문학·미술 시기 푸코의 바깥, 위반,
한계경험에 대한 문제의식과 공명하는 개념이며, 널리 회자되는
'진단'과 함께 현재성의 철학의 필수적인 두 벡터를 이룬다. 실험을
동반하지 않는 진단은 반시대적이지 않으며 그런 한에서 현재성의
철학에 미달한다.[156] 그러므로 문제화로서의 철학은 실험으로서의
철학에 의해 추동되며 그것을 통해 완성된다. 실험은 역사를 요구
하고 역사는 실험을 위해 수행된다.[157] 현재에 대한 역사적 진단은
위반으로서의 실험의 여지, 즉 한계를 넘어설 가능성을 확보하려는
노력이다. 그리고 역사와 실험의 연결고리가 되는 것, 자신 위에 양
자를 포개놓는 것, 역사와 실험을 연속체로 만드는 것이 바로 푸코

하기 위한 것이다. 사유는 자신의 고유한 역사(과거)를 사유하지만 그것은 오직 자신
이 사유하고 있는 것(현재)으로부터 스스로를 해방시키기 위하여 그리하여 결국에는
'다르게 사유하기'(미래) 위한 것이다."(Deleuze 1986/2019: 207-208)

156 "우리가 [단순히] 자유를 확인하거나 공허하게 꿈꾸는 것에 만족하지 않으려면, 이러
한 역사-비판적 태도는 또한 실험적 태도이기도 해야 하는 것으로 보인다."(Foucault
1984a/1999: 195)

157 이런 이유에서 들뢰즈는 실험 자체는 역사적인 것이 아니라 철학적인 것이라고 말한
다. 그에 따르면 푸코에게 사유한다는 것은 실험한다는 것이다. 역사가 없다면 실험
은 미규정적인 것, 구체적인 조건에 입각하지 못한 것이 되겠지만 역사 자체는 실험
이 아니며 단지 역사를 넘어선 무언가의 실험을 가능케 하는 조건들의 집합일 뿐이다
(Deleuze 1990/1993: 104-105). 푸코에게 "사유란 실험하는 것이며 문제화하는 것
이다"라는 『푸코』의 서술 역시 같은 맥락에서 이해되어야 한다(Deleuze 1986/2019:
197).

의 '현재'다. 현재성의 철학이 현재, 오늘, 지금에 무엇보다 큰 가치를 부여하는 것은 그것이 위반과 변형이 일어날 수 있는 특권적 장소이기 때문이다. 현재성의 철학은 현재를 존중하는 동시에 위반하는데, 이때 존중은 현재를 현재로 만든 지층을 있는 그대로 진단한다는 의미이며 위반은 바로 그 같은 존중과 진단을 바탕으로 이루어진다. 요컨대 현재에 대한 존중은 오직 위반을 목적으로 한다.[158] 문제화로서의 철학은 이처럼 진단과 실험의 결합체라는 의미에서 현재성의 철학이며, 또한 그러한 것으로서 반시대적 철학이다.

푸코의 다른 작업에 비해 좁고 직접적인 의미에서 철학과 관련된 문제이기에 철학을 '전공'으로 하는 이들이 큰 관심을 보이는 현상학과 실존주의에 대한 비판 또한 그 핵심은 실험의 관점에서만 이해될 수 있다. 푸코는 주체의 계보, 구성, 생산이라는 문제를 제기하는 자신의 기획이 2차대전 이후 유럽철학을 지배했던 현상학 및 그와 연관된 주체 철학들을 비판하고 넘어서기 위한 한 가지 방식이었다고 말한다(Foucault 2013/2022: 36-39). 주체 철학에 대한 푸코의 비판은 별도의 설명이 필요치 않을 정도로 잘 알려져 있다. 그러나 비판 자체는 철학함의 동기와 이유에 대한 최종적 설명이 아니다. 왜 주체 철학을 비판해야 했을까? 푸코에게 그것은 좁은 의미

---

158 "근대성의 태도에 있어서 현재의 높은 가치는 그것을 상상하려는, 그것을 지금의 그
것과 다르게 상상하려는 필사적인 열망, 그것을 파괴함으로써가 아니라 있는 그대
로 포착함으로써 변형시키려는 필사적인 열망과 분리불가능한 것이다. 보들레르적
근대성은 하나의 훈련이며, 이 훈련 속에서 현실적인 것에 대한 극단적인 주의는 이
현실을 존중하는 동시에 위반하는 자유의 실천과 대면한다."(Foucault 1984a/1999:
189-190)

의 철학적 비판이 아니었다. 푸코는 주체의 구성 혹은 생산이야말로 오늘날 가장 결정적인 통치와 저항의 내기가 걸려 있는 정치적 심급 중 하나라고 생각했다.[159] 다르게 사유하고, 다르게 말하고, 다르게 행하고, 다르게 살 수 있는 가능성, 다시 말해 자유의 실천을 통해 우리 자신을 지금의 우리와 다른 주체로 구성할 수 있는 역사적 가능성의 개방이라는 정치적 목적을 위해 주체 철학은 비판되어야 했다. 푸코 자신이 이를 분명히 한다.

나는 주체를 의문에 부치는 작업이 사변적인 것으로 제한된다면 아무 의미가 없을 것이라고 확신할 수 있었습니다. 즉, 주체를 의문에 부치는 작업은, 주체의 실질적 파괴와 분해가 될지도 모르는, 즉 근본적으로 '다른 것'으로의 주체의 폭발이나 격변이 될지도 모르는 하나의 실험을 의미해야 했습니다.(Foucault 1991/2004: 50)[160]

인간의 죽음, 주체의 소멸에 대한 논의들이 아무리 떠들썩하게 이루어져도 그것이 단지 담론이나 이론, 사변의 차원에 머문다면 인간과 주체는 실질적으로는 비판되지 않고 남는다. 그토록 큰 관

---

159 "지금 우리의 문제는 아마도, 자기라는 것은 우리의 역사 속에서 구성된 테크놀로지의 역사적 상관물에 다름 아니라는 것을 발견하는 것이라 생각됩니다. 아마도 문제는 이 테크놀로지들을 변화시키는 일일 것입니다. 그리고 그런 경우에, 오늘날 정치의 가장 중요한 문제 가운데 하나는 엄밀한 의미에서 우리 자신에 대한 정치가 될 것입니다."(Foucault 2013/2022: 96-97). Foucault 2001/2007: 283-284도 참조.

160 주체 비판이 이론적 차원에서만 이루어지는 것의 한계에 대한 또 다른 언급으로는 Foucault 2013/2022: 144 참조.

심과 논란의 대상이 된 주체 철학 혹은 휴머니즘에 대한 푸코의 비판은 "주체의 실질적 파괴와 분해", 즉 역사-정치적 변형을 위한 노력과의 연결 속에서, 다시 말해 '실험'을 불가결한 계기로 동반하는 철학함의 실천이라는 관점에서 이해되어야 한다. 그리고 푸코의 문제화로서의 철학, 현재성의 철학, 반시대적 철학에서 이 실험이라는 계기가 철학을 문제화한다면, 이는 그것이 담론적 차원에 국한된 실험이 아니라 역사적이고 실천적인 실험을 의미하며 나아가 바로 그러한 비담론성을 그대로 담지한 채로 철학의 일부, 나아가 핵심으로 논의되기 때문이다. 푸코는 실험을 필수적 요소로 하는 철학, 실험으로서의 철학을 이론이나 독트린으로서의 철학과 구분하여 철학적 에토스, 에토스로서의 철학, 철학적 삶, 삶으로서의 철학으로 규정한다. 이 테마를 통해 현재에 대한 문제화로서의 철학이 철학을 문제화하는 행로는 후기 푸코의 고대철학 연구에서 하나의 극점(極點)에 이르게 된다.

철학의 문제화의 정점
: 에토스로서의 철학, 정치적 영성, 철학적 삶

푸코와 철학의 관계가 진정으로 문제적인 순간, 푸코가 철학을 가장 깊이 문제화하는 순간은 그가 철학과 거리를 두는 때가 아니라 자신의 작업이, 그리고 그 작업에서 발굴해 낸 어떤 (담론의 형식을 넘어선) 태도나 에토스, 나아가 삶의 형식이 그 자체로 철학이라고 말할 때다. 이 삶으로서의 철학의 의미, 단순히 개념적·담론적 차원의 의미가 아니라—담론의 층위에서 삶으로서의 철학은 소박해 보이며 때문에 오늘날 철학적 아카데미즘의 관점에서는 학적 성숙에 미치지 못하는 것, 아마추어적 투박함의 흔적을 떨치지 못한 것으로 여겨지기 십상이다—삶이 그 자체로, 즉 이론, 담론, 독트린이라는 형식의 매개를 거치지 않고 철학으로 규정되는 일이 함축하는 철학적 의미를 얼마나 진지하고 적실하게 음미하느냐에 푸코가 수행한 철학의 문제화에 대한 궁극적인 이해와 평가가 달려 있다.

실험으로서의 철학, 에토스로서의 철학, 종합하여 삶으로서의 철학은 이론적 교의와 논리로 환원되지 않는, 어떤 맥락에서는 그러한 형식에 저항하는 형태의 철학이다. 후기 푸코는 의미와 경험을 구성 혹은 정초하는 원천이나 기원으로서의 주체에서 출발하는 철학들에 대한 비판을 넘어 담론적 형태의 철학이 아닌 철학을 말하고 있는 것이다. 물론 이때 '넘어'라는 말은 조심스럽게 이해되어야 하는데, 앞서 보았듯 주체 철학에 대한 비판의 궁극적 동기와 목적이 사변적 차원을 넘어서는 실질적인 자유의 실천과 실험이라는 점에서 그 기저에는 삶으로서의 철학의 문제의식이 이미 깔려 있다고 볼 수 있기 때문이다. 푸코의 철학 비판을 현상학이나 실존주의 비판으로 한정하는 것, 이 비판을 후기의 삶으로서의 철학이라는 테마와의 연결 속에서 독해하지 않는 것은 사태의 절반, 그것도 본질적이지 않은 절반만을 보는 것이다.

에토스에 관한 철학이 아닌 에토스로서의 철학은 계몽, 비판, 자기돌봄, 파레시아 등 후기 푸코의 주요 개념어들의 망(網) 속에 위치하며 고대철학과 근대철학 모두에 대한 재해석을 관통하는 테마다. 가령 푸코에게 계몽이란 역사적 계몽주의의 독트린에 대한 충실함에 아니라 "우리가 속한 역사적 시대에 대한 영구적 비판으로 묘사될 수 있을 철학적 에토스의 항구적인 재활성화"다(Foucault 1984a/1999: 191). 계몽과 호환가능한 개념으로 사용되는 현재성의 철학과 우리 자신의 비판적 존재론을 논할 때도 강조되는 바는 그것이 이론, 독트린, 지식으로 이해되어서는 안 된다는 것, 그러한 것들로 환원되지 않는 실험, 에토스, 삶으로서의 철학이야말로 핵심이라는 것이다(Foucault 1984a/1999: 200). 푸코가 생전에 마지막으로 출판한 책에서, '다르게 사유하기'의 실천 속에서 자신을 변형하기 위해 수행하는 실험 혹은 수련(ascèse, ἄσκησις)이야말로 "철학의 살아 있는 본체"라고 말한 것 역시 같은 맥락을 형성한다(Foucault 1984f/2004: 23).

에토스로서의 철학은 근대학문을 정초한 주체-진리 관계와 전혀 다른 주체-진리 관계를 정립하고 강조하는바 푸코는 이를 영성이라 부른다. 푸코에 따르면 철학적 근대는 진리/진실이 인식의 배타적 대상이 될 때, 혹은 대상 인식의 문제가 진리/진실에의 접근이라는 문제를 대체할 때 시작된다(Foucault 2001/2007: 61, 224). 반면 영성의 관점에서 진리/진실은 대상 인식의 문제가 아니라 주체 구성의 문제다. 여기서 진리/진실은 주체가 주체로서 갖는 선한 본성과 구조, 능력을 통해 대상을 인식함으로써 획득하는 것이 아니라 주체가 현재 상태에서 벗어나 자신의 존재와 삶을 진리/진실에 값하도록, 혹은 그 자체가 진리/진실의 현현(顯現)이 되도록 만들려는 노력, 수련, 희생 등을 대가로 주어지는 것이다(Foucault 2001/2007: 58-63). 주체-진리가 내적 상호구성의 관계를 이루는 한에서, 이같은 주체의 자기변형은 그 자체로 기존 진리체제 혹은 진리게임의 변화를 의미하지 않을 수 없다. 그러므로 영성의 문제계는 근대이후 철학, 나아가 학문 일반이 전제하는 주체 개념과 진리 개념, 그리고 양자의 관계에 대한 심원한 문제제기를 함축한다. 현재 학문 체제에서 주체의 에토스는 진리 획득과 무관하며 무관해야 한다. 역으로 진리 역시 주체의 변화에 따라 변화하지 않는 것으로서만 진리일 수 있다. 철학자는 좋은 삶을 살지 않고도 유능한 철학자일 수 있으며 철학적 진리는 철학자가 철학적 삶을 사느냐 그렇지 않냐에 따라 달라지지 않는다. 요컨대 근대학문의 제도화를 가능케 한 것은 '자기실천적이지 않은 인식주체'의 출현이다(Foucault 2015/2016: 219).[161] 영성은 이 같은 근대학문의 전형적 구도와 정확히 반대의 것, 곧 주체와 진리의 상호변화를 함축하며 요구한다. 푸코가 영성을 말하는 맥락에서 철학의 문제화는 철학적 주체와 철학적 진리의 문제화이며 또 그럴 수밖에 없는 것이다.

영성은 푸코에게 진리/진실이 인식론이 아니라 존재론, 더 정확히는 주체론의 문제라는 사실을 다시 한 번 상기시킨다. 푸코가 고

---

[161] 그러나 '자기실천적이지 않은 인식주체'의 인식 행위가 '자기'와 어떤 관계도 갖지 않는 것은 아닐 것이다. 정치와 무관함을 주장하는 사유와 실천이 정확히 그러한 방식으로 정치적이듯, '자기실천'과 무관함을 주장하는 지적 실천은 바로 그러한 방식으로 일정한 '자기' 혹은 주체를 생산한다. 푸코의 영성 개념은 근대 이전의 진리실천에 대한 향수가 아니라 바로 지금 비(非)-자기실천적 방식으로 이루어지고 있는 주체 생산의 성격에 대한 문제화로 이해되어야 한다. 이 문제에 초점을 맞추는 논의로는 Rabinow 2009 참조.

대철학 연구에서 영성의 테마를 발굴하고 중시한 이유, 그것이 즉 각 '정치적'이라는 술어와 결합하여 정치적 함축을 갖게 된 이유는 이런 맥락에서 이해해야 한다. 진리와 (예속화와 자유의 실천이 중첩 되는 운동으로서) 주체화의 관계, 다시 말해 진리생산과 주체생산이 서로의 과정에 개입하는 양상과 그 과정에서 산출되는 효과야말로 푸코가 줄곧 천착했던 주제이며 "가장 일반적인 정치적 문제"로 여 겼던 것이다. 영성의 정치적 차원 혹은 정치적 영성은 "자기를 통치 하는 다른 방식을 통해 전혀 다른 [참/거짓의] 구분을 발견하고, 그 다른 구분으로부터 전혀 다른 통치를 하려는 의지"에서 존립한다 (Foucault 1980/2014: 126). 주지하듯 자기 자신의 변형, 자유에 입각 한 주체화라는 테마를 중심으로 배치되는 계몽, 비판, 진단과 실험, 자기돌봄 등의 개념들과 나란히 영성이 다루어지는 것은 이런 이 유에서다.

특정한 진리체제 혹은 진리게임 속에서 참과 거짓을 따지는 것 이 아니라 바로 그 특정한 참과 거짓의 분할 방식 자체를 검토하는 것이 철학이고, 주체 자신의 변화를 통해 현존하는 참과 거짓의 분 할에 변화를 가져오려는 의지가 정치적 영성이라면, 철학적 삶(βίος φιλοσοφικός)은 양자가 교차하고 포개지는 자리, 철학과 영성이 구 분되지 않는 자리에서 정립되는 삶의 양식이자 철학의 형식이다. 철학과 영성의 결합으로서의 철학적 삶이라는 주제는 현재 우리가 철학으로 간주하는 실천 형식이 철학과 영성의 역사적 분리 속에 서 정립된 것으로서 역사적 상대성과 우연성으로부터 자유롭지 않 다는 사실을 부각하며 이로써 도래할 새로운 철학의 가능성에 대한 사유를 고무한다는 점에서 그 자체로 오늘날의 철학에 대한 문제화를 함축한다. 그리고 이런 맥락에서 푸코 사망 직전 진행된 마지막 콜레주드프랑스 강의 후반부가 견유주의 분석에 집중하고 있다는 사실은 각별한 의미를 갖는다. 푸코가 수행한 철학의 문제화가 도달한 마지막 지점은 서구철학사에서 이론과 언어가 아닌 삶 자체로 철학하기를 가장 순수하고 '노골적인' 형태로 수행한 견유주의자들에 대한 분석이었던 것이다.[162]

푸코에 따르면 철학과 영성의 중첩은 고대철학의 일반적 경향이며, 후기 푸코를 특징짓는 또 다른 문장(紋章)과 같은 개념인 파레시아는 인식이 아니라 영성의 관점에서 진리/진실에 접근하는 고대철학의 특성을 포착하기 위한 열쇠 개념이다. 견유주의가 고대철학 내에서도 특수한 위치와 가치를 점하는 것은 파레시아의 다른 형식들이 진실을 말하기 위해 혹은 진실 말하기에 의해 자신이 감당해야 할 위험과 관련한 용기의 문제를 제기한다면, 견유주의자들은 말이 아니라 삶, 실존, 비오스 자체를 진리/진실의 현현으로 만들기 때문이다(Foucault 2009: 159).[163] 견유주의는 진리/진실을 말하기에서 살기의 문제로 이동시킴으로써 파레시아라는 문제계의

---

162 물론 푸코가 생전에 마지막으로 도달한 지점을 그 자체로 그의 최종적 입장과 동일시할 까닭은 없다. 그러나 견유주의 분석은 현재성의 철학에서 철학적 삶으로 이어지는 철학의 문제화의 행로가 푸코 생전에 다다른 (시간적 관점에서뿐 아니라 내용적 측면에서도) 가장 먼 곳을 보여준다는 점에서 우리의 관심을 받을 만하다.

163 다음 대목들도 참조. "견유주의에서 분명하게 나타나는 것은 진실의 직접적이고, 현저하며, 거리낌 없는 현전(présence)으로서의 삶이다."; "견유주의는 자신의 삶에서 그리고 자신의 삶을 통해서 진실의 스캔들을 실천한다. 이것이 견유주의의 핵심이다."(Foucault 2009: 160, 161)

극한을 나타내는 동시에 그것을 넘어선다. 견유주의는 숨김없고 자족적인 삶과 같은 '진실된 삶'의 고전적 테마들, 그러므로 사람들이 담론의 차원에서는 받아들이고 당연시하는 것들을 극단으로 밀어붙임으로써, 더 정확히는 그 사유·원칙·말과 어떠한 거리도 용납하지 않는 삶을 제시함으로써—예컨대 광장에서 수음을 하거나 (숨김없는 삶) 왕 앞에서 자신이 더 왕다운 삶을 살고 있음을 현시함 (자족적인 삶)으로써—"견유주의 스캔들"을 일으킨다(Foucault 2009: 215-216). 이러한 견유주의적 삶, 진실의 현현으로서의 삶, 진실 속의 삶, 진실의 삶, 진실된 삶, 그러나 '개와 같은 삶'이라고 비난받고 거부되는 삶은 사람들과 세계가 사유와 말의 층위에서 받아들이고 칭송하는 것을 정작 삶에서는 거부하고 비난한다는 사실을 드러내며, 그런 의미에서 강한 비판의 기능을 수행한다. 견유주의는 진실된 '말'이 이야기하는 삶이 현재의 삶 속에는 존재하지 않음을 보여줌으로써, 즉 '진실된 삶은 다른 삶(la vie autre)'이라는 것을 보여줌으로써 비판으로서의 파레시아의 극점에 위치한다.[164] 삶으로서의 철학, 철학적 삶을 통해 진실된 삶은 '다른 삶'으로 제시되고, 바로 이러한 의미에서 견유주의는 '우리 자신의 비판적 존재론'이라는 계몽의 문제의식을 선명한 방식으로 선취한다.

그러나 푸코가 보기에 2000여 년을 앞서 온 계몽의 극점으로서

---

164 "견유주의적 게임은 진실된 삶의 원칙들을 진정으로 적용하는 이 삶이 일반적으로는 사람들, 특수하게는 철학자들이 영위하는 삶과 다르다는 것을 보여준다. 진실된 삶은 다른 삶이라는 이러한 아이디어와 더불어, 우리는 견유주의의 역사, 철학의 역사, 서구 윤리의 역사에서 특히 중요한 지점에 도달한다고 생각한다."(Foucault 2009: 226)

의 '철학적 삶'이라는 문제는 서구 사유의 역사에서 지속적이고 체계적으로 지워져왔다. 반복컨대 철학적 삶이라는 문제의 강조가 현재 우리가 철학이라고 생각하는 바에 대한 문제화인 것은 이런 이유에서다.

철학이 근본적으로 단순히 담론의 형식이기만 한 것이 아니라 삶의 양식이기도 하다고 소리 높여 선언하면서도 서양철학은—이것이 그것의 역사이자 아마도 운명이었습니다—점차 이 철학적 삶의 문제를 제거하거나 혹은 적어도 무시하고 주변화했습니다. 처음에는 철학적 실천과 불가분한 것으로 정립했던 문제를 말이죠. (…) 철학적 삶의 문제는 철학과의 관계, 학적(學的) 모델에 맞춰진 철학적 실천과의 관계에서 잉여로 나타났습니다. 철학적 삶의 문제는 지속적으로 철학적 실천의 그림자로 나타났고 점점 더 무의미하게 보였습니다. 이러한 철학적 삶의 무시는, 이제 진리/진실과의 관계는 학적 지식의 형태 이외의 다른 어떤 형태로도 입증되고 분명해질 수 없다는 것을 의미해왔습니다.(Foucault 2009: 217-218)

담론이 아니라 삶의 양식을 철학으로 간주했던 견유주의가 철학적 교의와 이론의 역사에 유산으로 남겨둔 것이 거의 없음은 당연하다. 오늘날 지배적인 철학 형태에 견유주의의 유산이 거의 남아 있지 않다는 사실, '위대한' 철학자들의 '위대한' 말과 글로 이루어진 철학사에서 협소하고 보잘것없는 자리만이 견유주의에 할당되어 있다는 사실은 역으로 오늘날 우리가 철학이라고 생각하는 것이 무엇이며 무엇으로 이루어져 있는가를 드러낸다. 다시 말해 견유주의가 철학적 이론과 교의의 역사에서 갖는 보잘것없는 중요 성과 "삶의 기예의 역사와 삶의 양식으로서의 철학의 역사에서 갖는 엄청난 중요성" 사이의 간극과 대립 자체가 하나의 철학적 문제 이자 지금의 철학에 대한 문제화의 배경인 것이다(Foucault 2009: 289). 그리고 이 대립과 간극은 앞서 논의한 바 있는 두 개의 전통이 라는 테마로 우리를 다시 데려간다. 칸트 철학에서 계몽이라는 주 제의 주변화와 비판철학의 '진리의 형식적 분석학'으로의 정립, 플 라톤주의에서 자기돌봄의 자기인식에의 종속(Foucault 2001/2007: 104), 그 연장선에서 이루어진 데카르트 이후 근대철학의 자기돌 봄에 대한 망각 혹은 경시[165], 마찬가지 맥락과 배경에서 이루어지 는 철학적 삶이라는 주제와 견유주의에 대한 무시, 이 모든 것은 저 두 전통의 대립이 사실 대칭적인 것이 아니라 다수적 계보와 소수 적 계보의 대립이라는 점을 가리킨다. 이런 맥락에서 계몽, 비판, 파 레시아, 자기돌봄, 정치적 영성, 철학적 삶 등에 대한 푸코의 연구와 관심은 지배적인 철학 전통에 가려져왔던 소수적 철학 계보의 발 굴 혹은 확인 및 다수적 계보의 문제화라는 의미를 갖게 되는 것이 다.[166]

---

165 "근대철학은 이처럼 gnôti seauton(자기인식)을 강조했고, 결과적으로 epimeleia heautou(자기돌봄)의 문제를 망각하고 어둠에 방치하며 소외시켜버리게 되었다고 생각합니다."(Foucault 2001/2007: 104)

166 김은주(2022: 48-52)는 푸코 후기 작업이 단순히 망각된 바람직한 전통의 회복이라 는 관점에서 이해되어서는 안 된다고 정확히 지적한다. 그러나 고대철학적 요소의 재 활성화라는 발상이 "후기까지 견지되었을 푸코의 중요한 입장들과 상충한다"며 제시

하는 근거들은 비판적 검토를 요한다. 첫째, 김은주는 이런 발상이 역사적 아프리오리의 문제의식과 맞지 않는다고 말하면서 진리게임이 가정하는 '자유'는 바로 그 진리게임의 규칙 없이는 성립할 수 없으며 "진리나 거짓은 주어진 특정한 규칙 안에서, 그리고 규칙을 통해서만 말해질 수 있"다는 것을 저 문제의식의 내용으로 제시한다. 그러나 (적어도 후기의) 푸코가 말하는 '자유'는 진리와 거짓을 분할하는 바로 그 특정한 규칙을 문제화할 수 있는 능력과 의지이며 (정치적) 영성은 바로 이 자유에 해당하는 고대철학적 문제계다. 고고학의 문제의식은 "인간의 모든 활동이 특정한 담론 구성체에 속해 있으며, 따라서 스스로 알지 못하는 특정 규칙이나 법칙의 지배를 받는다는 것"(김은주 2022: 48)을 단순히 드러내는 데 있는 것이 아니라, 현재 우리 사유와 실존의 한계로 작용하는 저 특정 규칙이나 법칙이 주장하는 필연성과 자명성을 비판함으로써 자유의 여지를 확보하는 것이다. 다음과 같은 푸코의 말을, 그리고 왜 그가 반복적으로 이렇게 자신의 의도를 강조해야 했는지를 더 깊이 숙고할 필요가 있다. "내 모든 연구는 절대적 낙관주의에 기반하고 있습니다. 나는 '이것이 사물들이 존재하는 방식이요, 당신이 어떻게 갇혀 있는지 보시오'라고 말하기 위해 분석을 행한 것이 아닙니다. 나는 사물들이 변형될 수 있다고 믿는 한에서만 그것에 대해 말해왔습니다. 나는 나의 작업이 이러한 목적에 도움이 될 수 있다고 생각했기 때문에, 그 모든 것을 할 수 있었지요."(Foucault 1991/2004: 165) 두 번째 근거는 푸코 자신이 '근대'에 소속되어 있다는 사실을 분명히 밝힌다는 것이다. 그러나 김은주가 주목하지 않는 것은 푸코가 근대성의 문제로 적극 평가하는 계몽, 비판, 현재성의 철학, 우리 자신의 비판적 존재론 등을 끊임없이 파레시아, 자기돌봄, 영성 등 고대철학적 테마들과의 연속선상에서 검토한다는 것이다. 다음과 같은 진술을 보면 푸코의 '근대에의 소속'은 (적어도 계몽과 비판의 관점에서는) 근대와 고대의 단순하고 선명한 구분에 초점을 두고 이해해서는 안 된다. "칸트 이래로 서양 철학에서 매우 근본적이었다 할 수 있는 이 계몽의 문제, 저는 이 문제가 철학의 근본적인 기원까지 이르는 모든 가능한 철학사를 포괄할 수 있다고 믿습니다. 이러한 관점에서 소크라테스 소송의 문제는, 칸트가 계몽의 문제로 생각했던 바에 입각해 전혀 시대착오 없이 타당하게 검토될 수 있는 문제라고 생각합니다."(Foucault 2015/2016: 82) 푸코의 모든 작업과 마찬가지로 고대철학 연구 역시 '현재에 대한 진단'과의 관계 속에서 이해되어야 한다는 세 번째 근거만이 적절해 보인다. 후기 푸코의 고대철학 연구는 의고주의의 산물이 아니다. 중요한 것은 고대철학의 문제계가 그 자체로서가 아니라 현재와의 관계에서 어떤 전략적 가치를 갖는가일 것이다.

푸코의 철학적 내기

푸코의 사상적 궤적은 종종 모종의 역설을 품고 있는 것으로 여겨진다. 구조의 철학자가 주체를 말하는 역설, 권력의 철학자가 저항과 자유를 말하는 역설. 이제 여기에 철학을 문제화하는 또 하나의 역설을 추가할 수 있는바, 그것은 담론의 철학자가 비담론으로서의 철학을 강조하는 역설이다. 견유주의라는 극적인 역사적 실례를 갖는 에토스 혹은 삶으로서의 철학은 그 담론적 왜소함과 소박함으로 인해 담론으로서의 철학—현재 우리가 철학이라고 생각하는 철학—에서 부차화될 수밖에 없었다. 더 정확히는 철학적 삶과 영성을 주변화함으로써만 우리가 알고 있는 철학이 성립할 수 있었다. 푸코는 저 비담론의 철학을 하나의 문제로서 담론과 이론의 철학에 삽입하고자 했다. 그리고 이 문제와 어떻게 관계하느냐, 이 문제제기를 어떻게 소화하느냐에 서양 철학사 전체에 관한 내기가 걸려 있다고 생각했다.

물론 특유의 우아한 이론적 섬세함을 고려할 때, 이로부터 푸코가 반(反)이론적 혹은 반담론적 철학을 철학의 미래로 주장하고자 했다는 결론이 나오지는 않을 것이다. 구조와 주체, 권력과 저항의 역설이란 것이 사실 피상적 수준에서만 역설로 관찰되며 결국 양자의 얽힘에 대한 숙고야말로 푸코 사유의 핵심이듯 담론과 에토스, 이론과 삶의 관계 역시 일방적이고 단선적일 것일 수 없다. 현재의 문제화가 오늘의 우리가 우리 자신에 대해 수행하는 '자유의 실천'을 위한 것이었듯, 철학의 문제화는 (담론적 실천의 즉각적이고 일방적인 기각에 대한 주장이 아니라) 담론으로서의 철학과 철학적 삶의 새로운 관계의 창안을 겨냥하는, 철학에서의 '자유의 실천'을 위한 것으로 이해되어야 한다. 그러나 이 실천 혹은 실험을 위해서는 현재 양자의 관계에 존재하는 거의 절대적이라고 할 만한 비대칭성을 직시하는 것이 필수적이다. 갈수록 이론적으로 고도화되는 철학의 아카데미즘 한가운데서, 철학을 말하는 것과 철학을 사는 것이 분리되지 않았던 전통, 더 정확히는 오직 철학을 사는 것을 목적으로 해서만 철학을 생각하고 말했던 전통을 조명하는 것은 현재의 헤게모니적 철학 관념에 대한 문제화를 함축하지 않을 수 없다. 그리고 이 문제화에는 철학의 운명과 관련하여 우리가 '이론적으로' 생각하는 것보다 한층 더 큰 내기가 걸려 있을지도 모른다.

푸코는 이 내기를 '이론적으로' 정식화한 사람일 뿐 아니라 그것의 수행을 위한 참조점을 제공한 사람이기도 하다. 푸코가 비담론적 형식의 철학에 가치를 부여하는 것이 고도로 이론적인 그의 작업방식 및 내용과 수행적으로 모순된다는 지적(Han 2005: 204)은 형식적이고 피상적이다.[167] 푸코에게 철학적 삶과 영성은 연구 주

---

[167]   같은 곳에서 Han은 인식론적 요구를 무시하고 진리/진실을 순전히 영성의 관점에서만 이해하는 것은 철학을 비합리성 혹은 예언의 수준으로 전락할 위험에 노출시킨다는 비판 또한 제기하는데, 이 역시 푸코의 문제의식에 대한 다소 일방적이고 부분적인 이해에 근거한다. 푸코가 말하는 영성의 전통은 인식론적 요구를 무시하는 것이 아니라 현재와 다른 인식론적 요구—가령 자기인식을 자기돌봄의 한 계기로 배치하는 것과 같은—를 제기하며, 비합리성이 아니라 지금 우리가 알고 있는 것과 다른 유형의 합리성에 기반한다. 영성의 전통을 비합리성과 예언의 수준으로 '격하'하는 이런 식의 비판은 역설적으로 푸코가 철학적 삶과 영성이라는 주제로 문제화하고자 했던 지금의 철학의 성격을 투명하게 가시화한다.

제나 대상이기만 했던 것이 아니다. 푸코는 자신의 작업의 영성적 측면, 철학자로서의 자신의 삶과 자신이 수행하는 작업의 관계를 지속적으로 의식하고 '실험'했다(Foucault 1983b/1999: 92-93). 말하자면 푸코에게서 철학의 문제화는 말과 글뿐 아니라 철학함 자체를 통해서도 수행되었던 것이다. 이런 의미에서 우리는 푸코의 이론과 담론뿐 아니라 다음과 같은 자기 진술에서 나타나는 철학적 에토스 자체를 철학적 삶의 현대적 실례로서 그리고 도래할 철학을 위한 실험의 재료로서 활용할 수 있을 것이다.

나는 이론가라기보다는 실험가입니다. 나는 다양한 연구 분야에 동일하게 적용될 수 있는 연역적인 체계를 발전시키지 않습니다. 나는 무엇보다 나 자신을 바꾸고, 이전과 같이 생각하지 않기 위해서 책을 씁니다.(Foucault 1991/2004: 31)

1768년 요한 베커(Johann Gottlieb
Becker)가 그린 칸트 유화

1791년 고트리프 되블러(Gottlieb
Doebler)가 그린 칸트 초상화

1790년경 작가 미상의
칸트 초상화

미셸 푸코

1973년 '리베라시옹' 신문사 사무실에서 토론을 진행하는 푸코. 사진 Monoskop

1978년 2월 파리 IRCAM(프랑스음악/음향연구소)에서 피에르 불레즈(맨 왼쪽)가 주재한 콘서트
워크숍에 참여한 롤랑 바르트(왼쪽 두 번째), 미셸 푸코(오른쪽 두 번째), 질 들뢰즈(맨 오른쪽).
사진 Monoskop

1971년 6월 조베르 사건(시위를 취재하던 르 누벨 옵세르바퇴르 기자 알랭 조베르를 경찰이 폭행한 사건)
에 대한 기자회견에 나선 피에르 라빌(왼쪽부터), 미셸 푸코, 클로드 모리아크, 드니 랑글루아,
질 들뢰즈. **사진 Denis Langlois**

보론

실용적 관점에서의 이성학
: 칸트 철학에서 이성의 사용이라는 문제

사유는 지성 혹은 이성의 기능이다. 사유방식이란 지성 혹은 이성을 사용하는 방식이다. 그러므로 사유방식의 혁명은 결국 우리가 갖고 있는 정신적 능력을 활용하는 방식에서의 근본적 변화다. 계몽에서 이성의 사용이 중심적인 문제로 부각되는 것은 그 때문이다. 푸코는 이렇게 말한다. "칸트는 이 문제를 아주 명확히 제기했습니다. 이성의 사용이란 무엇인가? 어떻게 이성을 사용해야만 과도한 권력 행사를 억제하고, 그 결과 자유의 구체적 목표에 도달할 수 있을까?"(Foucault 2015/2016: 76)

칸트의 「계몽이란 무엇인가?」는 첫 문단에서부터 계몽의 문제 영역이 이성(지성)의 사용임을 분명히 한다("너 자신의 지성을 사용할 용기를 가져라!"). 이 보론의 초점은 이성의 사용이라는 문제계가 「계몽이란 무엇인가?」를 넘어 칸트 철학 전체에서 어떤 의미를 갖는가다. 칸트 철학이 계몽의 문제의식을 중심에 두는 계몽철학으로 규정될 수 있다면, 그것은 이성의 사용이라는 계몽의 핵심 문제가 그 근저에서 규정력을 행사하고 있기 때문일 것이다.

이성의 사용은 「계몽이란 무엇인가?」라는 짤막한 텍스트에만 국한된 부수적인 테마가 아니다. 「계몽이란 무엇인가?」에서 중심적인 것은 이성의 공적 사용과 사적 사용의 구분이지만, 시야를 넓혀 칸트 철학 전체와 관련해서 보면, 그러한 구분 이전에 '이성의 사용'이라는 문제계가 전면에 등장했다는 사실 자체가 의미를 갖는다.

널리 알려진 대로, 칸트 비판철학은 "순수한 이성의 원천과 한계"(KrV, A11)를 대상으로 한다. 비판철학은 (좁은 의미의) 이성, 지성, 판단력 등으로 이뤄진 (넓은 의미의) 이성의 내적 구조와 기능을 탐구하고, 그렇게 구분된 각각의 능력 혹은 기능의 성격과 한계에 관심을 갖는다. 이런 의미에서 비판철학은 무엇보다 이성의 본성(Natur der Vernuft)에 대한 탐구다. 또한 비판철학은 이성의 한계 내부뿐 아니라 그 한계 위에서 주어지는 것 역시 탐구 대상으로 삼는다. 그것이 주어져 있다는 사실 외에 어떻게, 왜 주어졌는지는 이론적으로 설명할 수 없는 지성의 범주들과 실천이성의 도덕법칙이 대표적 사례인데, 이를 칸트는 이성의 사실(Faktum der Vernunft)이라고 한다. 칸트 철학의 대부분은 이성의 본성, 체계, 사실을 탐구하는 데 바쳐지고 있으며, 이 때문에 칸트 연구의 대종(大宗) 역시 그러한 주제들을 중심으로 하는 경향이 있다.

이 같은 흐름에 비추어보면 부차적이고 이질적으로 느껴지는 개념이 칸트적 의미의 계몽 개념에서 핵심에 놓여 있는바, 그것이 바로 이성의 사용(Gebrauch der Vernunft)이다. 계몽의 일차적 관심은 이성이 무엇인지, 이성의 한계에서 우리에게 무엇이 주어지는지가 아니라 어떤 자리에서, 어떤 방식으로, 어떤 태도로 이성을 사용할 것인가이다. 이성의 본성과 이성의 사실은 우리의 의지, 욕구, 판단 등과 무관하게, 그에 앞서 이미 주어져 있는 것으로 자유의 소관이 아니다. 칸트 철학에서 이성이 (좁은 의미의) 이성, 지성, 판단력 등으로 이루어진 구조를 갖는다는 것, 각각의 하위능력들이 나름의 활동 영역과 한계를 가지며 그 종합으로서의 이성 역시 일정한 한계 안에서만 정당성을 갖는다는 것, 인간의 이성에 자유의 인식근거인 도덕법칙이 주어져 있다는 것 등은 인간이 만든 것도 아니고 선택한 것도 아닌 미리 결정되어 있는 사실이다. 계몽은 이 사실 위에서 이성의 사용에서 가능한 최대한의 자율성을 달성하는 데 관심을 갖는다.

물론 이는 계몽의 관점에서 이성의 본성과 원리, 사실에 대한 탐구가 무의미하거나 무용함을 주장하는 것이 아니다. 이성의 본성과 원리를 모를 때 우리는 그것을 적절히 사용할 수 없다. 코스가드의 말대로 "칸트 철학 일반의 중요한 특징 중 하나는 이성·지성·의지의 원리가 그 힘의 사용을 위한 법칙(⋯)이라는 칸트의 관점"이다 (Korsgaard 1996/2007: 12). 이성의 사용이 칸트 철학의 중심 문제라는 주장은, 다른 각도에서 이루어지는 이성에 대한 탐구를 부차화해야 한다는 의미가 아니라 그러한 탐구를 규정하는 근본 관심이 어디에 있는가를 묻는 것이다.

그 물음에 대한 답은 다음과 같다. 존재 논리에서는 이성의 본성과 사실이 이성의 사용보다 앞선다. 인간은 그에게 이미 주어진 이성을 사용하며, 이성의 사용은 이성의 본성과 사실을 전제로 할 수밖에 없다는 의미에서 그렇다. 그러나 이성 연구의 실천적 동기에 서는 이성의 사용에 대한 관심이 이성의 본성과 사실에 대한 관심 에 앞서며 그것의 전제로 기능한다. 이성이 무엇인지를 연구하는 것은 이성을 더 잘 사용하기 위함이다. 칸트는, 철학은 단순히 사변 적 지식만을 추구할 수 없으며, "우리 이성 사용의 최고의 준칙들에 관한 학"이어야 한다고 말한다(Logic IX24, 28, KrV BX, B694 참조). 이성의 자율적 사용에 대한 관심이 없었다면 비판철학을 낳은 이 성 연구는 이루어지지 않았을 것이다. 요컨대 칸트 철학에서 계몽 이라는 과제에 대한 관심, 이성의 자율적 사용에 대한 관심은 이성 의 본성과 이성의 사실에 대한 탐구를 근저에서 규정하는 실천적 동기다.

능력의 존재 혹은 소유와 능력의 사용은 구분되며, 특히 실천적 맥락에서 이 구분은 매우 중요하다. 아리스토텔레스는 『니코마코 스 윤리학』에서 최상의 좋음과 관련하여 탁월성의 소유와 탁월성 의 사용 사이에 존재하는 차이를 이렇게 설명한다.

물론 최상의 좋음을 탁월성의 소유에서 성립하는 것으로 파악하는 지, 아니면 탁월성의 사용에서 성립하는 것으로 파악하는지, 즉 **품 성상태**(hexis)에서 성립하는 것으로 파악하는지, 아니면 활동에서 성립하는 것으로 파악하는지에 따라 아마도 적지 않은 차이를 가져 올 것이다. 왜냐하면 품성상태는 현존하면서도 아무런 좋음을 성 취해내지 않을 수 있는 반면—가령 잠자고 있는 사람이나 다른 어 떤 방식으로 아무 활동도 하지 않는 사람처럼—활동은 그럴 수 없

는 것이기 때문이다. 탁월성에 따르는 활동은 반드시 행위하며, 그
것도 잘 행위할 테니까. 올림피아 경기에서 승리의 월계관을 쓰는
사람은 가장 멋있고 힘센 사람이 아니라 경기에 직접 참가한 사람
들인 것처럼(참가자들 중에 승자가 나오기 때문이다), 올바르게 행위하
는 사람이 삶에서 고귀하고 좋은 것들을 실제로 성취하는 자가 되
는 것이다.(Aristoteles 1098b32-1099a6. 강조는 인용자)

　　말하자면 능력들의 성격 그 자체에 대한 탐구를 중심으로 하는
지금까지의 많은 칸트 연구는 '품성상태'에 집중해왔다고 할 수 있
다. 활동보다는 품성상태를 중심으로, 즉 능력의 사용보다는 능력
을 소유하고 있는 상태 혹은 능력 그 자체의 상태를 중심으로 칸트
철학이 독해되어온 것이다. 그러나 아리스토텔레스의 단순하면서
도 명료한 구분이 우리에게 가르쳐주는 것은, "품성상태는 현존하
면서도 아무런 좋음을 성취해내지 않을 수" 있다는 것이다. 전체로
서의 칸트 철학이 목표하는 바가 '최상의 좋음', '잘 행위하는 것',
'고귀하고 좋은 것들을 성취하는 것'이라면, 이성의 사용이라는 문
제계에 지금보다 큰 중요성이 부여될 필요가 있다. 이런 관점에서
보면, 칸트 철학의 실천적 성격은 이른바 이론이성에 대한 실천이
성의 우위, 이론철학에 대한 도덕철학의 우위가 아니라 이론철학과
실천철학 모두의 근저에 있는 이성의 자율적 사용에 대한 칸트의
근본적이고 원리적인 관심에 기반한다 할 것이다. 그리고 이성의
자율적 사용에 대한 이러한 관심이야말로 칸트의 계몽주의와 비판
철학을 하나로 꿰는 실이다.

이성의 사용에 초점을 맞추는 것은 이성의 본성과 성격을 둘러싼 (거의 해결 불가능한, 그러므로 소모적인) 논쟁과 관련하여―논쟁 자체를 제거할 수는 없다 하더라도―새로운 방향 모색의 실마리가 될 수 있다. 계몽을 둘러싼 논쟁이 늘 이성의 성격에 관한 논쟁을 동반하며 종종 모든 논점이 그것으로 환원되곤 했던 역사(Beiser 1987/2018)를 고려할 때, 그러한 가능성이 구체화될 수 있다면 이는 사소하지 않은 소득이 될 것이다. 관건은 이성의 성격과 원리에 대한 탐구와 논쟁이 이성의 사용과 그를 통한 주체 자신의 구성이라는 실천적 관심을 시야에 둔 채로, 그 관심이 설정하는 한계 안에서 이루어지도록 하는 것이다. 칸트가 〈초월적 변증학〉에서 수행한 이성의 본성에 대한 탐구는 이성의 상이한 사용의 구분을 통한 형이상학적 문제의 해소로 나아갔다. 이성의 사용을 중심에 두는 관점은 이성의 본성에 대한 탐구를 불필요한 것으로 만들진 않는다 하더라도, 그 탐구가 수반하는 문제들의 성격과 층위, 유효성을 식별하고 구분하는 기준을 제공할 수 있을 것이다. 단적으로 우리는 이성의 본성과 원리가 그 사용을 겨냥하여 탐구되는지 그렇지 않은지를 이야기할 수 있을 것이다. 그리하여 우리가 기대할 수 있는 최선의 결과에서 이성의 사용이라는 문제 제기 방식과 경로는 이성의 형이상학적 속성을 들여다보고 규명하는 데 쓰이는 시간과 노력의 상당 부분을 이성을 사용하는 방식, 그리고 그러한 방식에서 주체가 자신에 대해 취하는 태도라는 '실용적' 문제로 돌릴 수 있도록 해줄 것이다.

가상과 거짓의 철학

삶에서건 철학에서건 진리와 진실의 가치는 대개 당연시된다. 그리고 진리와 진실의 가치가 높여지는 만큼 그 반대편에 있는 것, 즉 가상-환상-오류-거짓은 해롭거나 무가치한 것으로 취급되며 그보다 나은 경우에도 부차적인 것의 지위를 벗어나지 못한다. 그러나 철학의 역사에는 진리의 발밑이나 중심에서 가상을 보고, 삶과 사고에서 가상이 제거 불가능할 뿐 아니라 반드시 필요하기까지 하다고 말해온 소수적 흐름이 있다. 이 흐름을 간략히 스케치하면서 가상과 진리의 관계와 더불어 양자가 삶과 맺는 관계를 생각해보는 것이 이 보론의 목적이다. 이 생각의 과정은 현재 우리 사고를 지배하는 구도를 뒤집었을 때 어떤 그림과 문제가 돌출하는지를 관찰할 수 있는 사유 실험의 성격도 일부 포함한다. 주제의 범위와 무게를 생각컨대, 물론 이 모든 것은 본격적이기보다는 '함께 생각함'을 위한 초대와 화두에 가까울 것이다.

칸트의 계몽과 가상

인간에게 가상이 불가피하고 불가결하다고 말하는 소수적 철학 계보에서 그 의외성으로 인해 눈에 띄는 인물은 아마도 칸트일 것이다. 일반적으로 칸트 철학은 서구 지성사에서 가장 명확하고 철저한 방식으로 가상-환상-오류-거짓을 배격했던 운동인 계몽주의의 정점에 있는 것으로 간주되기 때문이다. 그러나 적어도 칸트의 계몽주의는 계몽과 가상의 일방적 관계 위에 서 있지 않다.

잘 알려져 있듯이 칸트의 『순수이성비판』, 그중에서도 〈초월적 변증학〉은 신, 영혼, 우주에 대한 형이상학적 오류—가령 신이 실존한다는 관념—를 비판하고 그로써 인식적 진리의 기준을 경험에 확고히 정초하려는 철학적 기획이다. 당대의 수학이나 자연과학과 달리 철학이 학문다운 학문으로 정립되는 것을 가로막는 저 형이상학적 오류들이 이성의 초월적 가상과 관련되어 있다는 것이 〈초월적 변증학〉의 중심 문제다. 이는 이성의 무오류성을 전제하고 외부의 '악마'나 감각의 속임에서 착오의 원인을 구했던 칸트 이전의 일반적인 철학적 오류론과 본질적으로 다른 접근이다. 오류와 가상의 원천은 이성 자신이며, 칸트의 작업이 감각 비판이나 악마 비판이 아니라 '순수이성비판'인 것은 바로 그 때문이다. 칸트적 의미의 계몽은 스스로에게 책임이 있는 미성숙에 대한 자기비판과 성숙을 향한 변화인바, 『순수이성비판』은 형이상학의 영역에서 인간 이성 스스로에게 책임이 있는 미성숙에 대한 비판이라는 의미에서 계몽의 작업을 수행하는 것이다.

그런데 이 계몽의 작업은 초월적 가상의 독특한 성격으로 인해 복잡해진다. 칸트는 형이상학적 오류의 원천인 가상이 제거될 수 없다고 말한다. 그것은 "인간 이성에서 몰아낼 수 없게끔 부착되어" 있는 "자연스럽고 불가피한 환상"이다(KrV, A297-8=B354-5). 다음과 같은 물음을 피할 수 없다. 어떤 방식으로도 초월적 가상을 제거할 수 없다면 형이상학의 오류에 대한 비판이 무슨 소용인가? 소용은 고사하고 그것은 애초에 불가능하지 않은가?

이 문제를 해결하기 위해서는, 다시 말해 초월적 가상의 불가피함과 형이상학적 오류의 비판이라는 기획이 양립할 수 있기 위해서는 초월적 가상과 오류가 구분되어야 한다. 물속에 있는 막대가 구부러져 보이는 것을 막을 수는 없다. 그러나 그로부터 막대가 실제로 구부러져 있다는 결론을 도출하는 것은 비판할 수 있다. 이것이 〈초월적 변증학〉이 수행하는 '비판'의 의의다. 그러나 반대로 막대가 실제로 구부러져 있지 않다는 것을 안다 해도 구부러져 보이는 것을 막을 수는 없다. 이것이 가상의 불가피함의 의미다.

여기가 이야기의 끝이라면, 즉 가상의 불가피함이 확인되는 데 그친다면 진리와 가상의 관계는 적극적이고 긍정적인 것은 아닐 테다. 가상은 제거될 수 없지만 어쨌든 그 영향력을 최소화하여 진리를 오염시키지 않도록 하는 것이 철학과 인간의 과제로 부여될 것이니 말이다. 칸트의 초월적 가상론의 진정한 독특함은 가상이 인간에게 불가피할 뿐 아니라 불가결하게 필수적이라고까지 말한다는 데 있다. 칸트에 따르면 신이나 자유 같은 초월적 이념들은 인간의 유한한 인식 외부에 있는 '상상의 초점(focus imaginarius)'으로 기능한다. 이것은 경험적으로 인식되지 않는바 칸트 철학에서는 오직 경험만이 인식론적 '실재'라는 의미에서 '상상의' 초점이다. 그런데 칸트가 보기에 경험적 실재는 그 외부에 있는 이 상상의 초점 없이는 체계화되지도 의미를 갖지도 못한다. 말하자면 그것은 하나의 '세계'가 되지 못한다. 상상의 초점은 인간의 (인식의 체계성과 완결성에 대한) 이론적 관심과 (윤리가 요청하는 자유 및 신의 현존에 관한) 실천적 관심이 종합된 하나의 '관점'이며 이 관점에서 나오는 가상의 빛을 따라서만 인간 자신과 관계하는 하나의 세계가 정립될 수 있다.

칸트는 상상의 초점이 인간 자신의 '관점'일 뿐 경험적으로 인식할 수 있는 실재의 지점은 아님을 아는 채로 초월적 가상을 사용하는 것을 '규제적 사용'이라 하고, 반대로 저 관점을 상상의 초점이 아니라 실재하는 초점으로 여기는 것, 즉 초월적 가상을 초월적 실재로 여기고 사용하는 것을 '구성적 사용'이라 부른다. 여기서 계몽은 이성과 분리 불가능한 초월적 가상의 규제적 사용을 달성하는 것, 다시 말해 가상을 제거하는 것이 아니라—지금까지 보았듯 이는 불가능하다—가상과 '적절한' 관계를 수립함을 의미한다. 이처럼 가상은 칸트 계몽주의의 핵심에 자리하며, 빛(enlightenment)의 철학자는 어둠에서 나오는 빛 없이는 우리에게 어떠한 빛도 주어질 수 없음을 알고 있었다.[168]

168　칸트의 계몽주의와 가상의 관계에 대한 더 자세한 논의는 I부 '칸트적 주체의 (재)구성' 참조

니체와 관점주의

칸트와 니체는 좀처럼 한데 묶이는 일이 없는 철학자들이지만 삶에서 관점, 그리고 그로부터 필연적으로 귀결되는 가상의 불가피함과 불가결함이라는 주제에서만큼은 나란히 거론될 만하다. 니체는 칸트에서 싹을 보인 '관점주의(perspectivism)'를 급진화하며 그것에 새로운 의미와 가치를 부여하는 방식으로 칸트와 자신 사이에 연결선과 단절선을 동시에 그린다.

니체 역시 "모든 삶은 가상, 예술, 착각, 광학(Optik), 관점적인 것과 오류의 필연성을 근거로" 한다고 말한다(Nietzsche 1872/2007: 29). 니체가 보기에도 가상-환상-관점-오류는 불가피할 뿐 아니라('필연성') 불가결하다('모든 삶이 그것에 근거함'). 그러나 칸트의 관점주의가 윤리신학적 배경을 갖는 데 반해, 니체의 그것은 고유의 자연주의를 기초로 한다. 니체가 보기에 모든 생명은 힘에의 의지와 다르지 않다. 생명은 힘을 발산하고자 하며, 생(生)에 있어 근본적인 것으로 자주 거론되는 자기보존 충동도 이러한 힘에의 의지의 한 표현에 지나지 않는다. 힘의 발산과 의지의 발현은 모두 하나의 출발점을 필요로 하는바, 그런 의미에서 삶은 관점적인 것이고 관점적인 한에서 '광학'적인 것이며 각도에 따라 다른 상을, 더 정확히 말하면 진상(眞相)이 아니라 오직 그러한 관점적 상만을 허용한다는 의미에서 가상적인 것이다. 모든 생명체는 자신의 종적 특성에 따라 세계를 고정하거나 절단하며, 어떤 생명체의 관점에서 고정되거나 절단된 세계도 세계 그 자체는 아니다. 니체가 보기에 관점을 벗어난 '있는 그대로의 무언가'와 인간이 관계할 수 있다는 전제 위에 수립되는 진리 관념이야말로 비할 데 없는 가상이다.

요컨대 관점주의는 이렇게 정리할 수 있다. 환상 혹은 가상은 칸트라면 관심, 니체라면 힘에의 의지, 일반적으로 욕망이라고 부르는 것으로 인해 생긴다. 삶은 관심과 힘에의 의지와 욕망 자체기 때문에 인간에게 가상과 분리된 세계는 세계가 아니다. 우리의 세계는 '무관심'의 방식으로만 관계할 수 있는 세계, 즉 세계 그 자체가 아니다. 부분적으로 칸트에 근거하며 니체가 발본적으로 정식화하고 있는 가르침은, 모든 진리는 '우리에 대한' 진리일 수밖에 없으며, 우리에 대한 진리는 가상에 근거한 진리, 가상 속의 진리, 가상으로 이루어진 진리, 가상으로서의 진리일 수밖에 없다는 것이다. 잦은 오해와 달리 이는 인간중심주의와 무관하다. 인간이 관계하는 세계가 세계 그 자체 혹은 유일한 세계라는 주장이 아니기 때문이다. 오히려 관점주의는 인간이 자신의 한계 위에서만 세계와 만나게 된다는 사실에 대한 담백한 인정이다.

물론 칸트와 니체의 강조점은 다르다. 칸트가 가상으로서의 '진리'에 관심을 갖는다면 니체는 '가상'으로서의 진리를 말한다. 그리고 이러한 상이한 강조점의 배후에는 관점과 가상이 진리와 맺는 관계에 대한 평가 방식의 차이가 있다. 칸트가 '종합'의 철학자답게 진리와 가상 중 일방의 폐기가 아니라 양자의 적절한 결합을 (어쨌든 진리를 중심에 두고) 고민한다면, 니체는 진리와 가상의 투쟁, 진리에의 의지 뒤에 숨어 있는 삶에 대한 적개심을 본다. 칸트의 관점주의가 관점과 진리를 어떻게든 화해시키려 한다면, 니체는 관점주의를 기각해온 역사에서 은밀하게 작동해온 진리에의 의지의 도덕적 성격을 문제 삼는다. 니체가 보기에 "진리가 가상보다 더 가치가 있다는 것은 도덕적 편견에 지나지 않는다. 그것은 심지어 이 세상에서 가장 큰 오류로 증명된 가정이다." 삶이 가상에 근거한다면 가상을 추방하고 진리를 절대적인 것으로 세우려는 시도는 삶과 대립하지 않을 수 없다. 삶과 무관하거나 심지어 삶보다 높은 위치를 주장하는 가치에 근거하고 그것을 옹호하는 사유들은 삶을 '심판'의 대상으로 삼으며 니체는 이것을 '도덕'이라 부른다. 니체는 진리의 옹호자들에게 "어째서 우리가 관계하는 세계가 허구여서는 안 되는가?"라고 묻는다(Nietzsche 1886/2018 34절). 삶은 자신에 대한 외적 심판으로서의 도덕을 알지 못한다는 의미에서 비도덕적이며, 이러한 삶의 무구함은 진리에의 의지와 무관할 뿐 아니라 대립한다. 진리에의 의지는 삶의 무구한 힘 그 자체인 가상과 허구의 힘을 심판하여 무화하려는 의지며, 니체의 관점주의는 단순히 가상을 방어하는 것이 아니라 진리 혹은 진리를 향한 의지의 계보와 본성을 문제 삼는 방식으로 그것에 맞선다.

거짓의 역량, 거짓에의 의지, 거짓의 용기

관점은 언제나 정동(affect)과 거기서 비롯하는 가치평가를 동반한다. 이러저러한 진리 주장들이 일정한 가치평가의 산물임은 물론이고, 더 중요하게는 자연적인 것으로 간주되는 진리에의 의지 자체가 특정한 관점, 즉 특정한 정동과 가치평가를 가리키는 '증상'이다. 그러므로 진리에의 의지는 그것이 표면에 내세우는 진리의 기준에 따라서가 아니라 증상에 대한 '진단'의 방식으로 검토되어야 한다. 이러한 관점에서 니체가 시작한, 그리고 푸코가 이어받은 진리(에의 의지)에 대한 진단은 다음과 같은 물음들을 제기한다. 가상 그 자체인 세계에서 누가, 무엇을, 어떤 방식으로 진리로 주장하는가, 그러한 진리는 왜 그리고 어떻게 가상이라는 원천과 절연하고 본래적이고 순수한 진리, 진리로서의 진리로 현상하여 역으로 가상과 삶을 심판하는 힘을 갖게 되는가, 어떻게 진리로부터 가상을 구해내고 그리하여 진리를 진리 자신으로부터 구해낼 것인가.

말하자면, 비판되어야 할 것은 환상이나 가상이 아니라 오히려 진리다. 혹은 진리의 관점에서 정립된 환상에 대한 환상, 이데올로기에 대한 이데올로기다. 진리는 절대적으로 그 자체로 존립하고 정당화되며, 오류–환상–허구와 절연된 상태를 의미한다는 믿음이 탈신비화되어야 한다. 이런 관점에서 계몽은 가상과 오류로부터의 해방이 아니라 오히려 진리로부터의 해방이다.

이데올로기의 기만, 시청자와 관객을 조종하는 광고와 매체의 기만, 온갖 가짜뉴스들의 기만을 탄식할 때, 가장 깊은 문제는 세계의 거짓된 재현이 아니라 세계의 진실 혹은 진실로서의 세계 자체라는 사실은 상대적으로 덜 주목된다. 우리가 현재의 진실 체제에서 거짓과 기만이라고 부르는 것은 그것의 생산에 적합한, 그것을 가능케 하는 세계의 진실에 기반한다. 현재의 진실과의 관계에서만 존립하는—그 존립의 방식이 대립이라는 사실은 차이를 만들지 않는다―거짓과 기만은 그 존재와 작동 자체로 우리가 살고 있는 세계의 문제적 진실을 증거한다.

그러므로 늘 부족한 것은 세계 자체 혹은 그것의 정확한 표상으로서의 '진실'이 아니라 "거짓의 고귀한 역량"(Deleuze 1962/1998: 186)이다. 고귀한 역량을 갖는 거짓은 현재의 진실에 기생하고 그것을 뒤집어 반영할 뿐인 저열한 거짓과 다르다. 그것은 현재의 진실과의 거짓된 대립 속에 정립되는, 다시 말해 현재의 진실의 거울상일 뿐인 거짓이 아니라 본성상 현재의 진실에 의해 규정되지 않는다는 의미에서의 거짓, 현재의 진실을 문제 삼는다는 의미에서의 거짓, 그래서 새로운 세계를 가리키며 그것을 낳는 움직임을 촉진하는 힘을 갖는 것으로서의 거짓이다. 거짓의 고귀한 역량은 진리나 실재로서의 세계가 아니라 삶으로서의 세계와 관계하며, 세계를 새롭게 만드는 삶의 무구한 역량을 가리킨다.

거짓에 대한 빈약한 관념과 진실에 대한 왜소한 집착이 지배하는 문화는 거짓의 역량을 탐구하고 실험할 대담성을 고사시킨다. 이미 만들어진 것 혹은 일어난 것(factum)으로서의 '팩트'에 대한 탐닉과 그 아래 혹은 너머의 힘에 대한 무지와 무관심이 이 문화의 선명한 표지다. 우리의 빨간 알약이 던지는 가장 무서운 질문은, 매트릭스를 벗어나 실재를 대면할 용기가 있느냐가 아니라 거짓이라는 매트릭스의 회피 불가능성을, 거짓이 존재와 사고, 행위의 조건이라는 것을 받아들일 수 있는가, 거짓의 외부로 도망칠 것이 아니라 거짓 자체에서 살고, 생각하고, 만들고, 싸울 수 있는가이다.

가상과 거짓의 철학이 가능하다면, 다음과 같은 물음들의 무게에 대한 감각으로부터만 시작될 수 있을 것이다. "어째서 우리가 관계하는 세계가 허구여서는 안 되는가?"라는 니체의 물음을 진정으로 인수할 수 있는가? 거짓 속에서, 거짓의 창조 속에서, 거짓에 대한 긍정 속에서 자유를 느끼기, 거짓이 실천과 창조에 허락하는 힘을 누리기, 거짓의 토대 없음을 기뻐하기, 진리가 아니라 거짓 위에서, 거짓에 대해 엄격해지기, 다시 말해 엄격하게 거짓을 행하기, 진리의 기만에서 벗어나 거짓의 정직함으로 향하기, 요컨대 거짓의 윤리를 실천하기를 우리의 과제로 삼을 수 있는가? 우리를 둘러싸고 있는, 우리가 발 딛고 있는, 우리 그 자체인 거짓에 대한 정직함을 하나의 진실, 어쩌면 유일한 진실의 기준으로 받아들일 수 있는가? 진실의 용기가 가장 깊은 의미에서는 발명과 창조와 변신의 용기, 새로운 삶과 존재에 대해 이야기하기의 용기, 말하자면 거짓의 용기라는 것을 받아들일 수 있는가?

참고 문헌

칸트 국역본

『판단력비판』, 이석윤 옮김, 박영사, 2005.

『순수이성비판』, 백종현 옮김, 아카넷, 2006.

『순수이성비판』, 최재희 옮김, 박영사, 개정판 2009.

『칸트의 역사철학』, 이한구 옮김, 서광사, 개정판 2009.

『실천이성비판』, 백종현 옮김, 아카넷, 개정판 2009.

『판단력비판』, 백종현 옮김, 아카넷, 2009.

『실천이성비판』, 최재희 옮김, 박영사, 2011.

『도덕철학서론』, 최재희 옮김, 박영사, 2011.

『형이상학 서설』, 백종현 옮김, 아카넷, 2012.

『윤리형이상학』, 백종현 옮김, 아카넷, 2012.

『윤리형이상학 정초』, 백종현 옮김, 아카넷, 개정판 2014.

『실용적 관점에서의 인간학』, 백종현 옮김, 아카넷, 2014.

『학문으로 등장할 수 있는 미래의 모든 형이상학을 위한 서설/자연과학의 형이상
학적 기초원리』, 김재호 옮김, 한길사, 2018.

『도덕형이상학』, 이충진·김수배 옮김, 한길사, 2018.

『도덕형이상학 정초』, 김석수·김종국 옮김, 한길사, 2019.

『비판기 저작 1 (1784~1794)』, 김미영·홍우람·이남원·오은택·정성관·배정호
옮김, 한길사, 2019.

『유작』 I.1, I.2, II, 백종현 옮김, 아카넷, 2020~2022.

『실용적 관점에서 본 인간학』, 홍우람·이진오 옮김, 한길사, 2021.

『논리학·교육론』, 이엽·김창원·박찬구 옮김, 한길사, 2021.

『비판기 이전 저작 III (1763~1777)』, 박진·김광명·김화성·강병호·임승필·김상
현·김상봉·홍우람 옮김, 한길사, 2021.

『학부들의 다툼』, 백종현 옮김, 아카넷, 2021.

푸코

Foucault, Michel. 1964. "Notice historique." In *Dits et érits* I. Paris: Gallimard. 1994.

_____. 1966a. *Les mots et les choses: une archéologie des sciences humaines*. Paris: Gallimard. / 이규현 옮김. 2012. 『말과 사물』. 민음사.

_____. 1966b. "La pensée du dehors." In *Dits et érits* I. Paris: Gallimard. 1994.

_____. 1967. "Qui êtes-vous professeur Foucault?" In *Dits et érits* I. Paris: Gallimard. 1994.

_____. 1969. *L'Archéologie du savoir*. Paris: Gallimard. / 이정우 옮김. 2000. 『지식의 고고학』. 민음사.

_____. 1972. "Les problèmes de la culture. Un débat Foucault – Preti." In *Dits et érits* II. Paris: Gallimard. 1994.

_____. 1974. "La vérité et les formes juridiques." In *Dits et érits* II. Paris : Gallimard. 1994.

_____. 1976. *Histoire de la sexualité I: La volonté de savoir*. Paris: Gallimard. / 이규현 옮김. 2004. 『성의 역사 1: 앎의 의지』. 나남출판.

_____. 1977. "Truth and Power." In *Power/Knowledge: Selected Interviews and Other Writings, 1972~1977*. Ed. Colin Gordon. New York: Pantheon. 1980.

_____. 1978. "Introduction by Michel Foucault." In Georges Canguilhem. *On the Normal and the Pathological*. Tran. Carolyn R. Fawcett. Dordrecht, Holland; Boston: D. Reidel Pub. Co.

_____. 1979. "'Omnes et singulatim': vers une critique de la raison politique." In *Dits et érits* IV. Paris : Gallimard. 1994.

_____. 1980. "Table ronde du 20 mai 1978." In *Dits et érits* IV. Paris : Gallimard. 1994. / 심성보 외 옮김. 2014. 방법에 관한 질문들」. 『푸코 효과: 통치성에 관한 연구』. 난장.

_____. 1982. "The Subject and Power." In *Michel Foucault: Beyond Structuralism and Hermeneutics*. Chicago: University of Chicago Press.

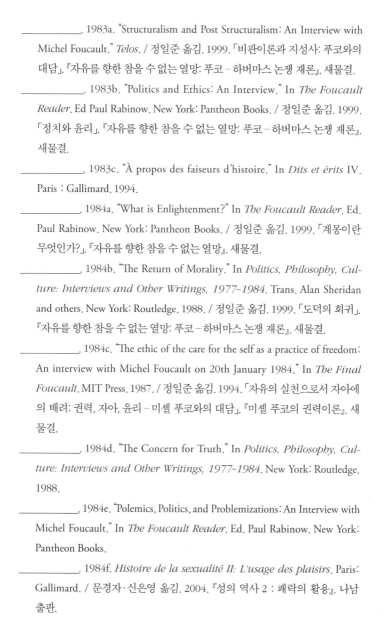

_____. 1983a. "Structuralism and Post Structuralism: An Interview with Michel Foucault." *Telos*. / 정일준 옮김. 1999. 「비판이론과 지성사: 푸코와의 대담」. 『자유를 향한 참을 수 없는 열망: 푸코-하버마스 논쟁 재론』. 새물결.

_____. 1983b. "Politics and Ethics: An Interview." In *The Foucault Reader*. Ed Paul Rabinow. New York: Pantheon Books. / 정일준 옮김. 1999. 「정치와 윤리」. 『자유를 향한 참을 수 없는 열망: 푸코-하버마스 논쟁 재론』. 새물결.

_____. 1983c. "À propos des faiseurs d'histoire." In *Dits et érits IV*. Paris : Gallimard. 1994.

_____. 1984a. "What is Enlightenment?" In *The Foucault Reader*. Ed. Paul Rabinow. New York: Pantheon Books. / 정일준 옮김. 1999. 「계몽이란 무엇인가?」. 『자유를 향한 참을 수 없는 열망』. 새물결.

_____. 1984b. "The Return of Morality." In *Politics, Philosophy, Culture: Interviews and Other Writings, 1977~1984*. Trans. Alan Sheridan and others. New York: Routledge. 1988. / 정일준 옮김. 1999. 「도덕의 회귀」. 『자유를 향한 참을 수 없는 열망: 푸코-하버마스 논쟁 재론』. 새물결.

_____. 1984c. "The ethic of the care for the self as a practice of freedom: An interview with Michel Foucault on 20th January 1984." In *The Final Foucault*. MIT Press. 1987. / 정일준 옮김. 1994. 「자유의 실천으로서 자아에의 배려: 권력, 자아, 윤리-미셸 푸코와의 대담」. 『미셸 푸코의 권력이론』. 새물결.

_____. 1984d. "The Concern for Truth." In *Politics, Philosophy, Culture: Interviews and Other Writings, 1977~1984*. New York: Routledge. 1988.

_____. 1984e. "Polemics, Politics, and Problemizations: An Interview with Michel Foucault." In *The Foucault Reader*. Ed. Paul Rabinow. New York: Pantheon Books.

_____. 1984f. *Histoire de la sexualité II: L'usage des plaisirs*. Paris: Gallimard. / 문경자·신은영 옮김. 2004. 『성의 역사 2 : 쾌락의 활용』. 나남출판.

_____. 1988. *Technologies of the self: a seminar with Michel Foucault*. Ed. Luther H. Martin, Huck Gutman, Patrick H. Hutton. Amherst: University of Massachusetts Press.

_____. 1991. *Remarks on Marx: conversations with Duccio Trombadori*. Trans. R. James Goldstein and James Cascaito. New York: Semiotext(e). / 이승철 옮김. 2004. 『푸코의 맑스』. 갈무리.

_____. 1993. "Kant on Enlightenment and revolution." In *Foucault's new domains*. Ed. Mike Gane and Terry Johnson. London and New York: Routledge. / 정일준 옮김. 1999. 「혁명이란 무엇인가?」. 『자유를 향한 참을 수 없는 열망』. 새물결.

_____. 1997. *Il faut défendre la société: cours au Collège de France, 1975~1976*. Paris: Gallimard: Seuil. / 김상운 옮김. 2015. 『"사회를 보호해야 한다": 콜레주드프랑스 강의 1975년~1976년』. 난장.

_____. 1998. "Foucault." In *Aesthetics, Method and Epistemology*. Ed. James D. Faubion. Trans. Robert Hurley. New York: The New Press.

_____. 2001. *L'herméneutique du sujet: cours au Collège de France, 1981~1982*. Paris: Gallimard: Seuil. / 심세광 옮김. 2007. 『주체의 해석학: 1981~1982, 콜레주 드 프랑스에서의 강의』. 동문선.

_____. 2004a. *Sécurité, territoire, population: cours au Collège de France, 1977~1978*. Paris: Gallimard: Seuil. / 오트르망 옮김. 2011. 『안전, 영토, 인구: 콜레주드프랑스 강의 1977~78년』. 난장.

_____. 2004b. *Naissance de la biopolitique: cours au Collège de France, 1978~1979*. Paris: Gallimard: Seuil. / 오트르망 옮김. 2012. 『생명관리정치의 탄생: 콜레주드프랑스 강의 1978~79년』. 난장.

_____. 2008a. *Introduction à l'Anthropologie de Kant*. In Immanuel Kant. *Anthropologie d'un point de vue pragmatique*. Paris: J. Vrin. / 김광철 옮김. 2012. 『칸트의 인간학에 관하여: 『실용적 관점에서 본 인간학』 서설』. 문학과지성사.

_____. 2008b. *Le gouvernement de soi et des autres: Cours au Collège de France, 1982~1983*. Paris: Gallimard: Seuil.

_____. 2009. *Le courage de la vérité: le gouvernement de soi et des autres II: cours au Collège de France, 1983~1984*. Paris: Gallimard: Seuil.

_____. 2013. *L'origine de l'herméneutique de soi: conférences prononcées à Dartmouth college, 1980*. Paris: Vrin. / 오트르망 심세광·전혜리 옮김. 2022. 『자기해석학의 기원』. 동녘.

_____. 2015. *Qu'est-ce que la critique?; suivie de, La culture de soi*. Paris: Vrin. / 오트르망 심세광·전혜리 옮김. 2016. 「비판이란 무엇인가?」, 『비판이란 무엇인가?/자기수양』. 동녘.

_____. 2016. *Discours et vérité: précédé de La parrêsia*. Paris: J. Vrin. / 오트르망 심세광·전혜리 옮김. 2017. 『담론과 진실/파레시아』. 동녘.

미셸 푸코·와타나베 모리아키. 2016. 오석철 옮김. 『철학의 무대』. 기담문고.

기타

가라타니 고진. 2013. 『트랜스크리틱: 칸트와 맑스』. 이신철 옮김. 도서출판b.

세리자와 가즈야 외. 2015. 『푸코 이후: 통치성, 안전, 투쟁』. 김상운 옮김. 난장.

김광철. 2012. 「푸코의 칸트 해석 – 유한한 인간의 탄생과 종말」. 『칸트의 인간학에 관하여』. 문학과지성사.

김비환. 2001. 『축복과 저주의 정치사상: 20세기와 한나 아렌트』. 한길사.

김상봉. 1998. 『자기의식과 존재사유: 칸트철학과 근대적 주체성의 존재론』. 한길사.

____. 2002. 『나르시스의 꿈: 서양정신의 극복을 위한 연습』. 한길사.

김상환. 2002. 『니체, 프로이트, 맑스 이후: 현대 프랑스철학의 쟁점』. 창작과비평사.

____. 2019. 『왜 칸트인가: 인류 정신사를 완전히 뒤바꾼 코페르니쿠스적 전회』. 21세기북스.

김선욱. 2002. 『한나 아렌트 정치판단 이론: 우리 시대의 소통과 정치윤리』. 푸른숲.

김은주. 2022. 「푸코에게 '철학'은 무엇이었나?」. 『철학』 제152집.

김은주 외. 2023. 『푸코와 철학자들: 동반자 또는 경쟁자와 함께 읽는 푸코』. 민음사.

김재호. 2015. 「'감성'(Sinnlichkeit)의 한계 안에 있는 칸트의 '초월적 관념론'」, 『철학논구』. 제42집.

나종석. 2010. 「공공성(公共性)의 역사철학: 칸트 역사철학에 대한 하나의 해석」. 『칸트연구』 제26집.

마키노 에이지. 2009. 『칸트 읽기: 포스트모더니즘 이후의 비판철학』. 세키네 히데유키·류지한 옮김. 울력.

배세진. 2022. 「비판이론의 현재성: 개념의 정념들, 그리고 문화연구라는 질문의 메타과학」. 『문화과학』 111.

백종현. 2002. 「계몽철학으로서 칸트의 전통 형이상학 비판」. 『칸트와 정치철학』. 철학과현실사.

_____. 2008. 『존재와 진리: 칸트 『순수이성비판』의 근본 문제』(전정판). 철학과현실사.

_____. 2010a. 「칸트철학에서 '선험적'과 '초월적' 개념 그리고 번역어 문제」. 『칸트연구』 제25집.

_____. 2010b. 『(시대와의 대화) 칸트와 헤겔의 철학』. 아카넷.

사이토 준이치. 2009. 『민주적 공공성: 하버마스와 아렌트를 넘어서』. 윤대석 외 옮김. 이음.

사토 요시유키. 2012. 『권력과 저항: 푸코, 들뢰즈, 데리다, 알튀세르』. 김상운 옮김. 난장.

서동욱. 2000. 『차이와 타자: 현대 철학과 비표상적 사유의 모험』. 문학과지성사.

_____. 2002. 『들뢰즈의 철학: 사상과 그 원천』. 민음사.

_____. 2006. 「선험적 종합에서 경험적 종합으로: 지킬 칸트와 하이드 들뢰즈씨」. 『포스트모던 칸트』. 문학과지성사.

이상길. 2015. 「열광의 정치학: 미셸 푸꼬의 「계몽이란 무엇인가?」에 관하여」. 『안과밖』 제38집.

이항우. 2017. 『정동 자본주의와 자유노동의 보상』. 한울.

이행남. 2018. 「타자 안에서 자기 자신임: 헤겔의 인륜성 이론에서 상호 인정과 자기 형성의 이념」. 『철학연구회 학술발표논문집』.

임미원. 2016. 「윤리적 개념으로서의 자율성: 칸트의 자율성 개념을 중심으로」.

『법학논총』 Vol.33(3).

____. 2017. 「칸트의 의무론적 윤리학과 코스가드의 신칸트적 구성주의」. 『법철학연구』 제20호.

____. 2018. 「아렌트의 정치철학: 칸트에 대한 비판과 수용의 시도」. 『법학논총』. 한양대학교 법학연구소.

임홍배. 2018. 「칸트의 계몽 개념에 대하여」. 『괴테연구』 31권.

정대훈. 2019. 「'지식의 의지' 개념 분석을 중심으로 한 푸코와 니체의 사상적 관계에 대한 고찰」. 『철학』 139집.

최인숙. 2005. 「칸트철학에서 계몽의 의미」. 『철학·사상·문화』 창간호.

칼 맑스. 1991. 「임금노동과 자본」. 『칼 맑스·프리드리히 엥겔스 저작선집 1』. 최인호 외 옮김. 박종철출판사.

Allison, Henry E. 1990. *Kant's theory of freedom*. Cambridge [England]; New York: Cambridge University Press.

_____. 2004. *Kant's transcendental idealism: an interpretation and defense*. New Haven: Yale University Press.

Allen, Amy. 2008. *The politics of our selves: power, autonomy, and gender in contemporary critical theory*. New York: Columbia University Press.

Ameriks, Karl. 1982. *Kant's Theory of Mind: An Analysis of the Paralogisms of Pure Reason*. Oxford: Clarendon Press.

_____. 1992. "The Critique of Metaphysics: Kant and Traditional Ontology." In *Cambridge Companion to Kant*. Ed. Paul Guyer. Cambridge: Cambridge University Press.

_____. 2000. *Kant and the fate of autonomy: problems in the appropriation of the critical philosophy*. Cambridge, U.K.; New York: Cambridge University Press.

Arendt, Hannah. 1958. *The human condition*. Chicago: University of Chicago Press. / 이진우·태정호 옮김. 1996. 『인간의 조건』. 한길사.

_____. 1968. *Between past and future: eight exercises in political thought*. New York: Penguin Books. / 서유경 옮김. 2005. 『과거와 미래 사이: 정치사상에 관한 여덟 가지 철학연습』. 푸른숲.

_____. 1978. *The life of the mind II/Willing*. New York: Harcourt Brace Jovanovich.

_____. 1992. *Lectures on Kant's Political Philosophy*. Chicago: The University of Chicago Press. / 김선욱 옮김. 2002. 『칸트 정치철학 강의』. 푸른숲.

_____. 1995. *Men in dark times*. San Diego, Calif.: Harcourt, Brace & Company. / 홍원표 옮김. 2010. 『어두운 시대의 사람들』. 인간사랑.

_____. 2013. *Hannah Arendt: the last interview and other conversations*. Melville House. / 윤철희 옮김. 2016. 『한나 아렌트의 말: 정치적인 것에 대한 마지막 인터뷰』. 마음산책.

Aristoteles. *Ethica Nicomachea(Ηθικὰ Νικομάχεια)*. / 강상진·김재홍·이창우 옮김. 2011. 『니코마코스 윤리학』. 길.

Bacchi, Carol. 2012. "Why Study Problematizations? Making Politics Visible." In *Open Journal of Political Science* Vol. 2, No. 1.

Badiou, Alain. 1982. *Théorie du sujet*. Paris: Seuil.

_____. 2005. "Le structuralism: Une destitution du sujet?" In *Revue de métaphysique et de morale* no. 1.

Badmington, Neil. 2000. "Introduction: Approaching Posthumanism." In *Posthumanism*. Ed. Neil Badmington. New York: Palgrave.

Bahrdt, Karl Friedrich. 1789. *Über Aufklärung und die Beförderungsmittel derselben*. Leipzig.

Baker, Keith Michael and Reill, Peter Hanns(Ed.). 2001. What's left of enlightenment?: a postmodern question. Stanford, California: Stanford University Press.

Balibar, Etienne. 1997. *La crainte des masses: politique et philosophie avant et après Marx*. Paris: Galilée. / 최원·서관모 옮김. 2007. 『대중들의 공포: 맑스 전과 후의 정치와 철학』. 도서출판b.

_____. 2017. "Pensée du dehors? Foucault avec Blanchot." In *Foucault(s)*. Ed. Jean-François Braunstein et al. Paris: Editions de la Sorbonne.

_____. 2020. Avant-propos. *Passions du concept: épistémologie, théologie, politique*. Paris: La Découverte.

Beiser, Frederick. 1987. *The Fate of Reason: German philosophy from Kant to Fichte*. Cambridge, Mass.: Harvard University Press. / 이신철 옮김. 2018. 『이성의 운명: 칸트에서 피히테까지의 독일 철학』. 서울: 도서출판b.

Benjamin, Andrew. 2012. "Towards an Affective Structure of Subjectivity. Notes on Kant's An Answer to the Question: What is the Enlightenment?" *Parallax* 18:4.

Bennett, Jonathan Francis. 2016(First published 1974). *Kant's Dialectic*. Cambridge: Cambridge Univ. Press.

Boer, Karin de, and Sonderegger, Ruth(ed.). 2012. *Conceptions of critique in modern and contemporary philosophy*. Palgrave Macmillan.

Boswell, Terry. 1988. "On the Textual Authenticity of Kant's Logic." In *History and Philosophy of Logic*, vol. 9.

Bourdieu, Pierre. 1990. *In Other Words: Essays Towards a Reflexive Sociology*. Trans. Matthew Adamson. Stanford, Calif.: Stanford UP.

Braeckman, Antoon. 2008. "The Moral Inevitability of Enlightenment and the Precariousness of the Moment: Reading Kant's "What Is Enlightenment?" *The Review of Metaphysics*, Vol. 62(2).

Brandt, Reinhard. 1989. "The Deductions in the Critique of Judgment: Comment on Hampshire and Horstmann." In *Kant's Transcendental Deductions*. Ed. Eckhart Förster. Stanford: Stanford University Press.

Canguilhem, Georges. 1978. *On the normal and the pathological*. Trans. Carolyn R. Fawcett. Introd. by Michel Foucault. Dordrecht, Holland; Boston: D. Reidel Pub. Co.

_____. 1992. "Introduction." In Timothy J. Armstrong(ed.). *Michel Foucault philosopher*. New York: Routledge.

Cassirer, Ernst. 1921. *Kants Leben und Lehre*. Berlin: B. Cassirer.

Castel, Roger. 1994. "Problematization as a Mode of Reading History." In *Foucault and the Writing of History*. London: Blackwell.

Deleuze, Gilles. 1962. *Nietzsche et la Philosophie*. Paris: PUF. / 이경신 옮김.
1998.『니체와 철학』. 민음사.

_____. 1963a. *La Philosophie Critique de Kant*. Paris: PUF. / 서동욱 옮
김. 1995.『칸트의 비판철학: 이성의 능력들에 관한 이론』. 민음사.

_____. 1963b. "L'idée de genèse dans l'esthétique de Kant." *Revue
d'esthétique*, vol. XVI, n. 2. Paris: PUF. / 박정태 옮김. 2007.「칸트 미학에서
의 발생의 이념」.『들뢰즈가 만든 철학사』. 이학사.

_____. 1964. *Proust et les signes*. Paris: PUF. / 서동욱·이충민 옮김.
2004.『프루스트와 기호들』. 민음사.

_____. 1966. "L'homme, une existence douteuse." In *Le Nouvel Observa-
teur*. / 박정태 옮김. 2007.「인간, 그 모호한 존재」.『들뢰즈가 만든 철학사』.
이학사.

_____. 1968. *Différence et Répétition*. Paris: PUF. / 김상환 옮김. 2004.
『차이와 반복』. 민음사.

_____. 1986. *Foucault*. Paris: Editions de Minuit. / 허경 옮김. 2019.『푸
코』. 그린비.

_____. 1988. "Qu'est - ce qu'un dispositif?" In *Michel Foucault philos-
ophe. Rencontre internationale, Paris, 9, 10, 11 janvier 1988*. Paris:
Seuil. 1989. / 박정태 옮김. 2007.「장치란 무엇인가?」.『들뢰즈가 만든 철학
사』. 이학사.

_____. 1990. *Pourparlers, 1972~1990*. Paris: Editions de Minuit. / 김종
호 옮김. 1993.『대담 1972~1990』. 솔.

_____. 1993. "Sur quatre formules poétique qui pourraient résumer la phi-
losophie kantienne." In *Critique et Clinique*. Paris: Editions de Minuit. / 박
정태 옮김. 2007.「칸트 철학을 요약해 줄 수 있을 네 가지 시적인 경구에 대하
여」.『들뢰즈가 만든 철학사』. 이학사.

_____. 1995. "L'Immanence: une vie..." *Philosophie*, n. 47.

Deleuze, Gilles and Guattari, Félix. 1972. *L'anti-Œdipe: Capitalisme et
schizophrénie*. Paris: Éditions de Minuit. / 김재인 옮김. 2014.『안티 오이디
푸스: 자본주의와 분열증』. 민음사.

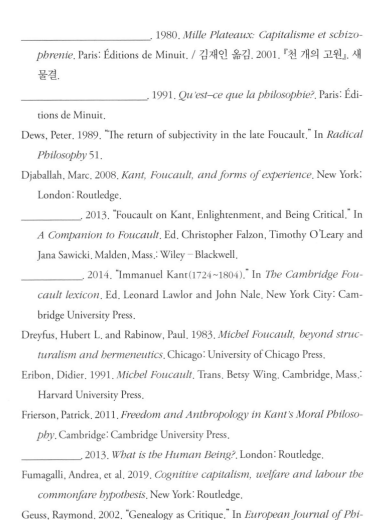

_____. 1980. *Mille Plateaux: Capitalisme et schizo-phrenie*. Paris: Éditions de Minuit. / 김재인 옮김. 2001. 『천 개의 고원』. 새 물결.

_____. 1991. *Qu'est-ce que la philosophie?*. Paris: Éditions de Minuit.

Dews, Peter. 1989. "The return of subjectivity in the late Foucault." In *Radical Philosophy* 51.

Djaballah, Marc. 2008. *Kant, Foucault, and forms of experience*. New York; London: Routledge.

_____. 2013. "Foucault on Kant, Enlightenment, and Being Critical." In *A Companion to Foucault*. Ed. Christopher Falzon, Timothy O'Leary and Jana Sawicki. Malden, Mass.: Wiley - Blackwell.

_____. 2014. "Immanuel Kant(1724~1804)." In *The Cambridge Foucault lexicon*. Ed. Leonard Lawlor and John Nale. New York City: Cambridge University Press.

Dreyfus, Hubert L. and Rabinow, Paul. 1983. *Michel Foucault, beyond structuralism and hermeneutics*. Chicago: University of Chicago Press.

Eribon, Didier. 1991. *Michel Foucault*. Trans. Betsy Wing. Cambridge, Mass.: Harvard University Press.

Frierson, Patrick. 2011. *Freedom and Anthropology in Kant's Moral Philosophy*. Cambridge: Cambridge University Press.

_____. 2013. *What is the Human Being?*. London: Routledge.

Fumagalli, Andrea, et al. 2019. *Cognitive capitalism, welfare and labour the commonfare hypothesis*. New York: Routledge.

Geuss, Raymond. 2002. "Genealogy as Critique." In *European Journal of Philosophy*, 10(2).

Goldstein, Jan(ed.). 1994. *Foucault and the Writing of History*. London: Blackwell.

Gordon, Colin. 1993. "Question, ethos, event: Foucault on kant and enlightenment." In *Foucault's New Domains*. Ed. Mike Gane and Terry Johnson.

London; New York: Routledge.

Grier, Michelle. 2001. *Kant's Doctrine of Transcendental Illusion*. Cambridge: Cambridge University Press.

_____. 2012. "Kant's Critique of Metaphysics." In *The Stanford Encyclopedia of Philosophy* (Summer 2012 Edition). / 김동욱·박준호·신우승·차하늘 옮김. 2017. 『형이상학에 대한 칸트의 비판』, 전기가오리.

Gros, Frédéric. 1995. "Le Foucault de Deleuze: Une Fiction Métaphysique." In *Philosophie*, 47.

Gutting, Gary. 1989. *Michel Foucault's archaeology of scientific reason*. Cambridge [England]; New York: Cambridge University Press. / 홍은영·박상우 옮김. 1999. 『미셸 푸꼬의 과학적 이성의 고고학』. 백의.

_____(ed.). 2005. *The Cambridge Companion to Foucault*. Cambridge: Cambridge University Press.

Gutting, Gary and Oksala, Johanna. 2019. "Michel Foucault." In *The Stanford Encyclopedia of Philosophy* (Spring 2019 Edition). Ed. Edward N. Zalta.

Guyer, Paul. 1987. *Kant and the claims of knowledge*. Cambridge [England]; New York: Cambridge University Press.

Habermas, Jürgen. 1962·1990. *Strukturwandel der Öffentlichkeit: Untersuchungen zu einer Kategorie der burgerlichen Gesellschaft*. Frankfurt am Main: Suhrkamp. / 한승완 옮김. 2001. 『공론장의 구조변동: 부르주아 사회의 한 범주에 관한 연구』. 나남출판.

_____. 1994. "Taking aim at the heart of the present." In *Critique and power: recasting the Foucault/Habermas debate*. Ed. Michael Kelly. Cambridge, Mass.: MIT Press.

Hacking, Ian. 1986. "Self-Improvement." In *Foucault: a critical reader*. Ed. David Couzens Hoy. Oxford, UK; New York, NY, USA: B. Blackwell.

Hadot, Pierre. 1995. *Qu'est-ce que la philosophie antique?*. Paris: Gallimard. / 이세진 옮김. 2017. 『고대철학이란 무엇인가』. 열린책들.

Han, Béatrice. 2002. *Foucault's critical project: between the transcendental and the historical*. Stanford, Calif.: Stanford University Press.

_____. 2003. "Heidegger and Foucault on Kant and Finitude." In *Critical Encounters: Heidegger/Foucault*. Ed. A. Milchman. Indianapolis: Indiana University Press.

_____. 2005. "The Analytic of Finitude and the History of Subjectivity." In *The Cambridge Companion to Foucault*. Cambridge: Cambridge University Press.

Haraway, Donna Jeanne. 1991. *Simians, Cyborgs, and Women: The Reinvention of Nature*. New York: Routledge. / 황희선·임옥희 옮김. 2023. 『영장류, 사이보그 그리고 여자: 자연의 재발명』. arte.

Hardt, Michael and Negri, Antonio. 2004. *Multitude: war and democracy in the age of Empire*. New York: The Penguin Press. / 조정환·정남영·서창현 옮김. 2008. 『다중: 제국이 지배하는 시대의 전쟁과 민주주의』. 세종서적.

_____. 2009. *Commonwealth*. Cambridge, Mass. Belknap Press of Harvard University Press. / 정남영·윤영광 옮김. 2014. 『공통체』. 사월의책.

Hegel, Georg Wilhelm Friedrich. 1807(1970). *Phänomenologie des Geistes*. Theorie Werkausgabe, Bd. 3. Frankfurt/M.: Suhrkamp.

Heidegger, Martin. 1929. *Kant und das Problem der Metaphysik*. Bonn: Fr. Cohen. / 이선일 옮김. 2001. 『칸트와 형이상학의 문제』. 한길사.

Hocks, Paul and Schmidt, Peter. 1975. *Literarische und politische Zeitschriften 1789~1805*. Stuttgart: Metzler.

Howarth, David. 2013. *Poststructuralism and After*. London: Palgrave Macmillan.

Hösle, Vittorio. 2013. *Eine kurze Geschichte der deutschen Philosophie: Rückblick auf den deutschen Geist*. München: C.H. Beck. / 이신철 옮김. 2015. 『독일 철학사: 독일 정신은 존재하는가』. 에코리브르.

Hinske, Norbert. 1980. *Kant als Herausforderung an die Gegenwart*. Freiburg/München: Verlag Karl Alber. / 이엽·김수배 옮김. 2004. 『현대에 도전하는 칸트』. 이학사.

Kitcher, Patricia. 1982. "Kant's Paralogisms." In *Philosophical Review* 91, no. 4.

_____. 1990. *Kant's transcendental psychology*. New York: Oxford University Press.

Koopman, Colin. 2010. "Historical critique or transcendental critique in Foucault: Two Kantian lineages." In *Foucault Studies*, Issue 8.

_____. 2013. *Genealogy as Critique: Foucault and the Problems of Modernity*. Bloomington: Indiana University Press.

_____. 2014. "Problematization." In *The Cambridge Foucault Lexicon*. Cambridge: Cambridge University Press.

Korsgaard, Christine M. 1996. *Creating the Kingdom of Ends*. Cambridge University Press. / 김양현·강현정 옮김. 2007. 『목적의 왕국: 칸트 윤리학의 새로운 도전』. 철학과현실사.

Kritzman, Lawrence(ed.). 1988. *Politics, Philosophy, Culture: Interviews and Other Writings, 1977~1984*. New York: Routledge.

Landgraf, Edgar, Gabriel Trop, and Leif Weatherby(ed.). 2020. *Posthumanism in the Age of Humanism: mind, matter, and the life sciences after Kant*. New York; London: Bloomsbury Academic.

Langton, Rae. 1998. *Kantian humility: our ignorance of things in themselves*. Oxford: Clarendon Press; Oxford; New York: Oxford University Press.

Laursen, John Christian. 1986. "The Subversive Kant: The Vocabulary of "Public" and "Publicity"." In *Political Theory*, Vol. 14, No. 4.

Lawlor, Leonard and Nale, John(ed.). 2014. *The Cambridge Foucault Lexicon*. Cambridge: Cambridge University Press.

Lefort, Claude. 1986. *Essais sur le politique: XIXe~XXe siècles*. Paris: Seuil. / 홍태영 옮김. 2015. 『19~20세기 정치적인 것에 대한 시론』. 그린비.

Lemke, Thomas. 2011. "Critique and Experience in Foucault." In *Theory, Culture and Society* 28(4): 26~48.

Liedman, Sven−Eric(ed.). 1997. *The Postmodernist Critique of the Project of Enlightenment*. Amsterdam: Rodopi.

Louden, Robert B. 2000. *Kant's Impure Ethics*. Oxford: Oxford University Press.

_____. 2011. *Kant's Human Being: Essays on his Theory of Human Nature*. Oxford: Oxford University Press.

Lyotard, Jean François. 1983. *Le différend*. Paris: Éditions de Minuit. / 진태원 옮김. 2015. 『쟁론』. 경성대학교출판부.

_____. 1984. *Tombeau de l'intellectuel et autres papiers*. Paris: Éditions Galilée. / 이현복 옮김. 1993. 『지식인의 종언』. 문예출판사.

McCarthy, Thomas. 1991. "The critique of impure reason." In *Ideals and illusions: on reconstruction and deconstruction in contemporary critical theory*. Cambridge, Mass.: MIT Press.

Mcquillan, J. Colin. 2016. "Beyond the Analytic of Finitude: Kant, Heidegger, Foucault." In *Foucault Studies*, No. 21.

Mendelssohn, Moses. 1784. "Über die Frage: was heißt aufklären?." In *Berlinische Monatsschrift*. Bd. 4.

Morar, Nicolae, Nail, Thomas and Smith, Daniel W.(ed). 2014. *Foucault and Deleuze. Foucault Studies*, No. 17.

_____. 2016. *Between Deleuze and Foucault*. Edinburgh: Edinburgh University Press.

Murphy, Ann V.. 2014. "The Double." In *The Cambridge Foucault lexicon*. Ed. Leonard Lawlor and John Nale. New York City: Cambridge University Press.

Negri, Antonio. 2004. "Foucault entre le passé et l'avenir." In *Nouveaux regards*, no.26. / 김상운 옮김. 2015. 「과거의 장래 사이의 푸코」. 『푸코 이후: 통치성, 안전, 투쟁』. 난장.

Nietzsche, Friedrich Wilhelm. 1872. *Die Geburt der Tragödie aus dem Geiste der Musik*. Leipzig: Fritzsch. / 박찬국 옮김. 2007. 『비극의 탄생』. 아카넷.

_____. 1886. *Jenseits von Gut und Böse*. Leipzig: Verlag von C. G. Naumann. / 박찬국 옮김. 2018. 『선악의 저편』. 아카넷.

Oksala, Johanna. 2005. *Foucault on Freedom*. Cambridge: Cambridge University Press.

_____. 2007. *How to read Foucault*. London: Granta. / 홍은영 옮김.

2008. 『How to read 푸코』. 웅진지식하우스.

O'Neill, Onora. 1989. *Constructions of reason: explorations of Kant's practical philosophy*. Cambridge [England]; New York: Cambridge University Press.

Owen, David. 1994. *Maturity and modernity: Nietzsche, Weber, Foucault and the ambivalence of reason*. London; New York: Routledge.

Paton, Herbert James. 1971. *The categorical imperative: a study in Kant's moral philosophy*. Philadelphia: University of Pennsylvania Press. / 김성호 옮김. 1988. 『칸트의 도덕 철학』. 서광사.

Pinkard, Terry P. 2012. *Hegel's naturalism: mind, nature, and the final ends of life*. Oxford; New York: Oxford University Press.

Pippin, Robert B. 1989. *Hegel's idealism: the satisfactions of self-consciousness*. Cambridge; New York: Cambridge University Press.

_____. 2005. *The persistence of subjectivity: on the Kantian aftermath*. Cambridge, UK; New York: Cambridge University Press.

Rabinow, Paul (ed.). 1984. *The Foucault Reader*. New York: Pantheon Books.

Rabinow, Paul. 2009. "Foucault's Untimely Struggle: Toward a Form of Spirituality." In *Theory, Culture and Society* 26(6).

Rajchman, John. 1985. *Michel Foucault: the freedom of philosophy*. New York: Columbia University Press. / 심세광 옮김. 2020. 『미셸 푸코, 철학의 자유』. 그린비.

Saner, Hans. 1973. *Kant's political thought: its origins and development*. Trans. E. B. Ashton. Chicago: University of Chicago Press.

Sauvagnargues, Anne. 2009. *Deleuze: l'empirisme transcendental*. Paris: PUF. / 성기현 옮김. 2016. 『들뢰즈, 초월론적 경험론』. 그린비.

Schmidt, James. 1996. "Introduction: What Is Enlightenment? A Question, Its Context, and Some Consequences." In *What is Enlightenment?: eighteenth-century answers and twentieth-century questions*. Berkeley: University of California Press.

Schneewind, J. B. 1998. *The invention of autonomy: a history of modern moral philosophy.* Cambridge; New York, NY, USA: Cambridge University Press. / 김성호 옮김. 2018. 『근대 도덕철학의 역사: 자율의 발명』 전 3권. 나남.

Sedgwick, Sally S. 2012. *Hegel's critique of Kant: from dichotomy to identity.* Oxford: Oxford University Press.

Smith, Daniel W. 2012. *Essays on Deleuze.* Edinburgh University Press. / 박인성 옮김. 2023. 『질 들뢰즈의 철학: 들뢰즈 연구의 이정표』. 그린비.

Smith, Norman Kemp. 1962. *A commentary to Kant's critique of pure reason.* New York: Humanities Press.

Steel, Karl. 2017. "Medieval." In *The Cambridge Companion to Literature and the Posthuman.* Ed. Bruce Clarke and Manuela Rossini. New York, NY: Cambridge UP.

Strathausen, Carsten. 2020. "Kant and Posthumanism." In *Posthumanism in the Age of Humanism: mind, matter, and the life sciences after Kant.* New York; London: Bloomsbury Academic.

Strawson, P. F. 1966. *The bounds of sense: an essay on Kant's Critique of pure reason.* London: Methuen.

Strozier, Robert M. 2002. *Foucault, subjectivity, and identity: historical constructions of subject and self.* Detroit: Wayne State University Press.

Sturke, Horst. 1972. "Aufklärung." In *Geschichtliche Grundbegriffe: historisches Lexikon zur politisch–sozialen Sprache in Deutschland.* hrsg. von Otto Brunner, Werner Conze [und] Reinhart Koselleck. Stuttgart: E. Klett, 1995~1997. / 남기호 옮김. 2014. 『코젤렉의 개념사 사전 6: 계몽』. 푸른역사.

Szakolczai, Arpad. 2013. *Max Weber and Michel Foucault: Parallel Life–Works.* London: Routledge.

Taylor, Charles. 2004. *Modern social imaginaries.* Durham: Duke University Press. / 이상길 옮김. 2010. 『근대의 사회적 상상: 경제·공론장·인민 주권』. 이음.

Veyne, Paul. 1971. *Comment on écrit l'histoire: augmenté de foucault révo-*

lutionne l'histoire. Paris: Éditions du Seuil. / 이상길·김현경 옮김. 2004. 『역사를 어떻게 쓰는가』. 새물결.

_____. 2008. *Foucault, sa pensée, sa personne*. Paris: Albin Michel. / 이상길 옮김. 2009. 『푸코, 사유와 인간』. 산책자.

Villa, Dana R.. 1996. *Arendt and Heidegger: the fate of the political*. Princeton, N.J.: Princeton University Press. / 서유경 옮김. 2000. 『아렌트와 하이데거』. 교보문고.

Villani, Arnaud and Sasso, Robert(ed.). 2003. *Le Vocabulaire de Gilles Deleuze*. Vrin. / 신지영 옮김. 2012. 『들뢰즈 개념어 사전: 들뢰즈 철학을 이해하기 위한 핵심 키워드 87』. 갈무리.

Walsh, W. H. 1975. *Kant's Criticism of Metaphysics*. Edinburgh: Edinburgh University Press.

Wood, Allen W. 1978. *Kant's Rational Theology*. Cornell University Press.

Žižek, Slavoj. 1999. *The ticklish subject: the absent centre of political ontology*. London; New York: Verso. / 이성민 옮김. 2005. 『까다로운 주체』. 도서출판b.

_____. 2006. *The parallax view*. Cambridge, Mass.; London: MIT Press. / 김서영 옮김. 2009. 『시차적 관점』. 마티.

_____. 2009. *First as tragedy, then as farce*. London; New York: Verso. / 김성호 옮김. 2010. 『처음에는 비극으로 다음에는 희극으로: 세계금융위기와 자본주의』. 창비.

Zöller, Günter. 2010. "Autokratie. Die Psycho...Politik der Selbstherrschaft bei Platon und Kant." In *Kant als Bezugspunkt philosophischen Denkens*. Würzburg: Königshausen & Neumann. / 임승필 옮김. 2010. 「플라톤과 칸트에 있어서 자기지배의 심리정치학」. 『동서사상』 제9집.

Zöllner, Johann Friedrich. 1783. "Ist es ratsam, das Ehebündniß nicht ferner durch die Religion zu sanciren?." In *Berlinische Monatsschrift*.

Zupancic, Alenka. 2000. *Ethics of the real: Kant, Lacan*. London; New York: Verso. / 이성민 옮김. 2004. 『실재의 윤리: 칸트와 라캉』. 도서출판b.

기존 수록 지면

I부 칸트 안에서 칸트와 다르게

칸트적 주체의 (재)구성 → 「칸트 철학에서 주체의 비동일성 문제」, 연세대학교
　　인문과학연구원,『인문과학』, 2020

계몽과 비판철학의 관계: 사유방식의 혁명에 대해 → 「칸트 철학에서 '사유방식
　　의 혁명'에 대하여: 칸트 계몽주의와 비판철학의 관계 재고(再考)」, 강원대학교
　　인문과학연구소,『인문과학연구』, 2020

이성의 공적 사용이란 무엇인가? → 「칸트와 아렌트 교차해석을 통한 이성의 공
　　적 사용의 의미 해명」, 새한철학회,『철학논총』, 2022

II부 푸코와 함께 칸트를

푸코의 칸트『인간학』독해의 양면성 → 「푸코의 칸트『인간학』독해의 양면성」,
　　서강대학교 인문과학연구소,『서강인문논총』, 2024

푸코–칸트주의 정립의 궤적 → 「푸코적 칸트주의의 궤적: 비판적 존재론의 전화
　　(轉化)」, 한국하이데거학회,『현대유럽철학연구』, 2021

계몽과 비판의 재구성 → 「칸트의 계몽과 비판에 대한 푸코의 재해석」, 조선대학
　　교 인문학연구원,『인문학연구』, 2020

III부 푸코-칸트주의의 안과 밖

포스트휴먼 칸트의 단초: 들뢰즈–푸코의 인간 없는 칸트주의 → 「포스트휴먼 칸
　　트의 단초: 들뢰즈–푸코의 인간 없는 칸트주의」, 한국비평이론학회,『비평과
　　이론』, 2024 /『칸트와 포스트휴머니즘』(파이돈, 2024)에 재수록

푸코의 문제화로서의 철학과 철학의 문제화 → 「푸코의 문제화로서의 철학과 철
　　학의 문제화」, 한국철학회,『철학』, 2023 /『철학과 현실, 현실과 철학 4: 현대
　　문명의 향도』(21세기북스, 2024)에 재수록

보론

실용적 관점에서의 이성학 → 미발표

가상과 거짓의 철학 → 「가상과 거짓의 철학」,『한편』3호, 민음사, 2020

찾아보기

ㄱ

가능성의 조건 35, 103, 137, 156, 186~187, 190, 193, 196, 199, 206, 214, 222, 234, 252, 275

가상 29~52, 83, 104, 222, 345~354

가상의 초점(상상의 초점) 40~42, 49, 66, 347

거팅 194, 202, 208, 210, 218, 222, 226

견유주의 325~328, 330

경험적...초월적 이중체 157, 163~200, 209, 221~223

계몽의 재구성 238

계몽주의 87, 118, 123, 263, 322, 346

계보학 190, 192, 223, 230~233, 244, 305~306, 313

고고학 157, 185, 188~194, 222, 226,230~235, 305~306, 308, 313

고전주의(고전주의적) 에피스테메 194~200

고진, 가라타니 144

공공성 94, 119, 122, 130, 132, 137~138, 147

공적 영역 119, 127, 129~141, 149

공적인 것 94~95, 119, 122, 125, 127, 129, 137

공중 92, 120~122, 139, 177

공통감 79, 136, 142~143, 290~299

공통적인 것 142

과타리 243

관객들의 사유방식 93~95

관점주의 349

구조주의 189~190

규정가능성의 형식 22

그리어 36, 41

근대성 16, 92, 193, 196~197, 200, 224, 318

근대적 에피스테메 194~200, 202, 211~212, 216

근대적 코기토 210

기계의 일부(부분, 부품) 94~95, 126, 177

ㄴ

네그리 127, 297

논변성 106~107

능력들의 불일치(이질성) 28~29, 42, 44, 49, 52, 61, 65~66, 68, 73~75, 80, 292

능력이론(능력론) 80~81, 113, 269, 272, 274, 276~279, 296

니체 81, 180, 215, 236, 252, 263, 270, 280, 284, 312, 314, 316, 349, 351

ㄷ

다르게 사유하기 281, 295, 317, 322

대안적 주체(주체성) 127, 225~227, 235, 253, 278

대중지성 149

데카르트 22, 33, 109, 195, 198, 253

데카르트적 코기토 210

도덕철학 62, 112, 137

독일관념론 24, 28

드레이퍼스 202, 214

들뢰즈 13, 16, 22, 27, 66, 77, 79, 81, 242, 267~302, 313, 315

ㄹ

라비노우 202, 214

라우슨 122

라이크만 223, 243

라이프니츠 44

랭보 299

르네상스 에피스테메

리오타르 16

□

맑스 42, 129, 215, 220

메를로퐁티 202, 208

무한(무한성) 44~49, 66, 70~114, 198~200

문제화로서의 철학 303~320

미성숙 29, 34~35, 51, 95, 116, 124~126, 130, 346

ㅂ

바깥 272, 279~299, 317

반시대적 철학 308, 315~318

발리바르 284

버크 67

베버 263

벤느 187, 243, 245, 306

복수성 133~137, 140~148

부르디외 268

분열된 자아를 위한 코기토 16, 22, 277

브란트 41

블랑쇼 279

비사유 201, 205, 209~212, 215

비코 239

비트겐슈타인 16

비판적 인간 160

비판적 태도 228, 249, 257~262

ㅅ

사건으로서의 현재 241, 244, 261

사건화 244, 305

사르트르 102

사목권력 258~260

사유방식의 혁명 87~117, 339

사유의 비판적 역사 186~187

사유의 이미지 79, 271, 277, 282, 292~297

사이보그 301

삶으로서의 철학 307, 320~326, 330

생식성 294

세계소외 129

세계시민 121~122, 130, 135, 139~141, 145, 167, 172, 174, 176, 178

세계시민사회 94, 121, 123, 126, 128, 177

소수적 칸트 297

소크라테스 123, 240, 258, 310

수학적 숭고 70

숭고(숭고론) 61, 66~80, 292, 296, 298

스피노자 283

신중심적 88, 105~114

실러 122

실용적 인간학 168~181

실험 232~235, 308, 317~332

ㅇ

아도 81

아리스토텔레스 52, 81, 342

아렌트 99, 116, 119, 123, 129, 131, 133, 135, 137, 141, 144, 146, 148

아르토 294

아우구스티누스 239

애머릭스 54, 114

앨런 164, 166, 184, 188, 225

앨리슨 29, 88, 105, 107

역사적 선험(아프리오리) 165, 179, 187, 193, 223, 308, 329

역사화 162, 179, 185, 188, 191, 193, 232, 306

역학적 숭고 73

영성 253, 255, 311, 322, 324, 331

에이지, 마키노 121, 123, 148

에토스로서의 비판 261~264

에토스로서의 철학 320~322

에피스테메 179, 187

옥살라 195, 203, 210

우리 자신의 비판적 존재론 182, 197, 228, 233, 242, 245, 248~250, 257, 312, 322

유한(유한성) 74, 82~86, 110, 141, 144, 162, 198~216

이성의 공적 사용 85, 94, 97, 118~151, 171, 340

이성의 구성적 사용 35, 42, 348

이성의 규제적 사용 35, 42, 348

이성의 본성 35, 171, 340~344

이성의 사실 58, 171, 340~344

이성의 사용 340~344

이성의 사적 사용 94, 121, 123, 125, 127, 131, 133, 171, 340

이성의 오용 124, 126

이성의 자율적 사용 342~343

이성혐오 62

인간이란 무엇인가 44, 156, 161~162, 181, 188, 197, 206, 216, 270, 300,

인간의 죽음 156, 180~181, 192~193, 197, 217~224, 226, 272~273, 277~299, 301, 319

인간중심적 88, 105~114, 300

ㅈ

자기돌봄 182, 253~256, 311, 328

자기동일성 21, 23

자기의식 18~28, 65, 75,

자기인식 18, 311, 328, 331

자발라 166, 173, 185, 257, 262

자율 49~50, 53, 59~62, 69, 83, 89, 105, 111~117, 124, 260

종합 14, 19, 26~27, 291, 350

주체의 동일성 17, 28, 75, 84, 292

주체의 비동일성 16, 54

주체성 17, 20~21, 127, 188, 190, 223, 240~245, 278, 287, 292

주체의 소멸 319

준이치, 사이토 122, 145

지식인 98~99, 121, 123~124, 127~128, 139, 149, 177

지젝 46, 95, 126, 132, 144

진리의 분석학 228, 250~251, 262

진리/진실 254~256, 294, 311~312, 322~323, 325

집어넣음 69, 102~103, 105

ㅊ

차이론적 능력이론(능력론) 272, 276, 290~299

철학의 문제화 303~332

철학적 삶 81, 233~234, 254, 259, 262, 307, 320~332

초감성적 상상력 77~78

초월적 가상 31~52, 346~348

초월적 나르시시즘 185, 192

초월적 변증학 29~52, 66, 74, 104, 346

초월적 분석학 30, 104

초월적 주체 17~28, 45, 69, 163, 187, 191~192, 197, 211~214, 222~226,

234~235, 252~290

초월철학 18~89, 100~181, 256, 279

초인 270~272, 279~302

초험적 37~42, 46, 79~80, 103, 292, 297~299

횔러 63

취미판단 13, 67

ㅋ

칸트 계몽주의 91, 95, 114, 118, 224, 234, 260, 262, 348

칸트 비판철학 13~117, 183, 185, 187, 196~200, 235, 249~264, 273, 276~278, 292, 296, 340

칸트적 계몽 87, 94, 118, 139, 172, 248, 272

캉길렘 185, 248

코기토 22, 201~202, 209~215, 277

ㅌ

통치성 116, 245, 248, 258

특이성 131~132, 240~245, 248

ㅍ

파레시아 182, 232, 234, 325~326

페이튼 58

포스트휴먼적 칸트 270~272, 275, 299, 301

폭력(폭력성) 66~67, 80, 83, 85, 298~299

푸코적 칸트주의 164, 166, 179, 181~235

프랑스혁명 88, 91, 95, 100

프랑크푸르트학파 221, 263

플라톤 81, 136, 238

ㅎ

하버마스 128, 148, 181, 224

하이데거 81, 162, 202, 208, 214, 310

하트 127, 297

한, 베어트리스 162, 185, 193, 203, 331

헤겔 23, 28, 64, 215, 263

혁명이란 무엇인가 88~100

현상학 202, 207, 209, 211, 215, 318, 321

현재성 92, 240~245, 247~248

현재성의 철학 92, 96, 237~245, 247~248, 251, 312, 315~320

형이상학 비판 51, 196

형이상학적 오류 15, 31~42, 346

후설 202, 208, 211, 215

칸트와 푸코
비판, 계몽, 주체의 재구성

2025년 2월 13일 1판 1쇄 발행

지은이 윤영광
펴낸이 임후성 **펴낸곳** 북콤마
디자인 *sangsoo* **편집** 김삼수

등록 제2023-000246호
주소 (10449) 경기도 고양시 일산동구 호수로 336 103-309호
전화 031-955-1650 **팩스** 0505-300-2750
이메일 bookcomma@naver.com
블로그 bookcomma.tistory.com

ISBN 979-11-87572-49-7 03160

❜ BOOKCOMMA